# Unternehmensführung & Controlling

**Reihe herausgegeben von**

Wolfgang Becker, Universität Bamberg, Bamberg, Deutschland

Patrick Ulrich, Lehrstuhl für Unternehmensführung und -kontro, Hochschule
Aalen – Technik und Wirtschaft, Aalen, Bayern, Deutschland

Die inhaltliche Zielsetzung der Reihe ist es, den Gesamtkontext von Unternehmensführung und Controlling im Spiegelbild seiner historischen Entwicklung, aber auch im Lichte der aktuellen Anforderungen an eine zukunftsorientierte betriebswirtschaftliche Managementlehre abzubilden. Das Controlling wird in diesem Zusammenhang als integrativer Bestandteil der Unternehmensführung aufgefasst. In dem damit hier zugrunde gelegten wertschöpfungsorientierten Verständnis des Controlling stehen eine originäre Lokomotionsfunktion sowie derivative Informations- und Abstimmungsfunktionen im Vordergrund dieser funktional geprägten Controllingauffassung. Die führungsnahe Lokomotionsfunktion dient dem initialisierenden Anstoßen der Wertschöpfung sowie der Ausrichtung aller unternehmerischen Aktivitäten auf den Wertschöpfungszweck. Diese Funktion wird erst möglich, wenn die derivativen Informations- und Abstimmungsfunktionen erfüllt sind. Die Reihe strebt die Generierung fundierter, praxisnaher, aber auch theoretisch auf State-of-the-Art-Niveau stehender wissenschaftlicher Erkenntnisse an, die Unternehmensführung und Controlling auch im Forschungsbereich eine wachsende Bedeutung zuschreiben. Die Reihe hat einen hohen theoretischen Anspruch, ist letztlich jedoch immer im praxeologischen Sinne anwendungsorientiert ausgerichtet und zudem ausdrücklich offen für neue inhaltliche und publizistische Formate. Sie nutzt die bildhafte Vermittlung als Gestaltungsinstrument und bietet zeitgemäße, wissenschaftlich solide, dabei aber verständliche und zugleich praxisorientierte Publikationen. Die Autorinnen und Autoren sind ausgewiesene Experten aus Theorie und/oder Praxis der von ihnen bearbeiteten Themengebiete und somit ausgezeichnete Kenner von Unternehmensführung und Controlling. Die Grundlage für die Inverlagnahme bildet ein Exposé, das über den inhaltlichen Aufbau des Werkes, den geschätzten Manuskriptumfang, den Termin der Ablieferung des Manuskriptes an den Verlag sowie die Zielgruppe und mögliche Konkurrenzwerke Auskunft gibt. Dieses wird von den Herausgebern der Reihe sowie dem Verlag einem kritischen Review unterzogen. Die Schriftenreihe präsentiert Ergebnisse der betriebswirtschaftlichen Forschung im Themenfeld Unternehmensführung und Controlling. Die Reihe dient der Weiterentwicklung eines ganzheitlich geprägten Management-Denkens, in dem das wertschöpfungsorientierte Controlling einen für die Theorie und Praxis der Führung zentralen Stellenwert einnimmt.

**Herausgegeben von**

Univ.-Prof. Dr. Dr. habil. Wolfgang Becker
Lehrstuhl für Betriebswirtschaftslehre, insbes. Unternehmensführung & Controlling
Otto-Friedrich-Universität Bamberg
Bamberg, Deutschland

Prof. Dr. Patrick Ulrich
Professur für Unternehmensführung und -kontrolle
Hochschule Aalen – Technik und Wirtschaft, Aalen, Deutschland

Weitere Bände in der Reihe http://www.springer.com/series/12530

Felix Schuhknecht

# Performance Management in der digitalen Welt

Die Digitalisierungsscorecard als Instrument für das Management digitaler Geschäftsmodelle

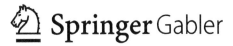 Springer Gabler

Felix Schuhknecht
Bamberg, Deutschland

Dissertation der Otto-Friedrich-Universität Bamberg, Bamberg, 2020

Unternehmensführung & Controlling
ISBN 978-3-658-32176-5     ISBN 978-3-658-32177-2   (eBook)
https://doi.org/10.1007/978-3-658-32177-2

Die Deutsche Nationalbibliothek verzeichnet diese Publikation in der Deutschen Nationalbiblio-
grafie; detaillierte bibliografische Daten sind im Internet über http://dnb.d-nb.de abrufbar.

Planung/Lektorat: Carina Reibold
Springer Gabler ist ein Imprint der eingetragenen Gesellschaft Springer Fachmedien Wiesbaden
GmbH und ist ein Teil von Springer Nature.
Die Anschrift der Gesellschaft ist: Abraham-Lincoln-Str. 46, 65189 Wiesbaden, Germany

# Inhaltsverzeichnis

# Abbildungsverzeichnis

# Tabellenverzeichnis

# Einleitung 1

„Die Neugier steht immer an erster Stelle des Problems, das gelöst werden will."

*(Galileo Galilei)*

Im Rahmen des Festaktes zur Eröffnung der CeBIT 2017 stellte die deutsche Bundeskanzlerin erneut die große wirtschaftliche und gesellschaftliche Bedeutung der Digitalisierung heraus.[1] Die Digitalisierung[2] als solche ist für Unternehmen und Organisationen jedoch schon seit den späteren 1990ern durch die Entwicklung von digitalen Produkten und Infrastrukturen ein ernstzunehmender Trend, denn um das Jahr 2000 entstanden die ersten Geschäftsmodelle, welche sich durch E-commerce[3] und Web Strategien charakterisierten. Durch die fortschreitenden technischen Möglichkeiten bezüglich der Informations- und

---

[1] Vgl. *Merkel* (2017).

[2] Eine genauere Erläuterung hinsichtlich des dieser Arbeit zugrundeliegenden Digitalisierungsverständnisse findet sich in Abschnitt 2.1.

[3] Dies ist vornehmlich in dem Aufkommen der New Economy zu begründen, vgl. hierzu u. a. *Ciprian/Gheorghe* (2016); *Leigh/Kraft* (2017). Allerdings wird in wissenschaftlichen Kreisen diskutiert ob durch das Aufkommen von Krypto-Währungen eine neue „New Economy" entstehen könnten vgl. *Stegaroiu* (2017).

**Elektronisches Zusatzmaterial** Die elektronische Version dieses Kapitels enthält Zusatzmaterial, das berechtigten Benutzern zur Verfügung steht
https://doi.org/10.1007/978-3-658-32177-2_1.

Kommunikationstechnologien kann ab dem Jahr 2010 von einer ganzheitlichen digitalen[4] Transformation von Geschäftsmodellen gesprochen werden. Die Miniaturisierung der Hardware, der sehr starke Anstieg der Leistungsfähigkeit von Mikroprozessen und die Weiterentwicklung der Breitbandkommunikation haben es ermöglicht, dass die Schlüsselfunktionen von Produkten nun nicht mehr ausschließlich analog, sondern auch digital angeboten werden können. Diese digitalen Produkte und Dienstleistungen können neue Funktionen[5] offerieren und verändern den Herstellungsprozess, den Vertrieb und die Nutzung dieser Produkte und Dienstleistungen.[6] Dieser technologische Fortschritt ermöglicht immer neue Anwendungen, die das (strategische) Handeln von Unternehmen maßgeblich verändern und zu einer nachhaltigen Veränderung der bestehenden Märkte, der Arbeitswelt und der sozialen Strukturen führen können.[7] Organisationen sind daher gezwungen, ihr Geschäftsmodell an die veränderten Bedingungen anzupassen.[8] (Abbildung 1.1 greift beispielhaft ausgewählte (Umwelt-)Bedingungen auf).

Die Transformation des Geschäftsmodelles stellt als solches also unstrittig ein Top Management Thema dar.[9] Das Top Management trifft vornehmlich strategische Entscheidungen, welche die Handlungsfähigkeit und die existenzsichernden Ressourcen betreffen.[10] Um eine Transformation des Geschäftsmodelles ziel- und zweckorientiert zu bewältigen, erfordert dies ein langfristig angelegtes, das gesamte Unternehmen betreffendes Handlungsmuster, das zielorientiert beschreibt, wie ein Unternehmen seine Stärken einsetzt, um Veränderungen der Chancen-Risiken-Konstellationen in den situativen Umweltbedingungen zu

---

[4]Allerdings ist anzumerken, dass das Begriffspaar „Digitale Transformation" in der aktuellen wissenschaftlichen Diskussion nicht einheitlich definiert ist: „die digitale Transformation ist ein Sammelbegriff für viele Entwicklungen, die sich allgemein auf die zunehmende Digitalisierung von Inhalten und Prozessen beziehen. Dabei lässt sich der Ursprung der digitalen Wende bis hin zu den Anfängen der EDV und der Einführung von PCs in Unternehmen und privaten Haushalten zurückführen." *Rossmann/Tangemann* (2015), S. 162. Für eine genaue Übersicht vgl. u. a. *Schallmo* (2016), S. 4.

[5]Zudem könnte dies zu einer Verschiebung von Haupt-, Neben- und Zusatzleitung führen.

[6]Vgl. *Yoo* (2010), S. 215.

[7]Vgl. *Kagermann* (2015), S. 24.

[8]Vgl. *Bieger/Krys* (2011), S. 11.

[9]Vgl. *Jahn/Pfeiffer* (2014), S. 86; *Bloching et al.* (2015b), S. 31; *Kane et al.* (2015); *Buxmann/Zillmann* (2016); *Hess et al.* (2016).

[10]Vgl. *Eisenhardt/Zbackari* (1992), S. 17.

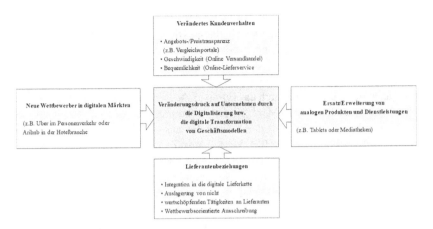

**Abbildung 1.1** Veränderungsdruck auf Unternehmen durch Digitalisierung bzw. die digitale Transformation von Geschäftsmodellen (In Anlehnung an *Mühlfelder/Mettig/Klein* (2017), S. 92.)

begegnen.[11] Sprich jede Organisation bedarf einer umfassenden Strategie zur Transformation des Geschäftsmodelles.[12]

## 1.1 Problemstellung

Obwohl die Notwendigkeit einer Digitalisierungsstrategie in der unternehmerischen Praxis bereits seit einiger Zeit weitestgehend unumstritten ist,[13] verfügt ein nicht unerheblicher Teil der Unternehmen nicht über eine solche Strategie.[14] So zeigt eine 2015 in 129 Industrieländern durchgeführte Studie, dass nur rund die Hälfte der 4800 befragten Unternehmen über eine separate Digitalisierungsstrategie verfügt.[15] Ein ähnliches Bild zeichnet auch eine Lünendonk Erhebung

---

[11]Vgl. *Becker* (2017b), S. 267.
[12]Vgl. *Becker/Schuhknecht/Botzkowski* (2019), S. 8.
[13]Vgl. hierzu u. a. *Hoberg et al.* (2015).
[14]Vgl. *Stief/Eidhoff/Voeth* (2016); *Buxmann/Zillmann* (2016); *Becker/Ulrich/Botzkowski* (2017).
[15]Vgl. *Kane et al.* (2015), S. 10.

aus dem Jahr 2016. In dieser wird deutlich, dass nur ein Drittel der analy-
sierten Unternehmen über eine ganzheitliche Digitalisierungsstrategie verfügt.[16]
Auch im Jahr 2018 weisen nur rund ein Drittel der Unternehmen eine Digitalisierungsstrategie auf.[17] Um die Bedeutsamkeit einer Digitalisierungsstrategie
hervorzuheben, wird auf eine im September/Oktober 2018 durchgeführte, explorative quantitative Erhebung durch das Europäische Forschungsfeld für Angewandte
Mittelstandsforschung (EFAM),[18] an der in Summe 117 Probanden teilnahmen,
zurückgegriffen.[19] Die Daten der vollständig ausgefüllten Fragebögen wurden
mit dem Statistikprogramm IBM SPSS Statistics erfasst. Zur Auswertung der
halbgeschlossenen und geschlossenen Fragen des Fragebogens kommen verschiedene uni- und bivariate Auswertungsverfahren zur Anwendung.[20] Diese Studie
hat vornehmlich die Untersuchung des Phänomens der industriellen Digitalisierung im deutschen Mittelstand zum Inhalt. Jedoch wurde auch die Existenz
einer separaten Digitalisierungsstrategie thematisiert. Des Weiteren wurde der
selbsteingeschätzte Digitalisierungsgrad der Funktionsbereiche der Organisation
eruiert. Auch finden sich Fragen hinsichtlich der Erfolgslage der Probanden.[21] Es
kann also die grundsätzliche Problemstellung beleuchtet werden, ob ein Zusammenhang zwischen einer Digitalisierungsstrategie, dem Digitalisierungsgrad der
Funktionsbereiche und dem Erfolg der Unternehmung besteht. Bei der Analyse
von empirischen Zusammenhängen geht es grundsätzlich darum, Abhängigkeiten
zwischen Variablen (Merkmalen) zu visualisieren und vor allem zu quantifizieren. Zunächst ist jedoch die Frage nach der Skalierung[22] der zu betrachtenden
Variablen zu stellen. Alle aufgeführten Variablen sind kardinal bzw. metrisch

---

[16]Vgl. *Buxmann/Zillmann* (2016), S. 7.

[17]Vgl. *Mauerer* (2018), S. 16.

[18]Vgl. EFAM (2019).

[19]Ähnliche Ausführungen finden sich bei *Becker/Schuhknecht* (2019), S. 21 f.

[20]Vgl. *Becker/Ulrich/Botzkowski* (2017) Jedoch ist dringend darauf hinzuweisen, dass sich
die Probanden in ihrem Entscheidungsverhalten sowie in ihrer Expertise zum Thema stark
unterscheiden können. Es besteht aufgrund dessen die dringende Gefahr einer möglichen
Antwortverzerrung, weshalb ein diesbezüglicher (systematischer) Fehler in den Ergebnissen
nicht vollständig ausgeschlossen werden kann.

[21]Diese wurden mithilfe einer 5er Rating Skala abgefragt (wobei eins gleichbedeutend mit
sehr schlecht ist und sehr gut mit einer fünf operationalisiert wurde).

[22]*Stocker/Steinke* (2017), S. 24 verstehen unter einer Skalierung die „[…] Art und Weise,
wie unterschiedliche Ausprägungen bewertet oder kategorisiert werden […]". Man unterscheidet zwischen kardinal (bzw. metrisch), nominal und ordinal skalierten Merkmalen, vgl.
*Stocker/Steinke* (2017), S. 24.

skaliert. Die grundlegendste Methode bildet hierbei die bivariate Korrelation,[23] welche den linearen Zusammenhang zwischen zwei metrisch skalierten Variablen[24] untersucht. Dieser Zusammenhang ist gegeben, wenn die Variablen nach einem je-desto Prinzip variieren.[25] Bildet man sodann die Pearson'schen Korrelationskoeffizienten[26] zwischen der Frage nach einer Digitalisierungsstrategie und dem Digitalisierungsgrad einzelner Funktionsbereiche (siehe Abbildung 1.2), wird zunächst deutlich, dass alle Zusammenhänge signifikant bzw. hochsignifikant ausgeprägt sind. Betrachtend man nun die einzelnen Funktionsbereiche wird deutlich, dass vor allem zwischen den Funktionsbereichen Personal bzw. Top Management und des Nutzungsgrades der Digitalisierungsstrategie ein starker linearer Zusammenhang besteht. Ebenfalls betrachtenswert sind die Bereiche Controlling, Forschung und Entwicklung und die Produktion. Zusammenfassend lässt sich also postulieren, dass zwischen der Existenz einer Digitalisierungsstrategie und dem Digitalisierungsgrad der Funktionsbereiche ein (hoch)-signifikanter linearer Zusammenhang besteht.

Ebenfalls interessant ist die Untersuchung des linearen Zusammenhangs zwischen der Digitalisierungsstrategie und der Erfolgslage der Probanden. Hierzu wurden die Probanden gebeten eine Einschätzung hinsichtlich der Liquidität, dem Erfolg, der Verschuldung, sowie des Wachstums abzugeben. Wählt man die obig beschriebene Vorgehensweise, zeichnet sich folgendes Bild (siehe Abbildung 1.3). Zunächst ist festzustellen, dass zwischen der Liquidität und der Digitalisierungsstrategie ein negativer Zusammenhang besteht, allerdings ist zu beachten, dass dieser nicht signifikant ausgeprägt ist. Ebenso verhält es sich mit dem Erfolg und der Verschuldung, wohingegen das Wachstum positiv und hochsignifikant mit der Digitalisierungsstrategie korreliert.

Zusammenfassend lässt sich konstatieren, dass Unternehmen, in denen eine Digitalisierungsstrategie existiert, einen deutlich höheren Digitalisierungsgrad in den einzelnen Funktionsbereichen aufweisen. Zudem kann festgehalten werden,

---

[23] Werden zugleich weitere Variablen also Kontrollvariablen berücksichtigt, handelt es sich um eine partielle Korrelation, vgl. exemplarisch *Lu et al.* (2011), S. 260.

[24] Eine Diskussion, ob Rating Skalen als intervallskaliert angesehen werden können, findet sich in Abschnitt 5.1.4.

[25] Vgl. exemplarisch *Piazolo* (2018) Wichtig ist allerdings zu beachten, dass das Vorliegen einer
bivariaten Korrelation zunächst nichts über die Kausalität aussagt.

[26] *Eckstein* (2019) charakterisieren diesen als eine „[...] Menge $\{(x_i, y_i), i = 1, 2, ..., n\}$ von n Wertepaaren, die für zwei metrische Merkmale $X(\gamma_i) = x_i$ und $Y(\gamma_i) = y_i$ einer wohldefinierten statistischen Gesamtheit $\Gamma_n = \{\gamma_i, i = 1, 2, ..., n\}$ vom Umfang n empirisch erhoben wurden [...]".

| Korrelationen | | | |
|---|---|---|---|
| | | | Intensitätsgrad der Nutzung einer Digitalisierungsstrategie |
| Digitalisierungsgrad… | … des Controllings. | Korrelation nach Pearson | ,335** |
| | | Signifikanz (2-seitig) | 0,003 |
| | | N | 77 |
| | … des Top-Managements. | Korrelation nach Pearson | ,695** |
| | | Signifikanz (2-seitig) | 0,000 |
| | | N | 76 |
| | … der Produktion. | Korrelation nach Pearson | ,506** |
| | | Signifikanz (2-seitig) | 0,000 |
| | | N | 69 |
| | … der Forschung und Entwicklung. | Korrelation nach Pearson | ,580** |
| | | Signifikanz (2-seitig) | 0,000 |
| | | N | 62 |
| | … des Personals. | Korrelation nach Pearson | ,732** |
| | | Signifikanz (2-seitig) | 0,000 |
| | | N | 81 |

** Die Korrelation ist auf dem Niveau von 0,01 (2-seitig) signifikant.

**Abbildung 1.2** Korrelationen zwischen einer Digitalisierungsstrategie und dem eingeschätzten Digitalisierungsgrad ausgewählter Funktionsbereiche

| Korrelationen | | | |
|---|---|---|---|
| | | | Intensitätsgrad der Nutzung einer Digitalisierungsstrategie |
| Einschätzung hinsichtlich … | … der Liquidität. | Korrelation nach Pearson | -,030 |
| | | Signifikanz (2-seitig) | 0,792 |
| | | N | 80 |
| | … des Erfolges. | Korrelation nach Pearson | ,123 |
| | | Signifikanz (2-seitig) | 0,276 |
| | | N | 80 |
| | … der Verschuldung | Korrelation nach Pearson | ,186 |
| | | Signifikanz (2-seitig) | 0,109 |
| | | N | 76 |
| | … des Wachstums. | Korrelation nach Pearson | ,305** |
| | | Signifikanz (2-seitig) | 0,006 |
| | | N | 80 |

** Die Korrelation ist auf dem Niveau von 0,01 (2-seitig) signifikant.

**Abbildung 1.3** Korrelationen zwischen einer Digitalisierungsstrategie und der eingeschätzten Erfolgslage

dass diese Unternehmen deutlich erfolgreicher operieren und über ein höheres Wachstumspotential verfügen. Allerdings kann die vorsichtige Vermutung angestellt werden, dass eine Formulierung und Implementierung einer Digitalisierungsstrategie mit einem nicht unerheblichen Kostenfaktor verbunden ist, da

Unternehmen, die über keine Digitalisierungsstrategie verfügen, marginal liquider sind.

Den obigen Ausführungen folgend kann die Handlungsempfehlung abgeleitet werden, eine Digitalisierungsstrategie zu formulieren und zu implementieren. Dies zeigt sich auch am Beispiel der DBS Bank Limited,[27] diese konnte durch die Formulierung und Implementierung einer Digitalisierungsstrategie die unternehmerische Performance deutlich erhöhen.[28] Auch konnte in weiteren empirischen Studien nachgewiesen werden, dass Unternehmen, die einen geringen digitalen Reifegrad[29] aufweisen, weniger häufig über eine Digitalisierungsstrategie verfügen als dies bei Unternehmen mit einem hohen digitalen Reifegrad der Fall ist.[30] Eine ziel- und zweckorientierte Digitalisierungsstrategie bietet zudem eine Richtung, die es Führungskräften ermöglicht, digitale Initiativen zu leiten, ihre Fortschritte zu messen und diese dann nach Bedarf umzuleiten.

Gerade die Implementierung solcher Digitalisierungsstrategien ist mit einigen Problematiken verbunden[31], welche mit einem ziel- und zweckorientierten Performance Management überwunden werden können. So ist diese oftmals noch nicht im Top-Management angekommen und findet in dieser Ebene nicht ausreichend Beachtung.[32] Allerding ist eine fundierte Digitalisierungsstrategie für eine erfolgreiche digitale Transformation des Geschäftsmodelles unabdingbar.[33]

Das Scheitern von Strategien kann auf vielfältige Ursachen zurückgeführt werden. Die Tatsache, dass die Implementierung[34] der Strategie komplex und damit

---

[27] Hierbei handelt es sich die größte Bank Südostasiens mit Sitz in Singapur, vgl. DBS (2019).

[28] Vgl. *Sia/Soh/Weill* (2016).

[29] Hierbei wird unter dem digitalen Reifegrad folgendes verstanden: „an organization where digital has transformed processes, talent engagement and business models" *Kane et al.* (2015), S. 22.

[30] Vgl. *Kane et al.* (2015), S. 20. In dieser Studie wird zudem das Fehlen einer Digitalisierungsstrategie als eine der Top Drei Barrieren identifiziert.

[31] Vgl. Abschnitt 1.1.

[32] Dies zeigt sich dadurch, dass in einer 2016 durchgeführten Studie von BUXMANN und ZILLMANN nur bei 40 Prozent der befragten Unternehmen digitale Innovationen systematisch vorangetrieben werden, vgl. hierzu *Buxmann/Zillmann* (2016), S. 7. Ähnlich verhält es sich im deutschen Mittelstand, in diesem schreiben nur rund ein Viertel der Befragten der Digitalisierung eine strategische Rolle zu, vgl. *Becker/Ulrich/Botzkowski* (2017), S. 174.

[33] Vgl. *Becker/Schuhknecht/Botzkowski* (2019).

[34] Das Wort Implementierung geht auf das lateinische „implementum" zurück, welches als Erfüllung oder auch Anfüllung verstanden werden kann. Vor Allem wird es in den Ingenieurwissenschaften aber auch in der Informationstechnologie verwendet, vgl. *Schreyer* (2008), S. 5. In diesen Fachbereichen stets je nach Interpretation für eine bestimmte Phase des Systementwicklungsprozesses, vgl. Seibt (1980), S. 853. Erstmalig taucht der Begriff in der

problembehaftet sein kann, ist zwar noch kein direktes Indiz für das Misslingen einer Strategie[35], allerdings wird in einer Studie von KOLKS belegt, dass eine mangelhafte Strategieimplementierung die Hauptursache für das Scheitern von Strategien darstellt.[36] Die Implementierung von Strategien wird auch in der Unternehmenspraxis als diejenige Phase des Strategieprozesses angesehen, welche die meisten Probleme mit sich bringt[37] KAPLAN und NORTON identifizieren hierbei vier zentrale Barrieren der Strategieimplementierung, welche sich in die die Strategie-Barriere, die Zielkongruenz-Barriere, die Management-Barriere und die Ressourcen Barriere differenzieren lassen.[38] Meist wird hierbei, statt einer Überdenkung der Implementierungsinstrumente bzw. des Implementierungsverfahrens, das strategische Konzept verändert. Dieses durchläuft erneut die möglicherweise fehlerhaften Implementierungsmechanismen, so dass ein erneutes Scheitern unvermeidbar ist.[39]

Als einer der ersten untersucht ALEXANDER die Ursachen für Problematiken hinsichtlich der Strategieimplementierung.[40] Fasst man seine Rückschlüsse zusammen, lässt sich subsumieren, dass das Scheitern der Strategieimplementierung vornehmlich auf externe, aber auch auf interne Unsicherheiten zurückzuführen ist.[41] Die durch die Digitalisierung vorherrschende Turbulenz in der Unternehmensumwelt führt zu solchen internen bzw. externen Unsicherheiten,[42] sodass hinsichtlich einer Digitalisierungsstrategie die Gefahr besteht, dass diese in der Implementierungsphase scheitert. In einer empirischen Studie von

---

Betriebswirtschaftlehre erstmals in der amerikanischen Management-Literatur als „strategy implementation" auf, in diesem Kontext wird hierunter der Prozess der Verwirklichung von gedanklich formulierten Konzepten bzw. Strategien verstanden, vgl. *Huber* (1985), S. 20; *Clauss* (1989), S. 2; *Kolks* (1990), S. 77; *Feucht* (1996); 21.

[35]Vgl. *Raps* (2017), S. 14.

[36]Vgl. *Kolks* (1990).

[37]Vgl. *Al-Laham* (1997), S. 458 ff.; *Noble* (1999), S. 19.

[38]Vgl. *Kaplan/Norton* (1996b).

[39]Vgl. *Hilker* (1993), S. 11.

[40]Eine ähnliche Sichtweise wird von *Deimel/Heupel/Wiltinger* (2013), S. 394 vertreten.

[41]Vgl. *Alexander* (1985), S. 95 f.

[42]Im Kontext der Digitalisierung treten tiefgreifende Veränderung im alltäglichen Leben, den Märkten, aber auch in den Geschäftsbeziehungen sowie den Wertschöpfungsnetzwerken auf. Dieser Wandel führt sowohl zu Chancen als auch zu neuen Herausforderungen für Unternehmen, vgl. *Kreutzer/Land* (2016), S. 1; *Roth* (2016b), S. 3. Dies führt zweifelsohne zu einem Anstieg von Volatilität, Unsicherheit, Komplexität und Ambiguität für Unternehmen und deren Umwelt, vgl. *Becker* (2019b), S. 51. In der englischsprachigen Managementliteratur wird dies oftmals als VUCA betitelt, vgl. *Millar/Groth/Mahon* (2018), S. 6.

BELZ/MÜLLNER und SENN konnte ermittelt werden, dass neben motivierten Mitarbeitern mit adäquaten Kompetenzen ein systematisches Planungs- und Kontrollsystem einen wichtigen Erfolgsfaktor für die Strategieimplementierung darstellt.[43] Um digitalisierungsbedingte Value Streams abzubilden, zu steuern und zu gestalten, könnte es allerdings adaptierte oder neue Planungs- Kontrollsystemkonzepte, die das Potenzial digitaler Technologien reflektieren können und so in der Lage sind neue Geschäftsmöglichkeiten zu entwickeln, bedürfen.[44]

## 1.2  Zielsetzung und Forschungsfragen

Auf der Grundlage der erläuterten Problemstellung kann nunmehr festgehalten werden, dass ein Forschungsbedarf hinsichtlich der Ausgestaltung solcher Planungs- und Kontrollsysteme besteht. Die vorliegende Dissertation verfolgt demzufolge das primäre Ziel, evidenzbasierte Handlungsempfehlungen[45] für die unternehmerische Praxis auszusprechen. Aus der angesprochenen allgemeinen Zielsetzung der Arbeit lässt sich sodann folgende Fragestellung deduzieren.

**Um die digitale Transformation von Geschäftsmodellen proaktiv und antizipativ erfolgreich gestalten, lenken und leiten zu können bedarf es eines adaptierten Performance Managements. Im Zuge dessen ist die forschungsleitende Frage aufzuwerfen, wie dieses Performance Management ausgestaltet sein könnte.**

Um dieses recht umfangreiche Forschungsfeld ziel- und zweckorientiert bearbeiten zu können, ist es notwendig sich gezielt auf einige wichtige ausgewählte Aspekte zu fokussieren. Im Zuge dessen ist es dringend zu empfehlen Subforschungsfragen[46] abzuleiten, welche im Folgenden näher ausgeführt werden sollen.

---

[43] Vgl. *Belz/Müllner/Senn* (1999), S. 16 ff. Diese Systeme werden in der angloamerikanischen Managementliteratur als Performance Measurement and Managementsysteme bezeichnet. DAVIS und ALBRIGHT benennen den Nutzen dieser Systeme als „frequently recommended for faciliating strategy implementation and enhancing organisational performance" *Davis/Albright* (2004), S. 136. Manche Autoren gehen sogar so weit, Performance Measurement und Management Systeme als eine Art Nervensystem der Organisation zu bezeichnen, vgl. hierzu u. a. *Beer* (1981), (1985); *Bititci/Carrie/McDevitt* (1997).

[44] Vgl. *Gölzer/Fritzsche* (2017), S. 1333.

[45] Siehe Kapitel 6.

[46] Die Formulierung einer oder mehrerer präzisen und spezifischen Forschungsfrage(n) ist notwendig und Hilfreich, weil sie zur exakten Themenfindung beiträgt und die Qualität einer wissenschaftlichen Arbeit maßgeblich determiniert, vgl. *Berger-Grabner* (2013), S. 60.

1. Wie lässt sich eine Digitalisierungsstrategie charakterisieren, definieren und in die Business Strategie einordnen?

Eine terminologische Klarheit stellt eine notwendige Voraussetzung jeglicher wissenschaftlicher Betätigung dar.[47] Diese ist entscheidend für eine generelle Kredibilität und Darlegung der Relevanz des zu betrachtenden Themenfeldes.[48] Der Begriff der Digitalisierung wurde maßgeblich im Rahmen der dritten industriellen Revolution geprägt[49], allerdings sind noch terminologische Unklarheiten festzustellen.[50] Die Begriffe Digitalisierung, digital und digitale Transformation von Geschäftsmodellen[51] und damit auch der Terminus der Digitalisierungsstrategie sind in der wissenschaftlichen Diskussion nicht klar belegt.[52] Nicht nur in der wissenschaftlichen Forschung sondern auch in der unternehmerischen Praxis sind kontroverse Diskussionen zu konstatieren.[53] Ähnlich verhält es sich mit dem Begriff der Strategie, hierbei findet sich in der bestehenden Managementliteratur ebenfalls kein einheitliches Verständnis des Begriffes.[54] Allerdings haben sich in der wissenschaftlichen Diskussion im Laufe der vergangenen Jahre verschiedenartige Definitionsansätze herauskristallisiert. Folgende Tabelle 1.1 greift einige dieser Definitionen auf.

---

[47] Die Begriffsbildung- bzw. -bestimmung stellt die niedrigste Stufe der Theoriebildung dar. Die Bestimmung von Begriffen erfolgt auf dem Wege einer Ermittlung begriffskonstituierender Merkmale. Im Rahmen der Begriffsbestimmung erwerben Wissenschaftler eine relativ präzise Vorstellung vom Wesen und der Art des zu untersuchenden Phänomens bzw. des Sachverhaltes, vgl. hierzu *Wolf* (2011), S. 8. Für weitere Erläuterungen vgl. u. a. *Grochla* (1978); *Schanz* (1988).

[48] Vgl. u. a. *Berger/Luckmann* (1967); *Reed/Luffmann* (1986); *Short/Payne/Ketchen* (2008); *Short/Moss/Lumpkin* (2009).

[49] Vgl. *Scheer/Wahlster* (2012), S. 7 ff.

[50] Vgl. *Botzkowski* (2018), S. 9.

[51] In dieser Arbeit sollen die Begrifflichkeiten Digitalisierung und digitale Tranformation von Geschäftsmodellen synonym verwendet werden. Zur Diskussion des grundlegenden Digitalisierungsverständnisses, welches dieser Arbeit zugrunde liegt, siehe Abschnitt 2.1.

[52] Vgl. *Becker/Vogt* (2015), S. 430.

[53] Vgl. *Becker et al.* (2013), S. 54 ff.

[54] Vgl. *Welge/Al-Laham* (1992), S. 166 f.

**Tabelle 1.1**   Definitionsansätze der Digitalisierungsstrategie

| Autor/en | Definition |
|---|---|
| MITHAS/AGARWAL/COURTNEY (2012) | Dynamic synchronization between business and IT to gain competive advantage.[a] |
| WOODARD ET AL. (2013) | Pattern of deliberate competitive actions undertaken by a firm as it competes by offering digitally enabled products or services.[b] |
| BHARADWAJ ET AL. (2013) | Organizational strategy formulated and executed by leveraging digital ressources to create differential value.[c] |
| MITHAS/TAFTI/MITCHELL (2013) | Extent to which a firm engages in any category of IT activity.[d] |
| SETIA/VENKATESH/JOGLEKAR (2013) | Digital Business strategy highlights the Relationship between digital design and Customer service Performance of a Firm.[e] |
| HESS ET AL. (2016) | A digital transformation strategy sign posts the way toward digital transformation and guides managers through the transformation process resulting from the integration and use of digital technologies.[f] |
| HILL/JANATA/MICHEL (2016) | [...] Digitalization strategy is the documented form of the strategic inventory and planning of the measurements and initiative of the respective company.[g] |
| FRAUNHOFER IAO (2016) | A digital strategy summarizes the digital transformation processes objectives, guidelines, and controlling structures and acts as interface to the coordination of the numerous digitization activities. The digital strategy contains a company's digital vision and expresses the business strategy's the objectives and priorities through digital plans.[h] |
| RAUSER (2016) | „[...] digital strategy refers to the strategy a company would apply to all of its digital initiatives. This includes the entire process: collecting all required information, planning, identifying risks and opportunities, maintaining your digital strategy, and creating sub-strategies such as your digital-marketing strategy."[i] |
| SEBASTIAN ET AL. (2017) | A business strategy, inspired by the capabilities of powerful, readily accessible technologies (like SMACIT), intents on delivering unique, integrated business capabilities in ways that are responsive to constantly changing market conditions.[j] |
| SCHALLMO/WILLIAMS/LOHSE (2019) | A digital strategy is the strategic form of digitization intentions of companies. The short and mid-term objectives are to create new or to maintain competitive advantages. Within the digital strategy, digital technologies and methods are applied to products, services, processes and business models. In order to develop a digital strategy, the company and its environment have to be analyzed as a basis for several future scenarios. The digital strategy consists of a vison, mission, strategic objectives, strategic success factors, values and measures.[k] |

[a]*Mithas/Agarwal/Courtney* (2012), S. 2.
[b]*Woodard et al.* (2013), S. 538.
[c]*Bharadwaj et al.* (2013), S. 472.
[d]*Mithas/Tafti/Mitchell* (2013), S. 513.
[e]*Setia/Venkatesh/Joglekar* (2013), S. 582.
[f]*Hess et al.* (2016), S. 125.
[g]*Hille/Janata/Michel* (2016).
[h]*Fraunhofer IAO* (2018).
[i]*Rauser* (2016).
[j]*Sebastian et al.* (2017), S. 198.
[k]*Schallmo/Williams/Lohse* (2018), S. 3.

Bezüglich des grundsätzlichen Strategieverständnisses lässt sich zusammenfassend konstatieren, dass Kontingenztheoretiker[55] lange postuliert haben, dass die Umwelt einen wichtigen Faktor bei der Definition einer Unternehmensstrategie darstellt.[56] Insbesondere haben sie auf Änderungsraten der wichtigsten Umweltfaktoren wie Technologie[57] oder Marketingentscheidungen[58] als entscheidenden Faktor hingewiesen.

Für diese Wissenschaftler wird die Umwelt jedoch als eine statische exogene Variable betrachtet, die die Organisationsstruktur moderiert.[59] Technologie- und Innovationstheoretiker[60] und angegliederte Organisationstheoretiker[61] betrachten jedoch grundsätzlich ausschließlich die technologische Evolution als entscheidenden Treiber.

2. Welche Anforderungen könnte die digitale Welt an ein Performance Management stellen?

In der betriebswirtschaftlichen Forschung existiert zunehmend der Konsens, dass die Digitalisierung zur Transformation von Geschäftsmodellen führt.[62] Durch den Eintritt in das 21. Jahrhundert kam es zu einer starken Zunahme der Veränderungen hinsichtlich des „Scopes" und der „Magnitude".[63] Diese rasante Entwicklung wird durch den technologischen Fortschritt verstärkt, wodurch sich auch die Steuerung von Unternehmen nachhaltig verändert.[64] Es ist in der wissenschaftlichen Diskussion unstrittig, dass ein Performance Management System Vorteile, in Form von Effektivität und Effizienz, mit sich bringt.[65] WAMBA argumentiert in

---

[55] Ausführungen zur Kontigenztheorie und deren Bedeutung für die vorliegende Arbeit finden sich in Abschnitt 3.1.1.

[56] Vgl. exemplarisch *Burns/Stalker* (1961); *Lawrence/Lorsch* (1967).

[57] Vgl. exemplarisch *Dowling/McGee* (1994).

[58] Vgl. exemplarisch *Claycomb/Germain/Droege* (2000).

[59] Vgl. *Pagani* (2013), S. 617.

[60] Vgl. exemplarisch *Abernathy/Utterback* (1978).

[61] Vgl. exemplarisch *Anderson/Tushman* (1990).

[62] Vgl. *Becker/Botzkowski/Eurich* (2015), S. 264.

[63] Vgl. *Kotter/Cohen* (2002), S. 20; *Harrington/Boyson/Corsi* (2011), S. 35 f.; *Bititci et al.* (2012), S. 310.

[64] Vgl. *Barton/Court* (2012), S. 79.

[65] Vgl. *Neely* (1999), S. 2010; *Melnyk et al.* (2014), S. 173. Allerdings argumentieren ANDERSEN, BUSI und ONSOYEN, dass es in dem letzten Jahrzent keinen nennenswerten wissenschaftlichen Fortschritt auf dem Feld der Performance Measurement und Management Feld gegeben hat, vgl. hierzu *Andersen/Busi/Onsoyen* (2014), S. 120 f.

diesem Kontext: „that future organisational performance is intimately interlinked with technological developments in digital economies and highlights the urgent need of empirical research. It is also argued that the majority of PMM-related research has been developed from an assumption that organisations operate in a stable environment."[66]

3. Inwieweit könnten sich bestehende Performance Management Tools eignen, um diesen Anforderungen gerecht zu werden?

Grundsätzlich kann festgestellt werden, dass die meisten Planungs- und Kontroll-systeme hinsichtlich der Erfüllung gewissen Anforderungen flexibel ausgestaltet sind. Hierzu merkt TRISKA kritisch an, dass sich „auf Basis dieser sehr allge-meinen Bestimmung [...] kaum Instrumente identifizieren [lassen], die diesen Anforderungen nicht genügen."[67] In einer empirischen Erhebung von FRANCO-SANTOS, LUCIANETTI und BOURNE konnte festgestellt werden, dass moderne Performance Measurement und Management Systeme einen signifikanten Ein-fluss auf die Verhaltensweisen der Mitarbeiter, organisationale Fähigkeiten und die Performance haben.[68] Im digitalen Zeitalter werden Performance Management Systeme mit dem Problem der instabilen externen, aber auch internen Umwelt konfrontiert. Dies hat einen großen Einfluss auf die organisationale Strategie und die damit verbundenen Performance Management Systeme.[69] Es stellt sich also die Frage, ob bestehende Performance Management Systeme[70] in der Lage sind, diese instabile Umwelt zweck- und zielorientiert[71] abbilden, steuern und

---

[66]*Wamba et al.* (2015), S. 235 f.

[67]*Triska* (2005), S. 30.

[68]Vgl. *Franco-Santos/Lucianetti/Bourne* (2012). Weitere empirische Studien können nach-weisen, dass Performance Measurement und Management System die finanzielle und die nicht-finanzielle Performance beeinflussen, vgl. hierzu *Chenhall/Langfield* (1998); *Hoque/James* (2000); *Evans* (2004); *Hoque* (2004); *Van der Stede/Chow/Lin* (2006); *De Geuser/Mooraj/Oyon* (2009).

[69]Vgl. *Bititci et al.* (2012); *Melnyk et al.* (2014). Allerdings kann zwischen der Strategie und der Performance Messung eine Diskrepanz vorliegen, vgl. hierzu *Johnston/Pongatichat* (2008).

[70]Vgl. Abschnitt 2.2.

[71]Vgl. *Becker* (2017a), S. 150 ff.

gestalten zu können. Während etablierte Performance Management Systeme vornehmlich für klassische (analoge) Geschäftsmodelle konzipiert sind[72], bleibt die Transformation von Geschäftsmodellen zunächst seltsam unbeleuchtet.[73]

4. Wie kann ein Performance Management modifiziert werden, um diesen Anforderungen gerecht zu werden?

Die Transformation von Geschäftsmodellen ist dabei eine wesentliche Aufgabe des Top-Managements und ist demnach von strategischer Bedeutung. In diesem Zusammenhang ist es sodann notwendig, einerseits eine Digitalisierungsstrategie zu entwickeln und andererseits diese auch zu implementieren.[74] Es lässt sich also konstatieren, dass eine grundlegende Veränderung der Umwelt eine Änderung der Strategie zur Folge haben muss, welche einen direkten Einfluss auf Performance Management System als Formulierungs- und Implementierungstool hat.[75] In der Literatur wird zudem die Frage aufgeworfen, ob betriebliche Steuerungssysteme aufgrund der gestiegenen digitalisierungsbedingten Komplexität adjustiert werden sollten.[76] Es kann sodann die Forschungsfrage zur Diskussion gestellt werden, inwieweit das bestehende Instrumentarium an Performance Management Systemen in der Lage ist, den Anforderungen der digitalen Welt zu begegnen.

## 1.3    Forschungsmethodik

Zur Beantwortung der aufgestellten Forschungsfragen ist eine ziel- und zweckorientierte Forschungsmethodik unabdingbar. Die grundlegende Basis jeglicher Forschung bilden Theorien.[77] Eine grundlegende Typologie der Wissenschaft findet sich bei WEBER, KABST und BAUM. Den Ausführungen dieser Autoren folgend, stellt Wissenschaft zunächst eine grundlegende Tätigkeit dar, welche alle

---

[72]Vgl. hierzu u. a. *Benner/Tripsas* (2012), S. 280.

[73]Vgl. *Nylen/Holmström* (2015), S. 59.

[74]Vgl. *Becker/Schuhknecht/Botzkowski* (2019), S. 39.

[75]Vgl. *Melnyk et al.* (2014), S. 10.

[76]Vgl. Abschnitt 1.1.

[77]Die Internationalisierung der Betriebswirtschaftslehre erfordert die Berücksichtigung internationaler Standards für die Entwicklung der Theoriebildung, vgl. hierzu *Haase* (2006), S. 50.

Aktivitäten zur Gewinnung systematischen Wissens[78] umfasst. Das Resultat des wissenschaftlichen Arbeitens wird ebenfalls als Wissenschaft deklariert. Diese Ergebnisse der wissenschaftlichen Tätigkeit finden sich in sichtbarer Form in Forschungsberichten, Lehrbüchern, Zeitschriftenaufsätzen oder in Vorträgen auf Kongressen wieder. In diesem Sinne kann Wissenschaft also als ein systematisch geordnetes Gefüge von Aussagen bezeichnet werden.[79] Versteht man die Wissenschaft als Institution, sind jene Personen oder Einrichtungen gemeint, die wissenschaftlich tätig sind, also Forschungsinstitute oder Universitäten bzw. die dort tätigen Wissenschaftler.[80]

DIEMER bezeichnet diese Varianten des Wissensbegriffes auch als propositionaler Wissensbegriff (das Resultat des wissenschaftlichen Arbeitens), operationaler Wissensbegriff (die Operation bzw. der Prozess zur Erkenntnisgewinnung) und institutioneller Wissensbegriff (die Einrichtung).[81] Das systematisch geordnete Wissen ist sodann auch das charakteristische Merkmal von Wissenschaft.[82]

Als Ergänzung wird Wissenschaft als die Vermittlung von Erkenntnissen durch Sprache verstanden. Zusammenfassend lässt sich folgende, in der Wissenschaft durchaus anerkannte, Definition deduzieren.

*Wissenschaft ist in methodischer Weise gewonnene, systematisch geordnete und durch die Sprache vermittelte Erkenntnis über einen bestimmten thematischen Bereich.[83]*

---

[78] *Weber/Kabst/Baum* (2018), S. 23 subsumieren unter systematischem Wissen jene wissenschaftlichen Erkenntnisse, welche sich auf ein bestimmtes zusammengehöriges Gegenstandsgebiet beziehen oder durch den gleichen Gesichtspunkt der Betrachtung verbunden sind. *Pfeiffer* (2009), S. 2, hingegen unterscheidet zwischen Erfahrungswissen und systematischem Wissen, hierbei stellt das systematische Wissen das theoretische und wissenschaftliche Wissen dar und wird ausschließlich in praxisenthobenen Institutionen unterrichtet. Die Unterscheidung zwischen systematischem und epistemischem Wissen kann auf *Cavanaugh* (1989) zurückgeführt werden. Auch wurde bereits in der vorsokratischen Phase der griechischen Philosophie zwischen *sophia* bzw. *philosophia* und *doxa* (Vermutung oder Meinung) differenziert, vgl. *Rombach* (1974), S. 7 f. Im Rahmen der Metakognitionsforschung wird unter dem systematischen Wissen, Wissen über die eigene kognitiven Systeme und seine Funktionsgesetze, Wissen über spezielle Lernanforderungen und Wissen über Strategien verstanden, vgl. hierzu u. a. *Paris/Lipson/Wixson* (1983); *Wellman* (1983); *Kluwe/Schiebler* (1984).

[79] Vgl. *Weber/Kabst/Baum* (2018), S. 23.

[80] Vgl. *Weber/Kabst/Baum* (2018), S. 23.

[81] Vgl. *Diemer* (1974), S. 129 f. *Weber/Kabst/Baum* (2018), S. 22 i. V. m. *Diemer* (1974), S. 129 f. Ähnlich auch bei *Raffée* (1974), S. 13 f.

[82] Vgl. *Wohlgenannt* (1969), S. 28.

[83] *Kolb* (2012), S. 3.

Die Qualität wissenschaftlicher Aussagen und Aussagsysteme lässt sich anhand der Kriterien „Wahrheit", „Neuheit" und „Informationsgehalt" bewerten.[84] Neuheit und Informationsgehalt wird von BROCKHOFF unter der „Nützlichkeit" substituiert.[85] Wahrheit kann auf Grund einer möglichen Trivialität kein alleiniges Ziel der Wissenschaft sein.[86] Die Verbindung von Wahrheit und Nützlichkeit[87] findet sich ebenfalls in dem Optimismus des durch die Aufklärung beeinflussten Programms des Positivismus von AUGUST COMTE: „by accumulating empirically certified truths science also promotes progress in society"[88] Dieser thematische Bereich wird bei einer Realwissenschaft wie der Betriebswirtschaftslehre durch einen bestimmten Bereich der Wirklichkeit charakterisiert. KOSIOL identifiziert als Erfahrungsobjekt der Wirtschaftswissenschaften „die gesamte Kulturwelt des Menschen, die in das besondere ökonomische Geschehen eingebettet ist"[89] Neben dem Erfahrungsobjekt wird für jede Wissenschaft ein sogenanntes Identitätsmerkmal festgelegt, mit dessen Hilfe aus dem Erfahrungsobjekt das jeweilige Erkenntnisobjekt abgegrenzt werden kann. Als Identitätsmerkmal der Wirtschaftswissenschaften ist grundsätzliche die „Knappheit der Güter" zu sehen.[90] Diese Überlegungen führen zu der von ROBBINS aufgestellten Definition der Wirtschaftswissenschaften:[91]

*Economics is the science which studies human behaviour as a relationship between ends and scarce means which have alternative uses* [92]

---

[84]Vgl. *Chmielewicz* (1994), S. 129 ff.

[85]Eine fehlende Nützlichkeit von Teilen der Betriebswirtschaftslehre wird bereits von *Schreiber* (1913), S. 231 kritisiert: „Es fehle der Scholastik eine innerlich gesunde Fortentwicklung, weil es ihr an der nötigen Beweglichkeit fehlte, Überkommen aufzugeben oder umzustoßen. Das Gesamtbild der scholastischen Wirtschaftslehre wurde gekünstelt, unnatürlich und lebensfremd."

[86]Beispielsweise informieren Tautologien über nichts und können daher auch nicht zur Lösung von Problemen eingesetzt werden, vgl. *Haase* (2006), S. 52. Für *Popper* (1984), S. 58 ist aufgrund dessen das Streben nach Wahrheitsähnlichkeit gegenüber der Wahrheit sogar zu bevorzugen.

[87]Im einen Sinne von „social utility", vgl. hierzu *Laudan* (1977), S. 12.

[88]*Niiniluoto* (2002), S. 1.

[89]*Kosiol* (1961), S. 130.

[90]Vgl. *Kolb* (2012), S. 5.

[91]Dieser Definitionsansatz wird unter anderem von *Weddigen* (1948), S. 9; *Röpke* (1965), S. 32 und *Samuelson/Nordhaus* (1987), S. 29 aufgegriffen.

[92]*Robbins* (1932), S. 15.

Im Gegensatz zur Volkswirtschaftslehre[93] ist die Betriebswirtschaftslehre als ein Teil der Wirtschaftswissenschaften[94] eine vergleichsweise junge Wissenschaft,[95] welche sich erst im Laufe des zwanzigsten Jahrhunderts als eigenständige Wissenschaft etabliert hat.[96] Als Gegenstand und Erkenntnisobjekt ist hierbei das Wirtschaften von Unternehmungen zu verstehen.[97] Ein entscheidendes Abgrenzungsmerkmal zur Volkswirtschaftslehre stellt das Verständnis der Betriebswirtschaftslehre als angewandte Wissenschaft dar.[98]

Im Zuge dessen soll einerseits ein Erkenntnisfortschritt ermöglicht werden und anderseits zur Lösung praktischer Problemlagen beigetragen werden.[99] Im Sinne der GUTENBERG Schule innerhalb der Betriebswirtschaftslehre benennt BROCKHOFF drei zentrale Ideen, aus denen heraus die Leistungen der Betriebswirtschaftslehre entstehen. Diese wären die Betrachtung einer zielorientiert handelnden sozialen Institution, die Verwendung knapper Ressourcen und die Optimierung unter Nebenbedingungen.[100]

Durch das grundsätzliche Verständnis der Betriebswirtschaftslehre als angewandte Wissenschaft wird ein praktisches Wissensziel verfolgt, aufgrund dessen gilt es stets den Praxisbezug im Forschungsprozess zu berücksichtigen.[101] ULRICH manifestiert in diesem Kontext den Ausdruck der konzeptionellen Forschung.[102] Allerdings darf die Berücksichtigung einer theoretischen Basis nicht außer Acht gelassen werden.[103] JUNG stellt in diesem Zusammenhang fest „die Betriebswirtschaftslehre wird heute überwiegend als angewandte Wissenschaft bezeichnet und geht demnach über die Zielsetzungen einer reinen Wissenschaft

---

[93]Die Volkswirtschaftslehre wird nochmals in die Mikro- und die Makroökonomie separiert, vgl. u. a. *Pindyck/Rubinfeld* (2013); *Blanchard/Illing* (2014); *Brunner/Kehrle* (2014). Allerdings schlägt *Raffée* (1974) bereits in den 1970er Jahren vor Mikroökonomie und Betriebswirtschaftslehre gleichzusetzen.

[94]Vgl. *Clausius* (1998), S. 4. Hinsichtlich einer Einordnung der Betriebswirtschaftslehre im System der Wissenschaften vgl. u. a. *Weber/Kabst/Baum* (2018), S. 24. Eine ausführliche Darstellung findet sich bei *Raffée* (1974), S. 23.

[95]Vgl. exemplarisch *Opresnik/Rennhak* (2012), S. 2.

[96]Für viele Autoren gilt EUGEN SCHMALENBACH als Begründer der modernen Betriebswirtschaftslehre, vgl. hierzu exemplarisch *Schmalenbach* (1949).

[97]Vgl. *Opresnik/Rennhak* (2012), S. 1.

[98]Vgl. *Kornmeier* (2007), S. 23, *Jung* (2016), S. 25.

[99]Vgl. *Bardmann* (2014), S. 63 ff.

[100]Vgl. *Brockhoff* (1999), S. 32.

[101]Vgl. *Ulrich* (1982), S. 1.

[102]Vgl. *Ulrich* (1981), S. 21.

[103]Vgl. *Schweitzer* (2009), S. 65.

hinaus. Sie besteht aus einem theoretischen und einem angewandten (praktischen) Teil. Beide Teile unterscheiden sich in Ihrem Erkenntnisziel. Die theoretische Betriebswirtschaftslehre dient ausschließlich der Wissenserlangung, unabhängig vom Grad der praktischen Anwendung, während die angewandte Betriebswirtschaftslehre immer eine praxisorientierte Forschung betreibt und ihre Aufgabe in der Beschreibung und Beurteilung empirisch vorgefundener Entscheidungsprozesse sowie in der Entwicklung neuer Entscheidungsgrundlagen sieht."[104]

BECKER folgt diesen Überlegungen und postuliert, dass zweckorientierte Forschungsergebnisse nur durch eine Synthese aus betriebswirtschaftlichen Theorien (Deduktion) und aus empirischen Daten generierten Argumentationssträngen (Induktion) entstehen können. Im deduktiven Teil werden sodann aus bereits vorhandenen theoretischen Erkenntnissen unter Verwendung logisch-wahrer Ableitungen neue Ergebnisse gewonnen, die für das Aufstellen von Thesen benötigt werden. Diese werden dann im Rahmen der Induktion überprüft.

Die Forschungskonzeption im Gegenstrom ermöglicht also neben der Nutzung verschiedener Methoden der Datenerhebung die Anwendung verschiedener Ansätze zur Interpretation der gewonnen Daten.[105] Aufgrund dessen soll in der vorliegenden Dissertation diese Forschungsmethodik angewendet werden.

## 1.4    Aufbau der Arbeit

Die Arbeit gliedert sich wie folgt in sieben Teile (siehe Abbildung 1.4). Zunächst werden in **Kapitel 1** die Problemstellung, die Forschungsfragen und die anzuwendende Forschungsmethodik erläutert.

Sodann werden in **Kapitel 2** wichtige terminologische Grundlagen erläutert. Dies dient dem Zweck, ein gemeinsam Verständnis des Untersuchungsfeldes zu schaffen. Hierbei wird zunächst die digitale Transformation von Geschäftsmodellen als strategisches Konzept der Unternehmensentwicklung definiert. Im Zuge dessen soll, neben der Darlegung von Charakteristika von digitalen Geschäftsmodellen, eine Abgrenzung zur industriellen Digitalisierung vorgenommen werden. Im weiteren Verlauf folgen kurze Ausführungen zur Unternehmensentwicklung. Im Folgenden werden die Begriffe Strategie bzw. Strategisches Management betrachtet. Abschließend wird das Performance Management näher beleuchtet. Hierzu erfolgen, nach einer Begriffsbestimmung, Erläuterungen bezüglich der Entwicklung zu einem übergreifenden Performance Management.

---

[104]*Jung* (2016), S. 24.
[105]Vgl. *Becker* (1990), S. 296.

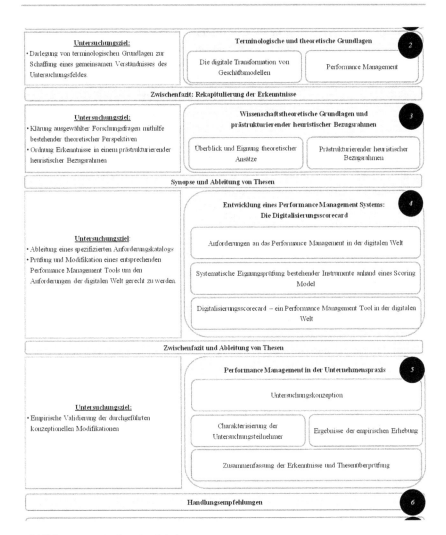

**Abbildung 1.4** Aufbau der Arbeit

Zu Beantwortung von ausgewählten Forschungsfragen werden in **Kapitel 3** der vorliegenden Dissertation wissenschaftstheoretische Grundlagen beleuchtet. Hierbei soll die Kontingenztheorie, die Prinzipal Agenten Theorie sowie die Modelltheorie herangezogen werden. Zudem werden die gesammelten deduktiven

Erkenntnisse zur Ableitung eines prästrukturierenden heuristischen Bezugsrahmens verwendet. Das Kapitel endet sodann mit einer Synopse, welches die gewonnenen Erkenntnisse rekapituliert und zur Formulierung von Thesen dient.

In **Kapitel 4** erfolgt sodann, auf Grundlage der gewonnenen Erkenntnisse, die Konzipierung des Performance Management Tools, der Digitalisierungsscorecard. Hierzu sollen zunächst mithilfe der Wissenschaft 2. Ordnung Anforderungen abgeleitet werden, die die digitale Transformation, im Sinne der Kontingenztheorie an Performance Management Systeme stellen könnte. Mithilfe dieser Anforderungen kann eine systematische Eignungsprüfung bestehender Instrumente anhand eines Scoring Models durchgeführt werden, welche in der Wahl des Balanced Scorecard Gedankens als konzeptionelle Basis gipfelt. Diese wird entsprechend modifiziert um den Anforderungen welche die Digitalisierung stellt, gerecht zu werden. Zudem wird das Objectives and Key Result Management ebenfalls in die Digitalisierungsscorecard integriert. Auch sollen digitalisierungsbedingte Ursache-Wirkungsbeziehungen sowie ein integratives Risikomanagement betrachtet werden.

**Kapitel 5** hat die Induktion im Rahmen einer empirischen Erhebung zum Inhalt. Hierbei wird zunächst die Untersuchungskonzeption dargestellt werden. Darauf aufbauend werden die Untersuchungsteilnehmer charakterisiert und die Ergebnisse dargestellt und diskutiert.

**Kapitel 6** dient der Ableitung von praxisnahen Handlungsempfehlungen und die Darlegung eines Fallbeispieles, um letztlich der Forderung zur Lösung praktischer Problemlagen[106] gerecht zu werden.

**Kapitel 7** fasst die wesentlichen Inhalte der Arbeit im Rahmen eines Resümees zusammen, zeigt Limitationen und wagt einen Ausblick auf weitere Forschungsaktivitäten.

---

[106] Vgl. hierzu Abschnitt 1.3.

# Terminologische Grundlagen

2

Nachdem im ersten Kapitel die Problemstellung und die daraus resultierende Zielsetzung bzw. die deduzierenden Forschungsfragen sowie die zugrundeliegende Forschungsmethodik dieser Dissertation erläutert wurden, sollen im nun folgenden zweiten Kapitel die wichtigsten terminologischen Begrifflichkeiten diskutiert werden. Hierzu wird zunächst der „omnipräsente Begriff"[1] der Digitalisierung bzw. das Verständnis der Digitalisierung als digitale Transformation von Geschäftsmodellen als strategisches Konzept der Unternehmensentwicklung (Abschnitt 2.1) diskutiert. Hiermit wird das Objektfeld der vorliegenden Dissertation definiert. Im zweiten Abschnitt des Kapitels wird sodann das Performance Management näher beleuchtet. Das Kapitel 2 schließt sodann mit einem kurzen Zwischenfazit (Abschnitt 2.3) in dem die gewonnenen Erkenntnisse rekapituliert werden.

---

[1] *Botzkowski* (2018), S. 24.

---

**Elektronisches Zusatzmaterial** Die elektronische Version dieses Kapitels enthält Zusatzmaterial, das berechtigten Benutzern zur Verfügung steht https://doi.org/10.1007/978-3-658-32177-2_2.

## 2.1 Die digitale Transformation von Geschäftsmodellen als strategisches Konzept der Unternehmensentwicklung

In Abschnitt 2.1.1 erfolgt eine wissenschaftliche Diskussion bezüglich des Begriffs der Digitalisierung bzw. digitale Transformation des Geschäftsmodelles. Abschnitt 2.1.2 hat die Unternehmensentwicklung zum Inhalt. Abschnitt 2.2 beschäftigt sich mit der Strategie und dem strategischen Management.

### 2.1.1 Charakteristika von digitalen Geschäftsmodellen

In der wissenschaftlichen Diskussion werden umgreifende technologische Veränderungen typischerweise entweder als „Component Innovations" oder als „Architectural Innovations" charakterisiert,[2] wobei die erstgenannte Art, Veränderungen in Technologien innerhalb einzelner Komponenten oder Teilsysteme beinhaltet. Die zweitgenannte hat Änderungen von Schemata zur Organisation zwischen einzelnen Komponenten oder Subsystemen, im Kontext breiterer Systeme, zum Inhalt.[3] In diesem Fall wird die Generativität durch den Aufbau einer Plattform erreicht, die es ermöglicht, Innovationen von Drittentwicklern nachträglich in die Plattform zu integrieren.[4] Diese Generativität der Technologien manifestiert sich in dem, was BOLAND ET AL.[5] als „Wake of Innovation" bezeichnen. Beispielsweise hat die Einführung einer Reihe von 3D-Visualisierungswerkzeugen in der Bauindustrie die Anzahl der Punkte, die während eines Bauvorhabens ausfindig zu machen sind, dramatisch erhöht und infolgedessen die Rolle und den Tätigkeitsbereich von Vermessungsingenieuren nachhaltig verändert.[6]

In der aktuellen wissenschaftlichen Diskussion sowie in der unternehmerischen Praxis erscheint der Begriff der Digitalisierung omnipräsent.[7] In der wissenschaftlichen Diskussion ist man sich zwar weitestgehend einig, dass der Begriff der Digitalisierung vornehmlich im Rahmen der dritten industriellen Revolution

---

[2]Vgl. *Henderson/Clark* (1990), S. 11; *Ulrich* (1995), S. 420; *Lee/Berente* (2012), S. 1431.

[3]Vgl. *Whitney* (1990), S. 5; *Becker/Baltzer/Ulrich* (2014); *Ulrich* (1995), S. 422.

[4]Vgl. *Tuomi* (2002), S. 50; *Benkler* (2006), S. 25f.; *Tiwana/Konsynksi/Bush* (2010), S. 680.

[5]Vgl. *Boland/Lyytinen/Yoo* (2007), S. 631.

[6]Vgl. *Boland/Lyytinen/Yoo* (2007), S. 639f.; *Yoo et al.* (2012).

[7]Vgl. u. a. *Burmester/Gschwedtner* (2015); *Gassmann/Sutter* (2016); *Kollmann/Schmidt* (2016); *Becker et al.* (2017b).

entstanden ist.[8] Allerdings ist zu attestieren, dass nach wie vor elementare terminologische Unklarheiten bestehen,[9] denn die Begriffe digital und vor allem Digitalisierung sind in der wissenschaftlichen Diskussion, aber auch in der unternehmerischen Praxis,[10] nicht klar belegt.[11] Der Begriff der Digitalisierung hat sich in den letzten zwei Jahrzehnten entscheidend manifestiert. Zwar wurde dieser terminologische Ausdruck, wie bereits erläutert, maßgeblich im Rahmen der dritten industriellen Revolution geprägt, jedoch gehen die Wurzeln dieses „schillerndes Begriffs"[12] bis ins frühe 18. Jahrhundert zurück.[13]

Der Begriff der Digitalisierung lässt sich nun grundsätzlich unterschiedlich definieren und abgrenzen. Das Spektrum der Definitionen beginnt mit überwiegend technischen Betrachtungen und bewegt sich zunehmend in die Richtung der Berücksichtigung ökonomischer Aspekte.[14] In einer rein technischen Betrachtungsweise kann die Digitalisierung als Kodierungsvorgang beschrieben werden,[15] durch den eine diskrete analoge Darstellung in eine digitale Darstellung transformiert wird (0/1).[16] Die technische Umwandlung einer analogen in eine digitale Darstellung erfolgt hierbei durch die Abtastung des analogen Ausgangsgutes an verschiedenen gewählten Punkten. Die Qualität des Ergebnisses wird dabei von der Dichte dieser Abtastpunkte bestimmt.[17]

Bei dieser Betrachtungsweise der Digitalisierung handelt es sich um eine reine Form der binären Codierung. Jedoch kann attestiert werden, dass die Digitalisierung mehr als nur einen rein technisch orientierten Kodierungsvorgang umfasst.[18]

---

[8]Vgl. *Scheer/Wahlster* (2012), S. 7ff.

[9]Vgl. *Botzkowski* (2018), S. 9.

[10]Vgl. *Becker et al.* (2013), S. 54ff.

[11]Vgl. *Rossmann/Tangemann* (2015), S. 162; *Becker/Vogt* (2015), S. 430; *Schallmo* (2016), S. 4).

[12]Vgl. *Schaal* (2010), S. 23.

[13]Vgl. *Becker/Pflaum* (2019), S. 8ff. Der ursprüngliche Anstoß der Digitalisierung kann auf den Philosophen, Mathematiker, Diplomaten und Historiker Gottfried Wilhelm Leibniz (*Rehder* (2017) zurückgeführt werden, welcher arabische Nummern in binäre Zeichenkette transformierte. Frühe Anwendungsmethoden der digitalen Informationenübermittlung wurden im Rahmen der Morsezeichen verwendet, welche von dem Erfinder und Professor Samuel F. B. Morse ( *Knapp* (2012) im Jahr 1835 zur Übermittlung von binären Signalen durch einen Telegraphen erdacht wurde, vgl. *Vogelsang* (2010), S. 7.

[14]Vgl. *Becker/Pflaum* (2019).

[15]Dies ist bereits in den Werken von LEIBNIZ und MORSE geschehen.

[16]Vgl. *Levi/Rembold* (2003), S. 55.

[17]Vgl. *Loebbecke* (2006), S. 360.

[18]Vgl. *Baker* (2014), S. 20.

Nichtsdestotrotz findet sich diese vornehmlich technisch orientierte Betrachtung in einer Vielzahl der bestehenden Definitionen.[19] Die Digitalisierung mit einer Form der binären Kodierung gleichzusetzen, erscheint bezugnehmend auf die wissenschaftliche Diskussion um die Transformationen von Geschäftsmodellen wenig zweck- und zielorientiert.[20] Bislang konnte sich in der betriebswirtschaftlichen Literatur jedoch kein einheitliches Begriffsverständnis nachhaltig etablieren.[21]

Als erste Autoren, die sich mit einer ökonomischen Betrachtung, und damit der digitalen Transformation von Geschäftsmodellen, der Digitalisierung beschäftigt haben, sind die Bamberger Wissenschaftler BECKER ET AL. zu nennen.[22] Diese Autoren verstehen unter der Digitalisierung „eine Transformation von Geschäftsmodellen mit Hilfe von Informations- und Kommunikationstechnologien zur Reduktion von Schnittstellen, zur funktionsübergreifenden Vernetzung und zur Erhöhung der Effektivität und Effizienz".[23] Diese Sichtweise der Digitalisierung wird von dem Bamberger „Kompetenzzentrum für Geschäftsmodelle in der digitalen Welt"[24] aufgegriffen und im Rahmen dieser Arbeit wie folgt definiert:

*Digitalisierung ist die strategisch orientierte Transformation von Prozessen, Produkten, Dienstleistungen bis hin zur Transformation von kompletten Geschäftsmodellen unter Nutzung moderner Informations- und Kommunikationstechnologien (IuK) mit dem Ziel, nachhaltige Wertschöpfung effektiv und effizient zu gewährleisten.*[25]

Durch Verwendung dieser Definition wird nicht nur ausschließlich der zur partiellen oder vollständigen Digitalisierung führende Transformationsprozess in den Mittelpunkt der Begriffsbildung gerückt. Es werden zudem auch die essentiellen technologischen Ressourcen betrachtet. Dies geschieht aus dem Grund, da

---

[19]Vgl. *Becker/Pflaum* (2019). Bezüglich einer ausführlichen Diskussion der Definitionansätze wird auf *Botzkowski* (2018), S. 22f.; *Becker* (2019a), S. 24 sowie *Becker/Pflaum* (2019), S. 8 verwiesen.

[20]Vgl. *Hoffmeister* (2015), S. 84. *Leischnig/Woelfl/Ivens* (2016), attestieren: "Organizations in a wide range of industries redesign processes and even entire business models to transform innovative information technology (IT) options and digitization opportunities into strategic advantages". Eine Auflistung von Defintionen die, die digitale Transformation in den Vordergrund stellen findet sich u. a. bei *Schallmo/Rusnjak* (2017), S. 4.

[21]Vgl. *Krickel* (2015), S. 42.

[22]Vgl. *Becker et al.* (2013).

[23]*Becker/Botzkowski/Eurich* (2015), S. 264.

[24]Vgl. *Becker/Pflaum* (2019), S. 9.

[25]*Becker/Pflaum* (2019), S. 9.

diese im zu betrachteten Gesamtzusammenhang eine besonders hohe Bedeutung aufweisen. Das Internet der Dinge, Cloud und Mobile Computing[26], Data Analytics[27], Digitale Soziale Netze[28] und Blockchain[29] sind nur einige typische Beispiele für innovative Informations- und Kommunikationstechnologien.

Darüber hinaus werden die primären Objekte der Digitalisierung, nämlich die Geschäftsmodelle bzw. ihre Elemente, in die Begriffsbildung integriert. Zudem wird der vorrangige Zweck der Digitalisierung nicht außer Acht gelassen. Dies ist unbedingt notwendig, damit der ökonomisch besonders bedeutsame Zusammenhang zur eigentlichen Zwecksetzung von Unternehmen, nämlich der Wertschöpfung hergestellt wird.[30]

Für den Begriff „Geschäftsmodell", welcher seit Mitte der 90er Jahre diskutiert wird,[31] existiert bislang keine allgemeingültige Definition, woraufhin es häufig zu Unklarheiten kommt. Wirtschaftswissenschaftler haben verschiedene Definitionsansätze für diese Begrifflichkeit determiniert. Diese lassen sich grundsätzlich als Partial- oder Universalansätze differenzieren.[32] Ein Universalansatz wird von OSTERWALDER und PIGNEUR vertreten. Diese verstehen unter einem Geschäftsmodell „the rationale of how an organization creates, delivers, and captures value".[33] Die Autoren berücksichtigen also in ihrer Definition den Aspekt der Wertschöpfung eines Unternehmens stärker und definieren das Geschäftsmodell durch die Art und Weise, wie Wert generiert und bewertet wird. Dieser Ansatz bildet die Grundlage für das von ihnen entwickelte bekannte Business Modell Canvas, welches die neun Bausteine[34] eines Geschäftsmodells darstellt.[35]

---

[26]Vgl. u. a. *Habjan/Pucihar* (2017); *Tripathi* (2017), *Yang/Ray/Schniederjans* (2017).

[27]Vgl. u. a. *Grover et al.* (2018); *Kichtens et al.* (2018); *Leher et al.* (2018).

[28]Vgl. u. a. *Mussi/Angeloni/Faraco* (2014); *Gavilanes/Flatten/Brettel* (2018).

[29]Vgl. u. a. *Gopal/Martinez/Rodriguez* (2018); *Harrison* (2018a); *Robinson* (2018).

[30]Vgl. *Becker/Pflaum* (2019).

[31]Vgl. *Grandjean/Ries* (2017), S. 18.

[32]Vgl. *Wirtz* (2013). Partialansätze beschreiben Teilaspekte eines Unternehmens, vgl. Meinhard (2002), S. 219. Universalansätze hingegen beschreiben das Geschäftsmodell als Ganzes und können auch über Unternehmensgrenzen hinweg gehen, vgl. Osterwalder/Pigneur (2010); Zott und Amit (2010).

[33]*Osterwalder/Pigneur* (2011), S. 14.

[34]Diese werden als Schlüsselpartnerschaften, Schlüsselaktivitäten, Schlüsselressourcen, Kostenstruktur, Kanäle, Wertangebote, Einnahmequellen, Kundensegmente sowie Kundenbeziehungen definiert, vgl. *Osterwalder/Pigneur* (2011), S. 14.

[35]Eine ähnliche Aufstellung bzw. Sichtweise findet sich ebenfalls bei *Bieger/Reihholf* (2011), S. 32. Ein kritische Würdigung dieses Ansatzes findet sich bei *Becker* (2019), S. 19ff.

Obwohl dieser Geschäftsmodellansatz, vor allem in der unternehmerischen Praxis, weit verbreitet ist zu konstatieren, dass sich bisher keine allgemein akzeptierte Definition durchsetzen konnten.[36] Aufgrund dessen wird der Sichtweise BECKERS und ULRICHS sowie SCHOEGEL, im Rahmen der Dissertation gefolgt, und unter einem Geschäftsmodell die „(vereinfachende, strukturähnliche) Abbildung von ausgewählten Aspekten der Ressourcentransformation des Unternehmens sowie seiner Austauschbeziehungen mit anderen Marktteilnehmern"[37] verstanden. Das Grundprinzip, wie Wertschöpfung generiert wird, kann also durch das Geschäftsmodell dargestellt werden. Dabei wird dieses durch den Mehrwert bestimmt, welcher durch betriebliche Leistungserstellung den Vorleistungen hinzugefügt wurde.[38] Das Generieren von Wertschöpfung stellt also den eigentlichen Zweck eines jeden (digitalen) Geschäftsmodells dar, da durch Wertschöpfung die langfristige Existenz eines Unternehmens gewährleistet werden kann.[39]

Aktuell existiert in der Literatur keine einheitliche Begriffsdefinition für ein digitales Geschäftsmodell, jedoch herrscht Einigkeit darin, dass die Digitalisierung einen erheblichen Einfluss auf das Geschäftsmodell ausübt, was zu einem Transformationsprozess des Geschäftsmodells führt.[40] Die Digitalisierung hat nach JAHN und PFEIFFER sogar einen determinierenden Einfluss auf Geschäftsmodelle, da sie als eine strategische Komponente angesehen werden kann.[41] Ein Geschäftsmodell kann also zunächst als digitales Geschäftsmodell bezeichnet werden, wenn die Modellelemente partiell oder digital, mithilfe von Informations- und Kommunikationstechnologien, digitalisiert wurden.[42]

Dieser Zusammenhänge wird von BECKER in einem generischen Bezugsrahmen[43] (siehe Abbildung 2.1) dargestellt. So stellen exogene und/oder endogene Impulse den Beginn der Aktivitäten im Rahmen der digitalen Transformation von Geschäftsmodellen dar. Dies können beispielsweise ein gestiegener Wettbewerbsdruck, aber auch spezifische Kundenanforderungen sein.[44] Die Entscheidung zur

---

[36]*Shafer et al. (2005), S. 200* führen dies auf die historische Entwicklung des Konstrukts des Geschäftsmodells wieder.

[37]*Becker/Ulrich (2013), S. 13.*

[38]Vgl. *Becker (1999), S. 6.*

[39]Vgl. *Benz/Lange (2019), S. 285.*

[40]Vgl. Becker (2017), S. 294.

[41]Vgl. *Jahn/Pfeiffer (2014), S. 86.*

[42]Vgl. *Becker (2017), S. 101.* Eine ähnliche Sichtweise wird von *Veit et al. (2014), S. 48.* Sowie von *Fichman/Dos Santos/Zheng (2014), S. 335* vertreten.

[43]Diskussionen hinsichtlich eines Bezugrahmens finden sich in Kapitel 3 dieser Dissertation.

[44]Mögliche Impulse werden in Abschnitt 6.3 beleuchtet.

digitalen Transformation wiederum ist als Prozess[45] zu verstehen, der aus der Zielbildung, der Problemanalyse sowie der Alternativensuche, -bewertung und –auswahl besteht. Dieser Prozess muss stets von entsprechenden Entscheidungsträgern (beispielsweise dem CEO oder dem CDO) verantwortet werden. Hierfür werden neben direkten Entscheidungskompetenzen auch Fähigkeiten hinsichtlich der Umsetzung der Entscheidung zur digitalen Transformation benötigt. Im Rahmen eines jeden Transformationsprozesses gilt es Barrieren zu überwinden. Der Prozess[46] der digitalen Transformation kann also nur begonnen werden, wenn es gelingt diese Barrieren zu überwinden.

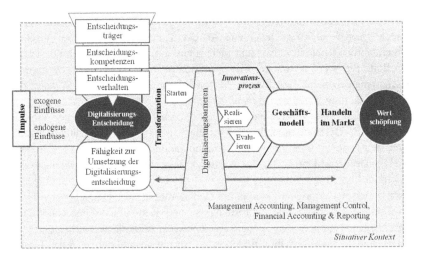

**Abbildung 2.1** Digitale Transformation von Geschäftsmodellen (In Anlehnung an *Becker* (2019a), S. 28.)

Mit dem nunmehr digitalen bzw. partiell digitalen Geschäftsmodell beginnt nun das unternehmerische Handeln im Markt, das letztlich zur von Unternehmen

---

[45]Ein rudimentärer Überblick über bestehende Digitalisierungsprozesse findet sich bei *Becker/Nolte* (2019), S. 78.

[46]Dieser Prozess besteht aus den Phasen, Initialisieren, Realisieren und Evaluierung, eine genaue Beschreibung der Prozesse findet sich bei *Becker/Nolte* (2019), S. 78f.

angestrebten Wertschöpfung führen sollte. Der Prozess des Digitalisierungs-
Managements sollte zudem stets durch ein entsprechend ausgerichtetes Mana-
gement Accounting & Control (Controlling) sowie auch durch das Financial
Accounting und das Reporting begleitet werden.[47]

Ein digitales bzw. partiell digitalen Geschäftsmodell charakterisiert sich
zunächst allgemein als ein Geschäftsmodell dessen Elemente (partiell oder
total) mithilfe von Informations- und Kommunikationstechnologien transformiert
wurden. Diese Elemente können neben klassischen Produktionsfaktoren auch
beispielsweise Beziehungen mit anderen Marktteilnehmern sein. Zudem sind
diese Geschäftsmodelle durch eine hohe Agilität geprägt. Denn ein Geschäftsmodell kann als agil klassifiziert werden, wenn es schnell und flexibel auf sich
ändernde Umweltbedingungen reagieren kann.[48] Demzufolge benötigt ein agiles
Geschäftsmodell auch eine adaptierte Art der Steuerung, strategische Entscheidungen werden beispielsweise nicht mehr allein auf der obersten Führungsebene
getroffen. Sie werden immer öfter partizipativ entwickelt.[49] Dieses digitale
Geschäftsmodell dient dem Zweck Wertschöpfung zu generieren und damit die
Existenzsicherung des Unternehmens zu sichern.

Die digitale Transformation verändert Geschäftsmodelle also auf vielfältige Weise.[50] Geschäftsmodelle sind demnach partiell oder vollständig digital,
wenn sich neue Informations- und Kommunikationstechnologien sowohl monetär als auch nicht monetär auf die Wertschöpfungsaktivitäten des Unternehmens
auswirken.[51]

Zum Beispiel ermöglicht bereits die Generierung großer Datenmengen durch
den Einsatz von innovativen Informations- und Kommunikationstechnologien
Unternehmen optimierte bzw. neue wertschöpfende Aktivitäten durchzuführen.[52]

Die digitale Transformation findet also nicht nur ausschließlich in den klassischen Produktionsprozessen eines Unternehmens statt, sondern verändert neben
dem leistungswirtschaftlichen Programm auch unternehmensübergreifende Wertschöpfungsketten.[53] Hinzu kommen neue Anforderungen der Kunden, die anstelle

---

[47]Vgl. *Becker* (2019a), S. 27f.

[48]Vgl. u. a. *Heitmann* (2018), S. 68; *Jochmann/Stein/Helfritz* (2018), S. 2; *Löffler* (2018),
S. 404; *Kohnke/Wieser* (2019), S. 82.

[49]Vgl. u. a. *Arensmann et al.* (2019), S. 95; *Lippold* (2019), S. 33. Weitere Erläuterungen zu
agilen Managementmethoden finden sich in Abschnitt 4.3.1.

[50]Vgl. *Baumöl/Bockshecker* (2019), S. 145.

[51]Vgl. *Veit et al.* (2014), S. 59.

[52]Vgl. *Fichman/Dos Santos/Zheng* (2014), S. 335; *Baumöl/Bockshecker* (2019), S. 145.

[53]Vgl. *Schallmo et al.* (2017), S. V.

einzelner Produkte und/oder Dienstleistungen „Rundum-sorglos-Pakete" inklusive Serviceleistungen des Unternehmens fordern.[54] Demnach wirkt sich die digitale Transformation auch auf den Koordinations- und Informationsbedarf im Unternehmen aus.[55]

Subsumierend lässt sich also festhalten, dass digitale Geschäftsmodelle darauf abzielen, Enabler innerhalb des Geschäftsmodells einzusetzen, um digitale Potenziale fördern, ein digitales Wertschöpfungsnetzwerk sowie digitale Kundenerfahrungen zu gestalten, um gestiegene Kundenanforderungen erfüllen und so die entsprechenden Leistungen effizienter erbringen zu können.[56]

## 2.1.2 Unternehmensentwicklung

Den Überlegungen des Abschnittes 2.1.1 folgend, kann die Transformation von Geschäftsmodellen aus folgenden Gründen als Unternehmensentwicklung interpretiert werden. Grundsätzlich verändert sich ein Unternehmen oder eine Organisation zwischen den zwei Zeitpunkten $t_0$ und $t_{+1}$. Die Unternehmensentwicklung repräsentiert dementsprechend diesen Veränderungsprozess.[57] Die daraus abzuleitenden Kernfragen der Unternehmensentwicklung lauten einerseits „why do firms differ?" und anderseits „why do firms develop differently?".[58]

Grundsätzlich besteht jedoch die Möglichkeit, diesen Veränderungsprozess proaktiv und antizipativ zu beeinflussen. Diese Einflussnahme resultiert dabei aus dem Führungsprozess, sprich aus der Steuerung, Regelung sowie Leitung.

Laut BECKER beinhaltet die traditionelle Unternehmensführung die „strukturelle und prozessuale Gestaltung, die antizipative Steuerung und Regelung sowie die verhaltensbezogene Leitung des situativ geprägten Handelns von Unternehmen".[59] Die Leitung wiederum ist ein „Führungsinstrument (i. e. S.), das auf die Leistung und Zufriedenheit erzeugende Beeinflussung des Leistungsverhaltens

---

[54] Vgl. *Schallmo/Rusnjak* (2017), S. 2.

[55] Vgl. *Nobach* (2019), S. 250f.

[56] Vgl. *Schallmo/Rusnjak* (2017), S. 7.

[57] Vgl. *Hutzchenreuther* (2015), S. 83.

[58] Vgl. *Hutzchenreuther* (2004), S. 1.

[59] *Becker* (2017c), S. 27. In diesen Überlegungen wird das Controlling als „Führungsfunktion interpretiert; es übernimmt das permanente Anregen, Ausrichten und Abstimmen aller Führungs- und Ausführungshandlungen auf den unternehmerischen Zweck der Wertschöpfung".

von Mitarbeitern gerichtet ist und sämtliche Maßnahmen der aufgaben- und personenorientierten Führung (z. B. Aus- und Weiterbildung, Personalentwicklung, Information und Motivation) umfasst."[60]

Ein Führungssystem wiederum ist die „Gesamtheit des Instrumentariums, der Regeln, Institutionen und Prozesse …, mit denen Führungsaufgaben (-funktionen) in einem sozialem System erfüllt werden."[61] Ein prominentes Führungssystem stellt das **P**lanung **E**ntscheidung und **K**ontroll System dar. Dieses System ist eine „vorstrukturierte, also geordnete sowie integrierte Gesamtheit verschiedener Teilpläne (inkl. die dazugehörigen Entscheidungen und Kontrollen), speziell ihrer Elemente sowie Beziehungen, die zwecks Funktionserfüllung nach einheitlichen und konsistenten Prinzipien aufgebaut und verknüpft sind."[62]

Die Unternehmensentwicklung, durch den Führungsprozess bzw. dem Führungssystem beeinflusst, hat nun das grundlegende Ziel, den Unternehmenswert zu steigern. Durch die Gestaltung der Wertschöpfungsaktivitäten sollen nachhaltige Potentiale zur Unternehmenswertsteigerung realisiert werden.[63] Diese Zustandsveränderung, mit dem Ziel der Gestaltung der Wertschöpfungsaktivitäten, kann als Strategie[64], im Sinne von verknüpften Hypothesen, verstanden werden.[65]

## 2.1.3  Strategie und Strategisches Management

Im Folgenden sollen nun die Termini Strategie bzw. Strategisches Management näher beleuchtet werden. Hierzu wird zunächst eine Begriffsbestimmung durchgeführt. Auf diesen Überlegungen aufbauend wird der Prozess des strategischen Managements diskutiert.

In der bestehenden Management Literatur findet sich kein einheitliches Verständnis des Begriffes der Strategie.[66] Aus etmologischer Sicht setzt sich der Begriff „Strategie" aus den griechischen Wörtern „Stratos" (das Heer) und „Agein" (führen) zusammen.[67] Wobei das Substantiv „Strategos" zünächst die

---

[60]*Becker* (2017c), S. 34.

[61]*Wild* (1974), S. 32.

[62]*Becker* (2017d), S. 197.

[63]Vgl. *Coenenberg/Salfeld/Schultze* (2015).

[64]Siehe Abschnitt 2.2.

[65]Vgl. *Kaplan/Norton* (2004), S. 69.

[66]Für eine Systematisierung des Begriffes Strategie vgl. u. a. *Welge/Al-Laham* (1992), 166f.

[67]Vgl. *von Neumann/Morgenstern/Sommer* (1973).

Funktion des Generals in griechischen Militärverbünden bezeichnete und erst im späteren geschichtlichen Verlauf eine inhaltliche Erweiterung erfuhr; „initially strategos reffered to a role (a general in command of an army). Later it came to mean "the art of the general", which is to say the psychological and behavioral skills with which he occupied the role. By the time of Pericle (450 BC) it came to mean managerial skill (administration, leadership, oration, power). And by Alexander´s time (330 BC) it referred to the skill of employing forces to overcome opposition and to create a unified system of global governance."[68]

In der Kriegskunst versteht man also unter einer Strategie die Lehre oder die Kunst der höheren militärischen Truppenführung.[69] Ebenfalls aus dem militärischen Bereich stammt die Strategiedefinition nach MOLTKE; „Die Strategie ist die Fortbildung des ursprünglich leitenden Gedankens entsprechend den stets sich ändernden Verhältnissen" Sicherlich eine bekannte, in diesem Kontext aufgestellte Definition ist auf VON CLAUSEWITZ zurückzuführen. Dieser bezeichnet die Strategie als „den Gebrauch des Gefechtes zum Zweck des Krieges".[70]

Aus diesen militärischen Wurzeln heraus findet eine Übertragung der Strategie in die Betriebswirtschaft erst in der Mitte des 20. Jahrhunderts statt.[71] Erstmalig findet sich der Strategiebegriff im Kontext der Spieltheorie,[72] dort entspricht dieser einem vollständigen Plan, der für alle möglichen Situationen eine richtige beziehungsweise optimale Wahlmöglichkeit beinhaltet.[73] Die Verbreitung des Strategiebegriffs erfolgt zunächst in den USA und erst zeitversetzt im deutschsprachigen Raum.[74] Maßgeblich wurde dieser von ANSOFF und weiteren Vertretern des „Harvard Approach" in den 60ziger Jahren in der anglo-amerikanischen Managementlehre eingeführt.[75] Nach einer ökonomischen Sichtweise ist der leitende Gedanke einer Strategie, die Business Idea, hierbei handelt es sich um eine Kernkompetenz oder ein unternehmerisches Konzept, mit denen sich die Unternehmung mit einer Geschäfteinheit in einem zu betrachtenden Marktsegment von seinen Konkurrenten absetzen und eine Position der Einzigartigkeit erreichen kann.[76]

---

[68]*Mintzberg* (2002), S. 2.

[69]Vgl. *Matzler/Müller/Mooradian* (2011), S. 11.

[70]*von Clausewitz/Hahlweg* (1952).

[71]Vgl. *Welge/Al-Laham/Eulerich* (2017), S. 15.

[72]Bezüglich der Spieltheorie ist exemplarisch auf *Nash* (1951), S. 287f. zu verweisen.

[73]Vgl. *von Neumann/Morgenstern/Sommer* (1973).

[74]Vgl. *Welge/Al-Laham/Eulerich* (2017), S. 15f.

[75]Vgl. *Ansoff* (1966).

[76]Vgl. *Matzler/Müller/Mooradian* (2011), S. 11.

Um dieses Vorteile gegenüber Konkurrenten im Markt zu realisieren benötigen Militärstrategen sowie Manager u. a. einfache, konsistente und langfristige Ziele sowie ein profundes Verständnis der Wettbewerbssituation. Zudem müssen sie in der Lage sein, eine objektive Bewertung der Ressourcen vorzunehmen und sie müssen befähigt sein diese auch effektiv umzusetzen.[77]

Bei einigen Strategieverständnissen steht jedoch primär die Erzielung bzw. die Maximierung des Gewinnes im Vordergrund der Betrachtung. GRANT/NIPPA sprechen diesem sogar die entscheidende Eigenschaft zu.[78] Eine ähnliche Ansicht[79] vertritt auch SLOAN JR. Er konstatiert dass, „das strategische Ziel eines Unternehmens die Erzielung von Gewinnen aus dem Kapital ist. Wenn aus irgendeinem Grund diese Gewinne auf die Dauer nicht zufriedenstellend sind, sollte das Unternehmen versuchen, diesen Missstand zu ändern oder seine Tätigkeit auf ein anderes Gebiet zu legen"[80] Oft wird die Strategie in Verbindung mit der Mission und den Zielen des Unternehmens gebracht, so definieren WRIGHT ET AL. Strategie als die, „Planung des obersten Managements, um mit der Mission und den Zielen des des Unternehmens übereinstimmende Ergebnisse zu erzielen."[81]

Wie die obigen Ausführungen zeigen, existiert eine Vielzahl an Strategieverständnissen. BECKER, SCHUHKNECHT und BOTZKOWSKI leiten folgende generische Merkmale aus bestehenden Strategiedefinitionen ab. Strategien sind durch eine Langfristigkeit gekennzeichnet; dynamisch im Zeitverlauf, sie berühren die gesamte Organisation, weisen eine Zielorientierung auf und sie beschreiben den Einsatz von vorhandenen oder potenziellen Stärken um Veränderungen in der situativen Umwelt zu begegnen.[82]

All diese Merkmale finden sich in der generischen Definition von BECKER, aufgrund dessen soll diese in dieser Arbeit verwendet werden.

*Eine Strategie ist ein langfristig angelegtes, das gesamte Unternehmen betreffendes Handlungsmuster, das zielorientiert beschreibt, wie ein Unternehmen seine Stärken einsetzt, um Veränderungen den Chancen-Risiken-Konstellationen in den situativen Umweltbedingungen zu begegnen.*[83]

---

[77]Vgl. *Grant/Nippa* (2006).

[78]Vgl. ebenda.

[79]Diese Sichtweise wird u. a. von DRUCKER kritisch gesehen. Er vertritt die Ansicht, dass ein Betrieb eine Existenz-Funktion ausführt, hierbei spricht sich Drucker explizit gegen eine Gewinnmaximierung aus. Vergleiche u.a. *Drucker* (2010).

[80]*Ansoff* (1966), S. 13.

[81]*Wright/Kroll/Pringle* (1992), S. 3.

[82]Vgl. *Becker/Schuhknecht/Botzkowski* (2019), S. 39.

[83]*Becker* (2017b), S. 266.

Im Laufe der Entwicklung des strategischen Managements haben sich drei grundsätzlich Strategiekonzepte bzw. Management-Modelle etabliert. Neben einer marktorientierten Sichtweise[84] werden ressourcen- und wertorientierte Konzepte entwickelt bzw. abgeleitet.

Dem marktorientierten Strategiekonzept liegt vornehmlich das sogenannte *Structure-Conduct-Performance-Paradigma* zugrunde.[85]

Das ressourcenorientierte Strategiekonzept[86] hingegen begründet den nachhaltigen Erfolg einer Unternehmung mit der Besonderheit bzw. Einzigartigkeit ihrer Ressourcen und den daraus resultierenden strategischen Ressourcenvorteilen einer Unternehmung im Vergleich zu den Wettbewerbern.[87]

Das wesentliche Grundprinzip wertorientierter Management-Konzeptionen besteht darin, Unternehmensentscheidungen an deren Auswirkungen auf den Unternehmenswert auszurichten. Erste Überlegungen, den Wert eines Unternehmens oder einzelner Unternehmensteile in die Zielsetzung des Managements einzubinden, entstanden zu Beginn der 80ziger Jahre in den USA. Die wertorientierte Sicht der Unternehmensführung stellt keinen originär neuen Ansatz dar, sondern ist als Verknüpfung bekannter Erkenntnisse der Kapitalmarkttheorie, der Unternehmensbewertung, des strategischen Managements und des operativen Controlling zu betrachten.[88]

Markt-, Ressourcen- und Wertsteigerungsaspekte stellen heute die drei kardinalen Richtungen der strategischen Unternehmensführung dar. Vor dem Hintergrund veränderter Rahmenbedingungen der Unternehmensführung, insbesondere der Digitalisierung, erscheint jedoch die Verknüpfung dieser Grundrichtungen zu einem ganzheitlichen Konzept der strategischen Unternehmensführung empfehlenswert.[89]

Die rational-entscheidungsorientierte Sichtweise des strategischen Managements beabsichtigt die Überlebensfähigkeit eines Unternehmens durch die aktive

---

[84]Vgl. u. a. *Porter* (2008); *Bea/Haas* (2017).

[85]Vgl. *Child* (1972). Dieses Paradigma erklärt die dauerhafte Erzielung von Wettbewerbsvorteilen einerseits aufgrund der Struktur der Branche, in welcher das Unternehmen operiert und andererseits aufgrund seines grundlegenden strategischen Verhaltens.

[86]Vgl. u. a. *Barney* (1997); *Barney/Hesterly* (2010).

[87]Vgl. *Osterloh/Frost* (2006), S. 956.

[88]Vgl. *Velthuis/Wesner* (2005); *Becker* (2017a).

[89]Vgl. *Becker/Schuhknecht/Botzkowski* (2019).

und zielgerichtete Steuerung seiner Entwicklung zu sichern. Strategisches Management versteht sich demnach als einen logisch-rationalen und strukturierten Planungsprozess, der aus einer Reihe von verknüpften Aktivitäten besteht.[90]

Das strategische Management beschäftigt sich also neben der Planung von Strategien auch mit der Steuerung und Kontrolle der Strategieumsetzung. Hierzu werden technologische und ökonomische Variablen des Umfeldes sowie politische und sozio-psychologische Einflussbereiche (z. B. Wertewandel der Gesellschaft) betrachtet. Neben externen Beziehungen, die im Rahmen von Produkt-Markt-Strategien definiert werden, umfasst strategisches Management zudem die Gestaltung der internen Konfiguration (Strukturen und Systeme) der Unternehmung.[91]

Der Prozess des strategischen Managements lässt sich in vier zentrale Phasen unterteilen.[92] Der Strategieprozess wird stets durch eine strategische Zielbildung eingeleitet. Aufbauend auf der Vision des Unternehmens wird eine langfristige, zukunftsbezogene Mission formuliert, welche den grundsätzlichen Sinn und Zweck[93] des Unternehmens vorgibt und durch strategische Ziele konkretisiert wird.[94] Als angestrebte zukünftige Zustände geben strategische Ziele die grundsätzliche Richtung der Unternehmensentwicklung vor und bedürfen daher einer strukturierten Zielplanung, bei der eine Konkretisierung hinsichtlich Inhalte, Zielerreichungsgrade sowie zeitlicher Bezüge zu erfolgen hat.[95] Gegenstand der strategischen Analyse ist die Identifikation und die Erfassung aller für die Zielvorstellungen relevanten internen und externen Faktoren. Dabei sollen sowohl die durch das externe Unternehmensumfeld bedingten Chancen und Risiken als auch die intern bestehenden Stärken und Schwächen erfasst und systematisch untersucht werden.[96] Im Rahmen der Strategieformulierung werden zunächst strategische Alternativen auf der Grundlage der Informationen der vorherig stattfindenden strategischen Analyse erarbeitet, welche für die Erreichung der Ziele in Frage kommen.[97] Qualitative und quantitative Bewertungskriterien ermöglichen

---

[90]Vgl. *Kreikebaum* (1997), S. 37ff.

[91]Vgl. *Welge/Al-Laham/Eulerich* (2017), S. 14f.; *Ansoff* (1976), S. 2; *Anwander* (2002), S. 36ff.

[92]Vgl. *Al-Laham* (1997), S. 90. Diese sind (1) Zielbildung, Strategische Analyse, (3) Strategieformulierung, (4) Strategieimplementierung.

[93]*Becker* (1990) postuliert als grundsätzlichen Zweck die Wertschöpfung eines Unternehmens, für nähere Ausführungen bezüglich der Wertschöpfung siehe Abschnitt 6.2.2.

[94]Vgl. *Hungenberg* (2014), S. 61; *Küpper* (2013), S. 132.

[95]Vgl. *Alter* (2013), S. 61.

[96]Vgl. *Baum et al.* (2013), S. 8; *Peemöller* (2005), S. 190.

[97]Vgl. *Alter* (2013), S. 73.

den Entscheidungsträgern, eine strategische Richtung zu bestimmen, die sich eignet die strategischen Ziele zu erreichen und damit eine optimale Positionierung am Markt zu realisieren.[98] In der Phase der Strategieimplementierung werden die als Ergebnis der Strategieformulierung festgelegten, langfristig orientierten Pläne operationalisiert und in konkrete Handlungsmuster umgesetzt.[99]

Allerdings ist festzuhalten, dass in dieser klassischen Aufteilung keine Kontrollphase berücksichtigt wird.[100] Aufgrund dessen liegt der Prozess des strategischen Managements nach BECKER dieser Arbeit zugrunde.[101]

## 2.2 Performance Management

Die Planung, Steuerung und Kontrolle gehört zu den Kernaufgaben der Unternehmensführung.[102] Um diese Aufgaben zu erfüllen sind stets Methoden, Werkzeuge und Instrumente nötig.[103] Zu diesen gehört zweifelsohne das Performance Management. Diesem ist der folgende Abschnitt 2.2 gewidmet. Hierzu wird zunächst eine Bestimmung und Abgrenzung der Begriffe Performance und Performance Management durchgeführt. Der Abschnitt schließt sodann mit dem Versuch einer Abgrenzung zum Performance Measurement.

**Performance und Performance Management**
Im englischen bedeutet Performance im wörtlichen Sinn Leistung, ist jedoch im grundsätzlichen Verständnis nicht per se identisch.[104] Der Begriff wird in einer Vielzahl an Disziplinen verwendet und in jeder unterschiedlich aufgefasst und definiert.[105] In der Betriebswirtschaftslehre wird der Performance Begriff seit den

---

[98]Vgl. *Lombriser/Abplanalp* (2015), S. 316.

[99]Vgl. *Welge/Al-Laham/Eulerich* (2017), S. 813.

[100]Vgl. *Götze/Mikus* (1999), S. 294ff. Allerdings wird in der englischsprachigen Managementliteratur im Zuge der Differenzierung zwischen der Strategieformulierung und der Strategieimplementierung ein integrierter und abgestimmter Rückkopplungsprozess diskutiert, vgl. hierzu u.a. *Hahn* (2006), S. 52.

[101]In Anlehnung an *Becker* (2017b), S. 264.

[102]Vgl. *Hahn* (1996), S. 5f.

[103]Vgl. *Lachnit/Müller* (2012), S. 1

[104]Vgl. *Krause* (2006), S. 18f. Jedoch ist in letzter Zeit eine deutliche Annäherung der Begriffe zu vermerken, vgl. *Hilgers* (2008), S. 30.

[105]Der Begriff wird u.a. in der Pädagogik sowie in den Rechts- und Sprachwissenschaften verwendet. Ausschließlich in der Physik ist er eindeutig als verrichtete Arbeit pro Zeiteinheit zweifelsfrei definiert, vgl. *Hilgers* (2008), S. 9ff.

Anfängen des 20. Jahrhunderts verwendet, in dieser wird die Performance oder die Leistung als eine Tätigkeit und als das Resultat dieser Aktivität verstanden.[106] Folgende Tabelle 2.1 greift einige ausgewählte Performance Definitionen auf.

**Tabelle 2.1**  Performancedefinitionen

| Autor/en | Definition |
| --- | --- |
| GAITANIDES (1994) | Die Performance eines Prozesses wird durch Zeit, Qualität und Kosten definiert.[226] |
| CAMPELL/GASSER/OSWALD (1996) | Performance ist what an organization hires one to do, and to do well."[227] |
| NEELY ET AL. (1996) | Performance is efficiency and effectiveness of purposeful action.[228] |
| DWIGHT (1999) | Performance is the level to which a goal is attained.[229] |
| HOFFMANN (2002) | Performance ist der bewertete Beitrag zur Erreichung der Ziele einer Organisation.[230] |
| GILLES (2005) | Performance bezeichnet das Ausmaß der durch die zugrunde lie-genden Ziele determinierten Effektivität und/oder Effizienz einer Handlung.[231] |
| VIOLETA/OANA/EUGENIA (2010) | Performance is creating added value for shareholders, satisfying customers demand, taking account of employee opinions and protecting the environment.[232] |
| KLEINDIENST (2017) | Performance ist ein multidimensionales Konstrukt mit den Hauptdimensionen Effizienz und Effektivität, welches die Beurteilung einer Organisationseinheit sowie seiner Aktivitäten ermöglicht.[233] |

[a] Gaitanides (1994)
[b] Campell/Gasser/Oswald (1996), S. 260
[c] Neely et al. (1996)
[d] Dwight (1999)
[e] Hoffmann (2002)
[f] Gilles (2005)
[g] Violeta/Oana/Eugenia (2010)
[h] Kleindienst (2017), S. 35

KRAUSE leitet aus den bestehenden Performanceverständnissen die generische Merkmale der Nutzenstiftung durch Organisationen, Betrachtung von Prozessen und/oder Individuen; Multidimensionalität; Abhängigkeit von Perspektiven, Situation und Zielsetzung, Zukunftsorientierung sowie die Bewertung durch Messung

---

[106]Vgl. Hilgers (2008), S. 14ff.

oder Beurteilung von klar definierten Kriterien ab.[107] Diese Eigenschaften finden sich auch in der Definition von BECKER, aufgrund dessen soll diese als Arbeitsdefinition verwendet werden.

*Performance lässt sich als eine zu operationalisierende Maßgröße definieren, die im Rahmen von Aktivitätsprogrammen zur dynamischen Anpassung der Kultur, der Strategie und der Struktur von Unternehmen an die jeweils herrschenden, Chancen und Risiken offerierenden Marktverhältnisse steht. In diesem Zusammenhang erfolgen regelmäßig Anpassungsaktivitäten, die sich auf die Leistungspotentiale (Ressourcen), die Leistungs- und Geschäftsprozesse sowie die Projekte, die Produktbündel und Leistungen sowie die jeweils resultierenden Portfolios beziehen. Diese Aktivitäten erfolgen in der Art und Weise, dass eine angemessene, den (implizit bzw. explizit) getroffenen Vereinbarungen entsprechende Erreichung der interessenbedingten Ziele eines Unternehmens dauerhaft gewährleistet ist.*[108]

Performance und dessen Management beginnt bereits in früher Kindheit, so erhalten Kleinkinder bereits eine Vergütung in Form von Lob, auch in späteren Entwicklungsphasen wie Kindergarten, Schule, Ausbildung oder Studium wird das Prinzip des Performance Managements angewendet.[109] Die Problematiken der traditionellen, in der Regel bilanzorientierten Ansätze zur Leistungsmessung sind primär in der Vergangenheitsorientierung und der fehlenden Adaptionsfähigkeit an eine zunehmend dynamische Unternehmensumwelt zu verorten.[110] Des Weiteren wird der Vorwurf erhoben, dass diese Konzepte eine Vielzahl an Daten[111] generieren, die jedoch wenig Nutzen schaffen. Diese Problematiken lassen sich an folgenden Praxisbeispielen manifestieren, mit…

- …dem Steuerungskonzept nicht erkannte Risikokonstellationen (Barings Bank);
- …Mängeln im Identifizieren von Marktveränderungen (IBM);
- …Mängeln in der kostengünstigen Beherrschung von Komplexität und der kundenbezogenen Gestaltung von Varianten (Deutsche Maschinenbauunternehmen)[112]

---

[107]Vgl. *Krause* (2006), S. 19.

[108]*Becker* (2017b), S. 192.

[109]Vgl. *Pohl* (2016), S. 1.

[110]Vgl. exemplarisch *Vitale/Mavrinac* (1995), S. 45; *Evans et al.* (1996), S. 29; *Kaplan/Norton* (1997), S. 22; *Hoffmann* (2000), S. 17.

[111]Diese Phänomen wird auch als „Big Data" betitelt, dieses kann zum sogenannten „Information Overload" führen, vgl. exemplarisch *Saxena/Lamest* (2018), S. 290ff.

[112]Vgl. *Gleich* (2011), S. 12; *Evans et al.* (1996), S. 21.

**Tabelle 2.2**  Problematiken der traditionellen Steuerungsgrößen

| Problematik... | Erläuterung |
|---|---|
| ...des Zeitbezuges. | Steuerungskonzepte welche auf bilanziellen Kennzahlen basieren, vermitteln nur die monetären Ergebnisse historischer Entscheidungen.[243] |
| ...des Aggregationsgrades. | Traditionelle, bilanz- und rechnungswesenorientierte Steuerungskonzepte arbeiten in der Regel mit hochaggregierten Unternehmens- und Geschäftsfeldkennzahlen.[244] |
| ...der Ausrichtung. | Die grundsätzliche Fokussierung auf interne Anspruchsgruppen fördert Suboptimierungseffekte im Unternehmen.[245] |
| ...des langfristigen Steuerungszieles. | Steuerungskonzepte auf Basis bilanzieller Kennzahlen führen bei alleiniger Anwendung zur Suboptima und unterstützen dysfunktionale Verhaltensweisen.[246] |
| ...der Dimension. | In monetär geprägten hoch aggregierten und vergangenheitsbezogenen Steuerungskonzepten finden Informationen über unternehmensinterne Abläufe und die Qualität der Leistung nur unzureichende Berücksichtigung.[247] |
| ...des Formates. | Traditionelle Steuerungskonzepte ermöglichen, aufgrund ihres Formates, nicht die Entdeckung strategischer |
| | Fehlentwicklungen und geschäfts- und bestandsgefährdender Risiken.[248] |
| ...des Planungsbezuges. | Diesen Steuerungskonzepten fehlt der direkte inhaltliche Bezug zu den Unternehmens- und Geschäftsfeldstrategien.[249] |
| ...des Anreizbezugspunktes. | Manager werden mehr zur Reduzierung von Abweichungen angehalten, als zu kontinuierlichen Verbesserungsaktivitäten.[250] |

[a]Vgl. u. a. *Dhavale* (1996a), S. 51; *Greiling* (2009), S. 92
[b]Vgl. u. a. *Greiling* (2009), S. 92
[c]Vgl. u. a. *Müller-Stewens* (1998), 37
[d]Vgl. u. a. *Horvath/Gleich/Seiter* (2015), S. 511
[f]Vgl. u. a. *Klingebiel* (2001), S. 46f
[g]Vgl. *Müller-Stewens* (1998), S. 38
[h]Vgl. *Dhavale* (1996b), S. 51
[i]Vgl. *Horváth/Lamla* (1995), S. 74ff

Eine weitere nicht unerhebliche Schwachstelle der traditionellen Kennzahlensteuerung ist die Vernachlässigung von immateriellen Unternehmenswerten im Zusammenhang mit der Bewertung des langfristigen Unternehmenserfolges.[113] Hierunter lässt sich unter anderem das Wissen der Mitarbeiter, die Beherrschung von Prozessen, die Fähigkeit zur Neukundengewinnung oder die Attraktivität von Markenartikeln subsumieren.[114] All dies wird im Rahmen der digitalen Transformation von Geschäftsmodellen benötigt. Die Gründe für das Scheitern dieser traditionellen Steuerungsgrößen sind jedoch weitaus mannigfaltiger. In Anlehnung an GLEICH[115] sollen nun acht zentrale Kritikpunkte aufgeführt werden (siehe Tabelle 2.2).

Diese Fehlentwicklung bei der Steuerung und Kontrolle in deutschen Unternehmen führte zu Initiierung neuer Gesetze wie dem KonTraG (Gesetz zur Kontrolle und Transparenz im Unternehmensbereich) oder der InsO (Insolvenzverordnung), diese Gesetze sollen Unternehmensrisiken grundsätzlich vermeiden oder geregelt überwinden.[116] Moderne Ansätze zur Leistungsmessung und -steuerung (sprich Performance Management Systeme) hingegen unterstützen die Unternehmensführung auf allen erfolgs- und leistungsrelevanten Unternehmensebenen.[117] Zudem wird durch die Nutzung von finanziellen sowie nicht-finanziellen Kennzahlen die Integration von Strategie und Stakeholderansprüchen in diesen Ansätzen, welche seit Mitte der achtziger Jahre unter dem Begriff Performance Management subsumiert werden, sichergestellt.[118] Folgende Tabelle 2.3 greift dementsprechend einige ausgewählte Performance Management Definitionen auf.

In vorliegende Dissertation soll die (Digitalisierungs-)Strategieformulierung und implementierung als Aufgabe des Performance Managements beleuchtet werden. Dementsprechend ist es zwingend notwendig eine (Arbeits-)Definition des

---

[113]Vgl. *Meffert* (1998), S. 721.

[114]Vgl. *Gleich* (2011), S. 14.

[115]Vgl. *Gleich* (2011), S. 13f.

[116]Vgl. exemplarisch *Lücke* (1998), S. 8ff; *Hornung/Reichmann/Diederichs* (1999), S. 317ff.; *Krystek* (1999), S. 145ff.; *Krystek/Müller-Stewens* (1999), S. 177ff.; *Wolf/Runzheimer* (2009), S. 21ff. In den vergangenen Jahren wurden weitere Bestrebungen seitens des Gesetzgebers vorangetrieben, bessere Steuerungskonzepte zu initiieren und Corporate Governance Aspekte gesetzlich zu regeln. Als Beispiel ist hierbei das Gesetz zur Modernisierung des Bilanzrechts (BilMoG), vgl. *Pellens* (2009), S. 683, oder der deutsche Corporate Governance Kodex, vgl. hierzu *Cromme* (2005), S. 364.

[117]Vgl. *Gleich* (1997), S. 116.

[118]Vgl. *Gleich* (1997), S. 115; *Klingebiel* (1998), S. 1ff.; *Blankenburg* (1999), S. 7; *Klingebiel* (2001), S. 18ff.; *Gleich* (2002), S. 447. *Weber/Schäffer* (2016), S. 177 verstehen unter Performance Measurement die „Auseinandersetzung mit Elementen und Strukturen von Kennzahlensystemen auf der einen Seite und deren Einbindung in Führungsprozesse auf der anderen Seite".

**Tabelle 2.3**  Definitionansätze zum Performance Management

| Autor/en | Definition |
|---|---|
| LEBAS (1995) | "[...] (is) a philosophy which is supported by performance meas-urement. [...] Achieving congruence as to the definition of the parameters of performance and the causal model(s) that lead to it is one of the essential functions of [performance] management." [254] |
| NEELY/GREGORY /PLATTS (1995) | "the set of metrics used to quantify both the efficiency and effec-tiveness of actions." [255] |
| KERNALLY (1997) | "[...] is used as the organization's steering wheel, helping all parts of the organization to move together in the right direction." [256] |
| DAVIS (1997) | "[...] helps shape reframing, realigning, refocusing and regener-ating organizational transformation." [257] |
| BITITCI/CARRIE/ MCDEVITT (1997) | "A performance measurement system is the information system which is at the heart of the performance management process and it is of critical importance to the effective and efficient functioning of the performance management system" [258] |
| BRUNNER/ROTH (1999) | „[...] ist ein unternehmensweites Management-System, das den Prozess zur Operationalisierung der Unternehmensstrategien und -ziele in ein permanentes Führungssystem überführt. Durch die Verknüpfung von Strategien, strategischen Initiativen und der Planung, Steuerung und Kontrolle der relevanten Steuerungsgroßen wird die Zielerreichung (der relevanten Anspruchsgruppen) unterstützt." [259] |
| GOMEZ (2000) | „[...] (ist) ein Ansatz, der die wertorientierte Strategieplanung mit einer messbaren Strategieimplementierung verbindet, um dadurch heute bestehende Defizite im strategischen Management zu überwinden und neue Wege zu einer wertbewussten Unternehmensführung zu weisen." [260] |
| HOFFMANN (2000) | „[...] beinhaltet Techniken, mit denen Manager in Abstimmung mit den übergeordneten Unternehmenszielen die Performance ihrer Mitarbeiter planen, lenken und verbessern können.". [261] |
| COKINS (2004) | "[...] is the process of managing an organization's strategy through a fully integrated system of business improvement methodologies supported by technology. PM encompasses the methodologies, metrics, processes, software tools and systems that manage the performance of an organization. [262] |
| DEN HARTOG ET AL. (2004) | "[…] involves managing employee efforts based on measured outcomes" [263] |
| AGUINIS (2013) | "[…] is a continuous process of identifying, measuring, and developing the performance of individuals and teams and aligning per-formance with the strategic goals of the organization" [264] |

[a] Lebas (1995), S. 34ff
[b] Neely/Gregory/Platts (1995a), S. 80
[c] Kernally (1997), S. 1
[d] Davis (1997), S. 364
[e] Bititci/Carrie/Mcdevitt (1997)
[f] Brunner/Roth (1999), S. 11
[g] Gomez/Probst (2000), S. 426
[h] Hoffmann (2000), S. 29
[i] Cokins (2004), S. 5
[j] den Hartog/Boselie/Paauwe (2004), S. 557
[k] Aguinis (2013), S. 2

Performance Managements zu wählen, welche einen klaren Strategiebezug[119] bein-haltet. Aufgrund dessen soll folgende umfassende Definition des Performance Managements verwendet werden.

> *„Performance Management [ist] ein Prozess zur strategischen Ausrichtung von Unternehmen, insbesondere von deren Leistungsprogrammen; es basiert stets auf einem geeigneten Performance Measurement; es beruht also zwingend auf der Analyse vergangenheits- und gegenwartsbezogener Informationen, ist aber stets zukunfts-orientiert; zielt auch auf die nachhaltige Integration von Strategieplanung und -implementierung ab; beinhaltet Initiativen, besser noch konkrete Maßnahmen zur ständigen Verbesserung der Performance; stützt sich auf konkrete Methoden, Techniken und Software-Werkzeuge; benötigt zur erfolgreichen Nutzung zwingend ein entsprechende unterstützendes Change Management."*[120]

Performance Management beeinflusst also proaktiv und antizipativ die Performance innerhalb eines Unternehmens durch Planung, Steuerung und Kontrolle, wobei das Performance Measurement nur Informationen für diesen Prozess durch eine ständige Leistungs- und Situationsbewertung liefern kann.[121] Hinsichtlich der konkreten Aufgaben des Performance Management wurde von SCHLEICHER ET AL. eine umfangreiche Literaturanalyse durchgeführt.[122]

Ein Performance Management System lässt sich sodann in den Kontext der Unternehmensführung und des Controllings einordnen (siehe Abbildung 2.2).

---

[119]Zwar finden beispielsweise bei den Autoren *Gomez/Probst* (2000) und *Cokins* (2004) Erwähnungen der Strategie, jedoch können diese als nicht umfassend klassifiziert werden.

[120]*Becker* (2017b), S. 201.

[121]Vgl. *Hilgers* (2008), S. 51ff. Eine genaue Abgrenzung findet sich im folgenden Abschnitt 2.3.2.

[122]Vgl. *Schleicher et al.* (2018). Diese sind (1) die Mitarbeiterleistung beobachten, vgl. Vgl. u. a. *Rothstein* (1990); *Ilgen/Barnes-Farrell/McKellin* (1993); *DeNisi/Peters* (1996). (2) die Integration von Leistungsinformationen beinhalten, vgl. u. a. *Scullen/Mount/Goff* (2000); *Reisberg* (2006); *Murphy* (2008). (3) eine formale Leistungsbewertung darstellen, vgl. u. a. *Pullin/Haidar* (2003); *den Hartog/Boselie/Paauwe* (2004); *Zheng/Morrison/O'Neill* (2006); *Kaya/Koc/Topcu* (2010); *Nayyab et al.* (2011); *Adler et al.* (2016). (4) ein konstruktives Leistungsfeedback generieren und bereitstellen, vgl. u. a. *Kluger/DeNisi* (1996); *Pampino et al.* (2003); *Kinicki et al.* (2004); *Smither/London/Reilly* (2005); *Culig et al.* (2008); *Mamatoglu* (2008); *Anseel/Lievens/Schollaert* (2009); *Culbertson/Henning/Payne* (2013); *van der Leeuw et al.* (2013). (5) ein Meeting und Leistungscoaching umfassen, vgl. u. a. *Lawler* (2003); *Eichinger et al.* (2004); *Gregory/Levy/Jeffers* (2008); *Gregory/Levy* (2010); *Gregory/Levy* (2011); *Gregory/Levy* (2012); *Haines/St-Onge* (2012); *Theeboom/Beersma/van Vianen* (2014). Und (6) klare Performance Erwartungen definieren, vgl. *Mento/Steel/Karren* (1987); *Kuvaas* (2006); *Pritchard et al.* (2008); *Bipp/Kleingeld* (2011); *Kleingeld/von Mierlo/Ardends* (2011).

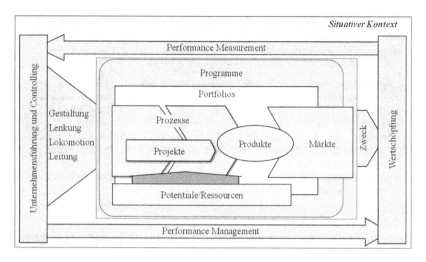

**Abbildung 2.2** Performance Management als Aufgabe der Unternehmensführung und des Controllings (In Anlehnung an *Becker* (2017b), S. 202.)

Nach BECKER wird das Controlling als integrierte Aufgabe der Unternehmensführung gesehen, die im Zuge der Optimierung von Effektivität und Effizienz das initialisierende Anstoßen sowie das Ausrichten des Handelns von Unternehmen auf den Zweck der Wertschöpfung zu garantieren hat.[123]

Dies stellt die originäre Funktion des Controllings dar und wird hier als Lokomotion bezeichnet. Voraussetzung für die Wahrnehmung der Lokomotionsfunktion ist die begleitende Erfüllung derivativer Funktionen des Controllings.

Dazu zählen neben der Sicherung wechselseitiger Abstimmung von Führung und Ausführung auch die dementsprechende Schaffung von Informationskongruenz innerhalb der Führung und Ausführung. Die Wahrnehmung dieser beiden derivativen Funktionen geschieht vorrangig über wertorientierte Mechanismen der Gestaltung und Lenkung.

Basierend auf dieser Auffassung nimmt das Performance Management System Bezug auf Leistungsprogramme, die entsprechende Prozesse, Projekte und Potentiale bzw. Ressourcen implizieren und richtet diese strategisch nach dem Zweck der Wertschöpfung[124] aus.

---

[123]Vgl. zur Konzeption des wertschöpfungsorientierten Controlling *Becker/Baltzer/Ulrich* (2014).

[124]Zur Erläuterungen der Wertschöpfung siehe Abschnitt 4.3.2.1.

Damit kommt dem Performance Management System eine bedeutende Rolle für die Strategieplanung und -implementierung in Organisationen zu. Eine Abgrenzung des Performance Measurement zum Performance Management wird immer differenzierter, da dem Performance Measurement deutlich mehr Aufgaben und Aufgabenfelder zugeschrieben werden.[125]

So sind laut GRÜNING auch Steuerungsaspekte, neben der klassischen Messung der Performance, ebenfalls entscheidende Teile eines ziel- und zweckorientierten Performance Measurements.

Nach dieser Sichtweise stellt das Performance Measurement einen eigenständigen Management-Control-Mechanismus mit einem kybernetischen Regelkreis dar.[126] Andere Autoren trennen sehr eindeutig zwischen dem Performance Measurement und Management.

So wird das Performance Measurement auch als Teildisziplin des Performance Management gesehen[127], auch erfolgt oft eine synonyme Verwendung der Begrifflichkeiten.[128] Die Ursprünge des Performance Measurement sind in der Organisations- und Managementkontrolltheorie, welche sich aus der Systemtheorie ableiten, zu verorten.[129] NEELY ET AL. merken hierzu an, dass „a Performance measure is a metric used to quantify the efficiency and/or effectiveness of action"[130] Die Organisations- und Managementtheorie bilden das Unternehmen ebenfalls als System in einer Umwelt ab, welches eine nachhaltige Änderung des Kontrollsystem unabdingbar macht.[131]

Die wichtigsten Aufgaben des Performance Measurements umfassen die Entwicklung von Metriken, eine konkrete Zielsetzung, die Sammlung, Analyse und das Reporting von Performance relevanten Informationen.[132] Des Weiteren dient das Performance Measurement dazu, die Performance der Organisation zu steuern.[133]

---

[125]Vgl. *Franco-Santos et al.* (2007), S. 798.

[126]Vgl. *Grüning* (2002).

[127]Vgl. exemplarisch *Bititci/Carrie/McDevitt* (1997), S. 524; *Krause* (2006), S. 345; *Smith/Bititci* (2017)., S. 1210.

[128]Vgl. *Kaack* (2012), S. 60ff.; *Pidun* (2015), S. 42ff.

[129]Vgl. u. a. *van Bertalanffy* (1968); *Weiner* (1948).

[130]*Neely/Gregory/Platts* (1995b), S. 80.

[131]Vgl. u. a. *Tessier/Otley* (2012); S. 175; *Melnyk et al.* (2014), S. 180f.

[132]Vgl. *Smith/Bititci* (2017), S. 1210. Allerdings ist dies stark abhängig vom Reifegrad des Performance Measurement. Die Literatur beschreibt hierbei Stufen von Ad-Hoc über Adoleszenz bis hin zur Maturität, vgl. *Wettstein/Kueng* (2002), S. 120f.

[133]Vgl. u. a. *Podsakoff/Todor* (1985), S. 60; *Poole/Lansbury/Wailes* (2001), S. 500ff; *Chenhall* (2003); S. 130; *Powley et al.* (2004), S. 70: *Carson/Tesluk/Marrone* (2007), *Wood/Wall* (2007), S. 1340f.; S. 1220; *Carmeli/Brueller/Dutton* (2009), S. 82.

In der hier vorliegenden Dissertation wird der Sichtweise BITITCI, CARRIE und
MCDEVITT gefolgt, welche das Performance Measurement als elementaren Teil des
Performance Managements verstehen.

"The performance measurement system is the information system which is at
the heart of the performance management process and it is of critical importance to
the effective and efficient functioning of the performance management system."[134]


## 2.3    Zwischenfazit: Rekapitulierung der Erkenntnisse

Die in diesem Kapitel 2 erarbeiteten Implikationen stellen sodann die Grundlage
für das einheitliche Verständnis dieser Dissertation dar.

Wie zu Anfang dieses Kapitels ausgeführt, namentlich in Abschnitt 2.1.
wird unter der Digitalisierung die strategisch orientierte digitale Transformation
von Geschäftsmodellen als strategisches Konzept der Unternehmensentwicklung
verstanden.

Da die Unternehmensentwicklung eine Zustandsveränderung des Unternehmens bzw. einer Organisation repräsentiert (siehe Abschnitt 2.1.2), kann die
digitale Transformation des Geschäftsmodelles sodann als strategisches Konzept
der Unternehmensentwicklung interpretiert werden.

Wie in der Problemstellung (Abschnitt 1.1) argumentiert, scheitern Strategien
im allgemeinen aber auch Digitalisierungsstrategien oftmals in der Implementierungsphase.

Ein Performance Management ist nun allerdings in der Lage diese Problematiken zu überwinden. Demzufolge ist es ebenfalls essentiell ein gemeinsames
Verständnis des Performance Managements (Abschnitt 2.2) zu schaffen.

---

[134]*Bititci/Carrie/McDevitt* (1997), S. 533.

# Wissenschaftstheoretische Grundlagen und Bezugsrahmen

Kapitel 3 soll einen Überblick über die theoretische Basis der Dissertation bieten. Zunächst wird ein Überblick über mögliche Theorien gewährt. Im Anschluss wird deren Eignung diskutiert (Abschnitt 3.1). Als Folge dessen zunächst die Kontingenztheorie, welche auch als Situativer Ansatz bekannt ist, erläutert (Abschnitt 3.1.1). Dies dient zur Erklärung der durch die Digitalisierung bedingte Notwendigkeit der Modifikation von Performance Management Instrumenten. Des Weiteren wird die Prinzipal Agenten Theorie (Abschnitt 3.1.2) aufgegriffen um die grundsätzliche Notwendigkeit eines Performance Managements aus theoretischer Sicht zu begründen. Abschließend wird die Modelltheorie (Abschnitt 3.1.3) näher beleuchtet, dies dient dazu mögliche Anpassungen an einen bestehenden Management Ansatz zu rechtfertigen.[1] In Abschnitt 3.2 werden diese Überlegungen in einem Bezugsrahmen geordnet. Das Kapitel drei schließt in Abschnitt 3.3 mit einer Synopse, welche die gewonnenen Erkenntnisse des Kapitels rekapituliert und Thesen formuliert, die vornehmlich in Verbindung mit der ersten Forschungsfrage stehen. Diese theoretischen Auseinandersetzungen bilden die als notwendig zu erachtende Basis für den weiteren Verlauf der Dissertation.[2]

---

[1] Eine ähnliche Auswahl an Theorien findet sich u. a. bei *Kleindienst* (2017).

[2] Vgl. exemplarisch *Dubislav* (2015), S. 4.

**Elektronisches Zusatzmaterial** Die elektronische Version dieses Kapitels enthält Zusatzmaterial, das berechtigten Benutzern zur Verfügung steht https://doi.org/10.1007/978-3-658-32177-2_3.

## 3.1  Überblick und Eignung theoretischer Ansätze

Zunächst ist die Frage aufzuwerfen welche theoretische Perspektive den Einfluss der Digitalisierung bzw. der digitalen Transformation von Geschäftsmodellen erklären könnte. Hierzu bietet sich die Kontingenztheorie, bzw. der situative Ansatz an. Im Rahmen der Beantwortung der vierten Forschungsfrage ist die Frage aufzuwerfen, ob bestehende Modelle bzw. Instrumente verändert werden dürfen. Hierzu soll die Modelltheorie als theoretischer Erklärungsansatz herangezogen werden.

So verbleibt die Frage nach einem theoretischen Ansatz zur Erklärung der grundsätzlichen Notwendigkeit eines Performance Managements. So postuliert WELGE ET AL., dass „Theorien bzw. theoretische Perspektiven des Strategischen Managements beantworten die Frage beantworten, auf welche Weise sich die Wissenschaft mit Phänomenen einer strategischen Unternehmungsführung auseinandersetzt. Fragen der Strategie einer Unternehmung und Fragen der Formulierung und Umsetzung von Strategien standen von Anfang an im Zentrum unterschiedlicher wissenschaftlicher Disziplinen."[3]

Weiterhin stellen die Autoren fest, dass „neben der Betriebswirtschaftslehre bzw. der Unternehmungsführungslehre ist sowohl eine starke volkswirtschaftliche (bspw. Wettbewerbstheorie, Spieltheorie) als auch eine eher interdisziplinäre Strömung (bspw. Organization Ecology) mit biologischen, soziologischen und psychologischen Wurzeln festzustellen"[4] ist (siehe Abbildung 3.1).

Da es sich hierbei um eine Dissertation in einem betriebswirtschaftlichen Kontext handelt sollen vordergründig rational-entscheidungsorientierte und ökonomische Perspektiven beleuchtet werden. Bezüglich rational-entscheidungsorientierter Perspektiven ist anzumerken, dass diese als ein technokratisch-orientierte und stark formale Gesamtentwurf eines strategischen Managements zu interpretieren sind.[5] Betrachtet man des Weiteren die Aufgaben im Rahmen der Strategieimplementierung, dann fällt ihre mangelnde konzeptionelle Geschlossenheit auf.[6] Wohingegen die Prinzipal Agenten Theorie ein Ansatz der Neuen Institutionenökonomik fruchtbare Beiträge für ein Strategisches Management vornehmlich

---

[3]*Welge et al.* (2017), S. 27.

[4]*Welge* et al. (2017), S. 30.

[5]Vgl. u. a. *Mintzberg* (1990), S. 171.

[6]Hierbei wird eine konsistente, in sich stimmige Konzeption der Strategieimplementierung vermisst, die mehr Gewicht auf die verhaltensbezogenen Aspekte der Strategieimplementierung legen müsste.

| Theoretische Perspektiven des Strategischen Managements | |
|---|---|
| Rational-entscheidungsorientierte... | Der Ansatz von Ansoff |
| | LCAG-Schema der Harvard Business School |
| Ökonomische... | Ansätze der neuen Institutionenökonomie |
| | Ansätze der Spieltheorie |
| | Ansätze der neuen Industrieökonomik |
| | Ansätze der Evolutorischen Ökonomik |
| Ressourcen- und wissensbasierte... | Ressourcenorientierter Ansatz |
| | Wissensbasierter Ansatz |
| Organisationsökologische... | Populationsebene |
| | Intraorganisationale Ebene |
| | Interorganisationale Ebene |

**Abbildung 3.1** Ausgewählte theoretischen Perspektiven des strategischen Managements

dann liefern, wenn Fragen der Umsetzung von Strategien (Strategieimplementierung) im Mittelpunkt stehen.[7] Aufgrund dessen soll die Prinzipal Agenten Theorie als dritter theoretischer Ansatz verwendet werden.

### 3.1.1 Kontingenztheorie

Der konzeptionelle Grundgedanke[8] der Kontingenztheorie[9] als Führungslehre[10] – auch als Situativer Ansatz[11] bezeichnet – begründet die Differenzen der formalen

---

[7]Vgl. *Hüttemann* (1993), S. 32.

[8]Dieser Ansatz ist auf die Autoren *Udy* (1958), *Woodward* (1958) und *Stinchombe* (1959) zurückzuführen. Im deutschsprachigem Raum wurde diese Theorie vornehmlich durch *Hauschildt* (1970) und *Kieser* (1973) prominent gemacht.

[9]Im angelsächsischen Raum wird dieser als „Situational Approach" oder „Contingency Approach" betitelt, vgl. *Vahs* (2015).

[10]*Fiedler* (1967) definiert im Zuge dessen Führungserfolg als ein Zusammenspiel von Führungsstil und Führungssituation.

[11]Vgl. *Pietsch* (2003). Einige Wissenschaftler sprechen der Kontingenztheorie das Prädikat der „Theorie" ab und bezeichnen sie als „Situativen Ansatz" (vgl. *Becker/Baltzer/Ulrich* (2014), S. 37) oder aber auch als „Situationsansatz" (vgl. *Macharzina/Wolf* (2018) Vgl. auch Abschnitt 3.1.

Struktur einer Organisation in bestimmten Situationsunterschieden der Unternehmen.[12] Die Entwicklung dieser Theorie begründet sich aus einer fundierten Kritik an der Systemtheorie.[13]

Im Mittelpunkt der Theorie steht die grundsätzliche These, dass zwar eine Vielzahl von optimalen Gestaltungsformen für Organisationen existiert, welche allerdings in unterschiedlichen Situationsbedingungen zweckerfüllend sind (siehe Abbildung 3.2).[14]

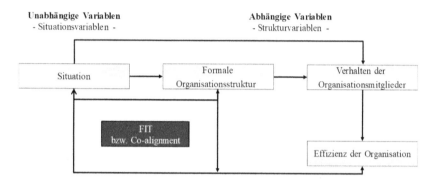

**Abbildung 3.2**  Grundmodell der Kontingenztheorie. (In Anlehnung an den Ausführungen von *Fiedler* (1956); *Fiedler* (1967).)

Folglich ist das gedankliche Grundgerüst des Ansatzes deterministisch[15] und wird zur Formulierung normativer Aussagen hinsichtlich eindeutiger und wahrnehmbarer Zusammenhänge zwischen der Organisation und ihrer

---

[12]Vgl. *Kieser/Kubicek* (1992), S. 45.

[13]Arbeiten, die auf der Systemtheorie basieren, sind in der Regel so allgemein oder einzelspezifisch gefasst, dass die Ableitung von handlungsleitenden Empfehlungen schlicht nicht möglich ist, vgl. *Macharzina/Wolf* (2018).

[14]Vgl. *Staehle* (1989), S. 881; *Wolf* (2013).

[15]In diesem Gesichtspunkt unterscheidet sich die Kontingenztheorie maßgeblich von der Systemtheorie (vgl. zu Systemtheorie vornehmlich *Ulrich* (1968)), welche als flexibel charakterisiert werden kann.

Umwelt genutzt.[16] Zudem werden situationsbedingt „für die Organisationsstruktur sowie für den Organisationserfolg, Dimensionen mit Merkmalsausprägungen"[17] bestimmt, die es mithilfe großzahliger[18] empirischer Studien zu messen gilt.[19] Ein weiterer wesentlicher Punkt dieser Theorie ist, dass es zu einer Differenzierung zwischen unternehmensinternen (weitestgehend beeinflussbare) und -externen (weniger bis nicht beeinflussbare) Kontextfaktoren kommt.[20]

Zusätzlich wird die Organisationsstruktur mittels organisationstheoretischer Gedankengänge operationalisiert.[21] Zudem wird vorzugsweise eine Trennung des Unternehmenserfolgs in die Dimensionen Effektivität und Effizienz vorgenommen.[22]

Auch kann das zuvor dargestellte Grundmodell des Ansatzes durch verhaltenswissenschaftliche Komponenten erweitert werden.[23] Hierbei bestimmt neben der Organisationsstruktur auch das Verhalten der Organisationsmitglieder den Erfolg.[24] Zudem entstehen aufgrund des deterministischen Ansatzes Gestaltungsspielräume für die Organisationsmitglieder.[25]

Subsumierend kann festgehalten werden, dass nach der Kontingenztheorie der ‚Fit' zwischen den Unternehmenselementen und den Kontextfaktoren maßgeblich den Organisationserfolg bestimmt.[26] WOLF postuliert im Zuge dessen, dass die Kontingenztheorie drei zentrale Forschungsfragen zum Inhalt hat.[27]

---

[16]Vgl. *Becker/Baltzer/Ulrich* (2014), S. 37.

[17]*Baltzer* (2013), S. 30.

[18]Vgl. *Becker/Baltzer/Ulrich* (2014).

[19]Vgl. *Uebele* (1981); *Scherm/Pietsch* (2007) Heute findet sich die Kontingenztheorie vermehrt in den theoretischen Bezugsrahmen empirischer Studien, *Kieser/Walgenbach* (2010).

[20]Vgl. *Kieser/Kubicek* (1992); *Höhne* (2009), (2011) S. 92.

[21]Vgl. *Scherm/Pietsch* (2007).

[22]Vgl. *Pietsch* (2003).

[23]Vgl. *Otley* (1987); *Chenhall* (2003).

[24]Vgl. *Kieser/Kubicek* (1992), S. 57ff.; *Scherm/Pietsch* (2007), S. 36.

[25]Dieser Grundgedanke ist auf *Child* (1972) zurückzuführen und wird unter anderem von *Schreyögg* (2016), S. 54 aufgegriffen.

[26]Unter der Begrifflichkeit „Fit" wird die Stimmigkeit oder Kompatibilität der Merkmale verschiedener Variablenkategorien verstanden, vgl. hierzu *Scherm/Pietsch* (2007), S. 40.

[27]Vgl. (1) Welcher Zusammenhang besteht zwischen den Kostenfaktoren und den Gestaltungsformen von Organisationen; (2) Wie kann die Situation der Organisation bzw. die Gestaltungsformen von Organisationen operationalisiert, sprich messbar und damit steuerbar gemacht werden; (3) •Wie wirken sich unterschiedliche Gestaltungsformen von Organisationen auf den Erfolg aus, *Wolf* (2013).

Allerdings ist zu konstatieren, dass die Kontingenztheorie in der wissenschaftlichen Diskussion durchaus kritisch reflektiert wird.[28] So wird beispielsweise angeführt, dass die Ergebnisse verschiedener Untersuchungen, methodisch nicht korrekt, miteinander in Verbindung gebracht werden[29] bzw. die Faktoren per se nicht von der Organisation beeinflusst werden können.[30] Die mit der Digitalisierung einhergehenden Möglichkeiten und Potentiale digitaler Technologien verändern langfristig das Fundament jedes Unternehmens in seiner Strategie, Struktur, Kultur und seinen Prozessen. Insbesondere Umgang, Verhältnis und Verständnis von Mitarbeitern, Kunden und Geschäftsbeziehungen sind vom digitalen Wandel betroffen. Aufgrund der zunehmend durch Volatilität, Ungewissheit, Komplexität und Ambiguität geprägten Unternehmensumwelt verändern sich neben einzelnen Funktionen und Unternehmensbereichen auch ganze Wertschöpfungsketten. Dieser Herausforderung müssen Unternehmen offensiv begegnen, um Geschäftschancen, die sich aus den Veränderungen ergeben, zu erschließen und neue Geschäftsmodelle zu implementieren.[31] Gleichzeitig müssen Risiken, die sich aus der Digitalisierung ergeben, identifiziert, analysiert und bewertet werden, um diese durch das Treffen von Entscheidungen zu vermeiden, zu reduzieren oder zu überwälzen.[32]

Implikationen für diese Dissertation können dahingehend vermutet werden, dass das Performance Management Teil der formalen Organisationsstruktur ist und es somit grundsätzlich für den Erfolg der Organisation bedeutsam ist. Zudem wirkt der Kontextfaktor Digitalisierung auf das Performance Management und zwingt es zur Adaption an die Situationsveränderung. Hieraus ergeben sich wiederum Wirkungsweisen auf die Effektivität und Effizienz der Organisation, welche es im weiteren Verlauf der Dissertation[33] empirisch zu überprüfen gilt.

---

[28]Eine umgreifende Aufarbeitung dieser Kritik findet sich beispielsweise bei *Höhne* (2011), S. 91.

[29]Vgl. *Pennings* (1973), S. 687f.

[30]Vgl. *Kieser/Segler* (1981), S. 181.

[31]Vgl. *Mack/Khare* (2016), S. 5f.; *Müller-Stewens/Lechner* (2016), S. 19f.; *Becker/Nolte* (2019), S. 85.

[32]Vgl. *Becker/Baltzer/Ulrich* (2014), S. 236f.

[33]Siehe Kapitel 5.

## 3.1.2  Prinzipal Agenten Theorie

Dieser theoretische Ansatz ist der neuen Institutionenökonomik (NIÖ) zuzuordnen. Diese repräsentiert seit den 1970er Jahren einen selbständigen Forschungsschwerpunkt der Volkswirtschaftslehre.[34] Als Begründer dieser Theorie gilt allgemein COASE[35]. Jedoch sind hier unter Institutionen keinesfalls Behörden oder die Bürokratien zu verstehen, denn die neue Institutionenökonomik fasst diese Begrifflichkeit durchaus weiter. So definieren NORTH und STREISSLER Institutionen als „[...]„Institutionen sind die Spielregeln einer Gesellschaft oder, förmlich ausgedrückt, die von Menschen erdachten Beschränkungen menschlicher Interaktion. Dementsprechend gestalten sie die Anreize im zwischenmenschlichen Tausch, sei dieser politischer, gesellschaftlicher oder wirtschaftlicher Art [...].“[36].

---

[34] Vgl. *Welge/Al-Laham/Eulerich* (2017); *Furubotn/Streissler/Richter* (2012). Bis zur heutigen Zeit dominieren vor allem die Neoklassik und der Keynesianismus die theoretische und wirtschaftspolitische Diskussion. Zwar unterscheiden sich beide Richtungen hinsichtlich der „Selbstheilungskräfte" der Marktwirtschaft (vgl. *zum Meyer Alten Borgloh* (2013), S. 12), jedoch ist die Gemeinsamkeit zu attestieren, die explizite Analyse von Institutionen und deren Einfluss auf der Handeln der Akteure zu vernachlässigen, vgl. *Erlei/Leschke/Sauerland* (2007), S. 26. Vor allem die neoklassische Theorie ist institutionenneutral zu klassifizieren, vgl. *zum Meyer Alten Borgloh* (2013). Der Verzicht auf diese Berücksichtigung erklärt sich dadurch, dass sie „[...]dem Theoretiker erlaubt, die Grundgedanken ökonomischer Effizienz unter idealtypischen Bedingungen vollkommener Information und Voraussicht zu entwickeln. Außerdem lässt sich damit – auch ohne jede institutionelle Analyse – die Rolle der relativen Preise im wirtschaftlichen Entscheidungsprozess klar herausarbeiten [...]", *Furubotn/Streissler/Richter* (2012).

[35] *Coase* (1937), welcher die Existenz von Unternehmen der Transaktionskostenreduktion im Vergleich zu eine bis dato angenommen Koordination über Marktmechanismen erklärt.

[36] *North/Streissler* (2009) Eine ähnliche Sichtweise wird durch *Ostrom* (1990), S. 51 vertreten: „Institutions can be defined as the sets of working rules that are used to determine who is eligible to make decisions in some arena, what actions are allowed or constrained, what aggregation rules will be used, what procedures must be followed, what information must or must not be provided, and what payoffs will be assigned to individuals dependent on their actions (...) All the rules contain prescriptions that forbid, permit, or require some action or outcome. Working rules are those actually used, monitored, and enforced when individuals make choices about the actions they will take."

Der neuen Institutionenökonomie[37] ist eine Reihe an Theorien zuzuordnen.[38]Die neue Institutionenökonomik beruht also auf der expliziten Betrachtung von Transaktionskosten bei der Schließung von Verträgen zwischen einzelnen Individuen in den bereits erläuterten Institutionen.[39]Für das Performance Management spielt insbesondere die Prinzipal Agenten Theorie eine übergeordnete Rolle[40], aufgrund dessen soll sie im Folgenden näher erläutert werden. Im Zentrum dieser positiven[41] sowie normativen[42] Theorie steht eine, mit der Übertragung von

---

[37]Im Rahmen der neuen Institutionenökonomik wird der Homo oeconomicus um realitätsnahe Annahmen ergänzt, so wird explizit ein opportunistisches Verhalten und eine beschränkte Rationalität der Akteure, Transaktionskosten, asymmetrische Informationen, veränderbares Wissen sowie ein Ungleichgewicht des Marktes berücksichtigt. Es wird unterstellt, dass das Wissen und die Informationen unvollkommen und asymmetrisch verteilt sind. Die zu betrachtenden Akteure verfügen also über unterschiedliche Wissensstände, aber auch über unterschiedliche Wissensbasen. Zudem verfügen einzelne Akteure über eine höhere Marktmacht als andere. Als Folge entstehen vornehmliche Koordinations- und Motivationsprobleme, die es durch die Schaffung von Institutionen zu bewältigen gilt, vgl. unter anderem *North/Streissler* (2009), S. 4; *Erlei/Leschke/Sauerland* (2007); *Furubotn/Streissler/Richter* (2012); S. 50; *Devos/van de Ginste* (2014); *Gordon/Morris/Steinfeld* (2019).

[38]Hierzu gehören der Transaktionskostensatz, die Prinzipal Agenten Theorie, der Property Rights Ansatz, die Verfassungsökonomik sowie die neue politische Ökonomik, vgl. *zum Meyer Alten Borgloh* (2013)., S. 15.

[39]Vgl. *Schreyögg* (2016), S. 59.

[40]Vgl. *Wall* (2003), S. 400; *Dierkes/Schäfer* (2008), S. 20; *Stock-Homburg* (2013), S. 20; *Kleindienst* (2017), S. 27. *Dierkes/Schäfer* (2008), S. 19 konstatieren unter der Prämisse, dass das Performance Measurement und Management ein Controlling Instrument darstellt, „[…] insbesondere im Controlling hat die Verhaltenssteuerung in den vergangenen Jahren stark an Bedeutung gewonnen. Während man früher nahezu ausschließlich der Frage nachgegangen ist, wie die Instrumente des Controllings und damit auch der Unternehmensrechnung aus entscheidungsorientierter Sicht zu konzipieren sind, rücken nunmehr die Problemstellungen der Prinzipal- Agenten-Theorie vermehrt in das Zentrum des Interesses und man beschäftigt sich auch mit der Frage, wie die Controlling-instrumente unter Berücksichtigung von Zielkonflikten und Informationsasymmetrien zu beurteilen und zu konzipieren sind […]“.

[41]Vgl. zum positiven Ansazt der Prinzipal-Agent-Theorie vgl. u. a. *Horsch/Crasselt* (2005), S. 67f.

[42]Vgl. *Dierkes/Schäfer* (2008), S. 19, diese sind mathematischer Natur und zeichnen sich durch eine mikroökonomische Fundierung aus und verwenden zur Optimalitätsbestimmung das Pareto-Kriterium an, vgl. hierzu *Horsch/Crasselt* (2005). 67.

Entscheidungsbefugnissen einhergehende, vertragliche Beziehungen (siehe Abbildung 3.3) zwischen einem Beauftragten (Agent) und einem entsprechenden Auftraggeber (Prinzipal).[43]

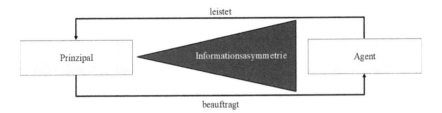

**Abbildung 3.3**  Grundstruktur der Prinzipal Agenten Theorie (In Anlehnung an *Ross* (1973), 134.)

Im Zuge dessen wird davon ausgegangen, dass der Prinzipal schlechtere Informationen über die Mitarbeiter (Agenten) oder deren Arbeitsbereiche hat als diese selbst. Dies wird als asymmetrische Informationsverteilung, welche zu Transaktionskosten führt, bezeichnet.[44] Hierbei wird zwischen asymmetrisch verteilten Informationen vor Vertragsabschluss (Adverse-Selection-Problematik) und nach Vertragsabschluss (Moral-Hazard-/Hold-up-Problematik) differenziert. Tritt diese asymmetrische Informationsverteilung vor dem Vertragsabschluss auf, wird von „hidden charakterisitcs" gesprochen.[45] Der Prinzipal kann nun den Versuch unternehmen sein Informationsdefizit durch eine gezielte Informationsbeschaffung („screening") zu minimieren, wohingegen der Agent die Möglichkeit besitzt, positive Signale auszusenden („signaling"). Beobachtet man die asymmetrische Informationsverteilung nach dem Vertragsabschluss, wird zwischen hidden information, hidden intention und hidden action unterschieden. Die tatsächliche Höhe der Agentenkosten[46] wird durch die drei Determinanten Signalisierungskosten

---

[43]Vgl. grundlegend *Jensen/Meckling* (1976), S. 308ff. Ähnliche Ausführungen finden sich u. a. bereits bei *Ross* (1973), 134ff. Eine Systematisierung der bis dato existierenden agencytheoretischen Ansätze wurde von *Eisenhardt* (1989a), S. 57 durchgeführt.

[44]Vgl. *Dierkes/Schäfer* (2008), S. 19; *Atkinson/Fulton* (2013), S. 390; *Ceric* (2014); *Choi* (2018), S. 31f.

[45]Vgl. *Welge/Al-Laham/Eulerich* (2017), S. 51. Der Agent verfügt in diesem Fall über Eigenschaften oder Informationen, die der Prinzipal vor den Vertragsabschluss nicht beobachten kann, vgl. *Welge/Eulerich* (2014), S. 15.

[46]Unter Agenturkosten verstehen *Jensen/Meckling* (1976), S. 308: "The principal can limit divergences from his interest by establishing appropriate incentives for the agent and by

der Agenten, Kontroll- oder Überwachungskosten der Prinzipale und durch den sogenannten Residualverlust determiniert.[47] Nun ist die grundlegende Frage aufzuwerfen, wie die beschriebenen Prinzipal Agenten Konflikte zu lösen sind (siehe Abbildung 3.4).

| | Hidden Characteristics | Hidden Intention | Hidden Information | Hidden Action |
|---|---|---|---|---|
| Entstehungs-zeitpunkt | Vor Vertragsabschluss | Nach Vertragsabschluss | Zw. Vertragsabschluss und Entscheidung | Nach Entscheidung |
| Entstehungsursache | Ex-ante verborgene Eigenschaften des Agenten | Ex-ante verborgene Eigenschaften des Agenten | Nicht beobachtbare Informationsbestand des Agenten | Nicht beobachtbare Aktivitäten des Agenten |
| Problem | Eingehen der Vertragsbeziehung | Durchsetzung impliziter Ansprüche | Entscheidungs-beurteilung | Verhaltens- und Leistungs-beurteilung |
| Resultierende Gefahr | Adverse Selection: Auswahl unerwünschter Vertragspartner | Moral Hazard: Schädigung der Eigentümer | Moral Hazard: Suboptimale Entscheidungen | Moral Hazard: Unzureichender Arbeitseinsatz |
| Lösungsansätze | Screening (Aufdeckung von Eigenschaften) Signaling/Reputation (Fähigkeiten und Intention vermarkten) | Vertikale Integration (Commitment sicherstellen) | Motivations- und Anreizsystem Informations- und Kontrollsysteme | |

**Abbildung 3.4** Lösungsansätze für Informationsasymmetrieprobleme (In Anlehnung an *Funk* (2008), S. 64.)

Beim Screening informiert sich der Principal im Vorfeld des Vertragsabschlusses über die Eigenschaften des Agenten. Es ist zu vermuten, dass sich Agenten mit überdurchschnittlichen Eigenschaften und Informationen auch als solche zu

---

incurring monitoring costs designed to limit the aberrant activities of the agent. In addition in some situations it will pay the agent to expend resources (bonding costs) to guarantee that he will not take certain actions which would harm the principal or insure that the principal will be compensated if he does take such actions (…) In most agency relationships the principal and the agent will incur positive monitoring and bonding costs (non-pecuniary as well as pecuniary). And in all there will be some divergence between the agent's decisions and those decisions which would maximize the welfare of the principal (Hervorh. Im Original)." Diese Sichtweise wird in der Literatur jedoch stark kritisiert, da die Messung einer Abweichung von einem in der Realität nicht erreichbaren Idealzustand einer rein tautologischen Vorgehensweise entspricht, vgl. *Schneider* (1987), S. 182 f.

[47] Vgl. *Jensen/Meckling* (1976), S. 308f.

erkennen geben, etwa durch Offenlegung von Referenzen, um dadurch beispielsweise eine überdurchschnittliche Vergütung fordern zu können (Signaling). Bei der vertikalen Integration steht im Vordergrund, den Prinzipal vor der „Unfairness" des Agenten zu schützen. Dies kann beispielsweise durch die Sicherung von Verfügungsrechten realisiert werden. Da der Prinzipal an einem optimalen Anstrengungsniveau des Agenten partizipiert, kann er versuchen, diesen über erfolgsabhängige variable Gehaltskomponenten zu einer höheren Leistung zu motivieren. Entscheidend ist hierbei, dass die variable Entlohnung von objektiv messbaren und transparenten Größen abhängt (Motivations- und Anreizsysteme). Um eine lückenlose Aufklärung des Prinzipals über das Verhalten des Agenten und das Ausmaß externer Effekte zu gewährleisten, werden Informations- und Kontrollmechanismen eingesetzt (Aufsichtsrat und die Verpflichtung zu einer externen Rechnungslegung.[48]

Während die Prinzipal-Agenten Theorie das bis dato dominierende Paradigma in der Performance Management Forschung waren, werden die grundsätzlichen Verhaltensannahmen dieser Theorie inzwischen kritischer begutachtet.[49] Um die Interdependenzen zwischen dem Prinzipal und dem Agenten auf der Basis anderer Verhaltenswissenschaften zu modellieren wurde die Stewardship-Theorie in jüngerer Zeit immer populärer.[50] Im Gegensatz zur Prinzipal Agenten Theorie beschreibt die Stewardship Theorie "[...] motives are aligned with the objectives of their principals [...]."[51] Folgt man dem Grundgedanken dieser Theorie sind die Agenten intrinsisch dazu motiviert, sich als Treuhändler im besten Sinne der Prinzipale zu verhalten, in dieser Theorie gelten die Agenten also als intrinsisch motivierte Akteure, die vornehmlich aus einer verantwortungsvollen Ausübung ihrer Rolle Nutzen ziehen möchten.[52] Im Gegensatz zur Prinzipal Agenten Theorie existieren sodann auch kein: „[...] prinzipiellen Interessenskonflikt zwischen Agenten und Principalen, und die Herstellung von Strukturen, die es den Top-Managern ermöglichen, ihre Ziele nach hoher Unternehmensperformance effektiv

---

[48] Vgl. *Welge/Eulerich* (2014), S. 16. Zu ähnlichen Ausführungen vgl. *Zhang/Tang/Hu* (2015), S. 101; *Wandfluh/Hofmann/Schoensleben* (2016), S. 200ff.; *Vyas/Hayllar/Wu* (2018), S. 415f.

[49] So zeigen soziologische und psychologische Forschungserkenntnisse, die theoretischen Grenzen der Prinzipal-Agenten Theorie auf. *Davis/Schoorman/Donaldson* (1997), S. 20 konsternieren: „Therefore, exclusive reliance upon agency theory is undesirable because the complexities of organizational life are ignored. Additional theory is needed to explain relationships based upon other, noneconomic assumptions."

[50] Vgl. *Welge/Eulerich* (2014), S. 24.

[51] *Davis/Schoorman/Donaldson* (1997), S. 21.

[52] Vgl. *Arthurs/Busenitz* (2003), S. 145; *Eddleston/Kellermanns* (2007), S. 555; *Welge/Eulerich* (2014), S. 25; *Harrison* (2018b), S. 533.

anzustreben [...]."[53] Des Weiteren unterscheidet sich die Stewardship Theorie von der Prinzipal Agenten Theorie insbesondere durch situative und psychologische Faktoren.[54]

Die Prinzipal Agenten Theorie eignet sich für Kulturkreise, welche durch einen hohen Individualismus und eine hohe Machtdistanz geprägt sind.[55] HOFSTEDE[56] weist empirisch nach, dass westeuropäische Länder, insbesondere der deutschsprachige Raum, durch einen hohen Individualismus und eine hohe Machtdistanz charakterisiert werden können. Dementsprechend soll im Rahmen dieser Dissertation die Prinzipal-Agenten Theorie als Erklärungsansatz für das Performance Management verwendet werden.

Die vorherigen Ausführungen zeigen deutlich, dass die Problematiken Hidden Action und Hidden Information vor allem durch Motivation- und Anreizsysteme, aber auch durch Informations- und Kontrollsysteme (Performance Management) reduziert bzw. sogar überwunden werden können.[57] Performance Management Systeme unterstützen bei dem Abbau von Informationsasymmetrien, zudem schränken sie opportunistisches Verhalten ein,[58] sodass eine Berücksichtigung der Prinzipal Agenten Problematiken zur Beantwortung der aufgestellten Forschungsfragen unabdingbar erscheint.[59]

---

[53] *Bresser/Thiele* (2008), S. 178.

[54] Vgl. *Davis/Schoorman/Donaldson* (1997), S. 27. Die psychologischen Faktoren lassen sich auf das Konstrukt des „self-actualizing man" (vgl. *Argyris* (1973), S. 354) zurückführen. Demzufolge sind „Manager intrinsisch motiviert, sie identifizieren sich mit ihrer Organisation, sie nutzen nicht institutionelle oder organisatorische, sondern personenbezogene Macht", *Welge/Eulerich* (2014).

[55] Vgl. *Davis/Schoorman/Donaldson* (1997), S. 37.

[56] Vgl. *Hofstede* (1984).

[57] Vgl. *Günther* (1997), S. 48; *Gleich* (2011), S. 34.

[58] Vgl. Abschnitt 2.3.

[59] Vgl. *Franco-Santos/Lucianetti/Bourne* (2012), S. 97f.

### 3.1.3 Modelltheorie

Modelle[60] dienen in den Sozialwissenschaften, insbesondere in der Betriebswirtschaftslehre, als Instrumente zum Erkenntnisgewinn und zur Überprüfung der
selbigen. [61] Modelle bilden stets ausgewählte Betrachtungsgegenstände ab und
erlauben es Aussagen bzw. Aussagensysteme abzuleiten (siehe Abbildung 3.5).[62]

**Abbildung 3.5**  Abbildung der Realität durch Modelle und Kennzahlensysteme (In Anlehnung an *Reichmann et al.* (2017), S. 58.)

SCHÜTTE versteht unter einem Modell das „Ergebnis einer Konstruktion eines
Modellierers, der für Modellnutzer eine Repräsentation eines Originals zu seiner Zeit als relevant mit Hilfe einer Sprache deklariert. Ein Modell setzt sich
somit aus der Konstruktion des Modellierers, dem Modellnutzer, einem Original, der Zeit und einer Sprache zusammen."[63] Im Gegensatz dazu vertreten
SCHWEITZER und KÜPPER eine detaillierte Sichtweise und verstehen unter Modellen eine „[...] isomorphe (homomorphe) Abbildung eines Teilzusammenhangs aus

---

[60]Ursprung hat der Begriff Modell in dem lateinischen Wort modus bzw. in seiner Verklei-
nerungsform modulus. Im Deutschen entspricht dies dem Begriff Maß bzw. Maßstab, vgl.
*Zschocke* (1995), S. 218. *Stachowiak* (1980), S. 53, welcher als Begründer der Modelltheorie
gilt stellt fest: „allen Erkenntnisvorgängen liegt ein Abbildungsprozess zugrunde: ein ori-
ginalseitig Vorgegebenes wird irgendwie modellseitig nachvollzogen. Dieser Nachvollzug
kann in einer Originalreproduktion bestehen, die sich als subjektfrei objektiv versteht, oder
als eine Nachbildung des Gegebenen aufgrund perspektivischer Ausblendung von Merkmalen, aufgrund von Weglassung und Hinzufügen möglicherweise bis hin zu hohen Graden der
Originalverfremdung."

[61]Beispielsweise werden in den bildenden Künsten, welche die zur Inspiration und zur Unterstützung bei der Gestaltung/Modellierung von Skulpturen etc. ebenfalls häufig sogenannte
(ikonisch-anschauliche) Modelle verwendet, vgl. *Schweitzer/Küpper* (1997b).

[62]Vgl. *Schweitzer/Küpper* (1997a), S. 1f.

[63]*Schütte* (1998), S. 59.

einem (realen) Betrachtungsgegenstand"[64] BANDOW und HOLZMÜLLER verstehen unter Modellen „[...] leistungsfähige Strukturierungsinstrumente, die helfen, interessierende Phänomene, Systeme oder Systembereiche zu beschreiben und handhabbar zu machen."[65] Ähnliche Ausführungen finden sich bei Autoren der Wirtschaftsinformatik[66], so versteht GROCHLA Modelle als Instrumente zur Untersuchung und Gestaltung automatisierter betrieblicher Informationssysteme, im Gegensatz dazu spricht sich MÜLLER-MERBACH für eine klare Bewusstmachung der Modellierungstätigkeit aus. Im Zuge der Differenzierung zwischen Modell und Originalsystem ist stets zwischen Isomorphie[67] und Homomorphie[68] zu unterscheiden.

Eine vereinfachende Darstellung von realen Phänomenen aber auch Systeme, stellt die zentrale Aufgabenstellung eines Modelles dar.[69] Modelle unterstützten also dabei, (Wirkungs)-Zusammenhänge transparent zu machen, allgemeingültige Prinzipien zu erkennen, die Komplexität zu reduzieren und somit eine ziel- und zweckorientierter Kommunikation zu ermöglichen.[70] Unabhängig von der Zielsetzung der Modellerstellung weisen Modelle stets drei wesentliche Merkmale, Abbildungs-, Verkürzungs- und das Pragmatisches Merkmal auf. Zudem gilt die Prämisse, dass Personen, die das Modell nutzen, auch bei deren Erstellung beteiligt sein oder bereits mit der Handhabung solcher Modelle vertraut sein

---

[64] *Schweitzer/Küpper* (1997b), S. 2.

[65] *Bandow/Holzmüller* (2010), S. VII.

[66] Zur Erläuterung und zur Diskussion des Modellverständnisses in den verschiedenen Wissenschaftsbereichen soll auf *Peters* (2003), S. 17ff. verwiesen werden. Ausführungen des Modellverständnisses in der Wirtschaftsinformatik finden sich unter anderem bei *Bretzke* (1980). Mit dem Modellverständnis in der Betriebswirtschaftslehre haben sich beispielsweise *Bretzke* (1980); *Molière de* (1984); *Herrmann* (1992); *Berens/Delfmann/Schmitting* (2004); *Reihlen* (1997) wissenschaftlich auseinandergesetzt. Zu einem Modellverständnis der Informatik ist beispielsweise auf *Goorhuis* (1994); *Schütte* (1998); *Wedekind et al.* (1998) zu verweisen.

[67] Isomorphie verlangt eine klar definierte Beziehung in beide Richtungen zwischen den zu betrachtenden Elementen des Originalsystems und denen des Modelles, dies bedeutet, dass beide die gleiche Struktur aufweisen müssen, vgl *Grochla* (1969), S. 384; *Schütte* (1998).

[68] Diese Systeme reduzieren die Komplexität, da sie nur die Prämisse erfüllen, strukturähnlich zu sein, unwichtige Elemente und deren Beziehungen untereinander werden abstrahiert, vgl. *Schweitzer* (2009) Dies offeriert zwar den Vorteil, das System und deren Elemente und Beziehungen zu durchdringen, führt jedoch zu dem Risiko Fehleinschätzungen vorzunehmen, vgl. *Domschke/Scholl* (2005).

[69] Vgl. *Bandow/Holzmüller* (2010), S. VII.

[70] Vgl. *Schmidt/Schor* (1987), S. 27.

müssen.[71] Modelle können auf der Basis unterschiedlicher Kriterien kategorisiert werden.[72] Zunächst erfolgt eine Differenzierung nach der Art des Geltungsanspruches in Real- und Idealmodelle. Realmodelle bilden stets faktisch existente Sachverhalte ab bzw. enthalten Behauptungen über empirisch belegbare Gegebenheiten.[73] Im Gegensatz dazu beziehen sich Idealmodelle auf rein gedankliche, also fiktive Originale.[74] Die Aussagen, welche aus Realmodellen abgleitet werden, müssen also empirisch wahrheitsfähig sein,[75] während die Aussagen aus Idealmodellen stets tautologischer Natur sind.[76] Realmodelle lassen sich in der Regel anhand ihres Einsatzzwecks in die drei Modellklassen Beschreibungs-[77],

---

[71]Vgl. *Jockisch/Rosendahl* (2010), S. 25f.; *Töllner et al.* (2010), S. 9

[72]Vgl. *Domschke/Scholl* (2005).

[73]Vgl. *Schweitzer/Küpper* (1997b), S. 3.

[74]Vgl. *Schweitzer/Küpper* (1997b), S. 9.

[75]Vgl. *Schweitzer/Küpper* (1997b), S. 8

[76]Vgl. *Raffée* (1995). *Richter* (2009), S. 3 stellt hierzu fest, dass „obwohl für die Betriebswirtschaftslehre als Realwissenschaft Realmodelle grundsätzlich von größerer Bedeutung sind als Idealmodelle, kann auf letztere nicht verzichtet werden. Sie unterstützen die Entdeckung wissenschaftlicher Aussagen im Rahmen der realwissenschaftlichen Theoriebildung und helfen Anforderungen an die Theoriestruktur zu identifizieren."

[77]Hierunter versteht man eine Menge singulärer Sätze bzw. Aussagen über Elemente, Eigenschaften und Relationen eines Forschungsobjektes bzw. einer Universalie, vgl. *Schweitzer/Küpper* (1997b), S. 10. Beschreibende Aussagen bezüglich eines konkreten Betrachtungsgegenstandes ist charakteristisch für deskriptive Modelle, vgl. *Schweitzer/Küpper* (1997b), S. 11f. Ein Beispiel für ein Beschreibungsmodell stellt die Finanzbuchhaltung dar, vgl. *Domschke/Scholl* (2005), S. 31.

Erklärungs-[78] und Prognose- und Entscheidungsmodell[79] differenzieren[80] Bei
dem hier zu entwickelnden Modell, der Digitalisierungsscorecard, handelt es sich
um ein Entscheidungsmodell. Denn das Tool soll in der Lage sein, Alternativen zu
bewerten und auszuwählen. Zudem berücksichtigt sie situativ bedingte Umweltbedingungskonstellationen. Die Digitalisierungsscorecard weist also deskriptive
sowie explizite Elemente auf. Bei dem Prozess der Modellierung handelt es sich
um mehrstufige Vorgehensweise, dessen Ausgestaltung von den Rahmenbedingungen der Anwendung abhängig ist.[81] In der wissenschaftlichen Literatur wird
oftmals ein fünfstufiger Prozess aufgeführt, bestehend aus der Identifikation des
Problems, der Beschreibung des relevanten Realitätsausschnitts, der Konstruktion
des Modells, der Modellanalyse sowie der Modellvalidierung.[82]

## 3.2 Prästrukturierender heuristischer Bezugsrahmen

Im Kapitel 2 wurden die notwendigen terminlogischen und theoretischen Grundlagen diskutiert. Allerdings macht die Heterogenität der Aussagen eine Strukturierung zwingend notwendig. Diese Strukturierung soll entsprechend dem Prozess

---

[78]Erklärungsmodelle dienen dazu bestehende Problemstellungen besser zu durchdringen.
Hypothesen, welche das Systemverhalten erklären, bilden hierfür die Basis. Diese sollten
so präzise formuliert sein, dass sie validiert oder falsifiziert werden können, vgl. *Homburg*
(2013), S. 35. Erklärungsmodelle untersuchen Wirkungszusammenhänge zwischen Parame-
tern und davon unabhängige Variablen, dies geschieht mit dem Ziel das Systemverhalten zu
durchdringen vgl. *Kleindienst* (2017), S. 24.. Die betriebliche Produktions- und Kostentheorie
nach *Gutenberg* (1951) repräsentiert ein Beispiel für ein Erklärungsmodell.

[79]Dieser Modelltyp ist dem Erklärungsmodell sachlogisch nachfolgend zu interpretieren.
Im Gegensatz zum Erklärungsmodell ermöglichen Entscheidungsmodelle die Bewertung
und die Auswahl von Alternativen, unter der Prämisse von situativen Zielsetzungen. Sie
garantieren demzufolge, die zur Zielerreichung beste Handlungsalternative zu determinieren, vgl. *Domschke/Scholl* (2005), S. 31. Der entsprechende Entscheidungsträger definiert
im Vorfeld Zielsetzungen, welche die Grundlage für die Bewertung repräsentieren. Zudem
dienen konkrete Umweltbedingungskonstellationen als Input für die zutreffende Bewertung.
Demzufolge beinhalten Entscheidungsmodelle beschreibende sowie erklärende Elemente vgl.
*Gal/Gehring* (1981), S. 21.

[80]Diese Kriterien lassen sich auch auf Idealmodelle anwenden, vgl. *Schweitzer/Küpper*
(1997b), S. 10.

[81]Vgl. *Homburg* (2013), S. 36.

[82]Vgl. *Gal/Gehring* (1981), S. 23f.

der iterativen Forschung[83] durch einen Bezugsrahmen[84] garantiert werden. Der nun folgende Abschnitt 3.2 dient zur Darlegung dieses Bezugsrahmens.[85]

Im Zuge dessen erfolgt zunächst in Abschnitt 3.2.1 eine generelle Diskussion hinsichtlich der Art und des Wesens eines Bezugsrahmens, darauf aufbauend wird der Bezugsrahmen der Untersuchung in Abschnitt 3.2.2 erörtert.

## 3.2.1 Art und Wesen eines Bezugsrahmens

Zunächst ist es notwendig eine Abgrenzung zwischen dem Bezugsrahmen[86] und dem (Forschungs-)Modell[87] vorzunehmen. SCHÜTTE versteht unter einem Modell „[...] das Ergebnis einer Konstruktion eines Modellierers, der für Modellnutzer eine Repräsentation eines Originals zu seiner Zeit als relevant mit Hilfe einer Sprache deklariert. Ein Modell setzt sich somit aus der Konstruktion des Modellierers, dem Modellnutzer, einem Original, der Zeit und einer Sprache zusammen."[88] SRNKA[89] klassifiziert Modelle in zwei Gruppen, in Studien-Designs[90] und in Integrierte Designs.[91]

---

[83]*Buono/Kerber* (2010), S. 5 verstehen hierunter einen „process of initial interpretation and design, implementation and improvisation, learning from change-effort, and then sharing that learning systemwide, leading to ongoing re-interpretation and redesign of the change as needed."

[84]Siehe Abschnitt 4.2.

[85]Für eine erste definitorische Einordnung des Bezugsrahmens vgl. u. a. *Kirsch/Seidl/Aaken* (2007), S. 32.

[86]In der Literatur finden sich Synome wie „Framework" oder „Conceputal Framework", vgl. *Kirsch/Seidl/Aaken* (2007), S, 22.

[87]Eine Diskussion bezüglich Modellen findet sich in Abschnitt 3.3

[88]*Schütte* (1998), S. 59.

[89]Vgl. *Srnka* (2007), S. 253; *Srnka/Koeszegi* (2007). Diese Einteilung findet sich ebenfalls bei *Davies* (2003), S. 100. Diese Vorgehensweise widerspiegelt die von *Mayring* (2008) propagierten Verbindung von qualitativer und quantitativer Forschung.

[90]Diese werden auch als „Mix-Methods" betitelt, diese kombinieren qualitative und quantitative Methoden der Datenerhebung und –analyse, vgl. *Srnka* (2007), S. 254.

[91]Diese werden auch als „Mix-Desings" betitelt, diese integrieren qualitative und quantitative Methoden der Datenerhebung und –analyse in einem mehrstufigen Analysevorgang, vgl. *Tashakkori/Teddlie* (2008), S. 52. Die zentralen Merkmale eines Modells finden sich in Abschnitt 3.3.

Ein Forschungsmodell verfügt also über weitreichende Restriktionen, wohingegen ein Bezugsrahmen primär die Ordnung von Gedankengängen zum Ziel hat.[92]

Die grundsätzlich wissenschaftliche Funktion eines Bezugsrahmens ist die systematische, strukturierte geistige Durchdringung des zu untersuchenden Forschungsbereiches.[93] Ein Bezugsrahmen sollte demnach komplexe Zusammenhänge ordnen, möglichst vereinfacht darstellen und diese Ordnung anschließend auch validieren.[94]

Ein Bezugsrahmen kann somit als Bindeglied zwischen aktuellem Forschungsstand und Praxis verstanden werden. Er dient also als Erklärungsskizze zum Verständnis von Interdependenzen zwischen diesen beiden Komponenten.[95] Verfügt ein Bezugsrahmen über sorgfältig entwickelte inhaltliche, prozessuale und methodische Elemente, kann eine darauf basierende explorative Studie systematisch nachvollziehbar erarbeitet und auch durchgeführt werden.[96]

Ein Bezugsrahmen ist also ein „[...] theoretisches, gedankliches oder konzeptionelles Aussagensystem, das von der logischen Konsequenz und Operationalisierung her nicht den strengen Anforderungen an ein Hypothesensystem [...]"[97]

---

[92]Vgl. *Kirsch/Börsig/Kutschker* (1997), S. 570. *Kirsch* (1984), S. 752 konstatiert dementsprechend dass „[...]"Ein theoretischer Bezugsrahmen ist [...] eine Vorstufe der Modellentwicklung. Er enthält eine Reihe theoretischer Begriffe, von denen angenommen wird, dass sie einmal Bestandteil von Modellen bzw. Theorien werden könnten. Darüber hinaus umfasst ein theoretischer Bezugsrahmen einige, freilich sehr allgemeine Gesetzeshypothesen, die jedoch meist nur tendenzielle Zusammenhänge andeuten."

[93]*Wolf* (2013), S. 37 konstatiert hierzu: „„[...] Systematisierung, Strukturierung und geistige Durchdringung der den jeweiligen Untersuchungsbereich charakterisierenden Ursachen, Gestaltungen und Wirkungen, aber auch die Erleichterung der Kommunikation der erfolgten Forschungsbemühungen und –ergebnisse."

[94]Vgl. *Kirsch* (1973), S. 14.

[95]Vgl. *Kubicek* (1977), S. 17.

[96]Vgl. *Kirsch/Seidl/Aaken* (2007), S. 31. Zur Klassifizierung von empirischen Forschungsdesigns vgl. u. a. *Fritz* (1995), S. 60. Allerdings ist festzustellen dass der ein Bezugsrahmen aufgrund des sehr allgemeinen Aufbaus nicht direkt empirisch überprüft werden kann. Nur aus dem Bezugsrahmen abgeleitete Hypothesen, in denen abhängige bzw. unabhängige Variablen konkret definiert sind, können empirisch validiert werden, vgl. hierzu *Nerdinger* (2012), S. 40. POPPER postuliert allerdings bereits in den 1930er Jahren, dass das Zustandekommen der zu prüfenden Hypothesen unerheblich ist, solange diese strengen Falsifikationsversuchen ausgesetzt sind, vgl. *Keuth* (2007).

[97]*Botzkowski* (2018), S. 82. Jedoch ist zu attestieren dass „[...] auch Bezugsrahmen haben Modellcharakter, sie entstehen aus der Verbindung von Modellen und Forschungsergebnissen aus Einzelfallstudien. Ihre wichtige Aufgabe besteht darin, komplexe Problemstellungen zu strukturieren [...]" *Staehle/Conrad/Sydow* (1999), S. 99.

genügen muss. KIRSCH versteht unter dem Zweck eines Bezugsrahmen vornehmlich das „[…] Denken über komplexe reale Phänomen zu ordnen und explorative Beobachtungen zu leiten, die mit der Zeit eine genügend große Zahl von Beobachtungsaussagen erbringen, um den Bezugsrahmen zu verfeinern und damit auch besser strukturieren zu können […]".[98]

In der vorliegenden Arbeit findet die Definition nach KUBICEK Anwendung und versteht unter einem Bezugsrahmen folgendes,

*Allgemein werden als theoretische, gedankliche oder konzeptionelle Bezugsrahmen (conceptual schemes, conceptual frameworks, frames of reference) Aussagensysteme bezeichnet, die von ihrer logischen Konsistenz und Operationalität her nicht den strengen Anforderungen an ein Hypothesensystem genügen. Zumeist werden sie als provisorische Erklärungsmodelle begriffen, die sowohl den weiteren Forschungsprozeß [sic!] steuern als auch unmittelbar Orientierungshilfen für die Lösung praktischer Probleme liefern sollen*[99]

Ein Bezugsrahmen dient also als eine Erklärungsskizze, die einen zu untersuchenden Zusammenhang leichter verständlich machen kann.[100]

Ein solcher Bezugsrahmen kann im Rahmen des Forschungsprozesses verschiedene Ausprägungstypen[101] darstellen,[102]

---

[98]Vgl. *Kirsch* (1973), S. 12.

[99]*Kubicek* (1977), S. 17.

[100]Vgl. *Kubicek* (1977), S. 22; *Kirsch* (1984), S. 752. *Kubicek* (1977), S. 19 stellt hierbei fest, dass das heuristische Potential eines Bezugsrahmen umso größer ist desto, „[…] mehr die formulierten Fragen und Interpretationsmuster zur Gewinnung von Erfahrungswissen führen, das seinerseits zur Präzisierung der theoretischen Perspektive und zur Formulierung von neuen, weiterführenden Fragen führt […]".

[101]Dies kann auch als unterschiedliche Stadien eines sich fortlaufend verbessernden Bezugsrahmen interpretiert werden, denn durch weitere Forschungsaktivitäten wird ein Bezugsrahmen inhaltlich überprüft und sukzessive verbessert, (vgl. hierzu *Kirsch* (1984), S. 752f.) ohne dass er durch die Falsifikation eines bestimmten (Teil-)Aspektes vollständig verworfen werden muss, vgl. *Martin* (1989), S. 222, denn ein Bezugsrahmen ist stets als vorläufig anzusehen. vgl. *Rößl* (1990), S. 102. Allerdings merkt *Kirsch* (1984), S. 758 kritisch an, dass „[…] die Weiterentwicklung eines schlecht-strukturierten Kontextes zu einem wohl-strukturierten Kontext ist normalerweise mit einem Verlust an Reichweite oder Reichhaltigkeit verbunden […]".

[102]Vgl. *Rößl* (1990), S. 100. Eine Diskussion über unterschiedliche Bezugsrahmenansätze findet sich unter anderem bei *Martin* (1989), S. 222f.

- prästrukturierender heuristischer Bezugsrahmen, dieser Bezugsrahmen hat die grundsätzliche Funktion, Basisannahmen zu identifizieren um in neuen Forschungsbereichen eine intersubjektive Transparenz und Vergleichbarkeit zu erzeugen.[103]
- systematisierende und dokumentierende heuristische Bezugsrahmen; dieser Bezugsrahmentyp kommt vornehmlich als „[...] Integrationsinstrument mit Hypothesencharakter [...]"[104] zum Einsatz, wenn der Forscher mit einer umfangreichen Anzahl von präskriptiven und empirischen Untersuchungen konfrontiert ist.
- pseudotheoretische Bezugsrahmen; dieser Typus offeriert ein hohes Maß an Objektivierung und steht in seiner grundsätzlich Strukturierung von Dimensionen, Kategorien, Beziehungen und Operationalisierungsvorschriften nahe an einer Theorie.[105]

RÖßL beschreibt die Vorgehensweise bei der Erstellung und (Weiter-)Entwicklung eines Bezugsrahmens wie folgt: „[...] der Bezugsrahmen wird vorerst durch abstrakte Konstrukte (Kategorien) gebildet. Die Generierung der Kategorien wird auf Basis des subjektiven Vorwissens und der bereits vorliegenden Untersuchungsergebnisse getroffen, die Auswahl erfolgt vor dem Hintergrund der subjektiv beurteilten Zielrelevanz im konkreten Forschungskontext. Der individuelle subjektive Einfluss des zwingend notwendigen Vorverständnisses und der rezipierten Untersuchungen wird offengelegt. Die Subjektivität des Untersuchungsdesigns in diesem Stadium der Forschung wird damit intersubjektiv nachvollziehbar und der Forschungsprozess kritisierbar [...]."[106] Diese Kategorien werden durch Dimensionen konkretisiert, welche für das Forschungsziel als relevant beurteilt werden. Diese Detaillierung bedeutet demzufolge eine stärkere Operationalisierung. In einem letzten Schritt können Hypothesen über mögliche (Inter-)Dependenzen zwischen den Dimensionen aufgestellt werden.[107]

---

[103] Vgl. *Haritz* (2000), S. 109.
[104] Vgl. *Neuner* (2009), S. 67.
[105] Vgl. *Neuner* (2009), S. 67.
[106] *Rößl* (1990), S. 99.
[107] Vgl. *Rößl* (1990), S. 102ff.

## 3.2.2 Bezugsrahmen der Untersuchung

Zur Beantwortung der aufgestellten Forschungsfragen[108] ist ein Bezugsrahmen dann sinnvoll, wenn keine vollumfänglich anerkannten Modelle existieren, die für die Forschungsfragen anwendbar sind.[109] Sowohl hinsichtlich der digitalen Transformation von Geschäftsmodellen[110] als auch im strategischen Management konnten sich bisher in Wissenschaft und Praxis[111] keine allgemein anerkannten Modelle durchsetzen.[112] Die Entwicklung eines Bezugsrahmens bietet sich also in diesem Forschungskontext durchaus an, da der Bezugsrahmen der späteren Ergebnisinterpretation und Ableitung von praxisorientierten Handlungsempfehlungen dient, die in Kapitel 5 mit empirischen Erkenntnissen angereichert werden.[113]

In der hier vorliegenden Dissertation handelt es sich aufgrund des als hoch zu klassifizierenden Novitätsgrades des zu betrachtenden Forschungsfeldes um einen prästrukturierenden heuristischen Bezugsrahmen. Diese Einordnung entspricht auch der typischen Sichtweise der Betriebswirtschaftslehre, wonach ein Bezugsrahmen insbesondere eine heuristische Funktion erfüllt, um ein Verständnis durch die transparente Darlegung von Zusammenhängen zu erzeugen.[114]

Im Verlauf der letzten 50 Jahre unterlag die als klassisch zu bezeichnende Lehre der Unternehmensführung einer starken Wandlung. Aufgrund von stabilen Umweltbedingungen fokussierte sich die Unternehmensführung zunächst eher auf die kurzfristige Finanz- und Budgetplanung.[115] Durch einen zunehmenden Wandel der Unternehmensumwelt kommt es allerdings zu einer nachhaltigen

---

[108]Siehe Abschnitt 1.2.

[109]Vgl. *Neuner* (2009), S. 68.

[110]Hier ist auf den generischen Bezugsrahmen von *Becker* (2019), S. 27 zu verweisen. Da es sich hierbei ebenfalls um einen Bezugsrahmen und keine Forschungsmodell handelt, kann dieser ausschließlich als Basis dienen.

[111]Hinsichtlich der Praxisrelevanz postuliert *Kirsch* (1984), S. 758 dass „[…] Bezugsrahmen können […] helfen, äußerst schlecht-strukturierte Entscheidungsprobleme der Praxis etwas besser zu strukturieren, ohne sie gleich zu wohl-strukturierten Entscheidungen zu machen […]".

[112]Vgl. die Abschnitt 2.X und 2.Y.

[113]Vgl. Kirsch/Seidl/van Aaken (2007), S. 29f.

[114]Vgl. *Heinen* (1991), S. 775.

[115]Vgl. *Becker/Schuhknecht/Botzkowski* (2019), S. 47.

Integration der Finanzierungs- und Investitionsplanung.[116] Durch das Auftreten dieser dynamischen Umweltveränderungen wird die Integration von strategischen Aspekten in die Unternehmensführung unabdingbar.[117] Die wirtschaftswissenschaftliche Strategieforschung differenziert sich von der der Industrieökonomie durch die grundlegende Betrachtung des Entstehungsprozesses von Strategien.[118] Als mögliche Basis des Bezugsrahmens bietet sich aufgrund dessen der klassische Managementprozess an,[119] welcher Planungs- und Kontrollaspekte beinhaltet.[120] In diesem liegen die Festlegung und Konkretisierung der Ziele, die Erstellung und Beurteilung der Pläne und die tatsächliche Durchsetzung der Entscheidung im Fokus der Planungs- und Entscheidungsphase.[121] Dieser lässt sich zu dem Prozess des strategischen Managements weiterentwickeln (Abbildung 3.6).[122]

Diese Überlegungen bilden sodann die Basis des Bezugsrahmens (siehe Abbildung 3.7).

Analog zum Managementprozess[123] lässt sich der Digitalisierungsstrategieprozess also in die vier zentralen Phasen Strategische Planung, Entscheidung, Realisation und Kontrolle unterteilen. Auch soll der vorrangige Zweck der Digitalisierung nicht außer Acht gelassen werden. Dies ist unbedingt notwendig, damit der ökonomisch besonders bedeutsame Zusammenhang zur eigentlichen Zwecksetzung von Unternehmen, nämlich der Wertschöpfung hergestellt werden kann.[124] Dieser Digitalisierungsstrategieprozess sollte im Stile eines „Stage-

---

[116]Vgl. u. a. *Hoffjan/Hartmanis* (2010), S. 290. *Götze* (2012), S. 459 hebt die Bedeutung der Finanzierungsplanung für den langfristigen Erfolg des Unternehmens prominent hervor: „[...] die finanzielle Situation eines Unternehmens und deren Entwicklung haben eine entscheidende Bedeutung für die Unternehmensexistenz und den Unternehmenserfolg [...]".

[117]Vgl. *Gluck/Kaufmann/Walleck* (1980), S. 159; *Welge/Al-Laham/Eulerich* (2017), S. 12.

[118]Vgl. *Becker/Schuhknecht/Botzkowski* (2019), S. 47.

[119]Vgl. *Lehner* (1996), S. 17; *Morita/James Flynn/Ochiai* (2011), S. 535. In der hier vorliegenden Dissertationen soll aufgrund forschungsökonomischer Gesichtspunkten der Managementprozess der INTERNATIONAL GROUP OF CONTROLLING als Grundlage dienen, vgl. International Group of Controlling (2013).

[120]Dieses „Primat der Planung", vgl. hierzu *Koontz/O'Donnell* (1995) kann jedoch durchaus kritisch diskutiert werden, so dass einerseits von einer Kontrolle durch Vorkopplung und andererseits von einer Kontrolle durch Rückkopplung gesprochen werden kann, vgl. *Gladen* (2011), S. 354.

[121]*Neuner* (2009), S. 61 stellt hierbei Parallelen zum allgemeinen Prozess der Unternehmensführung dar, dieser kann ebenfalls „[...] in drei Phasen unterteilt werden, die zu einem Regelkreis werden können: Planung, Realisierung und Kontrolle [...]."

[122]Vgl. Abschnitt 2.2.2.

[123]Vgl. *Lehner* (1996), S. 17.

[124]Vgl. *Becker* (2019), S. 28

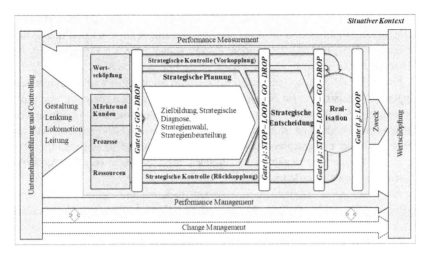

**Abbildung 3.6** Prästrukturierender heuristisches Bezugsrahmen der Untersuchung (In Anlehnung an *Becker/Schuhknecht* (2019), S. 27.)

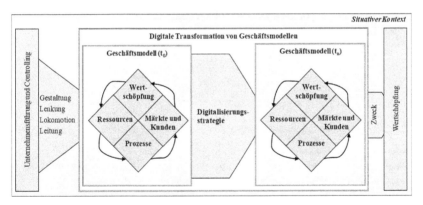

**Abbildung 3.7** Die Digitalisierungsstrategie als Mittler im Rahmen der digitalen Transformation von Geschäftsmodellen (In Anlehnung an *Becker/Schuhknecht* (2019), S. 26.)

Gate"-Prozesses durchgeführt werden.[125] Dieser Prozess sollte von der Unternehmensführung und dem Controlling, als Aufgabenträger, proaktiv und antizipativ gestaltet, gelenkt und geleitet werden. Zudem sollten in jedem Prozessschritt die Elemente des Geschäftsmodelles[126] Beachtung finden.

Ein ziel- und zweckorientiertes Performance Management sollte dynamisch begleitend unterstützen. Im Sinne der These, – if you can't measure it, you can't manage it -[127] sollte ein Performance Management stets von einem Performance Measurement unterstützt werden.[128] Zudem benötigt ein Performance Management zwingend ein entsprechendes attestierendes Change Management.[129] Da kulturelle Barrieren im Rahmen der digitalen Transformation von Geschäftsmodellen überwunden werden müssen.[130]

An dieser Stelle ist jedoch festzuhalten, dass ein prästrukturierender heuristischer Bezugsrahmen von den aufgestellten Forschungsfragen determiniert wird. Dementsprechend besteht die Möglichkeit, dass weitere Variablen, die in dem vorliegenden Bezugsrahmen nicht berücksichtigt wurden, Relevanz besitzen könnten.[131] Einen Bezugsrahmen zu entwickeln, der alle denkbaren Variablen beinhaltet, erscheint also kaum realistisch,[132] allerdings ist das Potential eines Bezugsrahmens umso größer je „mehr die formulierten Fragen und Interpretationsmuster zur Gewinnung von Erfahrungswissen führen, das seinerseits zur Präzisierung der theoretischen Perspektive und zur Formulierung von neuen, weiterführenden Fragen führt."[133]

---

[125]Vgl. u. a. *van der Duin/Ortt/Aarts* (2014), S. 490f.; *Kowalski et al.* (2014), S. 2; *Frese/Smulders* (2015), S. 1; *Tesch/Brillinger/Bilgeri* (2016), S. 2ff.

[126]Ausführliche Erläuterungen zum Geschäftsmodell finden sich in Abschnitt 2.1.1.

[127]Vgl. *Drucker* (2010).

[128]Weitere Ausführungen finden sich in Abschnitt 2.3.2.

[129]Vgl. *Krause* (2006). Weitere Ausführungen zum Change Management finden sich in Abschnitt 6.2.3.

[130]Vgl. vgl. *Boeselager*, 2018, S. 11.

[131]Vgl. *Becker/Pflaum* (2019), S. 9.

[132]Vgl. *Welge* (1980), S. 52.

[133]*Kubicek* (1975), S. 20.

## 3.3 Synopse und Ableitung von Thesen

Im Folgenden sollen die bereits gewonnen Erkenntnisse im Rahmen einer Synopse rekapituliert und in den Forschungskontext eingeordnet werden. Grundsätzlich stellt sich zunächst die Frage, ob die Digitalisierung eine Strategie darstellt.[134] In der betriebswirtschaftlichen Forschung existiert zunehmend der Konsens, dass die Digitalisierung zur Transformation von Geschäftsmodellen führt.[135] Die Transformation von Geschäftsmodellen ist dabei eine wesentliche Aufgabe des Top-Managements[136] und ist demnach per se von strategischer Bedeutung. Da diese Managementebene vornehmlich strategische Entscheidungen trifft, welche die Handlungsfähigkeit und die dafür einzusetzenden Ressourcen betreffen.[137] So kann durchaus postuliert werden, dass die Digitalisierung als solche von einer hohen strategischen Bedeutung ist.[138] Die bisherigen Ausführungen verdeutlichen allerdings, dass weder in der wissenschaftlichen Diskussion noch in der unternehmerischen Praxis ein einheitliches Verständnis hinsichtlich einer Digitalisierungsstrategie vorherrschend ist. Studien, vornehmlich empirischen Charakters, zeigen jedoch, dass eine solche Strategie notwendig ist um die digitale Transformation von Geschäftsmodellen ziel- und zweckorientiert bewältigen zu können.[139] Eine Digitalisierungsstrategie stellt sodann einen „Mittler"[140] zwischen dem ursprünglichen Geschäftsmodell in $t_0$ und dem transformierten Geschäftsmodell[141] in $t_n$ als Ergebnis des Transformationsprozesses

---

[134]Vgl. Abschnitt 1.2.

[135]Vgl. Abschnitt 2.1.1.

[136]Siehe Abschnitt 1.1.

[137]Vgl. *Eisenhardt/Zbackari* (1992), S. 17.

[138]Vgl. *Becker/Schuhknecht/Botzkowski* (2019), S. 38.

[139]Siehe Abschnitt 1.2.

[140]Vgl. Strategien dienen im Sinne von Änderungen des Geschäftsmodelles stets als Mittler vgl. hierzu exemplarisch *Kaplan/Norton* (2004); *Becker et al.* (2018), S. 158.

[141]Ein Geschäftsmodell ist ein aus der wirtschaftswissenschaftlichen Teildisziplin entlehntes Konstrukt, welches vornehmlich als strategisch orientiertes Analyse- und Gestaltungsmodell genutzt wird, vgl. exemplarisch *Wirtz* (2013) Das Geschäftsmodell eines Unternehmens beschreibt, stets unter der Berücksichtigung der Wertschöpfung, „[...] the rationale of how an organization creates, delivers, and captures value [...]" *Osterwalder/Pigneur* (2010) Aufgrund der Ermanglung einer wissenschaftlich vollumfänglich akzeptierten Definition, vgl. *Becker* (2019a), S. 19, wird unter einem Geschäftsmodell eine vereinfachende, strukturähnliche oder strukturgebende Abbildung von ausgewählten Aspekten der Ressourcentransformation des Unternehmens sowie deren Austauschbeziehungen mit anderen Marktteilnehmern verstanden vgl. *Becker/Ulrich*, 2013.

bzw. der Unternehmensentwicklung[142] (siehe Abbildung 3.7) dar. Die digitale Transformation des Geschäftsmodelles ist dabei stets unter dem Zweck der Wertschöpfung durchzuführen.[143] Der Wertschöpfungskreislauf des Geschäftsmodells wird, angelehnt an die Produktionsfunktionen[144], mit den Dimensionen Ressourcen, Prozesse, Markt- bzw. Kunden und schlussendlich der Wertschöpfung[145] abgebildet. Die Unternehmensführung und das Controlling gestaltet (strukturelle Aspekte), lenkt (prozessuale Aspekte), und leitet (Verhaltensaspekte) die digitale Transformation des Geschäftsmodells.[146]

Diesem Gedankengang folgend lässt sich eine Digitalisierungsstrategie wie folgt definieren.[147]

*Eine Digitalisierungsstrategie ist ein langfristig angelegtes, das gesamte Unternehmen betreffendes Handlungsmuster, das ziel- und zweckorientiert beschreibt, wie die Unternehmensführung und das Controlling die Transformation von Prozessen, Produkten, Dienstleistungen bis hin zur Transformation von kompletten Geschäftsmodellen unter Nutzung moderner Informations- und Kommunikationstechnologien (IuK) mit dem Zweck, nachhaltige (gemeinschaftliche) Wertschöpfung, effektiv und effizient zu gewährleisten, gestaltet, lenkt und leitet.[148]*

Es ist allerdings zu attestieren, dass sich in der bestehenden Management Literatur kein einheitliches Verständnis bezüglich der Einordnung, im Sinne einer Charakterisierung, der Strategie findet.[149] Strategische Optionen[150] und damit Strategien lassen sich allerdings auf Basis unterschiedlicher Kriterien typologisieren. Hierbei finden sich in der Literatur zum strategischen Management zahlreiche Herangehensweisen so unterscheiden HERBERT und DERESKY zwischen Aufbau-, Halte- und Erntestrategien. [151] Eine sehr generelle Typologie wird von BEA und

---

[142]Siehe Abschnitt 2.1.

[143]Die Wertschöpfung, für weitere Ausführungen vgl. Abschnitt 2.1, wird maßgeblich von dem Mehrwert determiniert, den ein Unternehmen oder eine Organisation durch die betriebliche Leistungserstellung den Vorleistungswerten addiert hat, vgl. *Becker* (1990).

[144]Vgl. exemplarisch *Dosi et al.* (2016).

[145]Zu Erläuterungen der Wertschöpfung siehe Abschnitt 4.3.2.

[146]Vgl. *Becker/Schuhknecht* (2019), S. 26.

[147]Ein Katalog an bestehenden Definitionen findet sich in Abschnitt 1.2.

[148]*Becker/Schuhknecht* (2019), S. 27.

[149]Vgl. Abschnitt 2.1.

[150]Eine strategische Option wird als „idealtypisches Orientierungsmuster definiert, welches situationsunabhängig der Ausrichtung des strategischen Handelns eines Unternehmens dient.", *Becker/Ulrich* (2019), S. 147.

[151]Vgl. *Herbert/Deresky* (1987).

HAAS offeriert. Sich differenzieren zwischen Unternehmensstrategien, Geschäfts-
bereichsstrategien und Funktionalstrategien.[152] PORTER wiederum unterscheidet
zwischen der Strategie der Kostenführerschaft, einer Strategie der Differenzierung
sowie einer Strategie der Nischenbesetzung.[153] Eine sehr differenzierte idealtypische Typologie, welche ein große Anzahl der genannten Aspekte aufgreift, findet
sich bei BECKER und ULRICH. Als Typologisierungskriterien kommen bei diesen
Autoren die institutionelle, generische, geographische sowie die wettbewerbli-
che Orientierung (mit einer jeweiligen Kategorisierung) in Frage.[154] Aufgrund
dieser vollumfänglicher Sichtweise soll sich an dieser soll sich im Folgenden
orientiert werden. Die Digitalisierungsstrategie ist als eigenständige Strategie zu
sehen und ist nicht Teil einer anderen Funktionalstrategie wie beispielsweise
der IT-Strategie[155] Aufgrund dessen kann eine Digitalisierungsstrategie grundsätzlich als Corporate Strategy bzw. übergreifende Businessstrategie klassifiziert
werden. In der Regel handelt es sich bei der Digitalisierung als solche um
eine Expansionsstrategie. Hinsichtlich der geographischen Orientierung sind keine
allgemeingültigen Aussagen zu treffen, da hierbei ein hohes Maß an Individualität in der unternehmerischen Praxis vorliegt, jedoch handelt es sich aufgrund
des Megatrends Globalisierung meist um eine globale Strategie.[156] Bezüglich
der wettbewerblichen Orientierung kann von einer Offensivstrategie ausgegangen
werden, die auf eine Spezialisierung abzielt. Analog zu geographischen Orientierung kann bezüglich der Einordnung als Branchen- oder Nischenstrategie[157]
ebenfalls keine allgemeingültige Aussage getroffen werden, da dies ebenfalls als
unternehmensspezifisch angesehen werden kann. Diese Überlegungen werden in
folgenden Tabelle 3.1[158] aufgegriffen.

---

[152]Vgl. *Bea/Haas* (2001), S. 165:

[153]Vgl. Porter (2008), S. 105.

[154]Vgl. *Becker/Ulrich* (2019), S. 149; *Gupta/Govindarajan* (1984).

[155]Vgl. *Hess et al.* (2016), S. 124.

[156]Vgl. *Becker/Schuhknecht/Botzkowski* (2019), S.

[157]Vgl. *Steinmann/Schreyögg* (2005), S. 221f.

[158]Weitere Ausführungen zur Einordnung der Digitalisierungsstrategie finden sich bei
*Becker/Schuhknecht/Botzkowski* (2019), S. 43.

**Tabelle 3.1** Einordnung der Digitalisierung in das Strategiespektrum (In Anlehnung an: *Becker/Schuhknecht/Botzkowski* (2019), S. 43.)

| Orientierung | Ausprägungsformen | Ausprägung einer Digitalisierungsstrategie |
|---|---|---|
| | Unternehmensstrategie | X |
| Institutionelle | Marktstrategie | |
| Orientierung | Geschäftsbereichsstrategie | |
| | Funktionalstrategie | |
| Generische | Expansionsstrategie | X |
| Orientierung | Selektionsstrategie | |
| | Kontraktionsstrategie | |
| Geographische | Regionale Strategien | |
| Orientierung | Nationale Strategien | |
| | Globale Strategien | (X) |
| | Offensivstrategie | X |
| | Defensivstrategie | |
| Wettbewerbliche | Spezialisierungsstrategien | X |
| Orientierung | Harmonisierungsstrategien | |
| | Branchenstrategie | (X) |
| | Nischenstrategie | (X) |

Zusammenfassend kann also postuliert werden, dass es sich bei einer Digitalisierungsstrategie um eine globale Businessstrategie handelt, die auf eine Expansion abzielt und in den meisten Fällen als Spezialisierungsstrategie angesehen werden kann. Ein ähnliches Verständnis bestätigt sich in der bestehenden wissenschaftlichen Literatur[159] (siehe Tabelle 3.2).

In der wissenschaftlichen Literatur können also leicht abweichende konzeptionelle Sichtweisen identifiziert werden, die allerdings im Wesentlichen auf den Ausführungen von BHARADWAJ ET AL. basieren. Allerdings ist zu vermuten, dass sich in der wissenschaftlichen Diskussion die Gedanken von MATT ET AL. weitestgehend durchgesetzt zu scheinen haben.[160] Durch empirische Studien wird deutlich, dass mit einer Digitalisierungsstrategie mannigfaltige Vorteile einhergehen.[161] Jedoch zeigen zahlreiche empirische Studien, dass Digitalisierungsstrategien oft in der Implementierungsphase scheitern. Einen wichtigen

---

[159] Eine ausführliche Analyse findet sich bei *Becker/Schuhknecht/Botzkowski* (2019), S. 43ff.

[160] Vgl. *Becker/Schuhknecht/Botzkowski* (2019), S. 45.

[161] Siehe Abschnitt 1.1. Im Besonderen ist in diesem Kontext auf die Studien von *Hess et al.* (2016) und *Sia/Soh/Weill* (2016) zu verweisen.

**Tabelle 3.2**  Wissenschaftliche Studien zu Digitalisierungsstrategien

| Autor/en | Kernaussage(n) |
|---|---|
| BHARADWAJ ET AL. (2013) | Es existieren vier zentrale Schlüsselthemen: (1) Umfang der digitalen Geschäftsstrategie, (2) Tragweite der digitalen Geschäftsstrategie, (3) Geschwindigkeit der digitalen Geschäftsstrategie und (4) Quellen der geschäftlichen Wertschöpfung sowie Erfassung digitaler Geschäftsstrategien. [448] |
| MATT/TAFTI/MITCHELL (2013) | Die Autoren subsumieren vier zentrale Dimensionen einer Digitalisierungsstrategie: (1) Nutzung von Technologien, (2) Veränderung der Wertschöpfung, (3) strukturelle Veränderungen und (4) finanzielle Aspekte. Zudem gehen die Autoren auf prozedurale Aspekte ein. [449] |
| HOBERG ET AL. (2015) | Eine Digitalisierungsstrategie wird zwar als fester Bestandteil der Unternehmensstrategie erachtet, liegt jedoch oftmals nicht vor. [450] |
| KANE ET AL. (2015) | Eine Digitalisierungsstrategie verfolgt das Ziel, das Geschäftsmodell des Unternehmens fundamental zu transformieren, zudem Kundenanforderungen besser zu adressieren, Innovationen und Management-Entscheidungen zu verbessern sowie die Effizienz und die Effektivität zu steigern. [451] |
| STIEF/EIDHOFF/VOEHT (2016) | Unter der Digitalisierungsstrategie wird eine Strategie der Unternehmensentwicklung verstanden, die sich auf einzelne Produkte, einzelne Prozesse oder das gesamte Geschäftsmodell beziehen kann. [452] |
| SIA/SOH/WEIL (2016) | Eine Digitalisierungsstrategie umfasst folgende Schritte: (1) die digitale Führung unter Führungskräften zu fördern, (2) agile und skalierbare digitale Operationen zu konzipieren, (3) neue digitale Kundenerfahrungen zu entwickeln und (4) aufkommende digitale Innovationen zu entwickeln und zu beschleunigen. [453] |
| HESS ET AL. (2016) | Die Autoren verstehen unter einer Digitalisierungsstrategien vornehmlich die Aspekte „Business Drivers" und „Digital Transformation Outcome". [454] |
| KEIMER/EGLE (2018) | Im Rahmen einer Digitalisierungsstrategie sollte das Denken und Handeln auf strategische, strukturelle und kulturelle Forderungen der Digitalisierung ausgerichtet sein. [455] |
| DRERUP/SUPRANO/ WÖMPENER (2018) | Bezüglich einer Digitalisierungsstrategie werden vor allem Kompetenzen bezüglich der IT, der Analyse, der Kommunikation sowie soziale Kompetenzen benötigt. [456] |

[a] Vgl. *Bharadwaj et al.* (2013)
[b] Vgl. *Mithas/Tafti/Mitchell* (2013)
[c] Vgl. *Hoberg et al.* (2015)
[d] Vgl. *Kane et al.* (2015)
[e] Vgl. *Stief/Eidhoff/Voeth* (2016)
[f] Vgl. *Sia/Soh/Weill* (2016)
[g] Vgl. *Hess et al.* (2016)
[h] Vgl. *Keimer/Egle* (2018)
[i] Vgl. *Drerup/Suprano/Wömpener* (2018)

Erfolgsfaktor für eine nachhaltige Strategieimplementierung stellt ein ganzheitliches Performance Management dar.[162] In der wissenschaftlichen Literatur finden sich einige Ansätze, die Performance Management Systeme den Schritten der digitalen Transformation von Geschäftsmodellen zuweisen (siehe Abbildung 3.8).

**Kraeving (2017)**

| Prozessschritte | Definition der digitalen Vision/Mission | Analyse der Ist Situation | Generierung von strategischen Optionen | Definition der Strategie | Definitionen von strategischen Objekten | Strategieimplementierung |
|---|---|---|---|---|---|---|
| Instrumente | Benchmark | Five-Forces | Generic Options | SWOT Analyse | Digitale Reifegradmodelle | SCRUM |

**Gretner et al. (2017)**

| Prozessschritte | Digitale Umwelt | Digitale Mission | Digitales Geschäftsmodell | Digitale Ziele | Digitale Aktionen |
|---|---|---|---|---|---|
| Instrumente | SWOT Analyse | Best Practice | 7-K Modell | Heatmap | Balanced Scorecard |

**Bauer (2016)**

| Prozessschritte | Definition der Herausforderungen und Ziele | Erstellung eines Implementierungsplans | Strategieimplementierung |
|---|---|---|---|
| Instrumente | Interviews | SWOT Analyse | 7-K Modell |

**Peppard Ward (2016)**

| Prozessschritte | Initiierung des Strategie-prozesses | Analyse der Ist Situation | Analyse der Informations- und Systemarchitektur | IS Strategie | IT Strategie | Strategieimplementierung |
|---|---|---|---|---|---|---|
| Instrumente | Workshops | PESTEL Analyse | Flexibility-/strategy relevance Matrix | Application Portfolio | Keine Instrumente hinterlegt | |

**Petry (2016)**

| Prozessschritte | Digitale Ziele und digitale Vision | Digitale Strategie | Digitales Geschäftsmodell | Strategieimplementierung |
|---|---|---|---|---|
| Instrumente | Focus Matrix | Business Model Canvas | SCRUM | Design Thinking |

**Cardon et al. (2016)**

| Prozessschritte | Szenario Analyse | Optionsportfolio | Strategie-formulierung | Geschäftsmodelle entwicklung | Strategieimplementierung |
|---|---|---|---|---|---|
| Instrumente | Ecosystem Matrix | Chancen/Risiken Matrix | Profit Formula | Business Model Canvas | Lean Startup |

**Hille et al. (2016)**

| Prozessschritte | Identifikation des Digitalisierungsgrads | Entwicklung von geeigneten technologischen und Organisatorische Initiativen | Definition von Verantwortlichkeiten | Definition von Erfolgskriterien | Umsetzung von Maßnahmen |
|---|---|---|---|---|---|
| Instrumente | | | Benchmarks und Best Pratice | | |

**Becker et al. (2019)**

| Prozessschritte | Strategische Planung | Strategische Entscheidung | Realisation | Strategische Kontrolle |
|---|---|---|---|---|
| Instrument | | Balanced Scorecard | | |

**Abbildung 3.8**  Digitalisierungsstrategieprozesse und deren Instrumente

---

[162]Siehe auch hier für ausführliche Ausführungen Abschnitt 1.1.

Allerdings ist festzustellen, dass es sich hierbei durchweg um tradierte Konzepte handelt, jedoch sollte die Frage aufgeworfen werden, ob es adaptierter oder neuer Konzepte bedarf, die das Potenzial digitaler Technologien reflektieren können und dadurch in der Lage sind neue Geschäftsmöglichkeiten zu entwickeln.[163]

Diese Überlegungen lassen sich in folgenden Thesen subsumieren (siehe Tabelle 3.3).

**Tabelle 3.3** Thesen zur Forschungsfrage 1

| Forschungsfragen 1 | Wie lässt sich eine Digitalisierungsstrategie charakterisieren, definieren und in die Business Strategie einordnen? |
|---|---|
| FF1-These 1 | Die strategische Bedeutsamkeit der Digitalisierung steigt an. |
| FF1-These 2 | Maßgebliche Impulse zur Digitalisierungsstrategieformulierung und -implementierung kommen aus dem Top-Management und dem Controlling. |
| FF1-These 3 | Es herrscht kein homogenes definitorisches Verständnis einer Digitalisierungsstrategie in der unternehmerischen Praxis. |
| FF1-These 4 | Um die digitale Transformation von Geschäftsmodellen ziel- und zweckorientiert gestalten, lenken und leiten zu können, könnte die Digitalisierungsstrategie eine netzwerkübergreifende Businessstrategie darstellen. |
| FF1-These 5 | Digitalisierungsstrategien finden sich mehrheitlich in Großunternehmen. |
| FF1-These 6 | Eine Digitalisierungsstrategie ist ein langfristig angelegtes, das gesamte Unternehmen betreffendes Handlungsmuster, das ziel- und zweckorientiert beschreibt, wie die Unternehmensführung und das Controlling die digitale Transformation mit dem Zweck, nachhaltige (gemeinschaftliche) Wertschöpfung effektiv und effizient zu gewährleisten, gestaltet, lenkt und leitet. |
| FF1-These 7 | Es gibt keine klaren Verantwortlichkeiten hinsichtlich der Implementierung einer Digitalisierungsstrategie. |
| FF1-These 8 | Digitalisierungsstrategien verursachen vornehmlich in der Implementierungsphase Problematiken. |

---

[163]Vgl. *Gölzer/Fritzsche* (2017), S. 1333.

# Entwicklung eines Performance Management Tool: Die Digitalisierungsscorecard

**4**

Im nun folgenden vierten Kapitel dieser Dissertation soll, auf Basis der durchgeführten Deduktion, ein Performance Management Tool[1] entwickelt werden. Hierzu ist zunächst zu diskutieren, welches wissenschaftlich fundierte Performance Management Tool als konzeptionelle Basis dienen kann. Im Zuge dessen sind zunächst Anforderungen zu deduzieren (Abschnitt 4.1). Im nächsten Schritt soll geprüft werden, welches Instrument als Basis dienen kann. Diese Eignungsprüfung geschieht mithilfe eines Scoring Modells (Abschnitt 4.2). Im Zuge dessen wird sich für den Grundgedanken Balanced Scorecard entschieden. Diese ist allerdings entsprechend den Anforderungen der digitalen Welt zu modifizieren. Hierzu werden zunächst konzeptionelle Vorüberlegungen im Sinne des unternehmenspolitischen Rahmens angestellt (Abschnitt 4.3.1). Neben dieser wissenschaftlichen fundierten Basis soll noch das praxisorientierte OKR in die Digitalisungsscorecard integriert werden (ebenfalls Abschnitt 4.3.1). Zudem sind die Ursprungsperspektiven der Balanced Scorecard zu adjustieren (Abschnitt 4.3.3). Um die Digitalisierungsstrategie implementieren zu können ist eine Kaskadierung und Konkretisierung mithilfe von strategischen Zielen, Indikatoren sowie von konkreten Maßnahmen (Abschnitt 4.3.4) notwendig. Eine

---

[1]Die Digitalisierungsscorecard wird bewusst als Tool bezeichnet, um eine klare Einordnung als Methode, Instrument oder Werkzeug zu vermeiden.

**Elektronisches Zusatzmaterial** Die elektronische Version dieses Kapitels enthält Zusatzmaterial, das berechtigten Benutzern zur Verfügung steht
https://doi.org/10.1007/978-3-658-32177-2_4.

besondere Bedeutung nimmt sowohl die Abbildung von digitalisierungsbedingten Ursache-Wirkungsbeziehungen (Abschnitt 4.3.5) als auch ein integratives
Risikomanagement (Abschnitt 4.3.5) ein.

## 4.1   Anforderungen an das Performance Management digitalen Geschäftsmodelle

Im Rahmen der zweiten Forschungsfrage steht die Untersuchung von digitalisierungsbedingten Anforderungen in Fokus. Hinsichtlich der Eruierung dieser
Anforderungen wird auf das Prinzip der „Wissenschaft 2. Ordnung"[2] zurückgegriffen.

Im Zuge dessen wird neben einer systematischen Literaturanalyse
(Abschnitt 4.1.1) eine Beraterstudienanalyse (Abschnitt 4.1.2) durchgeführt.
Diese Vorgehensweise wird auch als Sekundäranalyse oder Re-Analyse betitelt.[3]
ROOSE definiert die Sekundäranalyse als „[…] eine Analyse von vorliegenden
Daten, die nicht zu diesem Zweck und/oder nicht bei dieser Person erhoben wur-
den."[4] Diese Analyseart ist also vor allem durch die Separierung der Prozesse der
Datenerhebung und Datenverarbeitung charakterisiert.[5] Sekundäranalysen, wel-
che in der Sozialforschung stark verbreitet sind[6], bieten mannigfaltige Vorteile.[7]
So liegen finanzielle und zeitliche Vorteile klar auf der Hand, aber auch ist die
Möglichkeit einer Spezialisierung auf gewisse Schwerpunkte zu erwähnen.[8] Als
Nachteil ist festzuhalten, dass der Wissenschaftler nicht primär in die empirische
Forschung einbezogen ist, sondern die Rolle eines Analytikers und Systematikers
einnimmt, da eine Datenanalyse auf Basis von Sekundärquellen durchgeführt
wird.[9]

---

[2]Vgl. *Schmidt* (1996); *Töpfer* (2012); *Schurz* (2014).

[3]Vgl. *Kromrey/Roose/Strübing* (2016), S. 101.

[4]*Roose* (2013), S. 698.

[5]Vgl. *Klingemann/Mochmann* (1975); *Mayrhofer* (1993), S. 19.

[6]So sind mehr als die Hälfte der quantitativen Analysen, die in deutschen sozialwissenschaft-
lichen Zeitschriften veröffentlicht wurden, Sekundäranalysen, vgl. *Roose* (2013).

[7]Bezüglich einer Diskussion der Vor- und Nachteile einer solchen Analyse wird u. a. auf
*Hyman* (1972); *Klingemann/Mochmann* (1975); *Stewart* (1984); *Fielding/Fielding* (1986)
und *Roose* (2013) verwiesen.

[8]Vgl. *Kromrey/Roose/Strübing* (2016).

[9]Vgl. *Töpfer* (2012).

## 4.1.1 Systematische Literaturanalyse

Ursprünglich wurde die Systematische Literaturanalyse[10] in den 1990er Jahren in Großbritannien entwickelt und dort vor allem im Bereich der Medizinforschung eingesetzt.[11] In den folgenden Jahrzehnten wurde das Verfahren, welches zum Sammeln und Aufbereiten bereits veröffentlichter Studien dient, auf die Wirtschafts- und Sozialwissenschaften übertragen.[12] Vornehmlich in den Sozial- und Geisteswissenschaften stellt die systematische Literaturanalyse ein bewährtes Instrument zur Zusammenfassung einer großen Anzahl von bereits erhobener Primäruntersuchungen zu einem durch Forschungsfragen vordefinierten Untersuchungsobjekt dar.[13] Auch in der Betriebswirtschaftslehre hat die systematische Literaturanalyse an Relevanz gewonnen.[14] Eine systematische Literaturanalyse ist besonders gut dafür geeignet, einen umfassenden Überblick über den aktuellen Stand der Literatur eines Forschungsgebietes zu erlangen. Anders als bei einer konventionellen Literaturanalyse[15] wird die ausgewählte Literatur nicht primär durch die Vorkenntnisse oder die Präferenzen des Autors definiert, sondern durch die gewählte Methode determiniert.[16] Die grundsätzliche Herausforderung besteht also darin, die wesentlichen Beiträge zu extrahieren.[17] Die Systematik der Vorgehensweise wird dementsprechend als fundamental angesehen, um eine qualitativ hochwertige Durchsicht der Forschungsbeiträge zu garantieren.[18]

---

[10]Diese wird häufig mit den Begriffen „research synthesis", „research review" aber auch „systematic review" gleichgesetzt, vgl. u. a. *Cooper/Hedges* (2009), S. 6.

[11]Vgl. *Tranfield/Denyer/Smart* (2003), S. 208; *Snilstveit/Oliver/Vojtkova* (2012).

[12]Vgl. *Tranfield/Denyer/Smart* (2003), S. 209; *Denyer/Neely* (2004), S. 132. Die Unterschiede zwischen der von Medizinern und Wirtschaftswissenschaftlern genutzten systematischen Literaturanalysen werden u. a. von *Tranfield/Denyer/Smart* (2003), S. 213 näher erläutert.

[13]Vgl. *Stamm/Schwarb* (1995), S. 6.

[14]Vgl. *Eisend* (2014), S. 4.

[15]Diese wird auch als narrative Literaturanalyse betitelt, vgl. u. a. *Tranfield/Denyer/Smart* (2003); *van der Mark et al.* (2017); *Benet-Zepf/Marin-Garcia/Küster* (2018).

[16]Vgl. *Jesson/Methosen/Lacey* (2011).

[17]Vgl. *Easterby-Smith/Thorpe/Jackson* (2015), S. 102.

[18]Vgl. *Becker/Ulrich/Stradtmann* (2018), S. 76.

FINK versteht unter einer systematischen Literaturanalyse eine „systematic, explicit and reproducible method for identifying, evaluating, and synthesizing the existing body of completed and recorded work produced by researchers, scholar and practitioners".[19] Demzufolge wird eine systematische Literaturanalyse durch eine systematische, explizite und vor allem reproduzierbare Durchsicht und anschließender Analyse aller thematisch relevanten Quellen charakterisiert und stellt damit eine isoliert zu betrachtende Methodik der Sekundärforschung dar.[20]

Ziel der systematischen Literatur bildet sodann die Integration mehrerer Forschungsergebnisse, die das Untersuchungsobjekt aus verschiedenen Betrachtungswinkeln heraus eruiert haben.[21] Diese Integration hat dabei die Formulierung generalisierender Aussagen oder auch die Identifikation konfliktärer Forschungsergebnisse und die Erarbeitung eines neuen Lösungskonzeptes zum Ziel, durch die Inkonsistenzen überwunden werden können.[22] Im Zuge dessen besteht die Möglichkeit, diese ganzheitliche Bestandsaufnahme einer kritischen Reflexion zu unterziehen.[23]

---

[19] *Fink* (2014), S. 3 f.

[20] Vgl. *Stamm/Schwarb* (1995), S. 25 f. *Gall/Borg/Gall* (2007) postulieren als zentrale Aufgaben einer systematischen Literaturanalyse die Abgrenzung des Forschungsproblems; die Suche nach neuen Forschungsrichtungen; die Vermeidung von falschen Forschungsansätzen; die Gewinnung von methodologischen Einsichten sowie die Ermittlung von Empfehlungen für weitere Forschungsaktivitäten. Eine generischere Sichtweise wird von *Hart* (2005) vertreten, dieser nennt u. a. als zentrale Aufgaben die Identifizierung wichtiger Variablen, die Entwicklung neuer Perspektiven, die grundsätzliche Einordnung des Themenfeldes in den Forschungskontext sowie die Rationalisierung der Bedeutung des Forschungsproblems.

[21] Vgl. u. a. *Baumeister/Leary* (1997), S. 312; *Randolph* (2009), S. 3; *Bem* (1995), S. 172.

[22] Vgl. *Cooper/Hedges* (2009), S. 4; *Baumeister/Leary* (1997), S. 312.

[23] Vgl. *Cooper/Hedges* (2009), S. 4 f. *Petticrew/Roberts* (2012), S. 19 verstehen hierunter primär die kritische Reflexion der aufgestellten Argumente.

Hinsichtlich der konkreten Durchführung einer Literaturanalyse offeriert COOPER[24] einen siebenstufigen Prozess.[25] Für die Durchführung einer systematischen Literaturanalyse ist sodann die Formulierung der zu untersuchenden Forschungsfragen[26] unabdingbar. Nach der Festlegung der grundsätzlichen Zielsetzung wird in der wissenschaftlichen Literatur empfohlen, Datenbanken für die entsprechende Suche festzulegen.[27] Grundsätzlich wird davon abgeraten nur auf eine Datenbank zurückzugreifen, da Datenbanken unterschiedliche Zeitschriften aus verschiedenen Publikationszeiträumen führen können, die erst in Summe eine umfassende Abdeckung des Forschungsgebietes garantieren können.[28] Meist bietet es sich aus forschungsökonomischen Gründen an auf frei zugängliche Datenbanken zurückzugreifen.[29] Im Rahmen dieser Dissertation wurde auf die Datenbanken Jstor[30], EBSCO[31] und AISeL[32] zurückgegriffen welche sich alle

---

[24]Vgl. *Cooper* (2017). Ein ähnlich hohen Detaillierungsgrad wird beispielsweise von *Fink* (2014), S. 3 f. gewählt, wohingegen *Tranfield/Denyer/Smart* (2003) nur die drei Schritte, Planung – Durchführung und Auswertung durchführen. *Becker et al.* (2017a), S. 3 postulieren hierzu, dass: „[...] zu Beginn eines jeden eigens durchzuführenden Forschungsvorhabens gilt es, das Problemfeld zu identifizieren, einzugrenzen und zu definieren. Nach Festlegung des Problemfeldes kann das Ziel des Forschungsvorhabens formuliert werden, welches sich wiederum in der Formulierung verschiedener Forschungsfragen facettenartig manifestiert [...]."

[25]Die erste Stufe bildet die Problemformulierung. Hierbei steht die Orientierung am Ziel beziehungsweise am Fokus des Forschungsvorhabens im Vordergrund. Zudem müssen hier bereits Inklusions- und Exklusionskriterien festgelegt werden. Darauf aufbauend erfolgt die Datensammlung, diese besteht aus der elektronischen Durchsuchung von akademischen Datenbanken und dem Internet und soll zu einer Sammlung aller repräsentativen Studien zur Forschungsfrage führen. In der dritten Stufe soll ein sogenanntes „coding frame" erstellt werden, mit Hilfe dessen die Informationen extrahiert werden. Nun folgt die entscheidende vierte Stufe, die Datenevaluation. Mithilfe von formellen und materiellen Gütekriterien soll der Autor der SLA die für die Themenstellung relevanten Forschungsbeiträge identifizieren. Aus diesen Publikationen müssen die relevanten Informationen extrahiert werden. Parallel soll aus dokumentarischen Gründen ein Paper Summary Model erstellt werden. Die fünfte Stufe bildet die Datenanalyse bzw. -diskussion, diese soll über eine metaanalytische Ergebnisaggregation erfolgen. Die anschließende sechste Stufe ermöglicht die Ableitung von Hypothesen aus der metaanalytischen Ergebnisaggregation. Die abschließende siebte Stufe illustriert die Ergebnisse der Literatursichtung, vgl. *Cooper* (2017).

[26]Vgl. *Eisend* (2014), S. 9.

[27]Vgl. *Fink* (2014), S. 3; *Easterby-Smith/Thorpe/Lowe* (2006), S. 108.

[28]Vgl. *Eisend* (2014), S. 3.

[29]Vgl. *Easterby-Smith/Thorpe/Lowe* (2006), S. 108.

[30]Vgl. JStor (2018).

[31]Vgl. EBSCO (2018).

[32]Vgl. AISeL (2018).

im Repertoire der Otto-Friedrich-Universität Bamberg finden.[33] Im Anschluss an die Auswahl der Datenbank erfolgt die Festlegung der zu verwendenden Suchbegriffe (Keywords).[34] Aufgrund der ausschließlichen Suche in englischsprachigen Datenbanken wurde auf eine Übersetzung der Keywords in die deutsche Sprache verzichtet.[35] Die entsprechenden Keywords wurden mit dem Boolschen Operator[36] AND verbunden.

Um die Relevanz und die Qualität der final ermittelten Treffer sicherzustellen ist es unabdingbar, die systematische Literaturanalyse nach einem im Vorfeld klar definierten Filtrierungsprozess durchzuführen.[37] Im Zuge dessen wird empfohlen, bestimmte Gütekriterien[38] zum Einsatz kommen zu lassen. Durch die Anwendung dieser formalen und materiellen Gütekriterien verbleiben 29 Zeitschriftenbeiträge, welche als Grundlage des Abschnittes 4.1.3 dienen.

---

[33]Eine ähnliche Auswahl der Datenbanken erfolgt bei *Becker/Ulrich/Stradtmann* (2018), S. 78.

[34]Vgl. *Fink* (2014), S. 3; *Sarto/Marullo/Di Minin* (2018), S. 3. Diese in der englischsprachigen Literatur als „Keywords" bezeichneten Begrifflichkeiten können optional im Titel, Abstract, Titelstichwörter oder im ganzen Text gesucht werden. Die Suchbegriffe determinieren also maßgeblich die Ergebnisse der Literaturanalyse, vgl. *Cooper* (2017), S. 20.

[35]Bei der Formulierung der Keywords wurden zudem Trunkierungen und Wildcards eingesetzt.

[36]Bezüglich der boolschen Operatoren vgl. u. a. *Proctor* (2002); *Aggarwal/Calderbank* (2008).

[37]Vgl. *Becker/Ulrich/Stradtmann* (2018), S. 79.

[38]Vgl. *Easterby-Smith/Thorpe/Jackson* (2015). Diese lassen sich grundlegend in formale und materielle Kriterien unterscheiden. Hinsichtlich der Anwendung der formalen Gütekriterien wurden alle Beiträge aussortiert, bei denen es sich nicht um englischsprachige Veröffentlichungen in akademischen Zeitschriften handelt. Diese Zeitschriften müssen zudem im VHB Jourqual 3, vgl. VHB Jourqual 3 (2018), mit einem A bzw. A+ gelistet seien. Bezüglich der materiellen Gütekriterien wurden explizite Inklusions- bzw. Exklusion Kriterien, vgl. *Fink* (2014), festgelegt. Diese Kriterien werden zunächst auf den Titel der Publikation angewendet. Ist der Titel nicht aussagekräftig genug, wird der Abstract zur Prüfung herangezogen. Liefert der Abstract noch keine fundierten Informationen für eine fundierte Entscheidung, wird der Inhalt untersucht. *Easterby-Smith/Thorpe/Lowe* (2006) weisen darauf hin, dass die Dokumentation dieser Gütekriterien elementar ist, um ein hohes Maß an Nachvollziehbarkeit und Transparenz sicherzustellen.

## 4.1.2 Beraterstudienanalyse

Neben der systematischen Literaturanalyse wurde zur ziel- und zweckorientierten Ableitung von Anforderungen eine umfassende Analyse von bestehenden Studien von führenden nationalen und internationalen Beratungshäusern durchgeführt.[39] Eine solche Beraterstudienanalyse[40] dient dazu, eine große Anzahl an empirischen Befunden zu einem bestimmten Problemfeld oder Phänomen zusammenzutragen und ggf. zu integrieren.[41] Wichtig zu berücksichtigen ist jedoch auch, dass der Wissenschaftler nicht primär in die empirische Forschung einbezogen ist, sondern die Rolle eines nachträglichen Analytikers und Systematikers einnimmt. Diese Vorgehensweise ist sodann ebenfalls als eine wissenschaftliche Untersuchung 2. Ordnung zu interpretieren, da eine Datenanalyse auf Basis von Sekundärquellen durchgeführt wird.[42]

Bezüglich der Auswahl der Beratungshäuser[43] wird sich zunächst an der jährlich erscheinenden Liste „Managementberatung in Deutschland",[44] der Ranking Agentur LÜNKEDONK orientiert. Aus diesem Ranking wurden die größten zehn deutschen Unternehmensberatungen und die größten internationalen

---

[39] Vgl. ähnlich *Brockhaus* (2004), S. 171. *Le Breton-Miller/Miller/Steier* (2004), S. 319 gehen sogar so weit und setzten diese „Anecdotal studies" beinahe mit den „empirical and theoretical studies" gleich.

[40] Hinsichtlich der Qualifikation von Beratern konstatierten *Probst/Raub/Romhardt* (2010), S. 81, dass: „[...] Berater, Lieferanten oder Kunden sind Wissensträger welche über Kompetenzen und Informationen verfügen, die innerhalb des Unternehmens nicht notwendigerweise vorhanden sind. Untrnehmensverbände, Archive, externe Datenbanken, Fachzeitschriften oder das Internet sind Wissensquellen, welche relevante Informationen für organisatorische Fragestellungen enthalten können [...]". Allerdings ist anzumerken, dass solche Studien in der Regel nur ein partielles theoretischen Fundament aufweisen können, vgl. *Fraune* (2015), S. 96.

[41] Vgl. *Franke* (2002), S. 233, *Eisend/Kuß* (2017), S. 212. Die beiden Autoren nennen als idealtypische Vorgehensweise, dass „[...] man möglichst viele (im Idealfall alle) einschlägigen empirischen Ergebnisse zu einer bestimmten Fragestellung oder Hypothese zusammenfasst und unter Berücksichtigung der unterschiedlichen Stichprobengrößen gewissermaßen ein „gemeinsames" Ergebnis berechnet [...]".

[42] Vgl. *Töpfer* (2012), S. 248 f.

[43] Eine Auflistung findet sich in Abschnitt 9.

[44] Vgl. Lünkedonk (2018) Hierzu wird auf der Homepage folgendes angegeben „Die seit 1997 jährlich erscheinenden Lünendonk®-Listen über die führenden Managementberatungen in Deutschland haben seit dem Jahr 2014 ein neues Gesicht. Die Beratungstätigkeit sowohl internationaler als auch deutscher Beratungsanbieter im Auftrag großer beziehungsweise global agierender Kunden gestaltet sich zunehmend grenzüberschreitend und aus unterschiedlichen Niederlassungen heraus weltweit."

Managementberatungen in Deutschland entnommen. Um kleine und mittelständische Unternehmensberatungen[45] nicht zu vernachlässigen, wird sich zudem
an dem von der Zeitschrift WIRTSCHAFTSWOCHE indizierten Wettbewerb „Best
of Consulting Mittelstand"[46] orientiert und die Preisträger des Sonderpreise
„Digitalisierung" der Jahre 2017 und 2018 ebenfalls inkludiert.

Die Suche nach Beiträgen, passend zur erläuterten Forschungsfrage, erfolgte
hierbei mithilfe der Suchmaschine GOOGLE. Dabei wurde der Suchstring Digitalisierung AND Strategie zunächst in die Suchleiste der Suchmaschine einge-
geben und durch den boolschen Operator AND mit dem Namen der jeweiligen
Managementberatung verknüpft. Mithilfe dieser Vorgehensweise konnten sechs
Beraterstudien identifiziert werden.

### 4.1.3  Synthese der Erkenntnisse: Ableitung eines Anforderungskatalogs

Im Zuge dieser Vorgehensweise lassen sich sechs zentrale Anforderungen an
ein Performance Management System in der digitalen Welt deduzieren (siehe
Abbildung 4.1).

Diese werden einerseits durch die Perspektiven des Geschäftsmodelles[47] und
anderseits durch die unternehmensspezifische Struktur, Prozesse und das Management determiniert.[48] Im Folgenden sollen diese Anforderungen kurz erläutert
werden.[49]

**Berücksichtigung des Wert(schöpfungs)gedankens**
Die digitale Transformation von Geschäftsmodellen sollte immer unter dem Zweck
der Generierung von Werten durchgeführt werden.[50] Dementsprechend sollte ein
Performance Management Tool in der digitalen Welt auch stets in der Lage sein,

---

[45] Hinsichtlich einer Charakterisierung von kleinen und mittelständischen Unternehmensberatungen vgl. exemplarisch *Seibert* (2012).

[46] Vgl. *Wirtschaftswoche* (2018).

[47] Die Auswahl dieser Elemente wird in Abschnitt 2.5 argumentiert.

[48] Vgl. *Cooper/Lambert/Pagh* (1997), S. 2.

[49] Detailreichere Ausführungen finden sich bei *Becker/Schuhknecht* (2019), S. 30.

[50] Vgl. *Tan et al.* (2015), S. 250.

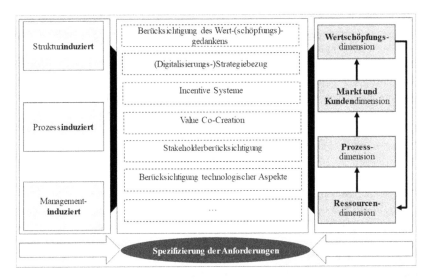

**Abbildung 4.1**  Anforderungskatalog (In Anlehnung an *Becker/Schuhknecht* (2019), S. 29.)

einen solchen Wert(schöpfungs)gedanken im Sinne des Value Based Management abbilden zu können.[51]

**(Digitalisierungs-)Strategiebezug**
Eine Digitalisierungsstrategie spielt eine nicht unerhebliche Rolle im Rahmen der digitalen Transformation (siehe Abschnitt 4.2). Aufgrund dessen ist es dringend zu empfehlen, einen klaren Digitalisierungsstrategiebezug herzustellen.[52]

**Anknüpfung eines Incentive Systems**
Ein effektives anreizbezogenes Entlohnungssystem ist unbestreitbar ein sehr wirkungsvolles Instrument, um das Verhalten der Mitarbeiter zu steuern, ebenso offeriert sich damit die Möglichkeit, die Ziele, Werte und Normen des Unternehmens

---

[51]Vgl. *Keen/Williams* (2013); *Pagani* (2013); *Baird/Raghu* (2015); *Ramaswamy/Ozcan* (2016); *Amit/Han* (2017); *Rowe* (2018).
[52]Vgl. *Bharadwaj et al.* (2013); *Granados/Gupta* (2013); *Grover/Kohli* (2103); *Markus/Loebbecke* (2013); *Mithas/Tafti/Mitchell* (2013); *Oestreicher-Singer/Zalmanson* (2013); *Pagani* (2013); *Woodard et al.* (2013); *Danaher et al.* (2014); *Halbheer et al.* (2014); *Tan et al.* (2015).

mit individuellen Leistungsvorgaben zu koppeln und den entsprechenden Leistungs-
trägern zu kommunizieren.[53] Demzufolge sollte auch in der digitalen Welt eine
entsprechende Anbindung an Anreizsysteme stattfinden.[54]

**Abbildung der Value Co-Creation**
Die Integration von Wertschöpfungspartnern in das Wertschöpfungsnetzwerk kann
als eines der wichtigen Themen der digitalen Transformation bezeichnet werden.[55]
Dementsprechend sollte dies in einem ziel- und zweckorientierten Performance
Management Tool abbildbar sein.[56]

**Stakeholderberücksichtigung**
Performance Management Tools verfolgen das Ziel, das Verhalten der Stakeholder, insbesondere der Manager, so zu steuern, dass eine optimale Zielerreichung
erreicht wird. Hierzu sind verschiedenste Interessens- und Zielkontroversen zu klä-
ren und zum Zweck der gemeinsamen Zielerreichung kongruent zu gestalten.[57]
Im Zuge der durch die digitale Transformation des Geschäftsmodelles verursach-
ten Komplexität und den damit einhergehenden möglichen Gegensätzen erscheint
es unabdingbar, in einem Performance Management Tool in der digitalen Welt
Stakeholder zu berücksichtigen.[58]

**Berücksichtigung technologischer Aspekte**
Um die digitale Transformation des Geschäftsmodells ziel- und zweckorientiert
durchzuführen, bedarf es Informations- und Kommunikationstechnologien (siehe
Abschnitt 4.3). Demzufolge sollte ein Performance Management Tool in der Lage
sein, diese Aspekte abzubilden und zu steuern.[59] Aus diesen Erkenntnissen lassen
sich folgende Thesen zur Forschungsfrage 2 deduzieren (Tabelle 4.1).

---

[53]Vgl. *Kim* (2002), S. 447.

[54]Vgl. *Gong/Hong/Zentner* (2018); *Prüße/Kreitz/Epstein* (2018).

[55]Vgl. *Gnyawali/Weiguo/Penner* (2010), S. 600 f.

[56]Vgl. *Ringel/Taylor/Zablit* (2015); *Ramaswamy/Ozcan* (2016); *Tattyrek/Waniczek* (2018).

[57]Vgl. *Flamholtz/Bullen/Wei* (2002), S. 947.

[58]Vgl. *Rasch/Koß* (2015); *Wolf/Muratcehajic* (2016); *Laurenza et al.* (2018); *Wollmert et al.*
(2018).

[59]Vgl. *Cheng et al.* (2010); *Sipior/Ward/Connolly* (2011); *Liu et al.* (2012);
*Setia/Venkatesh/Joglekar* (2013); *Xue et al.* (2013); *Niehaves/Plattfaut* (2014); *Nambisan*
(2017); *Briel/Davidsson/Recker* (2018); *Fox/Connolly* (2018); *Iivari et al.* (2018); *Teece*
(2018).

**Tabelle 4.1**  Thesen zur Forschungsfrage 2

| Forschungsfragen 2 | Welche Anforderungen könnte die digitale Welt an ein Performance Management stellen? |
|---|---|
| FF2-These 1 | Die Bedeutung der Anforderungen steigt in der digitalen Welt an. |
| FF2-These 2 | Insbesondere die Anforderung, einen Wertschöpfungsgedanken abbilden, aber auch gestalten und steuern zu können ist als zentral zu klassifizieren. |

## 4.2  Systematische Eignungsprüfung tradierter Instrumente anhand eines Scoring Modelles

Zunächst ist es notwendig eine geeignete wissenschaftlich fundierte Basis für ein Performance Management digitaler Geschäftsmodelle zu ermitteln. Hierzu sollen wissenschaftlich fundierte Performance Management Instrumente einer Eignungs-prüfung unterzogen werden. Hierzu wird die tradierte Methode des Scoring Models genutzt. Im Zuge dessen ist zunächst das methodische Vorgehen zu erör-tern sowie die Ergebnisse zu diskutieren. Dieses flexible Instrument, welches auch als Punktwertverfahren oder Nutzwertanalyse bezeichnet wird, wurde erstmalig von ZANGEMEISTER beschrieben.[60] Im Gegensatz zu einer klassischen Kosten-Nutzen-Analyse berücksichtigt ein Scoring Model neben der Effizienz auch die Effektivität (siehe Abbildung 4.2).[61]

Allgemein formuliert ist ein Scoring Modell eine funktionsbasierte Methode, die jeder Alternative ihren relativen Nutzwert (im Sinne eines Gesamtwertes) bezüglich eines multidimensionalen Zielsystems zuordnet.[62] Der Nutzwert ist ein qualitativer Ausdruck für den subjektiven Wert einer Entscheidung hinsichtlich des Erreichens vorgegebener Ziele.[63] Grundsätzlich kann die Vorgehensweise der Analyse in zwei Phasen unterteilt werden:

- Analyse des Entscheidungsfeldes
- Modellierung des Wertesystems[64]

---

[60]Vgl. exemplarisch *Zangemeister* (1976a).

[61]Vgl. *Westermann* (2012b).

[62]Vgl. *Lillich* (2012), S. 14.

[63]Vgl. *Huch/Behme/Ohlendorf* (1998), S. 147.

[64]Vgl. *Schneeweiß* (1991), S. 71 ff.

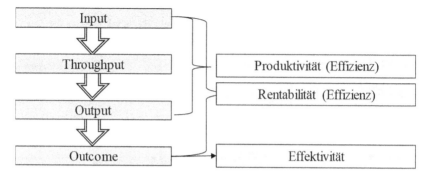

**Abbildung 4.2** Berücksichtigungsfelder eines Scoring Modelles (In Anlehnung an: *Westermann* (2007), S. 343.)

Im Rahmen dieser Dissertation soll sich jedoch an dem von WESTERMANN offerierten siebenstufigen Prozess orientiert[65] werden.[66]

**Definition des Zieles**

Zu Beginn des Scoring Models ist immer das Ziel der Analyse festzulegen, sprich, welches Entscheidungsproblem zu lösen ist. Dieser erste Punkt ist zentral, weil im weiteren Verlauf des Scoring Models nur noch diejenigen Wirkungen gemessen und zu einem Kriterium verarbeitet werden, die in diesem ersten Schritt als Outcome definiert wurden. Das Scoring Models erweist sich deshalb als äußerst sensibel, wenn entscheidungsrelevante Kriterien vernachlässigt werden.[67] Das Ziel dieses Scoring Modells ist es, ein wissenschaftlich fundiertes Fundament für die Digitalisierungsscorecard zu finden.

---

[65]Vgl. *Westermann* (2007), S. 354. Dieser besteht aus (1) Definition des Zieles; (2) Definition der Kriterien; (3) Gewichtung der Kriterien; (4) Definition der Alternativen; (5) Bewertung der Kriterien; (6) Analyse; (7) Sensitivitätsanalyse.

[66]In der Literatur finden sich verschiedene Aussagen über den prozessualen Ablauf eines Scoring Models, so findet sich bei *Nagel* (1990) ein siebenstufiger Prozess, während *Westermann* (2012b) ein elfstufiges Modell empfiehlt *Nollau* (2004) hingegen verwendet eine sechsstufige Vorgehensweise, *Büssow/Baumgarten* (2005) gar eine 14-stufige. Da sich aber alle Vorgehensweisen in ihren Grundprinzipien ähneln, soll im Rahmen dieser Dissertation ein komprimierter siebenstufiger Prozess verwendet werden.

[67]Vgl. *Westermann* (2012b), S. 40.

**Definition der zu Grunde liegenden Kriterien**

In der gängigen Fachliteratur wird zwar gefordert zunächst ein K.O. Kriterium zu definieren, also ein Kriterium, das unbedingt erfüllt sein muss.[68] Aufgrund der Heterogenität der Kriterien soll im Rahmen dieser Arbeit auf ein K.O. Kriterium verzichtet werden. Die Kriterien, die in diesem Scoring Model verwendet werden sollen, wurden bereits im Abschnitt 4.1 diskutiert, sie lauten: (1) Berücksichtigung eines Wert(schöpfungs)gedankens; (2) (Digitalisierungs-)Strategiebezug; (3) Kopplung an ein Anreizsystem; (4) Abbildung der Value Co-Creation: (5) Berücksichtigung von Stakeholdern sowie (6) Berücksichtigung technologischer Aspekte. Um das Scoring Model möglichst objektiv zu gestalten wurden nur Kriterien verwendet, die auch im Rahmen der Wissenschaft 2. Ordnung ermittelt werden konnten.

**Gewichtung der Kriterien**

Im dritten zentralen Schritt des Prozesses zur Durchführung eines Scoring Modelles erfolgt die Ermittlung und Darstellung der Gewichtung der vom Entscheidungsträger angegebenen Kriterien.[69] Dieser Schritt ist vor allem notwendig, weil eine Monetisierung des Nutzens, anders als bei der Kosten-Nutzen-Analyse, nicht durchgeführt wird.[70] In der bestehenden Literatur werden für diesen Schritt des Scoring Modelles vor allem präskriptive Verfahren vorgeschlagen. Diese Verfahren ermitteln die Gewichtung der Kriterien über die Bedeutung, die der Entscheidungsträger den einzelnen Kriterien hinsichtlich ihrer Problemlösungsbeiträge beimisst. Dies wird auch als Relevanzkonzept bezeichnet. Da die berechneten Werte auf unsicheren Einschätzungen beruhen, haben sie grundsätzlich einen eher subjektiven Charakter.[71]

---

[68] Vgl. *Westermann* (2012b), S. 39.

[69] Vgl. *Westermann* (2012b), S. 40.

[70] Vgl. *Weber* (1993), S. 55.

[71] Vgl. *Lifka* (2009), S. 62 ff. Im Rahmen dieser Verfahren wird in die so genannte direkte und indirekte Herangehensweise unterschieden. Bei den direkten Verfahren wird versucht von den Entscheidungsträgern Einschätzungen zu erfragen, mit denen man die Gewichtungen der Kriterien sofort in absoluten Größen oder im Verhältnis der Ziele untereinander ablesen kann, vgl. *Westermann* (2012b), S. 40. Diesem Ansatz ist die Vergabe gleicher Gewichte für alle Kriterien, die Verteilung eines Punktebudgets und die Platzierung auf einer Ratingskala, vgl. *Weber* (1993), S. 55 zuzuordnen. Ist es den Entscheidungsträgern nicht möglich die Gewichtung der Kriterien direkt anzugeben, kommt die indirekte Herangehensweise zum Einsatz. Diese Problematik tritt sehr häufig ein, wenn die Unterschiede der Relevanz zwischen den Zielen nicht leicht zu erkennen sind oder wenn eine große Anzahl von Zielen existiert, die Wechselwirkungen untereinander aufweisen, vgl. *Bottomley/Doyle* (2001), S. 553. Ist dies der Fall, bieten sich beispielsweise die paarweise Gewichtung oder die deutlich differenziertere Methode des Analytic Hierachy Process an, vgl. *Saaty/Vargas* (2012), S. 15.

Im Rahmen dieser Dissertation soll sich die Gewichtung der Kriterien an den Nennungen in der wissenschaftlichen[72] und praxisnahen[73] Literatur anlehnen (siehe Tabelle 4.2).

**Tabelle 4.2** Prozentuale Gewichtung der Kriterien

| Kriterium | Nennungen [Mehrfachzählungen möglich] | Gewichtung |
|---|---|---|
| (K1) Berücksichtigung eines Wert(schöpfungs)gedankens | 6 | 16 Prozent |
| (K2) (Digitalisierungs)Strategiebezug | 11 | 30 Prozent |
| (K3) Kopplung an ein Anreizsystem | 2 | 5 Prozent |
| (K4) Abbildung der Value Co-Creation | 3 | 8 Prozent |
| (K5) Berücksichtigung von Stakeholdern | 4 | 11 Prozent |
| (K6) Berücksichtigung technologischer Aspekte | 11 | 30 Prozent |
| **Summe** | **37** | **100 Prozent** |

Hierbei wird deutlich, dass vor allem der Strategiebezug sowie die Berücksichtigung technologischer Aspekte eine große Rolle zu spielen scheinen.

---

[72] Siehe Abschnitt 5.1.
[73] Siehe Abschnitt 5.2.

**Definition der Alternativen**

Im nun folgenden vierten Schritt werden verschiedene Alternativen der beschriebenen Verfahren definiert. Die Festlegung einer Null-Alternative, der Erhalt des aktuellen Status Quo, wird zwar in der Literatur gefordert.[74] Diese Alternative beschreibt in diesem speziellen Fall die Anwendung keines der bereits definierten Verfahren. Im Rahmen dieser Arbeit kann allerdings auf eine Null-Alternative verzichtet werden, da nach dem optimalen Instrument als konzeptionelle Basis gesucht wird, nicht nach der grundsätzlichen Frage ob der Einsatz eines Instrumentes sinnvoll ist. Nachdem die Begrifflichkeiten Performance und Performance Management erläutert sowie eine Abgrenzung zum Performance Measurement vorgenommen wurden,[75] sollen nun ausgewählte Methoden, Instrumente bzw. Werkzeuge[76] des Performance Management kurz diskutiert werden. Im Zuge dessen das vornehmlich im französischsprachigen Raum verwendete Instrument des Tableau de Bord de Ratio, die Performance Pyramid, das Performance Prism sowie die Balanced Scorecard zur Diskussion gestellt. Da diese bereits in einer Vielzahl von Veröffentlichungen erläutert wurden, kann im Rahmen dieser Dissertation vornehmlich auf diese verwiesen werden.[77] Jedoch soll nicht auf eine kurze Beschreibung der Instrumente verzichtet werden.[78]

---

[74]Vgl. *Westermann* (2012b), S. 44.

[75]Vgl. Abschnitt 2.2.

[76]Eine Abgrenzung von Methoden, Instrumenten und Werkzeugen findet sich bei *Baltzer* (2013), S. 65.

[77]Die Auswahl orientiert sich an den Veröffentlichen von *Gleich* (2011); *Deimel/Heupel/Wiltinger* (2013); *Kleindienst* (2017); *Becker/Ulrich* (2019).

[78]Diese Ausführungen finden sich bei *Becker/Schuhknecht* (2019), S. 34 ff.

*Tableau de Bord de Ratio*

Dieses Instrument[79] besteht neben einem Set an Indikatoren,[80] die miteinander in einer Beziehung stehen, jedoch nicht durch deterministische algebraische Operationen, sondern durch ausale Beziehungen und Verbindungen,[81] aus dem Prozess der Auswahl, der Dokumentation und der Interpretation dieser Indikatoren.[82]

---

[79]Die Ursprünge dieses Ansatzes reichen zwar bis in den Beginn des zwanzigsten Jahrhunderts zurück. Vornehmlich in Frankreich ist dieses Instrument jedoch erst seit knapp 50 Jahren fest in Unternehmenspraxis aber auch in der wissenschaftlichen Forschung etabliert. Das Tableau de Bord wurde von Ingenieuren in Produktionsunternehmen entwickelt, die primär nichtfinanzielle Informationen zur Produktionssteuerung benötigen, *Lebas* (1994), S. 473. *Chiapello/Lebas* (2001), S. 1.; *Epstein/Manzoni* (1997), S. 29. Entscheidende Impulse für die Entwicklung des Tableau de Bord Konzeptes sind in der Phase zwischen den beiden Weltkriegen, in der die Grundlagen der französischen Controlling- und Kostenrechnungspraxis entwickelt wurden, zu suchen, *Daum* (2005), S. 7. Börsen besitzen in Frankreich grundsätzlich nicht den Stellenwert die deren im angelsächsischen Raum gleichkommt. Dementsprechend besitzen kurzfristig orientierte finanzielle Zahlen bei der Berichtserstattung eine untergeordnete Bedeutung. Die obersten Führungsfunktionen von Unternehmen in Frankreich sind sehr häufig von Ingenieuren besetzt, die die finanziellen Informationen nicht als alleinige Erfolgsindikatoren sehen, vgl. *Chiapello/Lebas* (2001), S. 5. Ein theoretisches Fundament des bis dato stark auf die individuellen Bedürfnisse seiner An-wender angepassten Instruments erfuhr das Tableau de Bord erst Anfang der sechziger Jahren, vgl. *Lauzel/Cibert* (1962); *Ardoin/Michel/Schmidt* (1986), S. 143; *Guerny/Guiriec/Lavergne* (1990); *Gray/Pesqueux* (1993); *Malo* (1995), S. 360; *Brewer* (2001); *Nobre* (2001); *Souissi* (2008), S. 85; *Bouamama/Degos* (2015). Allerdings ist zu attestieren, dass das Tableau de Bord, trotz sinnvoller konzeptioneller Grundgedanken, außerhalb der französischsprachigen Länder nur wenig verwendet wird, vgl. *Daum* (2005), S. 34; *Gleich* (2011), S. 84 f.; *Kleindienst* (2017), S. 55 f.

[80]Vgl. *Epstein/Manzoni* (1997), S. 29; *Daum* (2005), S. 6 ff.

[81]So stellt der definitorische Ansatz von CHIAPELLO und LEBAS den modellhaften Charakter des Tableau de Bord in den Vordergrund der Betrachtung. „Das Tableau de Bord ist ein Management Werkzeug, das sowohl aus einem Set an Indikatoren besteht, die miteinander in Beziehung stehen, jedoch nicht durch deterministische algebraische Operationen, sondern durch kausale Beziehungen und Verbindungen, als auch aus dem Prozess der Auswahl, der Dokumentation und der Interpretation dieser Indikatoren. Jeder der Indikatoren wurde ausgewählt, um den Status eines Teilbereichs des Geschäfts, das zu managen ist, festzustellen, so dass alle Indikatoren zusammengenommen ein Modell darstellen, das die Funktionsweise des Geschäfts(systems) beim Erreichen seiner Ziele beschreibt." *Chiapello/Lebas* (2001), S. 3.

[82]Vgl. *Bourguignon/Malleret/Nørreklit* (2004). Dies dient zur nachhaltigen Vermeidung eines Information Overload, vgl. zum Information Overload und dessen Einfluss auf die Entscheidungsqualität beispielsweise *Norton/Raciti* (2017), S. 20 ff; *Korhonen et al.* (2018), S. 280.

*Performance Pyramid*[83]

Die wesentlichen Charakteristika[84] dieses Instruments sind die hierarchische Gliederung[85] von Zielen und den dazugehörigen Indikatoren und Maßgrößen sowie die gleichgewichtige Einbeziehung der beiden Stakeholder-Gruppen Kapitalgeber und Kunden. [86]

*Performance Prism*[87]

Dieses Instrument zielt darauf ab, die Anforderungen aller Stakeholder[88] effektiv und effizient zu erfüllen. Dies steht im Gegensatz[89] zur Performance-Pyramide, die sich tendenziell ausschließlich auf Kunden und Aktionäre konzentriert. Des

---

[83]Die Performance Pyramid wurde von den „Wang Laboratories" (Hierbei handelt es sich um ein Computerunternehmen welches im Jahr 1951 von Dr. An Wang gegründet wurde. In der den achtziger Jahren wies dieses Unternehmen einen Jahresumsatz in Höhe von drei Milliarden Dollar auf und beschäftigte rund 30.000 Mitarbeiter. 1992 meldete das Unternehmen Insolvenz an, vgl. hierzu *Schreyer* (2008), S. 48) entwickelt, vgl. *Cross/Lynch* (1988).

[84]Vgl. *Rouse/Putterill/Ryan* (1997); *Wedman* (2010), S. 52; *Gleich* (2011); *Distelzweig* (2014); *Fischer/Möller/Schultze* (2015); *Rosca/Bendul* (2019).

[85]Vgl. *Wedman* (2010). *Baum et al.* (2013), S. 430, sehen als „konstituierendes Merkmal der Performance Pyramid ist die hierarchische Gliederung der Unternehmensziele sowie der dazugehörigen Messobjekte und Indikatoren" an.

[86]Damit berücksichtigt die Performance Pyramid nur die zwei Anspruchsgruppen Kunden (Markt) und Eigenkapitalgeber (Finanzen). *Schreyer* (2008), S. 48 kritisiert, dass die Einschränkung auf zwei Stakeholder wenig sinnvoll erscheint und dazu führt, dass nur ein geringer Teil der zukünftigen Entwicklungen vorzeitig antizipiert werden können. Durch die Kombination mit der begrenzten Modifizierbarkeit der Performance Pyramid resultiert daraus eine mangelhafte Abdeckung der für den Unternehmenserfolg entscheidenden Aspekte. Ähnliche Kritikpunkte finden sich bei *Grüning* (2002) und *Klingebiel* (1998).

[87]Das Performance Prism ist ebenfalls als ein Performance Management Instrument zu klassifizieren, welches eine mehrdimensionale Steuerung ermöglicht, vgl. *Neely/Adams/Kennerley* (2002), S. 2; *Fischer/Möller/Schultze* (2015), S. 412.

[88]Vgl. *Müller-Stewens/Lechner* (2016). Diese Instrument fußt auf der Stakeholder Theorie. Diese wurde maßgeblich von *Freeman* (1984) entwickelt. In dieser werden Stakeholder als „[...] all persons or institutions that have, in any way, claims, interests, property rights in a company or in its activities, in the present, past or future [...]" *Clarkson* (1995), S. 106, definiert.

[89]Vgl. *Neely/Adams/Crowe* (2001), S. 10 f.; *Lawton* (2003); *Neely* (2007), S. 141 f.

Weiteren besteht dieses Instrument aus den Perspektiven Strategie, Kompetenzen[90] und Prozessen.[91]

*Balanced Scorecard*[92]

Mit diesem Instrument[93] sollen die jeweiligen Manager schnelle sowie ziel- und strategieadäquate Entscheidungen treffen. Grundidee dieses Konzeptes bildet die Einbeziehung unterschiedlicher Perspektiven[94] bei der Leistungsbeurteilung eines Unternehmens (bzw. eines Geschäftsbereiches) als Basis zu deren Planung und Steuerung.[95]

---

[90] Hinsichtlich Capabilities existiert ein breites und gut abgedecktes Forschungsfeld. Es kann allerdings vermutet werden, dass sich die Sichtweise von *Adner/Helfat* (2003) bezüglich der Unterteilung der Dynamic Capabilities in die Gruppen Managerial Social Capital, Managerial Human Capital und Managerial Cognition weitestgehend in Wissenschaft und Praxis durchgesetzt hat, vgl. *Becker et al.* (2019), S. 104.

[91] Vgl. *Neely/Adams/Crowe* (2001), S. 10 f.; *Neely* (2007), S. 141 f. *Youngbantao/Rompho* (2015).

[92] Die Entwicklung der Balanced Scorecard wird unter anderem von *Kaplan* (1998) dargestellt. Vgl. zudem *Eccles* (1991), S. 132; *Kaplan/Norton* (1992); *Ittner/Larcker* (1998), S. 205; *Matlachowsky* (2009), S. 38. So entwickelte beispielsweise General Electrics bereits in den frühen 1950er Jahren ein der Balanced Scorecard ähnliches Performance Management System, vgl. *Levitt/March* (1988), S. 321. Hierbei wurden acht Leistungsindikatoren (ein finanzieller und sieben nichtfinanzielle Indikatoren) identifiziert, um die Leistung in den dezentralisierten Geschäftsbereichen von General Electric zu messen: Rentabilität, Marktanteil, Produktivität, Produktführerschaft, Unternehmensverantwortung, Mitarbeiterentwicklung, Einstellung der Mitarbeiter und das Gleichgewicht zwischen kurz- und langfristigen Zielen, vgl. *Kaplan/Norton* (1996c); *Bontis et al.* (1999), S. 396.

[93] Eine klare Abgrenzung zum Dashboard findet sich bei *Mailat et al.* (2019), S. 170. Die Autoren konstatieren, dass die Balanced Scorecard "[...] reflects the link between financial and non-financial indicators and the strategic orientation of the organization, Dashboard is more of an operational tool to [...]". Im Gegensatz zu Kennzahlen bestehen Kennzahlensysteme aus mehreren, miteinander sinnvoll verknüpften Kennzahlen und/oder Führungsgrößen vgl. hierzu *Weber/Schäffer* (2016).

[94] *Kaplan/Norton* (1992), S. 79; *Kleindienst* (2017), S. 59; *Rosca/Bendul* (2019), S. 165.

[95] Vgl. *Argyris/Schön* (1978), S. 20; *Johnson/Kaplan* (1987), S. 1 ff.; *Eccles/Nohria* (1992), S. 156 ff.; *Kaplan/Norton* (1996b), S. 9; *Kaplan/Norton* (1996c), S. 84; *Weber/Schäffer* (1998), S. 347 f.; *Wunderlin* (1999), S. 342; *Bernhard* (2001), S. 30; *Moser* (2001), S. 35 f.; *Grüning* (2002), S. 288; *Ahn* (2003), S. 120; *Andersen/Lawrie/Savi* (2004), S. 612 ff; *Speckbacher/Bischof/Pfeiffer* (2003), S. 363 ff.; *Horváth* (2004), S. 2.; *Piser* (2004), S. 159; *Kaplan/Norton* (2004); *Bible/Kerr/Zanini* (2006), S. 18 ff.; *Schweickart/Töpfer* (2006); *Weber/Radtke/Schäffer* (2006), S. 10; *Baum et al.* (2013), S. 376 ff; *Friedl* (2014); *Kiatpongsan/Norton* (2014); *Weber/Schäffer* (2016), S. 61; *Vanini* (2018)

**Bewertung der Alternativen**

Grundsätzlich stellt sich die Frage, ob der Zielerfüllungsgrad mithilfe einer Nominalskala, einer Ordinalskala oder einer Kardinalskala dargestellt werden soll. Nominal- und Ordinalskalen gehören zu den nichtmetrischen Skalen und sind deshalb für ein Scoring Model nur bedingt geeignet.[96]

BECHMANN spricht im Zuge dessen von dem Postulat der Kardinalität. Diese ergibt sich aus zwei grundsätzlichen Eigenschaften der Nutzwertanalyse. Die Addition der Teilnutzen zu einem Gesamtnutzen erzwingt die Kardinalität des Gesamtnutzens und setzt dadurch die Kardinalität der Teilnutzen voraus. Diese Vorrausetzung verlangt ihrerseits die Kardinalität der Zielerfüllungsgrade.[97] Die Wertefunktion der Bewertung der Alternativen soll in einer Tabellenform[98] dargestellt und die Zielerreichung mithilfe einer Skala von 0 bis fünf bewertet werden. (siehe Tabelle 4.3).[99]

**Tabelle 4.3** Erfüllungsgrade der Instrumente

|                      | (K1) | (K2) | (K3) | (K4) | (K5) | (K6) |
|----------------------|------|------|------|------|------|------|
| **Tableau de Bord de Ratio** | 2 | 2 | 1 | 2 | 1 | 1 |
| **Performance Pyramid** | 2 | 1 | 1 | 1 | 3 | 1 |
| **Performance Prism** | 4 | 4 | 1 | 1 | 3 | 1 |
| **Balanced Scorecard** | 5 | 5 | 5 | 5 | 4 | 5 |

Diese subjektiv geprägte Bewertung fußt auf den obigen Ausführungen. Eine analoge Bewertung findet sich bei BECKER und SCHUHKNECHT.[100]

---

[96] Vgl. *Weber* (1993), S. 9.

[97] Vgl. *Bechmann* (1978), S. 58.

[98] Vgl. *Nollau/Gottfried* (2009a), S. 86 f.

[99] Ein Überblick über die verschieden Alternativen zur Skalierung findet sich beispielsweise bei *Hanusch/Ilg/Jung* (2011), S. 176 ff.

[100] Vgl. *Becker/Schuhknecht* (2019), S. 31.

## Analyse der Ergebnisse

Im nun folgenden sechsten Schritt soll der Gesamtnutzen der Alternativen bestimmt werden, um so fundierte Aussagen treffen zu können. Im Zuge dessen werden die einzelnen Zielerfüllungsgrade mit den Gewichtungsfaktoren der zugehörigen Kriterien multipliziert.[101]

$$Teilnutzen_{A(i)} = Erfuellungsgrad_{A(i)} * Gewichtung_{K(i)}$$

Werden alle Teilnutzenwerte einer Alternative addiert, erhält man den gesamten Nutzenbeitrag (siehe Tabelle 4.4).[102, 103]

**Tabelle 4.4**  Gesamtnutzen der Alternativen

|  | Gesamtnutzen (absolut) | Gesamtnutzen (relativ) |
|---|---|---|
| **Tableau de Bord de Ratio** | 1,54 | 31 Prozent |
| **Performance Pyramid** | 1,38 | 28 Prozent |
| **Performance Prism** | 2,59 | 52 Prozent |
| **Balanced Scorecard** | 4,89 | 98 Prozent |

$$Gesamtnutzen_{A(i)} = \sum_{i=1}^{4} Teilnutzen_{A(i)}$$

Durch die Analyse der Instrumente wird mehr als deutlich, dass die Balanced Scorecard eine geeignete wissenschaftlich fundierte konzeptionelle Basis darstellt.

## Sensitivitätsanalyse

Zweck dieser Analyse ist es die Auswirkungen von Datenänderungen auf das Ergebnis zu analysieren.[104] Dieses Instrument ist zwar nicht zwingend erforderlich, es liegt jedoch die Vermutung nahe, dass die Gewichtung der Kriterien einen

---

[101] Vgl. *Nollau/Gottfried* (2009b), S. 91.

[102] Vgl. *Westermann* (2012a), S. 47. Alternative Bewertungsmöglichkeiten wären die Majoritätsregel, vgl. u. a. *Zangemeister* (1976b), S. 260 f. oder die Copeland-Regel vgl. hierzu ebenfalls *Zangemeister* (1976b), S. 264 ff.

[103] Vgl. Nollau/Gottfried (2009b), S. 91.

[104] Vgl. *Nollau/Gottfried* (2009a), S. 93.

großen Einfluss auf das Gesamtergebnis des Scoring Models hat, aufgrund dessen ist es empfehlenswert hierzu eine Sensitivitätsanalyse durchzuführen. Da es aus forschungsökonomischen Gesichtspunkten nicht sinnvoll erscheint eine vollständige Sensitivitätsanalyse durchzuführen,[105] soll im Folgenden ein mögliches Gewichtungsszenario (siehe Tabelle 4.5) simuliert werden und die Auswirkungen auf das Gesamtergebnis ermittelt werden. Hierzu werden alle Kriterien gleich, mit einem Sechstel, gewichtet (siehe Tabelle 4.5). Dieses Szenarium vermeidet jegliche Subjektivität in der Gewichtung der Kriterien.

**Tabelle 4.5**  Darstellung des alternativen Szenariums

|  | Gesamtnutzen (siehe Tab. 11) | Gesamtnutzen (Szenarium) | Abweichung |
|---|---|---|---|
| Tableau de Bord de Ratio | 1,54 | 1,5 | - 0,04 |
| Performance Pyramid | 1,38 | 1,5 | 0,12 |
| Performance Prism | 2,59 | 2,33 | - 0,26 |
| Balanced Scorecard | 4,89 | 4,83 | - 0,06 |

Die Ergebnisse machen deutlich, dass die subjektive Gewichtung der Kriterien keine entscheidende Rolle zu spielen scheint, die Entscheidung hinsichtlich der Balanced Scorecard ist hier ebenfalls zu treffen.

## 4.3   Die Digitalisierungsscorecard

Es lässt sich also konstatieren, dass es sich bei dem Konzept der Balanced Scorecard um eine ziel- und zweckorientierte wissenschaftliche Basis handelt. Jedoch

---

[105] Im Rahmen einer vollumfänglichen Analyse lassen sich die Schwankungen mithilfe der Streuungsmaße Varianz (vgl. exemplarisch *Alkaya/John Grimble* (2015), S. 3055 ff.) und Standartabweichung (vgl. exemplarisch *Arockia Bazil Raj/Padmavathi* (2016), S. 1286 ff.) bestimmen.

ist klar, dass ein Performance Management Tool stets für den jeweiligen konkreten Anwendungsfall maßgeschneidert sein sollte um sein volles Potential entfalten zu können.[106] Zudem stellt sich die Frage ob diese wissenschaftliche Basis um eine praxisnahe Komponente erweitert werden sollte.

Dementsprechend sollten situativ bedingte Anpassungen an der Balanced Scorecard vorgenommen werden. Hierzu werden zunächst konzeptionelle Vorüberlegungen (Abschnitt 4.3.1) angestrebt. Zudem wird das Objectives and Key Result als praxisnahe Komponente diskutiert und neben der Balanced Scorecard in die Digitalisierungsscorecard integriert. Abschnitt 4.3.2 beschäftigt sich sodann mit der Diskussion bezüglich der Perspektiven der Digitalisierungsscorecard. Die Operationalisierung mithilfe von strategischen Zielen, Indikatoren sowie Maßnahmen steht im Vordergrund des Abschnittes 4.3.3. Abschnitt 4.3.4 ist der Abbildung, aber auch Gestaltung und Steuerung von digitalisierungsbedingten Ursache-Wirkungszusammenhängen gewidmet. Der Abschnitt 4.3 schließt sodann mit Ausführungen bezüglich eines integrativen Risikomanagements (Abschnitt 4.3.5).

## 4.3.1 Konzeptionelle Vorüberlegungen: Die Balanced Scorecard als wissenschaftliche Basis und das OKR als agiles Zielfindungs- und -vereinbarungssystem

Der Nutzen des Performance Managements wird maßgeblich durch die Art und Weise, wie dieses im Unternehmen ausgestaltet ist, determiniert.[107] Durch die systematische Eignungsprüfung[108] konnte die Balanced Scorecad[109] als konzeptionelle Basis für ein Performance Management Tool identifiziert werden. Die Balanced Scorecard kann vielseitig eingesetzt werden, wobei sich dieser Einsatz nicht per se auf bestimmte Industriezweige oder Branchen beschränkt.[110]

---

[106]Vgl. *Schreyer* (2008), S. 5.

[107]Vgl. *Bourne et al.* (2013), S. 1603.

[108]Siehe Abschnitt 4.2.

[109]Für eine Beschreibung der Balanced Scorecard siehe Abschnitt 4.2.

[110]Vgl. *Kleindienst* (2017), S. 111. So existieren ganzheitliche Systeme, aber auch spezielle, so findet sich die Balanced Scorecard beispielsweise im Kreditwesen, vgl. hierzu *Weber* (2008) oder im Zuge von Nachhaltigkeitsüberlegungen vgl. u. a. *Chalmeta/Palomero* (2011); *Nicolaides/Preziosi* (2014). *Schlüchtermann/Klöpfer/Braun* (1998) bezeichnen in diesem Kontext die Balanced Scorecard als „[...] Schablone und nicht als Zwangsjacke [...]". Für einen detaillierten Überblick über die Einsatzmöglichkeiten soll auf eine Literaturanalyse von *Lueg/e Silva* (2013) verwiesen werden.

Jedoch ist zu konstatieren, dass sich der Grundgedanke der Balanced Scorecard nicht unbedingt für einen agilen Managementansatz eignet. Da die Agilität,
wie in Abschnitt 2.1.1 erläutert, allerdings ein wichtiges Charakteristikum von
digitalen Geschäftsmodellen darstellt genügt die Balanced Scorecard nicht als
alleinige „Zutat" für ein ziel- und zweckorientiertes Performance Management
Tool. Sicherlich einen der prominenten aktuellen agilen Managementtrends[111]
stellt das operative Managementsystem „Objectives und Key Results" dar,[112]
welches unter anderem von GOOGLE äußert erfolgreich eingesetzt wird.

GOOGLE gilt als eines der wenigen komplett digitalisierten Unternehmen,[113]
aufgrund dessen soll dieses System im Rahmen dieser Dissertation aufgegriffen
werden und eine Integration in die Digitalisierungsscorecard diskutiert werden.

Auch um der praxeologischen Funktion[114] der Betriebswirtschaftslehre gerecht
zu werden, soll neben der Balanced Scorecard als konzeptionelle Basis, das
Objectives and Key Results Management als ein wesentlicher Bestandteil der
Digitalisierungsscorecard. Sprich das Objectives und Key Results Management
und der Grundgedanke der Balanced Scorecard bilden zusammen die Digitalisierungsscorecard.

Das Objectives and Key Results Management ist dem Prinzip des Management by Objectives zuzuordnen.[115] Dieser durchaus populäre Ansatz wurde von
GROVE weiterentwickelt, um das Erreichen von Zielen messbar machen zu können. Er betitelte diese zentrale Erweiterung des Management by Objecitves als
„Key Results".

1999 führte die Suchmaschine GOOGLE Objective and Key Result Management als agiles Managementinstrument ein und nutzt sie bis in die Gegenwart.[116].
Das Objective and Key Result Management besteht aus zwei wesentlichen Elementen (siehe Abbildung 4.3) die „Objectives sind qualitative, ambitionierte und
inspirierende Ziele.

Sie sollen Mitarbeiter motivieren und definieren, was gemeinsam erreicht werden soll. Ein Objective soll sich leicht unangenehm anfühlen, weil zum Zeitpunkt
der Festlegung unklar ist, ob es überhaupt erreicht werden kann."[117] Key Results

[111] Vgl. *Eurich et al.* (2019), S. 67.

[112] Vgl. *Engelhardt/Möller* (2019), S. 30.

[113] Vgl. beispielsweise *Levy* (2011).

[114] Vgl. Kapitel 6.

[115] Vgl. *Drucker* (1995).

[116] Weltweite Beachtung fand das System durch die praxisorientierten Publikationen von
*Alberti* (2015); *Wodtke* (2016).

[117] *Engelhardt/Möller* (2019), S. 31.

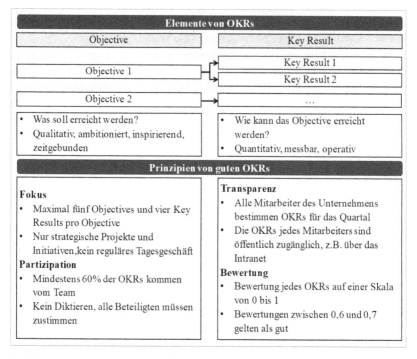

**Abbildung 4.3**  Elemente und Prinzipien des Objective and Key Result Management (In Anlehnung an *Engelhardt/Möller* (2019), S. 33.)

hingegen sind quantitativ, messbar und auf operative Aktivitäten übertragbare Schlüsselergebnisse.

Sie definieren also, wie die Objectives erreicht werden kann. Diese Zweiteilung vereinigt das „Big Picture" der Objectives mit den operativ ausgerichteten Key Results.[118]

Neben diesen zwei Elementen legt GOOGLE großen Wert auf vier zentrale Prinzipien von guten Objectives und Key Results.[119] So sollen, um den Fokus zu

---

[118]Vgl. *Schmidt/Rosenberg/Eagle* (2014), S. 221.

[119]Doerr bezeichnet diese als „Grundhygiene", vgl. *Klau* (2013). „Den Google Gründern LARRY PAGE und SERGEY BRIN sagte die Kombination aus Think Big Ethos" der inspirierenden und herausfordernden Objectives und dem datenorientierten Managen durch die quantitativen Key Results durchaus zu, vgl. *Schmidt/Rosenberg/Eagle* (2014), S. 220 f.

wahren, nur fünf Objektives und vier Key Results bestimmt werden, dementsprechend eignet sich Objectives und Key Results nur sehr bedingt für das operative
Tagesgeschäft.[120]

Um die Mitarbeiter einzubinden (Partizipation) sollen mindestens 60 Prozent
der Objectives und Key Results von den Mitarbeitern vorgeschlagen werden. Es
gilt also die Prämisse „all must mutually agree – no dictating"[121]. Alle Objektives
und Key Results werden im Google Intranet zugänglich gemacht. So wird eine
hohe Transparenz geschaffen. „Die Bewertung der Objectives und der Key Results
folgt in drei Schritten. In einem ersten Schritt wird jedes Key Result auf einer
Skala von 0 bis 1 benotet, was eine prozentuale Zielerreichung reflektiert. Im
zweiten Schritt wird dann der Durchschnitt aller Key Results berechnet, um so
eine Bewertung zu jedem Objective zu erhalten. Schließlich wird in einem dritten
Schnitt der Durchschnitt der Ergebnisse aller Objectives herangezogen, um eine
Gesamtbewertung für das Quartal zu erhalten."[122]

Durch diese Vorgehensweise kann es gelingen, auch in einem stark agilen
Umfeld nach einem „Management by Objectives" Ansatz zu steuern. Digitale
Geschäftsmodelle charakterisieren sich oft durch eine hohe Agilität.[123] Aufgrund
dessen eignet sich das Management by Objectives and Key Results hervorra-
gend als Methode zur Organisationsentwicklung in einem digitalen Umfeld[124]
und sollte im Rahmen der Digitalisierungsscorecard eine wesentlich Beachtung
finden.

Das Objectives und Key Results weist sicherlich einige Parallelen zur Balanced Scorecard auf. Zwar sind die Objectives und Key Results durchaus mit den
strategischen Zielen sowie den Indikatoren der Balanced Scorecard vergleichbar.
Auch folgt das Objective und Key Result Management der Prämisse, möglichst
wenige Größen zu Unternehmenssteuerung zu verwenden. Zudem fokussiert das
Objectives und Key Results ebenfalls die Strategieimplementierung.

Sie stellt „allerdings den Prozess der Zielfindung und -vereinbarung viel
stärker in den Mittelpunkt und beinhaltet klare verhaltensorientierte Standards
(ambitionierte Ziele, partizipative Zielfindung, Leistungstransparenz, keine individuelle Leistungsbeurteilung, kein Anschluss an Belohnungssysteme)"[125], das
Objectives und Key Results kennt also keinerlei Ursache-Wirkungsbeziehungen

---

[120] *Schmidt/Rosenberg/Eagle* (2014), S. 222.

[121] *Klau* (2013).

[122] *Engelhardt/Möller* (2019), S. 32.

[123] Vgl. Abschnitt 2.1.1. Sowie exemplarisch *Dietrich* (2019), S. 27.

[124] Vgl. *Laifi/Josserand* (2016), S. 2343.

[125] *Engelhardt/Möller* (2019), S. 36.

und eignet sich eher als Zielbildungssystem. Das Objectives und Key Results Management definiert also primär das „Was" aber nicht das „Wie".

Da die Digitalisierungsscorecard jedoch ein ganzheitliches Performance Management Tool darstellen soll, welches den Wertschöpfungskreislauf in der digitalen Welt abzubilden, zu steuern und vor allem zu gestalten vermag, ist es unstrittig nötig die Balanced Scorecard als konzeptionelle Basis zu verwenden.

Jedoch wäre es durchaus denkbar das Objective und Key Result Management, vorgelagert, als agiles Zielfindungs und -vereinbarungssystem in die Digitalisierungsscorecard zu integrieren.

Die Balanced Scorecard zeichnet sich als ein situativ anpassbare Instrument zwar bereits in seiner Ursprungsform durch klar definierte, messbare und kontrollierbare Größen zur effektiven und effizienten Unternehmenssteuerung aus.[126] Jedoch sollte die Balanced Scorecard, im Sinne der Kontingenztheorie, adjustiert werden um den Anforderungen der digitalen Welt gerecht zu werden.[127]

Vor der tatsächlichen Modifikation der Balanced Scorecard sollten ziel- und zweckorientierte konzeptionelle Vorüberlegungen angestellt werden. Hierzu ist es notwendig die Digitalisierungsscorecard definitorisch abzugrenzen. Auch sollten Überlegungen bezüglich einer Einbettung der Digitalisierungsscorecard in den unternehmenspolitischen Rahmen angestellt werden. Das Weitern sollen Überlegungen hinsichtlich der involvierten Aufgabenträger angestellt werden.

Die Verwendung von finanziellen sowie nicht-finanziellen Kennzahlen ermöglicht, nicht-monetäre Messgrößen und Faktoren in die umgreifende Unternehmensplanung mit einzuschließen[128]. Da die Balanced Scorecard in der Lage ist eine Analyse der Unternehmensumwelt und eine stetige Ergebniskontrolle durchzuführen,[129] können in der Digitalisierungsscorecard sowohl Früh- als auch Spätindikatoren dargestellt werden.

Auch bestehen einerseits Balancen zwischen kurz- und langfristigen Kennzahlen ebenso wie in der Verbindung der unternehmensinternen mit einer -externen Perspektive.[130] In der auf die Steuerung von Gesamtunternehmen zugeschnittenen Ursprungsvariante werden finanzielle Ziele mit den Leistungsperspektiven bezüglich interner Prozesse, Mitarbeiter sowie Kunden verbunden.[131] Eine besonders hervorhebenswerte Eigenschaft der Balanced Scorecard stellt die systematische

---

[126]Vgl. *Becker/Schuhknecht/Botzkowski* (2019), S. 49.

[127]Vgl. *Becker/Schuhknecht* (2019), S. 31.

[128]Vgl. *Kaplan/Norton* (1997), S. 8.

[129]Vgl. *Becker/Schuhknecht/Botzkowski* (2019), S. 49.

[130]Vgl. *Kaplan/Norton* (1997), S. 10.

[131]Vgl. *Appelfeller/Buchholz* (2011), S. 181.

Einbindung der vornehmlich strategisch relevanten Mehrperspektivenbetrachtung des Unternehmens in einen durchgängigen Steuerungs- und Managementprozess dar. Diese strategischen Sichtweise reicht über die Definition von Maßgrößen zur Strategieimplementierung, Ressourcenallokation und Budgetierung bis hin zur Leistungsmessung des Managements.[132] Gerade diese Mehrperspektivenbetrachtung spielt eine nicht unerhebliche Rolle für die digitale Transformation des Geschäftsmodells.[133]

Die Digitalisierungsscorecard (siehe Abbildung 4.4), als konzeptionelle Weiterentwicklung der Balanced Scorecard, kann folglich als ein Kennzahlensystem mit einer konsequenten Strategieorientierung und Mehrperspektivenbetrachtung charakterisiert werden[134] und lässt sich wie folgt definitorisch abgrenzen:

*Die Digitalisierungsscorecard ist sodann ein situativ anpassbares, integratives und strukturgebendes Performance Management Tool für die Unternehmensführung und das Controlling für digitale Geschäftsmodellen. Dieses Tool dient vornehmlich zur Strategieformulierung, Strategieimplementierung und zur Prozessoptimierung.*[135]

Die Digitalisierungsscorecard ist stets abhängig von den Interessen der relevanten Anspruchsgruppen (Stakeholdern), diese stehen stets unter der Prämisse von situativen Umweltbedingungskonstellationen. Die Digitalisierungsscorecard sollte zudem im unternehmenspolitischen Rahmen,[136] bestehend aus der Struktur, der Kultur und selbstredend der Strategie eingebettet sein.[137] Dies gilt zwar grundsätzlich für jedes Geschäftsmodell, jedoch ist anzumerken, dass die digitale Transformation auch zu nachhaltigen Veränderungen innerhalb von Strategien, Strukturen und der Unternehmenskultur führt, aufgrund dessen ist die Bedeutung dieser Einbettung nochmals zu betonen.[138]

Die Strategie und die Struktur des Unternehmens sind zweifelsohne untrennbar miteinander verbunden,[139] jedoch ist eine Abstimmung der Strategie- und Organisationsarbeit unabdingbar, diese sollte „notwendigerweise unter Einbeziehung

---

[132]Vgl. *Olve/Roy/Wetter* (2001), S. 145.

[133]Vgl. *Becker/Schuhknecht/Botzkowski* (2019), S. 50.

[134]Vgl. *Becker/Schuhknecht/Botzkowski* (2019), S. 49.

[135]Vgl. *Becker/Schuhknecht* (2019), S. 31.

[136]Vgl. zu Ausführungen zum unternehmenspolitischen Rahmen, *Rühli* (2017).

[137]Vgl. *Becker/Schuhknecht* (2019), S. 31.

[138]Vgl. *Wallmüller* (2017), S. 24.

[139]Vgl. hierzu vornehmlich die Arbeiten von *Mintzberg* (2002).

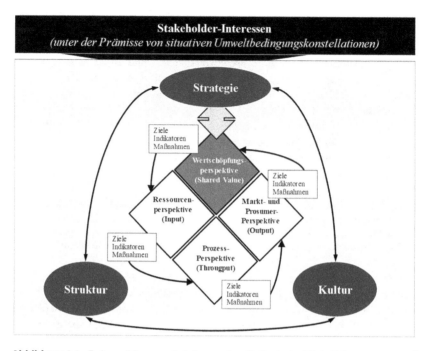

**Abbildung 4.4** Balanced Scorecard als konzeptionelle Basis der Digitalisierungsscorecard (In Anlehnung an *Becker/Schuhknecht* (2019), S. 32.)

von kulturellen Aspekten stattfinden, da eine einseitige Fokussierung die Responsefähigkeit behindert".[140] Im Zuge dessen kann von einem integrativen Strategie- und Organisationsdesign gesprochen werden.[141]

Bezüglich der Wahl der Perspektiven und deren Anzahl ist stet auf die situativ bedingten Umweltbedingungskonstellationen zu verweisen.

Allerdings ist selbstredend die Frage aufzuwerfen, ob weitere Perspektiven[142] integriert werden sollten, um die Charakteristika von digitalen Geschäftsmodellen[143] aufzugreifen. So stellen Informations- und Kommunikationstechnologien

---

[140]*Becker/Schuhknecht* (2019), S. 31.

[141]Vgl. *Daniel/Brandt*, S. 704.

[142]So lässt sich die Balanced Scorecard beispielsweise um Wissensaspekte vgl. *Wehner/Dimmeler/Sauer* (2000), S. 323 erweitern; für Projekte, vgl. *Zimmermann/Jöhnk* (2003), S. 73 aber auch um Nachhaltigkeitsaspekte, vgl. *Schäfer/Langer* (2005), S. 6.

[143]Siehe Abschnitt 2.1.1.

wesentliche Bestandteile von digitalen Geschäftsmodellen dar. Dementsprechend wäre es durchaus denkbar eine separate Perspektive, mit entsprechenden Zielen, Indikatoren und Maßnahmen, für diese Informations- und Kommunikationstechnologien zu implementieren.

Anderseits ließe sich argumentieren, dass eben jene Informations- und Kommunikationstechnologien die Elemente des Geschäftsmodelles digital transformieren. Da die wesentlichen Elemente des Geschäftsmodells den Wertschöpfungskreislauf widerspiegeln und die Balanced Scorecard, in den Ursprungsperspektiven, den Wertschöpfungskreislauf eines Unternehmens darstellt,[144] kann ceteris paribus argumentiert werden, dass die Informations- und Kommunikationstechnologien bereits in den Perspektiven Beachtung finden.

Wie bereits erläutert ist die Wahl der Perspektiven und deren Anzahl stark von den situativ bedingten Umweltbedingungskonstellationen abhängig. Aufgrund dessen soll diese Frage in der vorliegenden Dissertation nicht abschließend beantwortet werden.

Jedoch soll auf die Erkenntnisse des empirischen Teiles der Dissertation verwiesen werden.[145] Hierbei wurden die Probanden im Rahmen einer 5 stufigen Rating Skala befragt, inwieweit sie einer Verwendung der Ursprungsperspektiven zustimmen, um den Wertschöpfungskreislauf abzubilden, zu steuern und zu gestalten. Hierbei gab sich ein klares Bild, so stimmten die Probanden mit einem Mittelwert von 4,30 zu.

Aufgrund dessen sollen im Folgenden die adjustierten Ursprungsperspektiven betrachtet werden. Um den Wertschöpfungskreislauf in der digitalen Welt ziel- und zweckorientiert abbilden zu können werden die die Ursprungsperspektiven der Balanced Scorecard marginal angepasst.[146] In Anlehnung an die klassischen Produktionsfunktionen werden diese Perspektiven zunächst als Ressourcen- (Inputperspektive), Prozess- (Throughputperspektive), Markt- und Prosumer- (Outputperspektive) sowie als Wertschöpfungsperspektive (Outcomeperspektive) bezeichnet.[147]

Um die Digitalisierungsstrategie zu operationalisieren verfügt jede der gewählten Perspektiven zudem über strategische Ziele, Indikatoren zur Messung der Ziele sowie über Maßnahmen zur Erreichung der strategischen Ziele.[148]

---

[144] Vgl. *Becker* (2017b), S. 260.

[145] Vgl. Abschnitt 5.3.2.

[146] Vgl. *Becker/Schuhknecht* (2019), S. 31. Genauere Ausführungen finden sich in Abschnitt 6.2.2.

[147] Vgl. *Becker/Schuhknecht* (2019), S. 31.

[148] Genauere Ausführungen finden sich in Abschnitt 4.3.3.

## 4.3.2  Perspektivenableitung

Grundsätzlich besteht stets die Möglichkeit die Perspektiven einer Balanced Scorecard beliebig zu modifizieren. So ist eine marginale Anpassung der jeweiligen Perspektiven notwendig, um den Wertschöpfungskreislauf [149] in der digitalen Welt abbildbar, aber auch gestaltbar und steuerbar zu machen. Dementsprechend soll im folgenden Abschnitt 4.3.2.1 die idealtypischen[150] Perspektiven einer Digitalisierungsscorecard näher beleuchtet werden.

### 4.3.2.1  Die Wertschöpfungsperspektive

In der wissenschaftlichen Diskussion ist man sich einig, dass eine Zielerreichung nur durch das Erbringen einer vorgelagerten, adäquaten Leistung erfolgen kann.[151] Die Generierung von ökonomisch(en) Wert(en) hat als Zielsetzung jeglichen unternehmerischen Handels Priorität. Im Verständnis der wertschöpfungsorientierten Unternehmensführung ist hierunter die Schaffung, Sicherung und Steigerung von Werten zu verstehen.[152]

Die Messung des Erfolgs einer wertorientierten Unternehmensführung kann bei einer Auslegung des Shareholder Value Konzeptes mit wenigen zielgerichteten Finanzindikatoren durchgeführt werden.[153] Die Messung der Zielerreichung unter der Prämisse des Stakeholder Value Konzeptes erfordert hingegen neben der Messung rein ökonomischer Ziele auch die Erfassung von Flexibilitäts- und Zufriedenheitszielen.[154]

Sowohl in der Ursprungsversion der Balanced Scorecard als auch in der Digitalisierungsscorecard dienen finanzwirtschaftlichen Ziele als Fokus für die strategischen Ziele und die Kennzahlen[155] der anderen Digitalisierungsscorecard

---

[149]Vgl. zum Wertschöpfungskreislauf vgl. *Gälweiler/Schwaninger* (1990).

[150]Anwendungsbeispiele für die Auswahl von Perspektiven finden sich bei *Hügens* (2005), S. 121 ff.; *Hügens/Peters/Zelewski*, S. 443 ff.

[151]Vgl. u. a. *Beischel/Smith* (1991), S. 27; *Keegan/Jones/Eiler* (1991), S. 32; *Klingebiel* (1998), S. 4, *Kudernatsch* (2001), S. 23.

[152]Vgl. *Becker* (2017b), S. 28.

[153]Vgl. bezüglich des Shareholder Value Konzeptes vornehmlich *Rappaport* (1999). Durch die Verwendung von finanziellen Performance Indikatoren wird eine marktweite Erfolgsbeurteilung möglich, da diese eine Aggregierbarkeit der verschiedenen Geschäftstätigkeiten in der Kenngröße wie beispielsweise dem Gewinn ermöglichen, vgl. hierzu u. a. *Hoffmann* (2000), S. 12 f.

[154]Vgl. u. a. *Klingebiel* (1998), S. 4.

[155]Vgl. *Kaplan/Norton* (1997), S. 46.

Perspektiven. Demzufolge sind zunächst Überlegungen bezüglich dieser Perspektive anzustellen. Grundsätzlich strebt jedes Unternehmen nach dem Zweck[156] der (nachhaltigen) Wertschöpfung.[157] KRÜGER identifiziert neben der Bedarfsdeckung, der Entgelterzielung die Bedürfnisbefriedigung als zentrale Unternehmenszwecke.[158] BECKER, ULRICH und BALTZER subsumieren diese drei Zwecke unter dem Begriff der Wertschöpfung.[159] Die Wertschöpfung kann operationalisiert werden, indem vom Verkaufspreis der am Markt abgesetzten Produkte und Dienstleistungen die Vorleistungen abgezogen werden.[160] Die Unternehmensführung ist sodann mit der Problematik konfrontiert, dass Wettbewerbsvorteile als Basis der Wertschöpfung in den verschiedenen Aktivitätsbereichen des Unternehmens eine unterschiedliche Form annehmen bzw. erst durch das antizipative Zusammenspiel entstehen.[161] Wie die so entstehende Wertschöpfung unter den Interessengruppen[162] gerecht verteilt werden kann, ist ein viel diskutiertes Problem.[163] BECKER unternimmt den Versuch und verteilt die Wertschöpfung unter den Stakeholdern wie beispielsweise dem Personal, den Fremdkapitalgebern, dem Staat aber auch den Eigenkapitalgebern.

Demzufolge sollte das oberste Ziel die Wertschöpfung des Unternehmens sein, nach dem die verbleibenden drei Perspektiven ausgerichtet werden sollten.

Durch die digitale Transformation und die damit einhergehende Vernetzung und Konvergenz könnten sich die Gesetzmäßigkeiten bzw. die Art der Wertschöpfung verschieben.[164] Einige mögliche Veränderungen sollen im Folgenden aufgegriffen werden.

Veränderte Wertschöpfungsketten bzw. Wertschöpfungsnetzwerke resultieren aus dem steigenden Zwang zur Effizienz und Geschwindigkeit, sowohl in bestehenden Produktions- und Vertriebsprozessen als auch in den Innovationsaktivitäten des Unternehmens.[165]

---

[156]Unter dem Zweck eines Unternehmens wird die Rolle eines Unternehmens verstanden, welche ihnen in der gesellschaftlichen Umwelt zuerkannt werden, vgl. *Ulrich* (1968), S. 114 f.

[157]Vgl. *Becker/Baltzer/Ulrich* (2014), S. 53.

[158]Vgl. *Krüger* (1981), S. 932.

[159]Vgl. *Becker/Baltzer/Ulrich* (2014), S. 54.

[160]Vgl. *Becker/Baltzer/Ulrich* (2014), S. 56.

[161]Vgl. *Becker/Baltzer/Ulrich* (2014), S. 57.

[162]Hierbei ist klar zwischen dem Shareholder Ansatz und dem Stakeholder Ansatz zu differenzieren, vgl. exemplarisch *Becker/Baltzer/Ulrich* (2014), S. 55.

[163]Vgl. *Sigloch/Egner/Wildner* (2015); S. 23.

[164]Vgl. u. a. *Moring/Maiwald/Kewitz* (2018), S. 26.

[165]Vgl. u. a. *Moring/Maiwald/Kewitz* (2018), S. 27.

Im Zuge der digitalen Transformation sollten die analogen Bestandteile traditioneller Wertschöpfungsketten jedoch zumindest verringert, wenn nicht gar komplett aufgegeben werden. So basiert beispielsweise der in Echtzeit stattfindende Informationsaustausch zwischen Maschinen und der gesamten Value Chain auf künstlicher Intelligenz. Folglich birgt dies erhebliche Optimierungspotenziale der Kostentreiber und damit eine Erhöhung des Wertschöpfungspotentials.[166]

Zudem können Wettbewerber die ihre Wertschöpfungskette weitestgehend automatisiert haben kostengünstiger produzieren.[167]

Diese Entwicklung hat in einer Vielzahl an Branchen zu einer sogenannten „Service Transition" bzw. „Servitization" geführt.[168] Hierdurch ergeben sich zunächst Differenzierungspotenziale aber auch neue Wertschöpfungspotentiale.[169]

Auch entstehen neue Wertschöpfungsmuster, die auf kollaborativer Offenheit basieren sowie dezentral verankert sind und im Konzept der „Bottom-up-Ökonomie" zusammengefasst werden können.[170]

Zudem sollten die Kundenbedürfnisse vor dem Hintergrund konvergierender Märkte, netzwerkbasierter Ökonomien und Longtail-Business konsequent im Fokus von Wertschöpfungsaktivitäten stehen. Durch die digitale Transformation besteht die Möglichkeit von kundenindividuellen Leistungsprogrammen.[171]

Dieses Konzept der „Mass Customization" ermöglicht eine Individualisierung des Angebots mit den Vorteilen der Massenproduktion.[172]

Allerdings ist auch der Zwang zu beobachten, sich auf die Kernkompetenzen und die Bestandteile der Wertschöpfungskette zu beschränken, die das Unternehmen von Wettbewerben differenziert, dies kann im Endeffekt eine geringere Tiefe der Wertschöpfung bedeuten.[173]

### 4.3.2.2 Die Ressourcenperspektive

Die Ressourcenperspektive stellt mithilfe der Informations- und Kommunikationstechnologien den „enabler" für die anderen Perspektiven dar,[174] sie determiniert

---

[166]Vgl. u. a. *Bach/Rimbach/Wolf* (2017), S. 279.

[167]Vgl. u. a. *Stengel* (2018), S. 16 f.

[168]Vgl. u. a. *Dang et al.* (2019), S. 1827. Für weitere Ausführungen siehe Abschnitt 4.3.2.4.

[169]Vgl. u. a. *Bruhn/Hadwich* (2016), S. 5.

[170]Vgl. u. a. *Redlich/Wulfsberg* (2011), S. 35.

[171]Vgl. u. a. *Bach/Rimbach/Wolf* (2017), S. 282.

[172]Vgl. u. a. *Piller* (2006), S. 153.

[173]Vgl. u. a. *Bruhn/Hadwich* (2016), S. 5.

[174]Siehe Abschnitt 2.1.1.

also wie die anderen Perspektiven die Erfüllung der digitalisierungsbedingten strategischen Ziele erreichen können.[175]

Diese Perspektive verdeutlicht demzufolge, wie die tangible und intangible Assets im Unternehmen ausgestaltet sein müssen um alle Aktivitäten auf die Wertschöpfung[176] auszurichten.[177] Aufgrund der hohen Bedeutsamkeit im Rahmen der digitalen Transformation von Geschäftsmodellen soll beispielhaft das Human Capital als intangible Ressourcenbasis[178] beleuchtet werden. Zudem sollen die bereits angesprochen Informations- und Kommunikationstechnologien, (am Beispiel der Cyber-Physical Systems, welche oftmals essentiell für die digitale Transformation sind) als wesentliches Charakteristikum von digitalen Geschäftsmodellen[179] als tangible Ressource diskutiert werden.

Im Zuge der digitalen Transformation von Geschäftsmodellen ist ein Wandel von einer Informationsgesellschaft über eine Wissensgesellschaft hin zu einer ubiquitären Wissensgesellschaft zu attestieren.[180] Dabei rückt der Mitarbeiter immer stärker in den Mittelpunkt von Entscheidungs- und Entwicklungsprozessen, da nur der Mensch Wissen erzeugen und dieses kreativ in Organisationen nutzen kann. Dieser Produktionsfaktor ist deshalb als zentraler zukunftsentscheidender Erfolgsfaktor für die Innovations- und Wettbewerbsfähigkeit zu betrachten.[181] Dies impliziert, dass die Leistung eines Mitarbeiters und seine Potenziale erheblichen Einfluss auf die unternehmerische Wertschöpfung haben.[182] So können durch Investition in die eigenen Mitarbeiter Kompetenzen gesteigert werden. Daraus ergeben sich wiederum neue Potenziale zur Prozessoptimierung und Produktenwicklung.[183]

---

[175]Vgl. *Kaplan/Norton* (1997), S. 121.

[176]Siehe Abschnitt 4.3.2.1

[177]Vgl. *Kaplan/Norton* (2004), S. 10.

[178]Bereits 1967 hat sich *Likert* (1967). in den USA erstmals damit beschäftigt, den Nutzen des Humanvermögens anhand einer Humanvermögensrechnung, des sogenannten „Human Resource Accountings", zu erfassen

[179]Siehe Abschnitt 2.1.1.

[180]Vgl. *Kaivo-oja/Roth/Westerlund* (2017), S. 4. Die UNESCO (2005) definiert eine Knowledge Society als „[…] about capabilities to identify, produce, process, transform, disseminate and use information to build and apply knowledge for human development. They require an empowering social vision that encompasses plurality, inclusion, solidarity and participation".

[181]Vgl. *Zdrowomyslaw* (2016), S. 224.

[182]Vgl. *Singer* (2010), S. 9.

[183]Vgl. *Schmeisser et al.* (2011), S. 5; *Hossain/Akhter/Sadia* (2014), S. 51.

So ist das Humankapital zwar ein Risiko- und Kostenfaktor, jedoch noch viel entscheidender als ein Werttreiber und Werterzeuger in digitalen Geschäftsmodellen zu verstehen.[184] Die Bewertung des Humankapitals hat ihren Ursprung in der externen Berichterstattung, jedoch steigt vor dem Hintergrund eines zunehmend strategischen Managements auch die Relevanz aus der unternehmensinternen Perspektive.[185] So trägt diese zur Verbesserung von personalbezogenen Managemententscheidungen bei und unterstützt diese anhand der durch mehrmalige Messung erhaltenen Informationen über die Entwicklung des Humankapital-Wertes bei der Formulierung angemessener Strategien.[186] Zudem zeigen empirische Studien, dass, je ausgeprägter die Abbildung, Gestaltung und Steuerung des Humankapitals eines Unternehmens ist, desto höher ist auch die Unternehmensperformance.[187] Dies macht die Betrachtung des Humankapitals innerhalb der Ressourcenperspektive der Digitalisierungsscorecard unabdingbar.

Angesichts der Individualität und zunehmenden Komplexität[188] von Unternehmen besteht Bedarf an geeigneten Verfahren für die unternehmensindividuellen Anforderungen.[189] Die Gestaltung geeigneter Methoden und die Definition relevanter Indikatoren hängen jedoch, im Sinne der Kontingenztheorie, von verschiedenen Faktoren wie der jeweiligen Branche und Unternehmensgröße ab. In der wissenschaftlichen Diskussion findet sich eine Vielzahl an Ansätzen,[190] um das Humankapital von Unternehmen zu quantifizieren, also seine Ausprägung messen, bewerten und damit steuern zu können.[191] Denn um das Humankapital ziel- und zweckorientiert steuern zu können, mit dem Ziel, die Ressourcenallokation eines Unternehmens langfristig zu verbessern, ist die Bewertung dessen erforderlich.

---

[184]Vgl. *Gates/Langevin* (2010), S. 111; *Schmeisser et al.* (2011), S. 5; *Zdrowomyslaw* (2016), S. 223 ff.

[185]Vgl. *Schwarz* (2010a), S. 3; *Möller/Scholz/Stein* (2009), S. 91 f.

[186]Vgl. *Porter* (2004), S. 8; *Singer* (2010), S. 9.

[187]Vgl. *Gates/Langevin* (2010), S. 111.

[188]Zum Komplexitätsbegriff siehe Abschnitt 6.2.1.

[189]Vgl. *Weiss/Sterzel* (2007), S. 26; *Sienkiewicz* (2013), S. 167; *Stanko/Zeller/Melena* (2014), S. 99.

[190]Vgl. *Schwarz* (2010a), S. 73. Der Diversität hinsichtlich der Bewertungsverfahren sowie deren Kategorisierung geschuldet, ist eine übersichtliche Systematisierung sämtlicher betriebswirtschaftlicher Ansätze nach einem anerkannten Schema nicht möglich, vgl. *Möller/Scholz/Stein* (2009); *Scherm/Lindner* (2016); *Becker* (2008); *Scholz/Stein* (2006).

[191]Vgl. u. a. *Andriessen* (2004); *Becker* (2008); *Wucknitz* (2009).

Eine Bewertung kann sowohl monetär als auch nicht monetär erfolgen. Im Falle der monetären Bewertung wird der Wert des Humankapitals in Geldgrößen, bspw. in Euro, ermittelt. Demgegenüber beansprucht die nicht monetäre Bewertung einen anderen, meist auch dimensionslosen Bewertungsmaßstab.[192]

Im Zusammenhang mit der digitalen Transformation wird oftmals der Begriff des Internet of Things (Internets der Dinge) verwendet. Die grundlegende Idee dieser Informations- und Kommunikationstechnologie ist es Produkte, Geräte oder Objekte über das Internet zu vernetzen, indem sie durch Tags, Chips sowie durch intelligente Sensoren ausgestattet werden.[193] Waher definiert diese als „what we get when we connect Things, which are not operated by humans, to the Internet."[194]

Durch diese Vorgehensweise soll eine Vernetzung von Objekten, beispielsweise Autos oder Maschinen aber auch komplexen medizinischen Geräten, realisiert werden.[195] Für diese Vernetzung wird auf Cyper-Physische Systeme (CPS) zurückgegriffen.

Unter Cyber Physical System können „verteilte, miteinander vernetzte, in physische Objekte eingebettete Systeme, welche mittels Sensoren die Prozesse der realen, physischen Welt überwachen und durch Aktuatoren steuernd bzw. regulierend auf diese einwirken. Sie integrieren die daraus gewonnenen Daten in die virtuelle (Informations-)Welt und zeichnen sich zudem durch deterministisches Verhalten, eine hohe Adaptabilität und die Fähigkeit zur Bewältigung komplexer Datenstrukturen aus" verstanden werden.[196]

Wesentliche Merkmale von Cyber-Physical Systeme sind also einerseits die automatisierte Integration physischer und virtueller Komponenten, anderseits die umfassende Erfassung der physischen Realität durch Sensoren, sowie die Möglichkeit zur Beeinflussung der selbigen. Dies geschieht mithilfe von Aktuatoren.[197] Cyber-Physical Systems nehmen also eine primär technologieorientierte Perspektive ein, in welcher jedes beliebige physische Objekt durch die Einbettung geeigneter Mikroelektronik „intelligent" bzw. „smart" gemacht werden kann.[198]

---

[192]Vgl. *Möller/Scholz/Stein* (2009), S. 94 f.

[193]Vgl. *Sprenger/Engemann* (2015), S. 7.

[194]*Waher* (2015), S. 5.

[195]Vgl. *Müller* (2016), S. 72.

[196]*Klötzer/Pflaum* (2019), S. 384.

[197]Vgl. *Klötzer/Pflaum* (2019), S. 384. Porter spricht parallel zu Cyper Physischen Sytemen häufig von intelligenten bzw. smarten Produkten (im englischen Original als „smart products" betitelt), vgl. *Porter/Heppelmann* (2014), S. 74 f.

[198]Vgl. *Klötzer/Pflaum* (2017), S. 4211.

Dieser Argumentation folgend stellen Cyber-Physical Systems die zentrale Informations- und Kommunikationstechnologie in digitalen Geschäftsmodellen dar, indem sie physische Objekte in ihr intelligentes Gegenstück verwandeln.[199]

### 4.3.2.3 Die Prozessperspektive

Die Steuerung von (Geschäfts-)Prozessen[200] spielt in Hinblick auf die digitale Transformation von Geschäftsmodellen eine entscheidende Rolle.[201]

Denn die digitale Transformation von Geschäftsmodellen wird auch als Optimierung von Geschäftsprozessen durch Informations- und Kommunikationstechnologien verstanden.[202]

Aufgrund dessen gewinnen digitale Geschäftsprozesse in der digitalen Welt deutlich an Bedeutung.[203] „Insbesondere ist es entscheidend, ganze Geschäftsprozesse, welche funktions- und organisationsübergreifend sind, zu verstehen und zu verbessern."[204]

Ein (digitaler) Geschäftsprozess ist stets als „End-To-End" Prozess[205] zu verstehen, hierbei geht es darum den Bedarf der Kundengruppen zu identifizieren, um die notwendigen Aktivitäten entsprechend auszurichten und den Bedarf mit einem erstellten Produkt, einer Dienstleistung oder einem Produktbündel zu befriedigen.[206]

Ein (digitaler) Geschäftsprozess lässt sich also folgendermaßen definitorisch abgrenzen.

*Ein digitalisierter Geschäftsprozess besteht aus der unternehmensübergreifenden Folge wertschöpfender Aktivitäten, die von Kunden erwartete Leistungen erzeugen, die*

---

[199]Vgl. u. a *Ochoa/Fortino/Di Fatta* (2017); *Hatzivasilis et al.* (2018).

[200]Eine Abgrenzung von Geschäftsprozessen findet sich u. a. bei *Becker/Burggraf/Martens* (2019).

[201]Vgl. *Becker/Burggraf/Martens* (2019), S. 175. Eine Auseinandersetzung mit den Geschäftsprozessen im Rahmen der digitalen Transformation findet in der Literatur bisher nur oberflächlich statt, vgl. *Hess et al.* (2016); *Weber et al.* (2015).

[202]Vgl. *Becker/Pflaum* (2019), S. 9. Siehe zudem Abschnitt 2.1.1.

[203]Vgl. *Westerman/Bonnet/McAfee* (2014), S. 90.

[204]*Becker/Burggraf/Martens* (2019), S. 176.

[205]Ein End-to-End Geschäftsprozess sie die „[…]Abfolge aller notwendigen und direkt mit dem Geschäftsfall verbundenen Tätigkeiten zur Erstellung einer Leistung für einen Kunden, mit der bei diesem ein vorausgehender Bedarf gedeckt wird und die daher für diesen von Wert ist, samt der Zuordnung der dafür notwendigen Ressourcen", *Bergsmann* (2012), S. 29. Eine Klassifizierung dieser Prozesse findet sich u. a. bei *Wagner et al.* (2019), S. 700 f.

[206]Vgl. *Suter/Vorbach/Weitlaner* (2015), S. 135 ff.

*aus der Geschäftsstrategie und den Geschäftszielen abgeleiteten Prozessziele erfüllen sowie einer End-to-End-Perspektive unterliegt.*[207]

Die strategische Steuerung von Geschäftsprozessen sollte sich vor allem auf die wettbewerbsrelevanten oder auch als Kernprozesse bezeichneten Unternehmensabläufe konzentrieren, welche durch die digitale Transformation von Geschäftsmodellen im Besonderen tangiert werden.[208]

Um also ein Geschäftsprozessmanagement für die digitale Welt zu implementieren, ist es erfolgsentscheidend, die Prozesse abteilungs- und unternehmensübergreifend zusammenzuführen und damit die Konsistenz der Daten und Informationen zu garantieren.[209]

Das Ziel ist es hierbei einen möglichst optimalen Automatisierungsgrad bei den Geschäftsprozessen zu genieren.[210]

Ein Geschäftsprozessmanagement ist also „[…] ein integriertes System aus Führung, Organisation und Controlling zur zielgerichteten Steuerung und Optimierung von Geschäftsprozessen.

Es ist auf die Erfüllung von Bedürfnissen der Kunden sowie anderer Interessengruppen ausgerichtet und dient dazu, die strategischen und operativen Ziele der Organisation bzw. des Unternehmens zu erreichen."[211]

WAGNER ET AL. halten fest, dass „sofern das End-to-End-Prozessmanagement im internen Prozessmanagement verankert ist, kann es somit ein Wegbereiter der Digitalisierung im Unternehmen sein. Durch die ganzheitliche Sicht kann die Prozessqualität und -effizienz deutlich gesteigert werden.

Gleichzeitig kann durch den höheren Integrationsgrad die Anzahl der Schnittstellen reduziert werden. Es lässt sich festhalten, dass das End-to-End-Prozessmanagement ein wesentlicher Faktor auf dem Weg zu einem unternehmenseinheitlichen Datenmodell darstellt."[212]

---

[207] *Becker/Burggraf/Martens* (2019), S. 177.

[208] Vgl. *Schmelzer/Sesselmann* (2013), S. 82

[209] Vgl. *Becker/Burggraf/Martens* (2019).

[210] Vgl. *Weber et al.* (2015) S. 31. Die Autoren sprechen in diesem Zusammenhang auch von Digital Process Management.

[211] *Schmelzer/Sesselmann* (2013), S. 6.

[212] *Wagner et al.* (2019), S. 705.

Hinsichtlich der Ausgestaltung des Geschäftsprozessmanagements im Rahmen der digitalen Transformation von Geschäftsmodellen sind also stets Fragestellungen hinsichtlich der Strategie als determinierter Faktor, über Data Science, Data Lake, IT-Anwendungssysteme sowie über die Organisation zu beantworten.[213]

Im Rahmen eines digitalen Geschäftsprozessmanagements bzw. eines Digital Process Managements[214] sollte zudem zwischen den bereits erläuterten Kernprozessen, den Supportprozessen und den Management Prozessen differenziert werden.[215]

Diese Prozessclusterung geht auf die Idee PORTERS zurück, der das wirtschaftliche Handeln in Primär- und Sekundär Aktivitäten differenziert.[216]

Oftmals bedürfen gerade die Managementprozesse in digitalen Geschäftsmodellen eine erhöhte Aufmerksamkeit, da diese eben essentiell für die Erfüllung der Kernprozesse in digitalen Geschäftsmodellen sind.

Denn sie stiften dort zwar nur indirekt Nutzen, zeichnen sich aber durch einen hohen Anteil von implizierten Wissen aus und besitzen hohe Freiheitsgrad in der Prozessdurchführung.[217] Aufgrund dessen sollen diese im Folgenden näher betrachtet werden.

(Digitale) Managementprozesse bestehen grundsätzlich aus den Bausteinen Planung, Entscheidung, Durchsetzung und Kontrolle.

Ein Managementprozess besteht also auf „einer auf das Entstehen von Performance ausgerichteten, strukturierten Sammlung von Planungs-, Entscheidungs-, Durchsetzungs- und Kontrollaktivitäten, die so auf die betriebliche Leistungssphäre einzuwirken haben, dass die Unternehmens-Ziele nachhaltig erreicht werden."[218] In all diesen Aktivitäten können nun Informations- und Kommunikationstechnologien zum Einsatz kommen, um den Managementprozess nachhaltig zu optimieren. Im Rahmen der Planungs- und Kontrollaktivitäten (welche aus der Zielbildung resultieren) besteht eine zentrale Aufgabe des Managementprozesses in der Ableitung von Kennzahlen bzw. gar ganzen Kennzahlensystemen.

Jedoch ist zu konstatieren, dass ein rein auf finanzielle Kennzahlen traditionell aufgebautes Management den Anforderungen von Unternehmen (im Rahmen

---

[213]Für weitere Ausführungen siehe *Gölzer/Cato* (2019).

[214]Vgl. *Weber et al.* (2015), S. 31.

[215]Vgl. *Österle* (1995), S. 131.

[216]Vgl. *Porter* (2000), S. 66.

[217]Vgl. *Daniel* (2008), S. 69.

[218]*Daniel* (2008), S. 66.

der digitalen Transformation von Geschäftsmodellen) an effektive Planungswerkzeuge nicht mehr genügt.[219] Im Rahmen dieser Aktivitäten in digitalen Managementprozessen sollte der Fokus also durchaus auch auf qualitative Sachverhalte gelegt werden. Denkbar wären hierbei Checklisten, Argumentenbilanzen und Nutzwertanalysen zur Berücksichtigung qualitativer Wirtschaftlichkeitskriterien in digitalen Geschäftsmodellen.

Hinsichtlich der Entscheidungsaktivitäten ist zu postulieren, dass Entscheidungen immer zukünftige Entwicklungen antizipieren, um auf der Basis von prognostizierten Szenarien die zur Zielerreichung günstigste Alternative auswählen zu können.

Der angestrebte Zustand des digitalen Geschäftsmodelles kann also umso besser realisiert werden je genauer die Zukunft prognostiziert und antizipiert wird.[220]

Die digitale Transformation des Geschäftsmodelles unterliegt allerdings einer hohen Volatilität, Ungewissheit, Komplexität sowie Mehrdeutigkeit. Um also erfolgreich am Markt interagieren (und nicht nur reagieren zu müssen) zu können sollten sich Unternehmen stets die Frage stellen, wer die zukünftigen Stakeholder im Ökosystem, seien könnten.

So können neue Kunden oder Wettbewerber in den Märkten auftreten. Denkbar wären aber auch geänderte politische oder juristische Rahmenbedingungen. Zudem wird es immer schwieriger klare Ursache-Wirkungszusammenhänge zu antizipieren. Beziehungsweise werden diese möglicherweise fehlinterpretiert, wodurch digitale Geschäftsmodelle ihre Wirkung verlieren könnten. Hieraus resultiert eine hohe Komplexität und/oder Unsicherheit, denen das Management beispielsweise mit Szenariotechniken begegnen kann.

Im Zuge der Durchsetzungsaktivitäten sind die Planungsgrößen in Handlungsgrößen umzusetzen. Hierbei erscheint es wichtig die Mitarbeiter frühzeitig in diese Prozesse zu integrieren um eine möglichst hohe Akzeptanz zu genieren. Dies ist beispielsweise durch die Gestaltung von flachen Hierarchien aber auch durch die Implementierung eines Anreizsystems möglich.

Jedoch ist unbedingt festzuhalten, dass Führungskräfte eigene Motivation zur Problemlösung, Fähigkeiten und Fertigkeiten zur Problemlösung und bewährte Instrumente benötigen, die geeignete und systematische Informationen über Ziele und Zielerreichungsgrade liefern.[221]

---

[219]Vgl. *Fleischmann et al.* (2018), S. 32.

[220]Vgl. *Mosler* (2017), S. 32.

[221]Vgl. *Locke et al.* (1990), S. 125 ff.

## 4.3.2.4  Die Markt- und Prosumerperspektive

Im Zuge der digitalen Transformation von Geschäftsmodellen wird die Integration des Kunden in das Wertschöpfungsnetzwerk immer wichtiger. In der Literatur wird hierbei von „Value Co-Creation"[222] gesprochen

ARVIDSSON postuliert im Zuge dessen „One of the most important and fundamental trends in co-creative corporate activities society is the progressive inclusion of consumers in co-creative corporate activities."[223]

Das Management von Beziehungen (Customer Relationship Management) zu Kunden und Kundengruppen ist ein also zentraler Bestandteil eines (digitalen) Geschäftsmodelles.[224] Um die hierbei generierten Informationen strukturiert und umfassend nutzen zu können, werden im Customer Relationship Management spezielle Informations- und Kommunikations-Systeme eingesetzt.[225]

Die zu bearbeitenden Kundengruppen eines Unternehmens sind in der Regel als heterogen zu klassifizieren, dies ergibt sich einerseits durch die verschiedenen Kundenbedürfnisse sowie anderseits durch die unterschiedlichen Standpunkte im Beziehungslebenszyklus.[226] Die Kenntnis bzw. das Wissen darüber, in welcher Phase des Beziehungslebenszyklus sich ein Kunde befindet ist somit zentral für das Unternehmen.[227]

Sind das Wissen über Kundengruppen und das Wissen von Kundengruppen in einem Unternehmen ausreichend ausgeprägt, besteht für das Unternehmen die Möglichkeit das eigene Geschäftsmodell an die Geschäftslogik der Kunden weiter anzupassen und so die Value Co-Creation und den Share-of-Wallet in verschiedenen Produktkategorien zu erhöhen.[228]

Somit wird der Kunde (Customer) in digitalen Geschäftsmodellen zum (Mit-)Produzenten (Producer), also zum Prosumer.[229] POTRA postuliert "in the light of the increasingly active role of consumers in the marketing management process and the new understanding of the conscious consumer role in co-creation, the present paper delimits traditional consumers (passive actors) and prosumers

---

[222]Siehe Abschnitt 4.1.3. Vgl. zudem *Lenka/Parida/Wincent* (2017); *Dahl/Peltier/Milne* (2018).

[223]Vgl. *Arvidsson* (2008), S. 226.

[224]Vgl. *Hein et al.* (2019), S. 342.

[225]Vgl. *Hein et al.* (2017).

[226]Vgl. *Hein et al.* (2019), S. 344.

[227]Vgl. *Heide/John* (1992).

[228]Vgl. *Porter/Heppelmann* (2014).

[229]Dieses Portemanteau-Wort geht auf *Toffler* (1983) zurück, welcher den Prosumenten als eine Person ansieht, die ein Produkt oder eine Dienstleistung erzeugt und entwirft, um sie zu verbrauchen.

(active co-creators of valuable outcomes together with companies). Also, pro-sumer potential has been perceived as a competitive advantage for companies and the governmental sphere, in both physical and virtual space, underlying the need for a deeper interpretation of the concept. Due to this growing interest in prosumer activity, the authors outlined the need to assess the most important prosumer traits as to understand how to manage the new generation of consumers according to the co-creational marketing perspective. Through an extensive literature analysis, the most important prosumer traits have been outlined: engagement, creativity, motivation, social interaction and the use of resources."[230]

Die Abbildung, Gestaltung und Steuerung dieser speziellen digitalen Kun-denbeziehung (Value Co-Creation) ist sodann eine zentrale Aufgabe dieser Perspektive.

Ein weiterer nicht zu vernachlässigter Sachverhalt in der Markt- und Prosumer-perspektive, ist die konsequente Integration von kundenzentrierten Dienstleistun-gen in digitalen Geschäftsmodellen.

Dieses Phänomen ist nicht unbedingt neu, so postulierten VANDERMERWE und RADA bereit 1988 dass, „Market packages or 'bundles' of customer-focussed combinations of goods, services, support, self-service and knowledge."[231]

Grundlegendes Ziel dieser Überlegungen ist es also, durch eine Kombination von (digitalen) Produkten sowie (digitalen) Dienstleistungen und die damit ein-hergehende Kundenfokussierung nachhaltige Wettbewerbsvorteile zu realisieren. Dies wird in der modernen Managementliteratur auch als „Servitization" bezeich-net. Oftmals finden sich auch die Begrifflichkeiten Servicetransformation,[232] Service Infusion[233] oder auch Service Transition[234].

Meist ist hiermit ein übergreifender Transformationsprozess gemeint, bei dem produzierende (Industrie-)Unternehmen beginnen, eine Strategie mit einem hohen Fokus auf Dienstleistungen einzuleiten.[235] Unter Servitization kann also der „Strategic shift in firms' offerings from tradi-tional core product business to developing ancillary service offerings and value-added solutions"[236] verstanden werden.

---

[230]*Potra* (2017), S. 383

[231]*Vandermerwe/Rada* (1988), S. 314.

[232]Vgl. *Bruhn/Hadwich* (2016), S. 8.

[233]Vgl. *Forkman et al.* (2017), S. 152.

[234]Vgl. *Oliva/Kallenberg* (2003), S. 162

[235]Vgl. *Baines/Lightfoot* (2013), S. 3.

[236]*Forkman et al.* (2017), S. 152.

Oftmals wird allerdings nicht eine ganzheitliche Transformation des Unternehmens angestrebt. Sondern hauptsächlich die Entwicklung des Angebotsportfolios durch die Integration von Dienstleistungen in die Kernprodukte fokussiert. Dann sollte allerdings von Product Service Systems (PSS),[237] Hyprid Offerings[238] oder auch Integrated Solutions[239] gesprochen werden.

Wesentliche Impulse für die Implementierung eines Servitization Gedankens sind oftmals Reaktionen auf spezielle Kundenanfragen[240] und/oder die Differenzierung von Wettbewerbern auf den entsprechenden (Absatz)-märkten.[241]

In der unternehmerischen Praxis werden derzeit noch überwiegend produktbegleitende Dienstleistungen, wie Beratungen und Wartungen angeboten, selten hingegen finden sich ergebnisorientierte Leistungen, wie Pay-per-Service Verträge.[242]

Der Grad der Servitization hängt dabei von einer Vielzahl von Faktoren ab. So bieten technologisch innovative Unternehmen in der Regel mehr Dienstleistungen an, als Unternehmen mit klassischen Massenprodukten. Oft gelingt es kleinen und mittleren Unternehmen nachhaltig Servitization zu betreiben. Auch spielt die Marktmacht eine entscheidende Rolle, da Zulieferer häufig nicht die Chance erhalten ihre Servitization voranzutreiben.[243]

Eine Grundvoraussetzung für eine Servitization in digitalen Geschäftsmodellen ist es, dass in den Unternehmen der Servicegedanke und die Servicekultur verinnerlicht wird und eine stetige proaktive und antizipative Fokussierung auf Dienstleistungen erfolgt.[244]

Der Einsatz von Informations- und Kommunikationstechnologien kann sodann in verschiedenen Entwicklungsstufen integriert werden. Denkbar sind gängige Informationstechnologie-Lösungen für einfache produktbegleitende Dienstleistungen über komplexere Informations- und Kommunikationstechnologie-Systemen zum verbesserten Angebot von Serviceleistungen bis hin zum Anbieter von ergebnisorientierten Produkt-Service-Systemen, wie beispielsweise kompletten Betreibermodellen.[245]

---

[237]Vgl. *Mont* (2002), S. 239.

[238]Vgl. *Ulaga/Reinartz* (2011).

[239]Vgl. *Windahl/Lakemond* (2010).

[240]Vgl. *Freitag/Münster* (2013), S. 10

[241]Vgl. *Confente/Buratti/Russo* (2015), S. 323

[242]Vgl. *Lerch et al.* (2013), S. 4 f.

[243]Vgl. *Kowalkowski/Witell/Gustafsson* (2013), S. 20

[244]Vgl. *Lay et al.* (2010), S. 722

[245]Vgl. *Coreynen/Matthyssens/Van Bockhaven* (2017), S. 46 f.

Die grundlegende Bereitschaft auf Kundenbedürfnisse einzugehen und das Offerieren von maßgeschneiderten Lösungen ist ebenfalls eine wichtige Voraussetzung, um erfolgreich eine Servitization im Geschäftsmodell voranzutreiben.[246] Essential ist es zudem, die internen Strukturen und Prozesse an die Dienstleistungsstrategie anzupassen.[247]

Kleinere und mittelständische Unternehmen sollten zudem aufgrund ihrer limitierten Ressourcenbasis eine enge Zusammenarbeit in Ökosystemen anstreben und die grundsätzliche Motivation aufweisen Kooperationen eingehen.[248]

### 4.3.3  Kaskadierung und Konkretisierung innerhalb der Digitalisierungsscorecard

Um die formulierte Digitalisierungsstrategie umzusetzen, verfügt jede Perspektive über aus der Digitalisierungsstrategie abgeleitete strategische Ziele. Diese sind mit entsprechenden Indikatoren zu messen. Ziel- und zweckorientierte Maßnahmen dienen sodann zur nachhaltigen Erreichung der strategischen Ziele. Im Folgenden sollen diese Größen kurz erläutert werden.[249]

**Strategische Ziele der Digitalisierung**
Zunächst ist festzuhalten, dass diese Ziele, aus planungstheoretischer Sicht, stets SMART (specific – measureable – attainable – relevant – time-sensitiv) sein sollten.[250] Die Ziele werden direkt aus der Strategie abgeleitet.[251] Strategische Ziele sind also Ziele, welche aus der Digitalisierungsstrategie abgeleitet werden und differenzierte Vorgaben für die Perspektiven[252] der Digialisierungsscorecard darstellen. Diese Ziele lassen sich nach den Kriterien Inhalt, Ausprägung, Zeit, geographischer Raum, sowie der Verantwortung operationalisieren.[253] Zwischen den Zielen

---

[246] Vgl. *Kowalkowski/Witell/Gustafsson* (2013), S. 27 f.

[247] Vgl. *Lay et al. (2010)*, S. 722

[248] Vgl. *Paiola/Gebauer/Edvardsson* (2012), S. 58 ff.

[249] Ähnliche Ausführungen finden sich bei *Becker/Schuhknecht* (2019), S. 32 f.

[250] Vgl. *Wild* (1982), S. 55 f.

[251] Vgl. *Becker/Schuhknecht* (2019), S. 33.

[252] Siehe Abschnitt 4.3.2.

[253] Vgl. *Becker* (2017b), S. 285.

bestehen stets Ursache-Wirkungsbeziehungen.[254] Diese können konfliktär, komplementär aber auch völlig indifferent ausgeprägt sein.[255] Um diese Konflikte zu managen ist es notwendig, Problemlösungen zu erarbeiten, Zielkonflikte möglichst zu eliminieren sowie ständig nach pragmatischen Kompromissen zu suchen.[256]

**Indikatoren zur Messung strategischen Digitalisierungsziele**
Indikatoren[257] sind Hilfsmaßstäbe, die die komplexen und sonst nicht direkt operational erfassbaren Ziele abbildbar machen sollen.[258] Allerdings ist zu beachten, dass Indikatoren keine begriffslogische Zerlegung eines Oberziels darstellen.[259] Eine Indikatorenkategorisierung kann hinsichtlich ihrer Messbarkeit bzw. Bestimmbarkeit erfolgen. So lassen sich klassische Kennzahlen wie der Cash Value Added, der EBIT oder die Instandhaltungskosten recht simpel quantitativ messen.[260] Im Gegensatz dazu sind monofaktoriell zu bestimmende Indikatoren wie die Mitarbeitermotivation oder multifaktorielle Indikatoren wie die Kundenzufriedenheit mit Hilfe von Beurteilungsskalen bzw. Punktwertverfahren qualitativ zu bestimmen.[261] Zudem sollten Indikatoren stets im Sinne von Zielwerten konkretisiert werden. Hierbei sind Fragenstellungen beispielsweise nach der Frequenz der Ermittlung, der Datenquelle oder dem Typ (Früh- oder Spätindikator und deren Wechselwirkungen), aufzuwerfen.[262] Diese Konkretisierung kann, im Sinne der Skalierung, nominal, ordinal aber auch kardinal messbar gemacht werden.[263] „Grundsätzlich

---

[254] Siehe Abschnitt 4.3.4.

[255] Vgl. *Becker* (2017b), S. 287. Aber auch *Becker/Schuhknecht* (2019), S. 32.

[256] Vgl. Becker (2017b), S. 298. Detailreiche Ausführungen zum Konfliktmanagement finden sich beispielsweise bei *Proksch* (2010), S. 13 ff. sowie *Schwarz* (2010b), S. 191 ff.

[257] In manchen Publikationen werden Indikatoren auch als Kennzahlen bezeichnet, vgl. exemplarisch *Jost* (2013), S. 9.

[258] *Weber/Radtke/Schäffer* (2006), S. 42 raten allerdings dringend davon ab, bereits vorhandene Indikatoren zu verwenden oder auf Industriestandards bzw. best practice Kennzahlen zurückzugreifen.

[259] Vgl. *Becker* (2017b), S. 288.

[260] Vgl. *Becker/Schuhknecht* (2019), S. 33.

[261] Vgl. *Becker* (2017b), S. 289.

[262] Vgl. *Schmidt/Friedag* (2015), S. 78. Ähnlich bei *Asmussen* (2019), S. 36.

[263] Vgl. *Becker/Schuhknecht* (2019), S. 35.

sollten die Indikatorenkonkretisierungen stets mit festgelegten Ziel-Werten hinter-
legt werden."[264] Es ist jedoch zu konstatieren, dass Zielwertverläufe im Zeitverlauf
nicht zwangsläufig linear verlaufen müssen.[265]

**Maßnahmen zur Umsetzung der strategischen Digitalisierungsziele**
Um die gesetzten SMARTen strategischen Ziele zu realisieren, müssen Maßnahmen bzw. Maßnahmenbündel generiert und konkretisiert werden.[266] Diese
Maßnahmen(bündel) sind zu klassifizieren und zu priorisieren, indem sie in ein
Risiko/Nutzen Verhältnis gesetzt werden. Im Zuge der Konkretisierung und Prio-
risierung sollte sowohl die Entscheidungs- als auch die Realisationsverantwortung
stets geklärt sein.[267] Zudem sollten die hierfür erforderlichen Ressourcen (perso-
nelle, technologische, materielle und finanzielle) und der essentiellen Daten- und
Informationsbasis determiniert werden.[268] Auch ist eine klare Konkretisierung der
Zeitdauer bzw. der -punkte der Maßnahmenkonkretisierung unabdinglich.[269]

### 4.3.4   Abbildung von digitalisierungsbedingten Ursache-Wirkungsbeziehungen mithilfe der Strategy Map

Im Fokus der Betrachtungen sollen vor allem die durch die Digitalisierung
bedingten Ursache-Wirkungsbeziehungen innerhalb der Perspektiven[270] der Digitalisierungsscorecard stehen. Grundsätzlich ist festzuhalten, dass die Ziele und
Indikatoren der Balanced Scorecard, respektive Digitalisierungsscoercard als
„Ordnungssystem, im Gegensatz zu einem Rechensystem, nicht zwangsläufig durch mathematische Beziehungen verknüpft sein müssen, sondern durch
Ursache-Wirkungsbeziehungen geordnet sind"[271], welche mithilfe der Strategy

---

[264]*Becker/Schuhknecht* (2019), S. 34. Hierbei sollte ein Statistical Process Control Ansatz
als Basis verwendet werden, vgl. exemplarisch für weitere Ausführungen zum SPC *Knauer
et al.* (2018), S. 8136.
[265]Vgl. *Becker* (2017b), S. 294.
[266]Vgl. *Becker* (2017b), S. 295.
[267]Vgl. *Weber/Radtke/Schäffer* (2006), S. 48 f. Ähnlich bei *Becker/Schuhknecht* (2019), S. 34.
[268]Vgl. *Becker/Schuhknecht* (2019), S. 34.
[269]Vgl. *Becker* (2017b), S. 295. Ähnlich bei *Becker/Schuhknecht* (2019), S. 34.
[270]Siehe Abschnitt 4.3.3.
[271]Becker/Schuhknecht (2019), S. 32.

Map übersetzt werden können. (siehe Abbildung 4.5).[272] So kann eine Zustandsveränderung als Strategie, im Sinne von verknüpften Hypothesen, verstanden
werden.

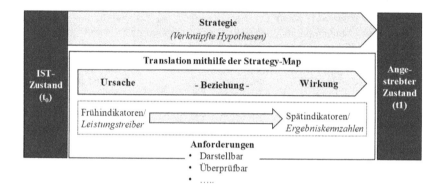

**Abbildung 4.5** Ursache-Wirkungsbeziehungen (In Anlehnung an *Kaplan/Norton* (2004),
S. 69.)

Diese kann im Rahmen der Strategy Map als Ursache-Wirkungsbeziehung
abgebildet und damit auch gestaltet und gesteuert werden.[273] Eine Abbildung dieser Beziehung kann auch mit Frühindikatoren und Spätindikatoren erfolgen (für
ein themennahes Beispiel findet sich in Abbildung 4.6).

Zudem hat die Strategy Map „neben der Abbildung von Ursache- Wirkungsbeziehungen das grundsätzliche Potential, das strategische Bewusstsein der Manager
zu verbessern und sie dabei zu unterstützen, Strategien zu bewerten und zu überarbeiten."[274] Zudem verbessert die Strategy Map die Fähigkeiten der Entscheidungsträger, die Relevanz externer Informationen zu bewerten und zudem einen
Anpassungsbedarf der Strategie zu erkennen.[275] WALL offeriert zur Ableitung von
Ursache-Wirkungsbeziehungen eine empirisch-theoretische Vorgehensweise.[276]

---

[272] Vgl. *Weber/Radtke/Schäffer* (2006), S. 39.

[273] Vgl. *Kaplan/Norton* (2004) Ein Beispiel für eine Strategy Map findet sich in Abschnitt 6.4.

[274] Becker/Schuhknecht (2019), S. 32.

[275] Vgl. *Cheng/Humphreys* (2012), S. 900.

[276] Vgl. *Wall* (2001), S. 68 f. Dabei werden auf Basis von theoretischen Konzepten Hypothesen
über Ursache-Wirkungszusammenhänge der Realität formuliert.

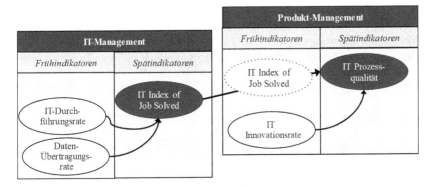

**Abbildung 4.6** Früh- und Spätindikatoren (In Anlehnung an *Becker* (2017b), S. 292.)

KÜPPER wiederum differenziert zwischen einem logischen und einem empirisch-induktiven Vorgehen zur Ermittlung von Ursache-Wirkungszusammenhängen.[277] „Durch diesen Ansatz wird es möglich, das Erfahrungswissen des Managements über kausale Zusammenhänge explizit zu machen. Zudem trägt es durch die ex post erfolgende Überprüfung der Gültigkeit der Hypothesen zu einem deutlich besseren Verständnis der Abläufe im Unternehmen bei."[278]

## 4.3.5  Integratives Risikomanagement

In der wissenschaftlichen Literatur findet sich eine Vielzahl an Beiträgen, die sich mit den Chancen im Rahmen der digitalen Transformation von Geschäftsmodellen beschäftigen.[279] Allerdings ist zu konstatieren, dass vor allem in einer Unternehmensumwelt, die durch eine hohe Komplexität, im Sinne von VUCA[280] charakterisiert ist, Risiken auftreten können.

---

[277] Vgl. *Küpper* (2013).
[278] *Becker/Schuhknecht* (2019), S. 32.
[279] Vgl. beispielsweise *Kiel et al.* (2017), S. 2 ff; *Koch/Hansen/Jacobsen* (2019), S. 381. Für eine Literaturübersicht hinsichtlich der Chancen der industriellen Digitalisierung vgl. exemplarisch *Müller/Kiel/Voigt* (2018), S. 4.
[280] Vgl. exemplarisch *Millar/Groth/Mahon* (2018); *Bader et al.* (2019); *Bello/Campbell* (2019); *Free* (2019).

„Ein Risiko lässt sich als die Gefahr definieren, dass ein Unternehmen durch von außen einwirkende Ereignisse (exogene Faktoren) oder eigene Entscheidungen und Handlungen (endogene Faktoren) daran gehindert wird, festgelegte Strategien und daraus resultierende Ziele erfolgreich zu realisieren".[281] Das Risiko lässt sich zudem auch mathematisch darstellen:[282]

$$Risiko = Unsicherheit + Schaden$$

Es wird also deutlich, dass digitale Geschäftsmodelle, die zweifelsohne einer hohen Unsicherheit im Sinne von VUCA, ausgesetzt sind mit einem hohen Risiko konfrontiert werden könnten.

So wird in der wissenschaftlichen Literatur argumentiert, dass die Implementierung von Komponenten der Industrie 4.0 (vor allem Informations- und Kommunikationstechnologien) ein hohes Investitionsvolumen erfordert. Der Erfolg und die Rentabilität dieser Investitionen ist jedoch als unisicher zu klassifizieren.[283] Zudem kann festgestellt werden, dass die Nutzung von Informations- und Kommunikationstechnologien zu einer von Abhängigkeit führt. Auch sind Sicherheitstechnische Risiken wie Cyperangriffe nicht außer Acht zu lassen.[284] Auch wird diskutiert, ob sich klassische Berufsbilder wandeln könnten, da einige Aufgaben auf autonome Systeme fallen werden, was zwangsläufig zu einem Arbeitsplatzverlust führen kann.[285]

Demnach erscheint es zu kurz gegriffen, ausschließlich ökonomische und/oder technische Risiken[286] im Rahmen der digitalen Transformation zu betrachten. So sollten auch ökologische, soziale und politisch-juristische Aspekte berücksichtigt werden.[287]

Die Judikative verpflichtet zwar grundsätzlich Unternehmen durch das Gesetz zur Kontrolle und Transparenz im Unternehmensbereich (KonTraG) zu einem adäquaten Risikomanagement und zu einer internen Revision des Risikos. Jedoch

---

[281] *Becker* (2017b), S. 307. Ähnliche Überlegungen finden sich u. a. bei *Denk* (2008), S. 29.
[282] Vgl. Kaplan/Garick (1981), S. 12.
[283] Vgl. *Kagermann et al.* (2013).
[284] Vgl. *Becker et al.* (2019c), S. 525 f.
[285] Vgl. *Müller et al.* (2017).
[286] Vgl. *Birkel et al.* (2019), S. 5.
[287] Vgl. *Birkel et al.* (2019), S. 21.

sollte zusätzlich stets ein Risikomanagement[288] implementiert sein[289] Diese Überlegungen sollten dementsprechend in die Digitalisierungsscorecard integriert werden. Diese Risiken in digitalen Geschäftsmodellen können sodann mithilfe bestimmter Faktoren typologisiert werden (Abbildung 4.7 zeigt eine beispielhaftere Typologisierung möglicher Risiken in einem digitalen Geschäftsmodell).

| | Mögliche Risiken in digitalen Geschäftsmodellen (am Beispiel von...) | | | | | |
|---|---|---|---|---|---|---|
| | Wettbewerbs- druck (Ökonomisches Risiko) | Umwelt- verschmutzung (Ökologisches Risiko) | Arbeitsplatz- verlust (Soziales Risiko) | Technische Integration der IKT (Technisches Risiko) | Cyperangriffe (Infor- mations und Sicherheitsrisiko) | Datenschutz (Juristisches und politisches Risiko) |
| Restzeit bis Risikoeintritt | mittel | lang | lang | lang | kurz | kurz |
| Sicherheitsgrad des Risikoeintritts | unsicher | unsicher | unsicher | unsicher | wahrscheinlich | wahrscheinlich |
| Erkennbarkeit des Risikos | mittel | niedrig | niedrig | niedrig | mittel | mittel |
| Verbleibender Handlungsspielraum | mittel | groß | groß | groß | gering | gering |
| Art der verbleibenden Handlung | präventiv | präventiv | präventiv | präventiv | präventiv | präventiv |
| Risikoklassifizierung | Latentes Risiko | Potentielles Risiko | Potentielles Risiko | Potentielles Risiko | Akutes Risiko | Akutes Risiko |

**Abbildung 4.7** Identifizierung und analytische Typisierung von beispielhaften Risiken digitaler Geschäftsmodellen

Da es sich hierbei nur um ein mögliches Beispiel handelt, und damit auch keinerlei Anspruch auf Realität und Vollständigkeit erhebt, soll es im Folgenden kurz erläutert werden.

So wäre beispielsweise denkbar, dass es sich hierbei um ein Unternehmen handelt, welches Dienstleistungen im Kontext von Informations- und Kommunikationstechnologien anbietet. In diesem Wettbewerbsumfeld wäre der Wettbewerbsdruck eher als latentes Risiko zu klassifizieren. Allein durch die Nutzung

---

[288] *Becker* (2017b), S. 310 versteht unter einem Risikomanagement einen „[...] Führungsprozess, der auf die systematische Identifikation, Analyse, Bewertung, Steuerung, Überwachung und Dokumentation der unternehmerischen Risiken in einem Risikomanagement-Prozess gerichtet ist. Der Risikomanagement-Prozess ist dynamisch angelegt und dient dem Ziel der dauerhaften Existenzsicherung. Er ermöglicht die integrierte Gestaltung, Lenkung und Führung der Risikosituation des Unternehmens."

[289] Vgl. *Heimer* (2007), S. 39; *Raschke/Mann* (2017), S. 57.

von Büroräumen, EDV etc. besteht ein potentielles Risiko der Umweltver-schmutzung. Da es sich hierbei um ein recht digitales Unternehmen handeln soll, sind Risiken wie Cyperangriffe und Verstöße gegen Datenschutzrichtlinien omnipräsent und als akute Risiken zu klassifizieren. Wohingegen, aufgrund des Wachstums in diesem Segment, ein Arbeitsplatzverlust eher als potentielles Risiko klassifiziert wird.

Diese typologisierten Risiken können nun mit entsprechenden konkretisierten (Risiko-) Indikatoren in eine sachlogische Verbindung gebracht werden[290] Die ermittelten Indikatoren zur Operationalisierung der strategischen Ziele können zudem mit einem sogenannten „Risikoschwellwert" versehen werden. Dies offe-riert eine antizipative ziel- und zweckorientierte Abbildung und Steuerung der auftretenden endogenen und exogenen (digitalisierungsbedingten)-Risiken.

Dieses Risikomanagement lässt sich also in die Digitalisierungsscore-card integrieren[291] Analog zu der Strategy Map[292] erscheint es unabdingbar, auch hinsichtlich der ermittelten endogenen und exogenen Risiken Ursache-Wirkungsbeziehungen abzubilden.[293] Diese Beziehungen lassen sich in einer „Risk Map" zu abbilden.

Jedoch treten Risiken in der Regel nicht isoliert auf, so sind Risiken, die in der Umwelt des Unternehmens verortet sind mit unternehmensinternen Risiken verknüpft und können diese determinieren[294]. Die Risiken in den einzelnen zu betrachtenden Ebenen[295] führen zwangsläufig zu Risikofolgen. Als klassisches Beispiel kann ein Einbruch der Nachfrage auf der Markt- und Prosumerebene genannt werden. Also auch im Rahmen der Abbildung, Gestaltung und Steuerung der Risiken sind Ursache-Wirkungsbeziehungen festzustellen.[296]

---

[290]Vgl. *Heimer* (2007), S. 40 ff.

[291]Zur Integration eines Risikomanagements in die Balanced Scorecard vgl. u. a. *Beasley et al.* (2006); *Costa Oliveira* (2014).

[292]Siehe Abschnitt 4.3.4.

[293]Vgl. *Becker/Schuhknecht* (2019), S. 35.

[294]Vgl ebenda.

[295]Zu Erklärungen der Ebenen bzw. Perspektiven siehe Abschnitt 4.3.2.

[296]Ein Beispiel findet sich in Abschnitt 6.4.

# 4.4 Zwischenfazit und Thesenformulierung

In der Einleitung dieser Dissertation wurde argumentiert, dass Digitalisierungsstrategien oftmals in der Implementierungsphase scheitern, jedoch ein Performance Management einen entscheidenden Faktor bei der erfolgreichen nachhaltigen Implementierung von Strategien spielt. Die Ausführungen in den terminologischen Grundlagen zeigen jedoch, dass mit der digitalen Transformation von Geschäftsmodellen eine hohe Komplexität einhergeht. Die Kontingenztheorie besagt, dass die Veränderung der Unternehmensumwelt auch Folgen für das ganze Unternehmen, inklusive seiner Steuerungsmechanismen, hat.

Dementsprechend stellt sich die Frage, ob bestehende Performance Management Tools eine Modifikation erfahren müssen um den Anforderungen der digitalen Welt ziel- und zweckorientiert begegnen zu können. Im Abschnitt 4.1 wurden sodann, mithilfe der Wissenschaft zweiter Ordnung, diese Anforderungen abgeleitet.

Ein Vergleich, mithilfe eines Scoring Models der tradierten Instrumente zeigt, dass die Balanced Scorecard eine geeignete konzeptionelle Basis bildet. Diese ist jedoch zur Digitalisierungsscorecard weiterzuentwickeln. Aus diesen Überlegungen lassen sich folgende Thesen (siehe Tabelle 4.6) zur Forschungsfrage drei und vier deduzieren.

**Tabelle 4.6**  Thesen zu den Forschungsfragen drei und vier

| Forschungsfrage 3 | Inwieweit könnten sich bestehende Performance Management Tools eignen, um diesen Anforderungen gerecht zu werden? |
|---|---|
| FF3-These 1 | Der Grundgedanke der Balanced Scorecard könnte eine geeignete Basis darstellen, da dieser Ansatz die digitalisierten Anforderungen an ein Performance Management Tool am umfassendsten erfüllen kann. |
| Forschungsfrage 4 | **Wie kann ein Performance Management modifiziert werden um diesen Anforderungen gerecht zu werden?** |
| FF4-These 1 | Die Einbettung in den unternehmenspolitischen Rahmen, bestehend aus Struktur, Kultur und Strategie, könnte sinnvoll sein. |
| FF4-These 2 | Die Ursprungsperspektiven der Balanced Scorecard bilden den Wertschöpfungskreislauf ausreichend ab. |
| FF4-These 3 | Digitalisierungsbedingte strategische Ziele sollten SMART sein. |
| FF4-These 4 | Die Hinzunahme einer vorgelagerten Strategy-Map, welche die digitalisierungsbedingten Ursache-Wirkungsempfehlungen abbildet, ist als notwendig zu klassifizieren. |
| FF4-These 5 | Ein zentraler Vorteil ist hierbei in der Identifizierung von Anpassungsbedarfen der Struktur an die Digitalisierungsstrategie zu sehen |
| FF4-These 6 | Die Integration eines Risikomanagements ist notwendig. |
| FF4-These 7 | Eine Festlegung von Risikoschwellwerten und Verantwortlichkeiten sollte stets in einem integrierten Risikomanagement erfolgen. |

# Performance Management in der Unternehmenspraxis

Das nun vorliegende fünfte Kapitel der Dissertation hat die Untersuchung des Performance Management in der Unternehmenspraxis zum Inhalt.[1] Hierzu wird zunächst die zugrundeliegende Untersuchungskonzeption[2] erläutert (Abschnitt 5.1). In Abschnitt 5.2 erfolgt sodann eine Charakterisierung der Probanden. Im darauffolgenden Abschnitt 5.3 werden die gewonnen Erkenntnisse dargelegt und kritisch gewürdigt. In Abschnitt 5.4 erfolgen eine Überprüfung der Thesen und eine Diskussion der Ergebnisse.

---

[1] „Die Sozialwissenschaften gelten als Wirklichkeitswissenschaften, d. h. theoretische Aussagen und Prognosen müssen der Überprüfung an der Empirie statthalten. Ohne die Methoden der empirischen Sozialforschung" kann nicht empirisch geforscht werden, da diese die Regeln festschreiben, nach denen Daten erhoben, mit Theorien verknüpft und anschließend ausgewertet werden." *Baur/Blasius* (2014), S. 41.

[2] *Esser* (1984), S. 3, stellt im Zuge dessen fest, dass „[...] Sozialwissenschaftliche Datenerhebung ist kein Selbstzweck. Befragungen, Beobachtungen und andere Erhebungsmethoden dienen in der Regel einem allgemeinen Zweck: der Überprüfung der Geltung von Theorien [...]".

---

**Elektronisches Zusatzmaterial** Die elektronische Version dieses Kapitels enthält Zusatzmaterial, das berechtigten Benutzern zur Verfügung steht https://doi.org/10.1007/978-3-658-32177-2_5.

# 5.1    Untersuchungskonzeption

Die zugrunde liegende wissenschaftliche Einordnung und die damit verbundene methodische Vorgehensweise wurde bereits einleitend darlegt,[3] soll jedoch nun unter der zugrundeliegenden Prämisse der Forschung im Gegenstrom[4] weiter konkretisiert werden. Die gewonnenen deduktiven Erkenntnisse[5] bezüglich eines Performance Management in der digitalen Welt sollen in diesem Teil der Dissertation durch die Induktivität erweitert werden. Die Einnahme dieser Perspektive hat zum Ziel, ein möglichst genaues Abbild der Realität, unter Berücksichtigung der definierten Zielsetzung der Untersuchung[6], sicherzustellen.[7] Um ein korrektes methodisches Vorgehens zu garantieren, wird zunächst das Forschungsdesign dargelegt (siehe Abschnitt 5.1.1). Darauf aufbauend erfolgen in Abschnitt 5.1.2 Erläuterungen zur Methode der Datenerhebung. Im weiteren Verlauf des Abschnittes 5.1 wird die Auswahl der Untersuchungsobjekte (Abschnitt 5.1.3) und die Techniken der Datenauswertung (Abschnitt 5.1.4) dargelegt. Abbildung 5.1 greift die wichtigsten Schritte der Induktion und deren Operationalisierung nochmals gesammelt auf.

Zudem ist stets die wissenschaftliche Integrität zu wahren. Hierbei handelt es sich vornehmlich um ethische Richtlinien des wissenschaftlichen Handelns.[8]

---

[3]Siehe Abschnitt 1.3.

[4]Hinsichtlich Erläuterungen zur Forschung im Gegenstrom, vgl. Abschnitt 1.3.

[5]Siehe vor allem Abschnitt 7.

[6]Vgl. Abschnitt 1.2.

[7]Vgl. *Hilmer* (2016).

[8]Für weitere Erläuterungen vgl. exemplarisch Akademien der Wissenschaften Schweiz (2008); *Flick* (2008).

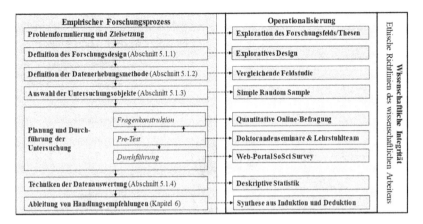

**Abbildung 5.1** Vorgehensweise der Induktion (In Anlehnung an *Friedrichs* (2002), S. 119; *Göbel* (2009), S. 367; *Mayer* (2012), S. 60 i. V. m. *Krämer* (2014) i. V. m. *Hilmer* (2016), S. 130; *Aeppli/Gasser* (2014), S. 113.)

## 5.1.1 Forschungsdesign

Das zugrundeliegende Forschungsdesign[9] stellt den gewählten Forschungsablauf,[10] also die Art und Weise der Durchführung einer Untersuchung, dar. Dies ermöglicht eine Beantwortung der vorab definierten Forschungsfrage(n)[11] unter der Prämisse der zur Verfügung stehenden Ressourcen. Im Sinne von PRYZBOSRKI und WOHRAB-SAHR determiniert das Forschungsdesign explizit die „[...] Art und Weise, wie eine Untersuchung angelegt ist. Es hilft, sich das Ineinandergreifen der verschiedenen Schritte des Forschungsablaufs klar zu machen und diesen auf seine Stimmigkeit hin zu überprüfen. Damit bietet es eine Leitlinie, auf die im Verlauf der Forschung immer wieder zurückgegriffen werden

---

[9]Die Begrifflichkeit Design umfasst die konzeptionellen Vorstellungen zu einem bestimmten Werk aber auch die dabei notwendigen Stadien der Realisierung, vgl. *Töpfer* (2012), S. 20. Ein Forschungsdesign beschreibt hingegen die grundsätzliche, konzeptionelle Ausgestaltung der empirischen Untersuchung, vgl. exemplarisch *Green/Tull* (1982), S. 61. Im Gegensatz dazu determiniert eine Forschungsstrategie, welches konkrete Vorgehen verwendet wird. Dies variiert je nach Typus der Forschungsfrage, einem möglichen Einfluss des Forschers auf behaviorale Ereignisse sowie der grundsätzlichen Entscheidung, ob der Schwerpunkt auf der Analyse der Gegenwart oder der Vergangenheit liegt, vgl. *Brandt* (2016).
[10]Vgl. *Diekmann* (2018), S. 194f.; *Przyborski/Wohlrab-Sahr* (2014), S. 110; *Yin* (2014), S. 27f.
[11]Vgl. Abschnitt 2.1.

kann. Und schließlich macht es die Ressourcen, die für ein Forschungsvorhaben aufgewendet werden müssen planbar [...]."[12] FRITZ differenziert empirische Forschungsdesigns nach den Dimensionen „Untersuchungsziel" und „Aussageart" (siehe Abbildung 5.2).

| Aussageart \ Untersuchungsziel | Exploratoriv | Konfirmatorisch |
|---|---|---|
| Deskriptiv | ED-Design | KD-Design |
| Explikativ | EE-Design | KE-Design |
| Instrumentell | EI-Design | KI-Design |

**Abbildung 5.2** Empirische Forschungsdesigns (In Anlehnung an *Fritz* (1995), S. 60 i. V. m. *Botzkowski* (2018), S. 94.)

Die Differenzierung der aufgeführten sechs empirischen Forschungsdesigns erfolgt anhand der beiden Dimensionen Untersuchungsziel und Aussageart. Das zu erreichende Untersuchungsziel kann exploratorisch (Struktur entdeckend) oder konfirmatorisch (Hypothesen prüfend) sein. Unabhängig davon kann die Aussageart des Zieles deskriptiv (beschreibend), explikativ (erklärend) oder instrumentell (gestaltend bzw. auf Mittel bezogen) sein.[13] Die Wahl des zugrunde liegenden Forschungsdesigns richtet sich primär nach dem gegenwärtigen Stand der Forschung.[14] Eine explorative Untersuchung ist stets dann erforderlich, wenn ein Forschungsprojekt einen hohen Novitätsgrad aufweist, d. h. eine Ableitung und Überprüfung einer gut begründeten Hypothese nicht möglich ist.[15] Zahlreiche

---

[12] *Przyborski/Wohlrab-Sahr* (2014), S. 118. Eine sachähnliche Definition findet sich auch bei *Ragin/Amoroso* (2011), S. 28, diese verstehen unter einem Forschungsdesign einen „[...] plan for collecting and analyzing evidence that will make it possible for the investigator to answer whatever questions he or she has posed. The design of an investigation touches almost all aspects of the research [...]".

[13] *Fritz* (1995), S. 60. Eine detaillierte Darstellung findet sich u. a. bei *Töpfer* (2012); *Wille-Baumkauff* (2015), S. 194f.; *Botzkowski* (2018), S. 94.

[14] Vgl. *Botzkowski* (2018), S. 94.

[15] Vgl. *Ulrich* (2011), S. 11; *Döring/Bortz* (2016), S. 50.

empirische Studien zeigen, dass die empirische Forschung hinsichtlich des Performance Management mit einem digitalen Kontext noch in den „Kinderschuhen steckt".[16] Dieser Argumentation folgend kann ein konfirmatorisches Untersuchungsziel ausgeschlossen werden. Die angewandte Betriebswirtschaftslehre erfolgt als angewandte Wissenschaft[17] stets dem Ziel, betriebswirtschaftliche Sachverhalte zu beschreiben und zu erklären.[18] Das an zuwendete Forschungsdesign kann somit als explorativ-deskriptiv klassifiziert werden.[19] Die vorliegende Arbeit ist aufgrund des Forschungsstandes zwischen einem „theory building" und einem „theory refining"-Ansatz einzuordnen.[20] Aufgrund dessen wurden Thesen formuliert, die dann entsprechend validiert werden.[21] In der Literatur wird als Forschungsform für ein explorativ-deskriptives Forschungsdesign die vergleichende Fall- und Feldstudie (Comparative Study) empfohlen.[22] Experimentelle und aktionsorientierte Designs sollten aus forschungsökonomischen Gründen verworfen werden,[23] sodass Fallstudien und Feldstudien in Betracht kommen. KUBICEK unterscheidet diese nach zeitlichen Aspekten der Untersuchung sowie nach der Anzahl der Betrachtungsobjekte (siehe Abbildung 5.3).

Anders als in der gängigen Fachliteratur üblich, verwendet KUBICEK den Begriff Feldstudie nicht im Sinne eines Laborexperiments unter realen Bedingungen, sondern im Sinne einer Fallstudie (Multiple case design).[24] Vergleichende Feldstudien können sowohl quantitativ als auch qualitativ durchgeführt werden.[25] Bezüglich einer Fallstudienuntersuchung liegt bisher kein einheitlicher Prozess

---

[16] Vgl. insbesondere Abschnitt 1.1

[17] Bezüglich einer Diskussion hinsichtlich der Verbindung von Theorie und Praxis in der Betriebswirtschaftslehre vgl. u. a. *Albach* (1991), S. 4ff.; *Schneider* (2001), S. 22f.; *Kirsch/Seidl/Aaken* (2007), S. 7ff.; *Ulrich* (2011), S. 11.

[18] Vgl. *Easterby-Smith/Thorpe/Jackson* (2012), S. 25.

[19] Eine ähnliche Vorgehensweise wird von Botzkowski (2019), S. 94 verfolgt.

[20] Vgl. *Ulrich* (2011), S. 230.

[21] Siehe Abschnitt 5.4.

[22] Vgl. *Müller-Böling* (1992) Ähnliche Vorgehensweisen finden sich beispielsweise bei *Godlewska/Pilewicz* (2018); *Sauerwald et al.* (2018); *Hamadi et al.* (2019); *Hu/Cui/Aulakh* (2019); *Paik/Lee/Pak* (2019).

[23] Vgl. *Ulrich* (2011), S. 222.

[24] Vgl. *Yin* (2014), S. 40.

[25] Vgl. hierzu im Besonderen die Dissertationen von *Ulrich* (2011); *Baltzer* (2013); *Botzkowski* (2018).

| Zeitlicher Umfang ╲ Größe der Stichprobe | Ein Unternehmen | Mehrere Unternehmen |
|---|---|---|
| Ein Zeitpunkt | Fallstudie | Vergleichende Feldstudie |
| Mehrere Zeitpunkte | Singuläre Längsschnittanalyse | Multiple Längsschnittanalyse |

**Abbildung 5.3**　Klassifizierung von Fall- und Feldstudien (In Anlehnung an *Kubicek* (1975), S. 62.)

zur Vorgehensweise vor. Meist wird jedoch auf die siebenstufige Vorgehensweise nach EISENHARDT verwiesen.[26]

## 5.1.2 Datenerhebungsmethode

Vor der Durchführung einer empirischen Untersuchung sollte zunächst definiert werden, welche Methoden der Datenerhebung sich für die angestrebte Zielsetzung eignen.[27] Grundsätzlich ist, im Rahmen der Induktion, zwischen einer Primär- und einer Sekundärerhebung[28] zu differenzieren.[29] Die vorliegende Dissertation ist der Primärforschung zuzuordnen, da eine Sekundäranalyse nur möglich ist, wenn unterstellt werden kann, dass die Daten auch außerhalb ihres Erhebungskontextes ausgewertet und analysiert werden können.[30] Abbildung 5.4 greift ergänzend zentrale Vorteile der beiden Erhebungsarten auf.

---

[26]Diese besteht aus den Schritten: (1) Planung des Forschungsprozesses, (2) Datenerhebung, (3) Auswertung der einzelnen Fälle, (4) Kommunikative Validierung, (5) Interpretation der Fälle, (6) Fallvergleichende Analyse und Interpretation sowie (7) Berichterstellung. Vgl. hierzu *Eisenhardt* (1989b), S. 533 i.V.m. *Ulrich* (2011), S. 223.

[27]Vgl. *Füssel* (2010), S. 203.

[28]Detailreichere Ausführungen zur Wissenschaft 2. Ordnung finden sich in Abschnitt 4.1.

[29]Vgl. exemplarisch *Kosfeld/Eckey/Türck* (2016), S. 17. Eine detailierte Gegenüberstellung von Primär- und Sekundärforschung findet sich beispielsweise bei *Bamberg/Baur/Krapp* (2017), S. 9; *Heidenreich* (2018), S. 295.

[30]Vgl. *Medjedović* (2014), S. 226. Eine der prominentesten Kritik an Sekundäranalysen ist auf *Mauthner/Parry/Backett-Milburn* (1998) zurückzuführen. Dieser stellt heraus, dass es nicht möglich sei, den ursprünglichen Status, den die Primärforscher zu reproduzieren ist eine Sekundäranalyse unvereinbar mit einer interpretativen und reflexiven Epistemologie, vgl. *Mauthner/Parry/Backett-Milburn* (1998), S. 742f. Andere Autoren argumentieren jedoch,

**Abbildung 5.4** Vorteile der Primär- und Sekundärerhebung

Zunächst ist zu konstatieren, dass die Datenerhebung an keine fest determinierte Erhebungsmethode gebunden ist.[31] Grundsätzlich besteht das Ziel in der Sozialwissenschaft die soziale Wirklichkeit abzubilden (siehe Abbildung 5.5). Hierzu kann zunächst zwischen Produkten menschlicher Tätigkeit und dem aktuellen menschlichen Verhalten differenziert werden. Für erstes können Inhaltsanalysen in Betracht gezogen werden.[32]

Bei der Abbildung des menschlichen Verhaltens ist zwischen dem Verhalten in natürlichen Situationen[33] und dem Verhalten in von Forschern vorgegebenen Situationen zu differenzieren. In diesem Fall wird von (Labor-)-Experimenten

---

dass der Nachvollzug kontextueller Effekte weniger ein epistemologisches als ein praktisches Problem sei, das sich auch der Primäranalyse stellt, vgl. u. a. *Fielding* (2004), S. 99.

[31] Vgl. *Altobelli* (2017), S. 26.

[32] Vgl. *Müller-Böling* (1992), S. 1497ff.

[33] Dies wird auch als Feldforschung tituliert. *Teuscher* (1959), 250f. stellt fest, dass der „ [...] Feldforscher hat die Gesamterscheinung menschlich-gesellschaftlichen Verhaltens zu ermitteln, ohne sein eigenes Koordinatensystem auf die fremde Gruppe zu projizieren. Er hat sie unabhänig von seinen eigenen kulturellen Selbstverständlichkeiten zu studieren, es ist fast ein Gemeinplatz geworden, muß aber doch immer wiederholt werden, dass der Forscher, der ja selbst einer menschlichen Gruppe angehört, nicht der stets gegenwärtigen Gefahr erliegen darf, Verhalten und Organisationsmerkmale aus in seiner Erziehung erfahrenen Vorstellungen heraus zu deuten und von da aus auf die falsche Gruppe zu schließen."

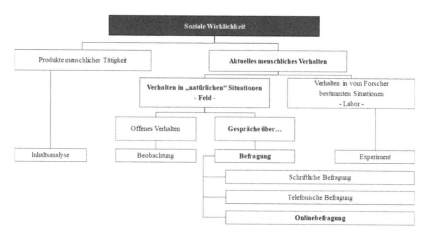

**Abbildung 5.5**   Methoden empirischer Sozialforschung (Vgl. *Kosfeld/Eckey/Türck* (2016), S. 17.)

gesprochen.[34] Neben den Beobachtungen spielen Befragungen in der Feldforschung eine übergeordnete Rolle.[35]

Befragungen können hinsichtlich der Art der angewendeten Kommunikation differenziert werden.[36] 2012 wurden in Deutschland 21 Prozent aller standardisierten Befragungen in den Sozialwissenschaften mithilfe einer persönlich-mündlichen Befragung durchgeführt.[37] Meist wird diese Befragungsform auch als „Face-to-Face" (FTF) Befragung bezeichnet.[38] Wird eine Befragung mit Interviewer ohne Computerunterstützung eingesetzt, wird diese als „Paper and Pencil"

---

[34]Vgl. *Atteslander* (2010), S. 54. Mit einem Experiment wird „[...] unter Verwendung einer experimentellen Versuchungsanordnung untersucht, ob zwischen Merkmalen Ursache-Wirkungszusammenhänge bestehen." *Kosfeld/Eckey/Türck* (2016), S. 18. Für weitere Darlegungen bezüglich des Designs eines Experimentes vgl. u.a. *Kromrey/Roose/Strübing* (2016), S. 530. Dies ist jedoch klar von Experimenten in den Naturwissenschaften abzugrenzen, siehe beispielhaft *Bopp/Holler-Rickauer/Schuhknecht* (2017).

[35]Vgl. *Atteslander* (2010), S. 55. Auch zeigen empirische Studien, dass die Befragung eine der populärsten Form der Datenerhebung in den Wirtschafts- und Sozialwissenschaften repräsentiert, vgl. hierzu *Kosfeld/Eckey/Türck* (2016), S. 22.

[36]Vgl. *Altobelli* (2017), S. 31ff.

[37]Vgl. ADM (2013).

[38]Für eine ausführliche Beschreibung dieser Methode vgl. *Tourangeau/Rips/Rasinski* (2000); *Biemer/Lyberg* (2003); *Groves et al.* (2011); *Schnell* (2019).

(PAPI oder P&P) Befragung klassifiziert.[39] Hinsichtlich von Fehlerquellen weisen FTF-Befragungen stets Besonderheiten gegenüber anderen Befragungsformen auf.[40] Die schriftliche-postalische Befragung stellt eine Variante der standardisierten Befragung dar, bei der bei der Kontaktaufnahme so wie bei der Rückgabe eine postalische Zustellung gewählt wird.[41] Es wurden hierbei in den 1980er und 1990er Jahren noch Abschöpfungsquoten von bis zu 70 Prozent erreicht,[42] allerdings sind diese in den letzten Jahren drastisch gesunken.[43]

Diese Variante verursacht zwar einerseits geringe Kosten, garantiert eine hohe Erreichbarkeit der Zielperson,[44] führt zu einer Reduktion sozialer Erwünschtheitseffekte bei der Beantwortung[45] und einem geringen Beantwortungsdruck.[46] Allerdings hat anderseits die Abwesenheit eines Interviewers zu Folge, dass es zu einer fehlenden Motivierung[47] und zu Verständnisschwierigkeiten[48] kommen könnte.[49] Zudem kann es zu einem Bildungs-Bias kommen[50], auch ist von einer fehlenden Kontrolle der Interviewsituation auszugehen.[51]

Telefonische Befragungen wurden bereits in den 1920er Jahren, im Zuge von Wahlumfragen, in Chicago durchgeführt.[52] Die telefonische Befragung offeriert mannigfaltige Vorteile wie beispielsweise die Aktualität und Verfügbarkeit der Untersuchungsergebnisse, einen kontrollierten Feldablauf[53] sowie geringe

---

[39]Vgl. *Reinecke* (2014), S. 609.

[40]Bezüglich des „Sampling Error" (stichprobenbezogener Messfehler) spielen insbesondere die Realisierbarkeit einer Zufallsstichprobe, vgl. hierzu *Häder/Häder* (2014), das Ausmaß deren Klumpung sowie die Erreichbarkeit und Kooperationsbereitschaft der Stichprobenmitglieder eine übergeordnete Rolle, vgl. hierzu *Engel/Schmidt* (2014).

[41]Vgl. *Reinecke* (2014).

[42]Vgl. *Hippler* (1985), S. 40; *Reuband/Blasius* (1996), S. 33; *Reuband* (2001), S. 340.

[43]Vgl. *Reuband* (2014), S. 646.

[44]Vgl. *Reuband* (2014), S. 648 ähnliche Ausführungen finden sich bei *Altobelli* (2017), S. 31; *Schnell* (2019), S. 350.

[45]Vgl. im Besonderen *Tourangeau/Rips/Rasinski* (2000).

[46]Vgl. *Engel/Schmidt* (2014), S. 332.

[47]Dementsprechend ist eine sorgfältige Gestaltung des Anschreibens und des Fragebogens unabdingbar, vgl. *Reuband* (2014), S. 649.

[48]Vgl. *Weichbold* (2014), S. 300.

[49]Vgl. *Reuband* (2001), S. 340.

[50]Vgl. *Reuband/Blasius* (1996), S. 300.

[51]Vgl. *Kunz* (2010), S. 137.

[52]Vgl. *Frankovic* (2012).

[53]Vgl. *Hüfken* (2014), S. 635.

Kosten.[54] Probleme ergeben sich aus dem Umfang der Interviewdauer, der Datenqualität sowie einer Homogenisierung durch den Interviewer.[55]

Online Befragungen unterscheiden sich von anderen Modi der standardisierten Befragung durch das genutzte Medium, das Internet.[56] Die Veröffentlichung von HTML 2.0 im Jahr 1994 machte die Datenerhebung im Internet erst möglich.[57] Jedoch ist zu beachten, dass, aufgrund des geringen Aufwandes der Erstellung und Veröffentlichung, eine große Anzahl an methodisch unzureichenden Online Befragungen im Markt zu identifizieren sind.[58]

In der hier vorliegenden Dissertation soll die Onlinebefragung ausgewählt werden.[59] Onlinebefragungen zeichnen sich zunächst durch ihre zeitliche und räumliche Unabhängigkeit aus, dies wirkt den Methodeneffekten unterschiedlicher Betrachtungszeitpunkte entgegen.[60] Zudem eignet sich diese Befragungsart im Besonderen für neue, graphisch anspruchsvolle Instrumente.[61] Auch sind multimediale Inhalte mit sehr geringem Aufwand integrierbar.[62] Weitere Vorteile sind in der Schnelligkeit, der Aussagekraft, der Nutzerfreundlichkeit sowie in der hohen Qualität der Daten zu verorten.[63]

### 5.1.3 Auswahl der Untersuchungsobjekte

Ist das Forschungsdesign[64] und die Methodik der Datenerhebung[65] festgelegt, stellt sich im Planungsprozess einer empirischen Erhebung die Frage, welche bzw. wie viele Untersuchungsobjekte betrachtet werden sollen.[66] Durch die Festlegung

---

[54]Vgl. *Groves* (1989).

[55]Vgl. *Hüfken* (2014); S. 636.

[56]Vgl. *Wagner/Hering* (2014), S. 661.

[57]Vgl. *Roessing* (2009).

[58]Einige Autoren postulieren sogar, dass diese feldschädigend seien, vgl. u. a. *Couper/Coutts* (2006), S. 220; *Lee/Fielding/Blank* (2008), S. 5.

[59]Vgl. hierzu die Arbeiten von *Hilmer* (2016); *Brandt* (2016); *Botzkowski* (2018).

[60]Vgl. *Blasius/Brandt* (2009), S. 158.

[61]Vgl. *Wagner/Hering* (2014), S. 662.

[62]Vgl. *Schnell* (2019), S. 377.

[63]Vgl. *Plotegher* (2004), S. 430.

[64]Siehe Abschnitt 5.1.1.

[65]Siehe Abschnitt 5.1.2.

[66]Vgl. *Micheel* (2010), S. 65; *Döring/Bortz* (2016), S. 70. *Kaya/Himme* (2009), S. 79 werfen im Zugden dessen die Frage „[…] nach der Auswahl der Erhebungseinheiten, bei denen die Daten erhoben werden sollen […]" auf.

der Arbeit auf eine explorative vergleichende Feldstudie[67] ist es unzweifelhaft notwendig, mehr als ein Untersuchungsobjekt zu betrachten.[68] Grundlegend kann zwischen einer Teilerhebung und einer Vollerhebung differenziert werden (siehe Abbildung 5.6). Bei einer Vollerhebung[69] wird jedes Element bzw. Individuum untersucht, diese vollkommene Abdeckung der Grundgesamtheit stellt aus statistischer Sicht den Idealfall dar.[70] Eine solche Vollerhebung kommt in den Sozialwissenschaften jedoch nur in Betracht, wenn die zu untersuchende Grundgesamtheit relativ klein ist.[71] Zudem gehen Vollerhebungen in der Regel mit nicht unerheblichen ökonomischen, zeitlichen und technischen Nachteilen einher.[72] Dementsprechend wird für die hier vorliegende Untersuchung eine Teilerhebung gewählt.[73]

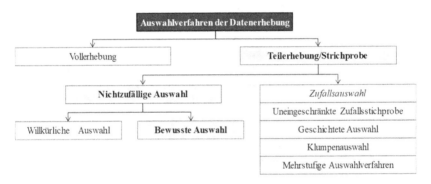

**Abbildung 5.6** Auswahlverfahren einer Stichprobe ( In Anlehnung an *Altobelli* (2017), S. 186.)

---

[67] Vgl. Abschnitt 8.1.3.

[68] Vgl. im besonderen *Kubicek* (1975), S. 61f.

[69] Beispielsweise stellt der ZENSUS eine Vollerhebung dar, vgl. *Kaya/Himme* (2009), S. 79.

[70] Vgl. *Homburg* (2017), S. 299.

[71] Vgl. *Kaya/Himme* (2009), S. 79. Dies ist beispielsweise im Ánlagen- und Maschinenbau möglich, da in diesem Bereich nur eine geringe Anzahl an Anbietern und Abnehmern vorhanden sind, vgl. *Böhler* (2004), S. 131.

[72] Vgl. *Hammann/Erichson* (2000), S. 126. *Kromrey/Roose/Strübing* (2016), S. 252; *Schnell* (2019), S. 8 weisen explizit darauf hin, dass die notwendigen ökomischen Ressourcen nicht gerechtfertigt sind.

[73] Eine ähnliche Vorgehensweise findet sich u. a. bei *Brandt* (2016), S. 207; *Hilmer* (2016), S. 135; *Botzkowski* (2018), S. 96.

Im Zuge einer Teilerhebung wird lediglich ein Ausschnitt der Grundgesamtheit betrachtet, diese wird als Stichprobe (Sample) betitelt.[74] Eine Stichprobe ist sodann eine Teilmenge der Grundgesamtheit, wohingegen eine effektive Stichprobe die Menge an Objekten darstellt, die tatsächlich untersucht wurden, die effektive Stichprobe ist also wiederum eine Teilmenge der Stichprobe[75].

Jedoch ist stets zu beachten, dass Aussagen über die Grundgesamtheit nur möglich sind, wenn eine repräsentative Stichprobe zur Verfügung steht. In diesem Kontext bedeutet Repräsentativität, dass die Ergebnisse der Stichprobe auf die Grundgesamtheit übertragbar sind, dies wird in der Fachliteratur auch als Repräsentationsschluss[76] bezeichnet.[77] Eine zentrale Vorrausetzung für eine repräsentative Stichprobe stellt neben einer bekannten und abgrenzbaren Grundgesamtheit die Auswahl der Untersuchungsobjekte nach dem Zufallsprinzip dar.[78] Hierbei ist zu beachten, dass jedes Untersuchungsobjekt die gleiche Wahrscheinlichkeit besitzen sollte ausgewählt zu werden.[79] Ist dies nicht der Fall, könnte ein Stichprobenfehler entstehen.[80] Allerdings ist zu konstatieren, dass die Notwendigkeit dieser Repräsentationseigenschaft[81] in der Literatur durchaus kritisch hinterfragt wird.[82] Zudem wird bei einer explorativ-deskriptiven Erhebung kein Anspruch auf eine Repräsentativität der Stichprobe erhoben.[83] Dementsprechend

---

[74]Vgl. *Altobelli* (2017), S. 186. *Homburg* (2017), S. 299 grenzt eine Stichprobe definitorisch von der Grundgesamtheit als die „[...] Menge derjenigen Objekte ist, auf die die Ergebnisse der Marktforschungsuntersuchung zutreffen sollen, ist die Stichprobe die Menge derjenigen Objekte von denen im Rahmen der Marktforschungsuntersuchung Informationen eingeholt werden sollen" ab.

[75]Vgl. *Homburg* (2017), S. 299.

[76]Allerdings ist festzuhalten, dass dieser Begriff in der Literatur nicht einheitlich definiert ist, vgl. *Tiede/Voß* (2018), S. 84.

[77]Vgl. *Atteslander* (2010), S. 121. Im Idealfall entspricht die Zusammensetzung der Stichprobe exakt der Grundgesamtheit, da dies jedoch nicht möglich, ist sollte die Stichprobe im Hinblick auf die zentrale Merkmale der Untersuchung repräsentativ für die Grundgesamtheit sein. vgl. *Homburg* (2017), S. 303.

[78]Vgl.; *Kaya/Himme* (2009), S. 80.

[79]Vgl. *Good* (2001), S. 34

[80]Vgl. *Homburg* (2017), S. 303. Weitere Problematiken wie der Coverage Fehler, Non-Response Fehler, diverse Messfehler sowie Fehler bei der Datenedition und deren Gewichtung werden u. a. von *Groves et al.* (2011), S. 12 beschrieben

[81]*Botzkowski* (2018), S. 99 bezeichnet diese Eigenschaft sogar als „schillernden Begriff".

[82]Kritisch wird gesehen, dass die Repräsentativität in einem starken Widerspruch zu anderen Konzepten der Stichprobentheorie steht, vgl. *Stier* (1999), S. 157ff.; *Lippe/Kladroba* (2002).

[83]Vgl. *Müller-Böling* (1992), S. 1494.

kann auf eine nichtzufällige Auswahl (siehe Abbildung 5.6) zurückgegriffen werden.[84]

Eine solche Stichprobenwahl kann mittels verschiedener Kanäle erfolgen. Im vorliegenden Fall wurden folgende Kanäle als ziel- und zweckorientiert betrachtet:

Zunächst wurden berufliche soziale Netzwerke, insbesondere Xing verwendet. Im Zuge dessen wurde der Link zur Studie in den Gruppen „Controlling | XING Ambassador Community" (37.585 Mitglieder), „Digitalisierung und Digitale Transformation" (16.067 Mitglieder) sowie „Digitalisierung & Industrie 4.0" (8.236) Mitgliedern gepostet.[85] Zudem wurde die Unternehmensdatenbank „Bisnode" genutzt. Nach der Entfernung von Doubletten und der ausschließlichen Verwendung von „info@-Adressen" verblieben 30.700 Unternehmen. Diese Unternehmen erhielten den Fragebogen mittels einer E-Mail.[86]

Nachdem eine technische Überprüfung sowie ein Pre-Test[87] erfolgreich durchgeführt wurden, wurde der Link[88] zur Umfrage am 28.07.2019 an die Probanden verschickt, bzw. in die aufgeführten Gruppen gepostet. Die Probanden konnten bis zum 15.09.2019 auf den Online-Fragebogen zugreifen.[89] Insgesamt haben 1.646 Probanden den Fragebogen aufgerufen. Von den 386 Teilnehmern die den Fragebogen begonnen haben, habe 301 diesen auch abgeschlossen. Dies entspricht einer akzeptablen Quote von 0,98 Prozent (Abbildung 5.7 greift dies nochmals grafisch auf).

---

[84]Zu diesen nichtzufälligen (aber systematischen) Auswahlverfahren zählen alle Techniken, die durch kein statistisches Ziehungsmodell nachgebildet werden können, vgl. *Bausch* (1995) S. 158. Diese Vorgehensweise ist in der Sozialforschung durchaus stark verbreitet, vgl. *Atteslander* (2010), S. 276.

[85]Hierbei ist auf die „Spielregeln" der Plattform Xing zu verweisen, diese lassen nur drei identische Gruppenposts zu.

[86]Siehe Anhang, S. 296.

[87]Ein solcher Pre-Test mit mehreren Teilnehmern dient vornehmlich zur Identifikation von Verbesserungspotentialen, vgl. *Schnell* (2019), S. 339.

[88]Eine Zusendung eines Linkes per E-Mail wird als Electronic Mail Survey betitelt.

[89]Ein ähnlich langer Zeitraum wird auch von *Botzkowski* (2018), S. 100 gewählt.

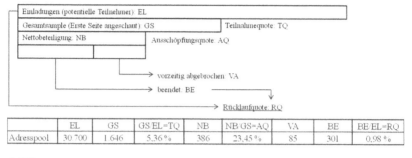

**Abbildung 5.7** Ausgewählte Rücklaufquoten (Da eine eindeutige Zuordnung der Probanden bezüglich der gewählten Kanäle nicht möglich ist, wird sich auf Betrachtung der Unternehmensdatenbank „Bisnode" beschränkt.)

## 5.1.4 Techniken der Datenauswertung

Unter einer quantitativen empirischen Vorgehensweise[90] versteht man in der Sozialwissenschaft den grundlegenden Versuch, Merkmale und deren Ausprägungen mithilfe einer Quantifizierung (Messung) zu erfassen.[91] Empirische Forschung bedeutet in diesem Kontext, dass „[...] Wahrnehmungen über die Realität den Maßstab darstellen, anhand dessen beurteilt wird, ob eine Aussage[92] (vorläufig) als „wahr" akzeptiert wird oder nicht."[93]

Im Gegensatz zu normativen Aussagen,[94] zeigen empirische Aussagen, ob ein bestimmter Sachverhalt vorliegt oder nicht. Sollen diese Aussagen geprüft

---

[90]Eine kritische Würdigung der Diskussion, ob eine quantitative empirische Sozialforschung als angemessene Form sozialwissenschaftlicher Forschung betrachtet werden kann, findet sich bei *Schnell/Hill/Esser* (2016), S. 92ff.

[91]Vgl. *Schumann* (2019), S. 1.

[92]*Patzelt* (2013), S. 85 betitelt Aussagen als „[...] Produkt und Werkstoff von Wissenschaft."

[93]*Schumann* (2019), S. 1.

[94]Hierbei handelt es sich um Werturteile oder Aussagen was sein sollten, sprich Handlungsempfehlungen.

werden, müssen diese mithilfe von Indikatoren operationalisiert werden.[95] Hierbei besteht die Messung aus einer klaren Zuordnung eines Symbols, in der Regel wird eine reelle Zahl verwendet, zu bestimmten Merkmalen eines Untersuchungsobjektes.[96] Hierbei ist zu beachten, dass sich bestehende Relationen[97] in der Abbildung durch die Symbole wiederfinden. Relationen stellen Beziehungen zwischen Objekten (man spricht in diesem Kontext vom empirischen Relativ) beobachteten Merkmalen und ihren Ausprägungen dar. Diese Beziehungen werden strukturtreu[98] in einem numerisches Relativ, im Sinne von zugeordneten reellen Zahlen, abgebildet.[99] „In der Messtheorie wird schon bei Vorliegen eines numerischen Relativs, das strukturtreu ein empirisches Relativ abbildet, von einer Skala[100] gesprochen.“[101] RIESENHUBER bezeichnet Skalen etwas plakativ als „Übersetzungsvorschrift“ der Quantifizierung eines Merkmales.[102] Skalierungsverfahren sind also Vorschriften für die Darstellung (in)direkt messbarer Variablen und deren Merkmalsausprägungen als Zahlen- bzw. Skalenwerten, sowie für die Zusammenfassung mehrerer Items zu einer Variablen.[103] Im Rahmen der Datenerhebung[104] wurden neben offenen Fragen vornehmlich geschlossene Fragen verwendet. Geschlossene Fragen charakterisieren sich dadurch, dass die Antworten bereits vom Forscher vorab determiniert werden.[105] Im Rahmen der vorliegenden Arbeit werden vornehmlich Rating-Skalen verwendet, diese sollen nun im Folgenden kurz erläutert werden. In der Betriebswirtschaftslehre stellen diese Skalen die am häufigsten eingesetzte Skalierungsmethode dar.[106] In

---

[95]Unter Indikatoren sind „[...] direkt wahrnehmbare Phänomene (,Ersatzgrößen', ,Stellvertreter') zu verstehen, mit deren Hilfe man begründet auf das Vorliegen des nicht unmittelbar wahrnehmbaren Phänomens schließen zu dürfen glaubt", *Prim/Tilmann* (2000), S. 49.

[96]Vgl. *Greving* (2009), S. 65.

[97]Bezüglich des Relationsbegriffes siehe u. a. *Kromrey/Roose/Strübing* (2016), S. 218.

[98]Strukturtreue Abbildungen werden auch als Morphismen betitelt, vgl. *Greving* (2009), S. 65.

[99]Vgl. *Stier* (1999), S. 36.

[100]Hierbei können neben einer Repräsentationsproblematik (vgl. *Diekmann* (2018), S. 250), einem Eindeutigkeitsproblem (vgl. *Greving* (2009), S. 65) ein Bedeutsamkeitsproblem (vgl. *Stier* (1999), S. 40f.) auftreten.

[101]*Greving* (2009), S. 65.

[102]Vgl. *Riesenhuber* (2009), S. 9.

[103]Vgl. *Mayer* (2012), S. 80.

[104]Siehe Abschnitt 8.1.2.

[105]Vgl. *Raithel* (2008), S. 68.

[106]Vgl. *Berekoven/Eckert/Ellenrieder* (2009), S. 72.

der Regel setzen sich Rating-Skalen aus einer definierten Anzahl an eindeutig angeordneten Kategorien zusammen.[107] Typische Beispiele sind:[108]

- gar nicht – kaum – mittelmäßig – ziemlich – außerordentlich
- nie – selten – gelegentlich – oft – immer
- völlig falsch – ziemlich falsch – unentschieden – ziemlich richtig – völlig richtig

Werden ausschließlich die Extreme durch gegensätzliche Begriffspaare beschriftet handelt es sich um Bipolare Rating-Skalen, diese bieten den Vorteil, dass sich die Begriffspaare gegenseitig definieren.[109] In der Literatur findet sich eine Vielzahl an Sichtweisen, was die richtige Anzahl an Kategorien betrifft.[110] Den Gedanken ROHRMANNs folgend werden vornehmlich fünfstufige Skalen verwendet.[111] Zwar ist das Skale Niveau von Rating-Skalen nicht abschließend geklärt, jedoch wird der allgemeinen Hypothese gefolgt, dass eine Intervallskala vorliegt.[112] Dies erlaubt die Anwendungen von Korrelationen, Regressionen und Mittelwertsbetrachtungen. Die grundsätzliche Auswertungsmethodik wird stets durch das Forschungsdesign bestimmt. Aufgrund des hier vorliegenden deskriptivexplorativen Forschungsdesigns erfolgt die Datenauswertung vornehmlich mittels der deskriptiven Statistik, im Besonderen mithilfe von Häufigkeitsverteilungen und statistischen Maßzahlen.[113] Zudem wurde den Probanden, je nach Fragestellung, die Möglichkeit gegeben, zusätzlich zu einer einfachen Antwortmöglichkeit die Frage offen zu beantworten, um so spezifische Informationen zu erlangen. Diese Form der Fragestellung wird als halboffene Frage bezeichnet.[114] Zur Auswertung offener Fragen im Rahmen wissenschaftlicher Forschungsarbeiten eignet sich insbesondere die qualitative Inhaltsanalyse. Bei dieser wurde zunächst die Gesamtheit aller Antworten anhand der Kernaussagen analysiert und anschließend ein entsprechendes Kategoriensystem aufgestellt. In diesem Zusammenhang

---

[107]Vgl. *Greving* (2009), S. 69.

[108]Vgl. *Rohrmann* (1978), S. 223.

[109]Vgl. *Trommsdorff* (1975), S. 87f.; *Rost* (2004), S. 65.

[110]*Greving* (2009), S. 70. *Jäpel* (1985), S. 151 empfiehlt bei allein stehenden Items einen Bereich von 9 +/− 2 Kategorien und bei Itembatterien einen Bereich von 7 +/− 2 Kategorien

[111]Vgl. *Rohrmann* (1978).

[112]Vgl. *Westermann* (1985), S. 265.

[113]Vgl. *Atteslander* (2010), S. 261ff.

[114]Vgl. *Porst* (2009), S. 55.

wurde insbesondere auf Voraussetzungen der Vollständigkeit und Überschneidungsfreiheit geachtet.[115] Diese Methodik der Datensichtung ist angelehnt an die Grounded Theory nach GLASSER und STRAUSS.[116]

Um mögliche Kontextfaktoren wie Unternehmensgröße, Position der Probanden, aber auch Geschäftsmodelltypus zu berücksichtigen wird der Versuch einer Clusteranalyse[117] bzw. einer Kontrastierung oder Gruppierung unternommen. Allerdings ist darauf hinzuweisen, dass die Anzahl der Untersuchungsobjekte, in den jeweiligen Gruppen nicht zu stark variieren sollten.[118] Ein klar definierter Richtwert über die Größe der Gruppen findet sich in der wissenschaftlichen Literatur jedoch nicht, da auch kleine Stichprobengrößen genügend sein können.[119]

## 5.2 Charakterisierung der Probanden

Bevor die Ergebnisse der Erhebung im Detail erläutert werden, soll zunächst eine Charakterisierung der Probanden vorgenommen werden.[120] Diese Charakterisierung soll, bezüglich der Angaben der Unternehmen, anhand der Merkmale Rechtsform, Branchenzugehörigkeit, Umsatz, und der daraus resultierenden Einordnung in die EFAM Klassifikation und den Geschäftsmodelltypen operationalisiert werden. Bezüglich einer persönlichen klassifikatorischen Einordnung der Probanden wurden diese um Angaben hinsichtlich ihrer Position, ihrer Digitalaffinität und ihrer allgemeinen Zufriedenheit in ihrem Arbeitsumfeld gebeten.

Bezüglich der Rechtsform der Befragten der Probanden zeichnet sich ein klares Bild (siehe Abbildung 5.8). So ist annährend dreiviertel der Probanden in Kapitalgesellschaften beschäftigt (76 Prozent). Im Detail bedeutet dies, dass 44 Prozent der Probanden in einer GmbH beschäftigt sind, 19 Prozent in der AG, 18 Prozent in einer GmbH & Co. KG und lediglich zwei Prozent in einer KG,[121] 19

---

[115]Vgl. *Borchardt/Göthlich* (2009), S. 42.

[116]Vgl. *Glaser/Strauss* (2010).

[117]Vgl. *Götze/Deutschmann/Link* (2014), S. 327ff. Für detaillierte Ausführungen vgl. *Botzkowski* (2018), S. 114f.

[118]Vgl. *Altobelli* (2017), S. 466.

[119]Sofern die Clusterung der Probanden nachvollziehbar ist und methodisch korrekt durchgeführt wurde, vgl. *Bacher/Pöge/Wenzig* (2010), S. 465.

[120]Eine ähnliche Vorgehensweise findet sich u. a. bei *Hilmer* (2016), S. 141; *Botzkowski* (2018).

[121]Hinsichtlich Erläuterungen zu Rechtsformen im Allgemeinen und Gesellschaftsrecht im Besonderen vgl. u. a. *Gummert* (2019).

Prozent ordnen sich sonstigen Rechtsformen wie Anstalten öffentlichen Rechtes oder Körperschaften des öffentlichen Rechtes zu.

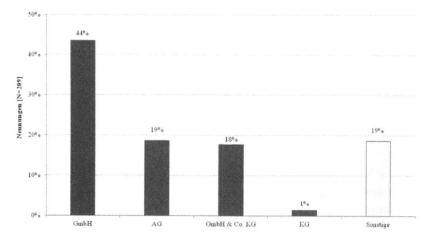

**Abbildung 5.8**  Rechtsform

Hinsichtlich einer Analyse der Branche,[122] in der die Unternehmen operieren, wird deutlich, dass etwa ein Drittel im verarbeiteten Gewerbe, dem Bergbau bzw. im Bereich der Energieversorgung tätig ist (siehe Abbildung 5.9). 18 Prozent ordnen sich dem Baugewerbe zu. Bei 22 Prozent der befragten Probanden handelt es sich um öffentliche oder private Dienstleister. 14 Prozent sind hauptsächlich im Bereich der Finanzierung, der Vermietung und als Unternehmensdienstleister tätig. Zwölf Prozent entfallen auf den Handel, das Gastgewerbe und den Verkehr. Die verbleibenden ein Prozent sind der Land- und Forstwirtschaft zuzuordnen.

Des Weiteren wurden die Probanden gebeten, Angaben bezüglich ihres voraussichtlichen Gesamtumsatzes und ihrer Mitarbeiteranzahl zu tätigen (siehe Abbildung 5.10). So geben 14 Prozent der Probanden an, einen Umsatz bis zu sechs Mio. Euro zu erwirtschaften. 38 Prozent gelingt es einen Umsatz in Höhe von sechs bis 60 Mio. Euro zu realisieren. Weitere 31 Prozent weisen einen Umsatz in Höhe von 60 bis 600 Mio. Euro aus. Die verbleibenden 17 Prozent geben einen Umsatz über 600 Mio. Euro an.

---

[122]Hierbei wurde sich an der Branchenklassifikation gemäß des Institutes der deutschen Wirtschaft orientiert, vgl. hierzu Institut der deutschen Wirtschaft Köln (2017).

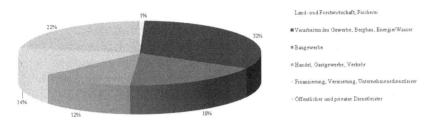

**Abbildung 5.9** Branche der Probanden [N = 154]

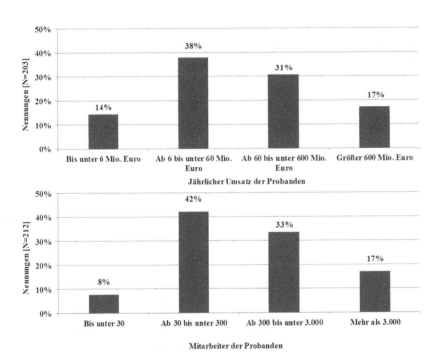

**Abbildung 5.10** Umsatz und Mitarbeiteranzahl der Probanden

Zudem wurden die Probanden gebeten Angaben zur Anzahl der Beschäftig-
ten zu tätigen. Acht Prozent gaben hierbei an weniger als 30 Mitarbeiter zu
beschäftigen. Der größte Anteil der Probanden beschäftigt zwischen 30 und 300
Mitarbeitern (42 Prozent). Ein Drittel der Unternehmen gibt an zwischen 300 und
3.000 Mitarbeiter zu beschäftigen. 17 Prozent beschäftigen sogar mehr als 3.000
Mitarbeiter.

Die Abfrage der Daten zur Höhe des Gesamtumsatzes und der Anzahl der Mitarbeiter ermöglicht eine Systematisierung gemäß des Europäischen Forschungsfeldes für angewandte Mittelstandsforschung (EFAM). Dieses an der Universität Bamberg ansässige Kompetenzzentrum postuliert eine integrierte Unternehmensklassifizierung, welche quantitative und qualitative Kriterien berücksichtigt.[123] Gemäß der quantitativen Mittelstandsdefinition können vier zentrale Größencluster zur Einordnung von Organisationen gebildet werden (siehe Abbildung 5.11). Hierbei ist zu beachten, dass lediglich die Erfüllung eines Merkmals genügt um die nächst höhere Clusterkategorie zu erreichen.[124]

**Mittelstandsdefinition des Europäischen Forschungsfelds für angewandte Mittelstandsforschung (EFAM)**

| Unternehmensgröße | Beschäftigte | Jahresumsatz |
| --- | --- | --- |
| Kleinstunternehmen | Bis ca. 30 | Bis ca. 6 Mio. € |
| Kleinunternehmen | Bis ca. 300 | Bis ca. 60 Mio. € |
| Mittlere Unternehmen | Bis ca. 3.000 | Bis ca. 600 Mio. € |
| Große Unternehmen | Über 3.000 | Über 600. Mio. € |

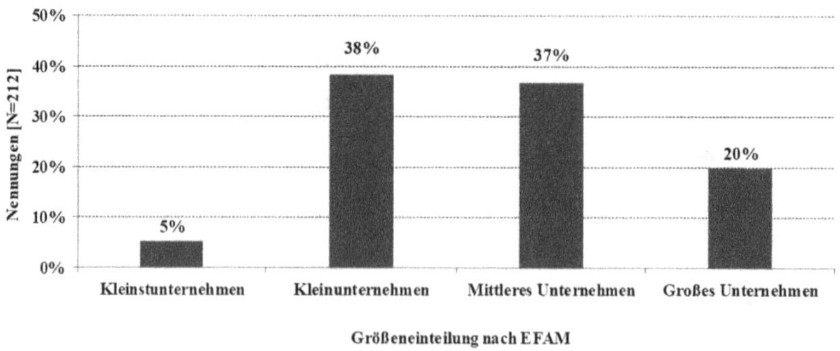

**Abbildung 5.11** Größenklassen der Probanden

---

[123]Vgl. exemplarisch *Becker/Ulrich* (2009).

[124]Vgl. *Hilmer* (2016), S. 145; *Botzkowski* (2018).

Sodann lässt sich festhalten, dass fünf Prozent der Unternehmen als Kleinst-
unternehmen einzuordnen sind. Das größte Cluster bilden die Kleinunternehmen
mit 38 Prozent. 37 Prozent der Unternehmen sind als Mittlere Unternehmen
zu klassifizieren, wohingegen 20 Prozent den Status eines Großunternehmens
innehaben.

In einer weiteren geschlossenen Frage wurden die Probanden gebeten den
Geschäftsmodelltypus[125] ihres Unternehmens anzugeben (siehe Abbildung 5.12).
Hinsichtlich einer Typologie von Geschäftsmodellen wurde sich an WEILL ET AL.
orientiert.[126] Diese Autoren gehen von vier grundlegenden Geschäftsmodelltypen aus. Ein Creator kauft Rohstoffe oder Komponenten von Zulieferern und
transformiert diese anschließend zu einem Produkt (physische und/oder imma-
terielle Güter). Ein Distributor kauft ein Produkt oder eine Dienstleistung und
verkauft diese größtenteils unverändert weiter. Ein Landlord überlässt Nutzungs-
rechte von physischen und/oder immateriellen Produkten. Der Broker führt Käufer
und Verkäufer zusammen und verlangt hierfür eine Kommission.

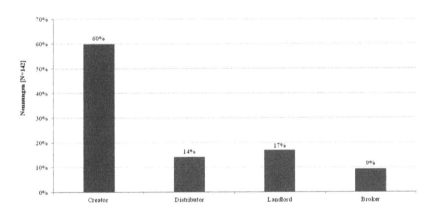

**Abbildung 5.12** Geschäftsmodelltypus

Diesen Überlegungen folgend sind 60 Prozent der Unternehmen als Creator
zu klassifizieren. 14 Prozent als Distributor, 17 Prozent als Landlord und die
verbleibenden neun Prozent als Broker.

---

[125]Erläuterungen zum Geschäftsmodell finden sich in Abschnitt 2.1 dieser Dissertation.

[126]Vgl. *Weill et al.* (2005) Diese Einteilung ähnelt der von *Heuskel* (1999), S. 56ff. welcher
zwischen Layer Player, Market Maker, Orchestrator und Integrator differenziert.

In einer weiteren Frage wurde die Position der Probanden in ihrem Unternehmen erfragt (siehe Abbildung 5.13). Ein großer Teil (26 Prozent) der Probanden bekleidet die Position des Geschäftsführers. 29 Prozent der Probanden sind Chief Digital Officers, 16 Prozent leiten die strategische Planung. 15 Prozent sind Chief Executive Officers, acht Prozent Eigentümer bzw. Gesellschafter. Die verbleibenden fünf Prozent bekleiden die Position eines Chief Financial Officers.

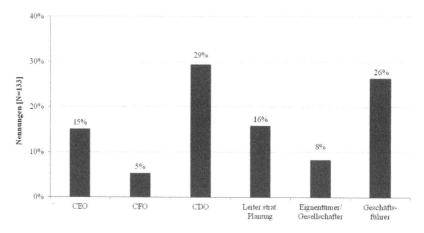

**Abbildung 5.13**  Position der Probanden

In einer weiteren geschlossenen skalierten Frage wurden die Probanden gebeten eine Selbsteinschätzung ihrer Digitalaffinität vorzunehmen (siehe Abbildung 5.14). So schätzt sich der überwiegende Teil der Probanden (in Summe 84 Prozent) als digitalaffin ein. Dies zeigt auch die Betrachtung des Mittelwertes (4,39). Im Rahmen der Gruppierung wird deutlich, dass vor allem Probanden in kleinen und mittelständischen Unternehmen ihre Digitalaffinität höher einschätzen. Auch zeigt sich, dass der CDO seine digitalisierungsbezogene Affinität niedriger einschätzt als beispielsweise der CEO. Bezüglich der Geschäftsmodelltypen wird ersichtlich, dass Probanden die in Creator- bzw. Distributorgeschäftsmodellen tätig sind in der Selbsteinschätzung digitalaffiner sind.

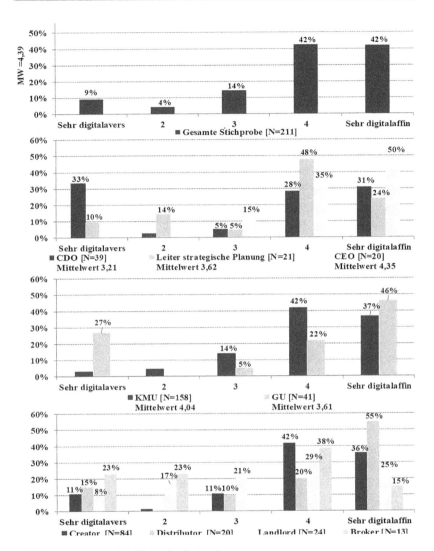

**Abbildung 5.14**   Digitalaffinität der Probanden

Abschließend wurde mit Hilfe einer fünfstufigen Rating Skala die Arbeitszufriedenheit der Probanden erfragt (siehe Abbildung 5.15). Auch hier zeigt

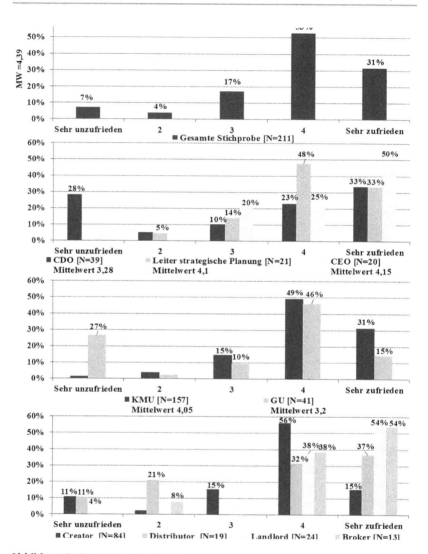

**Abbildung 5.15**   Arbeitszufriedenheit

sich innerhalb der Kontrastierung ein differenziertes Bild. So sind die Mitarbeiter von kleinen und mittelständischen Unternehmen deutlich zufriedener mit ihrem Arbeitsumfeld. Der CDO ist mit seinem Arbeitsumfeld unzufriedener als die anderen Probanden. Die Untersuchungsteilnehmer aus Landlord- und Brokergeschäftsmodellen sind ebenfalls zufriedener.

## 5.3 Ergebnisse der empirischen Erhebung

Im Folgenden sollen nun die Ergebnisse der empirischen Erhebung dargelegt werden. Diese dient dazu die in Abschnitt 1.2 aufgestellten Forschungsfragen zu beantworten. Hierzu wurden neben den Rahmenbedingen (Abschnitt 5.3.1), die Digitalisierungsstrategie und deren Prozess (Abschnitt 5.3.2), die Digitalisierungsscorecard (Abschnitt 5.3.3) sowie mögliche Erfolgswirkungen (Abschnitt 5.3.4) betrachtet. Abschnitt 5.3.2 dient sodann der Beantwortung der ersten Forschungsfragen. Die Abschnitte 5.3.1 bis 5.3.4 gehen den verbleibenden Forschungsfragen zwei bis vier nach.

### 5.3.1 Rahmenbedingungen der digitalen Transformation

Einführend sollen nun wichtige Rahmenbedingungen der digitalen Transformation bzw. der Digitalisierung[127] darlegt werden. Hierzu wird zunächst das Digitalisierungsverständnis der Probanden beleuchtet. Darauf aufbauend soll eine Phaseneinordnung erfolgen. Zudem werden die Probanden gebeten ihren Digitalisierungsgrad zu bestimmen. Der Abschnitt endet sodann mit Fragen zum Notwendigkeit und Höhe des Digitalisierungsbudgets. Der „schillernde Begriff" der Digitalisierung hat in den letzten Jahren eine zunehmende Bedeutung erfahren.[128] Jedoch ist zu konstatieren, dass eine Vielzahl an unterschiedlichen Vorstellungen bzw. Verständnissen hinsichtlich der Digitalisierung existieren.[129] Dementsprechend wurden den Probanden drei zentrale Definitionen offeriert und deren Zustimmung über eine fünfstufige Rating Skala abgefragt (siehe Abbildung 5.16). Hierzu wurde zunächst die stark technisch orientierte Definition von MAY

---

[127] Bezüglich der Diskussion des zugrundeliegenden Digitalisierungsverständnisses siehe Abschnitt 1.2.

[128] Vgl. *Botzkowski* (2018), S. 99.

[129] Vgl. Abschnitt 2.1.

offeriert.[130] Zudem wurde eine umgreifende Definition KEUPER ET AL., welche auch Aspekte der Geschäftsmodelltransformation tangiert angeboten.[131] Zudem wird die, in Abschnitt 2.1.1 dargelegte Sichtweise des Kompetenzzentrums für Geschäftsmodelle offeriert.[132]

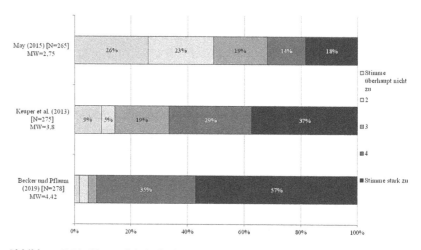

**Abbildung 5.16**  Verständnis der Probanden bezüglich der Digitalisierung bzw. der digitalen Transformation von Geschäftsmodellen

Die Ergebnisse verdeutlichen, dass die Probanden vor allem der umgreifenden Definition von BECKER und PFLAUM zustimmen (Mittelwert 4,42). Die Definition von KEUPER ET. AL. findet ebenfalls Anklang (Mittelwert 3,8). Die stark technisch orientierte Definition von MAY hingegen wird von einer Mehrzahl der Probanden

---

[130] „Das Charakteristikum der Digitalisierung liegt in der Übersetzung analoger Sprache, Schrift, Noten etc. in einen binären Code von Ja-Nein, 0–1, Schwarz- Weiß, in, diskrete Zahlenfolgen aus Bits und Bytes."

[131] „Digitalisierung – gefährdet einerseits traditionelle Geschäftsmodelle, ermöglicht aber gleichzeitig den Aufbau völlig neuartiger Geschäftsmodelle mit erheblichen Effektivitäts- und Effizienzsteigerungspotentialen"

[132] *Becker/Pflaum* (2019), S. 9 verstehen unter der Digitalisierung „[...] die strategisch orientierte Transformation von Prozessen, Produkten, Dienstleistungen bis hin zur Transformation von kompletten Geschäftsmodellen unter Nutzung moderner Informations- und Kommunikationstechnologien (IuK) mit dem Ziel, nachhaltige Wertschöpfung effektiv und effizient zu gewährleisten."

(Mittelwert 2,75) abgelehnt. Aus diesen Ergebnissen lässt sich folgender erster Erkenntnisgewinn ableiten:

Erkenntnis 1:   In der unternehmerischen Praxis wird unter der Digitalisierung oftmals die digitale Transformation von Geschäftsmodellen mithilfe von Informations- und Kommunikationstechnologien, unter der Prämisse des Wertschöpfungszweckes, verstanden.

Im weiteren Verlauf wurden die Probanden gebeten ihr Unternehmen in die Phasen der digitalen Transformation einzuordnen (siehe Abbildung 5.17).[133]

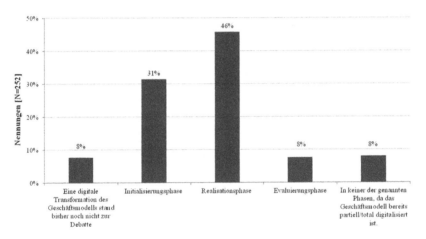

**Abbildung 5.17**   Einordnung der Probanden in die Phasen der digitalen Transformation des Geschäftsmodelles

Hierbei wird deutlich, dass sich der Großteil der Unternehmen bereits in der Realisationsphase der digitalen Transformation befindet (46 Prozent). Beinahe ein weiteres Drittel hat bereits mit der digitalen Transformation begonnen und befindet sich in der Initialisierungsphase. Ausschließlich acht Prozent befinden sich in der Evaluierungsphase. Acht Prozent sind der Meinung, dass ihr Geschäftsmodell bereits partiell bzw. total digitalisiert ist. Bei weiteren acht Prozent der Unternehmen stand eine digitale Transformation des Geschäftsmodelles noch nicht

---

[133]Zu Erläuterungen der Phasen siehe Abschnitt 2.1.

zur Debatte. Zudem ist anzumerken, dass es keinen erwähnenswerten Unterschied zwischen kleinen bzw. mittelständischen und großen Unternehmen gibt. Orchestrierend lässt sich subsumieren:

> Erkenntnis 2:　　Die digitale Transformation des Geschäftsmodellen ist in vielen Unternehmen, unabhängig von der Größe und Geschäftsmodelltyp *bereits fortgeschritten.*

Die Probanden wurden zudem gebeten eine subjektive Einschätzung ihres Digitalisierungsgrades vorzunehmen (siehe Abbildung 5.18).

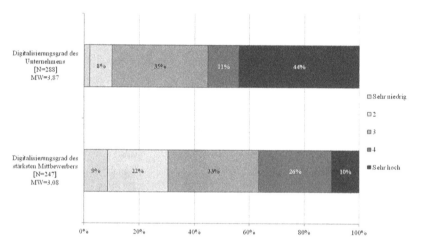

**Abbildung 5.18**　Subjektiv eingeschätzter Digitalisierungsgrad

Auffällig ist hierbei, dass die Probanden ihren eigenen Digitalisierungsgrad höher (Mittelwert 3,73) als den Digitalisierungsgrad ihres stärksten Mitbewerber (Mittelwert 3,08) einschätzen. Dies deckt sich jedoch mit der vorherigen Erkenntnis, dass sich ein Großteil der Probanden bereits in der Realisationsphase der digitalen Transformation befindet. Diese Erkenntnisse widersprechen jedoch einer Studie des MÜNCHNER KREISES, demzufolge erreichen deutsche Firmen einen deutlich geringen Digitalisierungsgrad (49%), insbesondere die Branche des Fahrzeugbaues sowie das Gesundheitswesen sind schlecht aufgestellt.[134] Um eine

---

[134]Vgl. Münchner Kreis (2015).

objektive Einschätzung des Digitalisierungsgrades sicherzustellen, wurde sich an die Vorgehensweise des BUNDESMINISTERIUMS FÜR WIRTSCHAFT UND ENERGIE angelehnt und 13 geschlossen skalierte Fragen hinsichtlich der digitalen Affinität der Unternehmen formuliert.[135] Zudem erfolgt eine Einteilung in die vier Gruppen Digitale Anfänger, Mittelfeld, Fortgeschrittene sowie Vorreiter (siehe Abbildung 5.19)

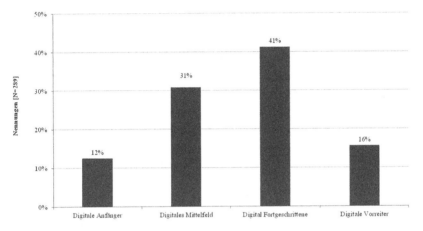

**Abbildung 5.19**   Klassifizierung nach BMWI

Hierbei wird deutlich, dass bereits ein Großteil der Unternehmen „Digital Fortgeschrittene" sind (41 Prozent). Jedoch sind ausschließlich 16 Prozent als „Digitale Vorreiter" zu klassifizieren. Ein ähnliches Bild zeichnet sich auch in der Studie des BMWI, in dieser sind 34 Prozent im Digitalen Mittelfeld und 32 Prozent als Digital Fortgeschrittene zu klassifizieren.[136] Eine Durchführung dieser vorgeschlagenen Vorgehensweise führt zu einem objektiv bestimmten Digitalisierungsgrad von 2,87. Ein Vergleich mit dem subjektiv abgefragten Digitalisierungsgrad (Mittelwert 3,87) weist auf eine deutliche Lücke (siehe Abbildung 5.20) hin.

---

[135]Hierbei schätzen die Teilnehmer ihr Unternehmen in den Kategorien Stand unternehmensinterner Digitalisierung, Nutzung digitaler Geräte sowie Auswirkungen der Digitalisierung auf die Unternehmen ein. Maximale Indexpunkte sind 100, bezüglich detaillierter Erläuterung vgl. BMWi (2018).

[136]Vgl. *BMWi* (2018).

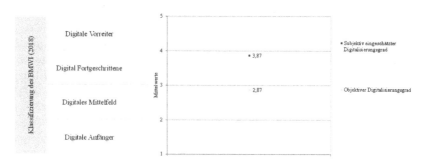

**Abbildung 5.20** Vergleich des subjektiven Digitalisierungsgradgrades mit dem objektiven Digitalisierungsgrades

Auch hierbei wurde eine Gruppierung nach Unternehmensgröße, Antwortverhalten ausgewählter Positionen, sowie nach Geschäftsmodelltyp durchgeführt (siehe Abbildung 5.21).

Hierbei wird deutlich, dass der CEO den Digitalisierungsgrad des Unternehmens am besten einzuschätzen vermag. Im Gegensatz dazu ist der CDO, der vielerorts als Transformationsspezialist[137] gepriesen wird, nicht in der Lage, den Digitalisierungsgrad korrekt zu bestimmen. Auch erscheint es so, als wären kleine und mittelständische Unternehmen besser in der Lage den Digitalisierungsgrad korrekt einzuschätzen. Erwähnenswert ist sicherlich, dass der CFO als einziger die Höhe des Digitalisierungsgrades unterschätzt. Auch zeigt sich, dass vor allem Probanden, die in Unternehmen mit dem Geschäftsmodell eines Distributor beschäftigt sind, diesen nicht korrekt einschätzen. Auf Basis dieser Ausführungen lässt sich folgendes subsumieren:

> **Erkenntnis 3:**    Die *Probanden (insbesondere CDO's)* schätzen den Digitalisierungsgrad ihres Unternehmens *oftmals zu hoch* ein.

---

[137] Vgl. *Tumbas/Berente/Vom Brocke* (2018), S. 188.

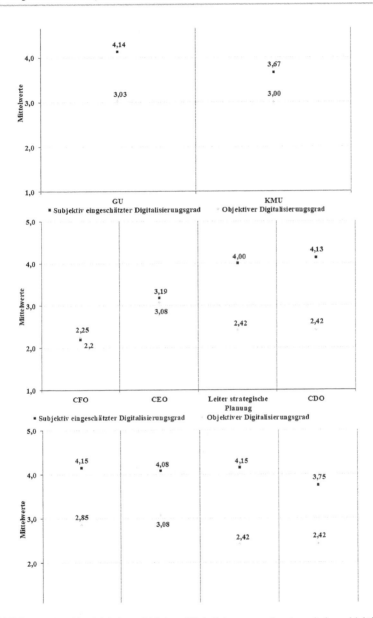

**Abbildung 5.21**  Vergleich des subjektiven Digitalisierungsgradgrades mit dem objektiven Digitalisierungsgrad

Des Weiteren wurde neben der Wirkung der Digitalisierung auf die Faktoren des unternehmerischen Handelns (siehe Abbildung 5.22), Input-[138], Through-[139] und Outputfaktoren,[140] auch der Digitalisierungsgrad der Faktoren in den Unternehmen (siehe Abbildung 5.22) der Probanden mithilfe einer fünfstufigen Rating Skala erfragt.

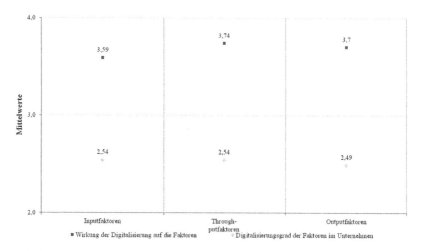

**Abbildung 5.22**  Wirkung der Digitalisierung und Digitalisierungsgrad der Faktoren des unternehmerischen Handelns

Hierbei wird deutlich, dass die Digitalisierung durchweg einen hohen Einfluss auf die Faktoren des unternehmerischen Handelns aufweist. Ein Vergleich der Faktoren macht deutlich, dass vor allem hinsichtlich der Throughputfaktoren Handlungsbedarf besteht. Es lässt sich also folgende Erkenntnis ableiten.

---

[138]Ressourcen und Potentiale im Sinne von Güter und Dienstleistungen aber auch die Beschaffung von finanziellem sowie von Human Kapital, beispielsweise E-Procurement, vgl. rudimentär *Pavitt* (2014), S. 704ff.

[139]Prozesse und Projekte, beispielsweise Smart Factory, vgl. rudimentär *Hwang et al.* (2017), S. 2590ff.

[140]Produkte bzw. Leistungsbündel und Vertriebskanäle, beispielsweise Smart Products oder Predictive Maintenance, vgl. rudimentär *Golightly/Kefalidou/Sharples* (2018), S. 628.

> Erkenntnis 4: Obwohl der *Einfluss der Digitalisierung* auf die Faktoren des unternehmerischen Handelns *hoch eingeschätzt wird*, weisen diese einen geringen *Digitalisierungsgrad* auf.

Abschließend wurden Fragenstellungen bezüglich eines Budgets für Digitalisierungsbestrebungen formuliert.

Hierzu wurde zunächst in einer geschlossenen Frage nach der Existenz eines separaten Digitalisierungsbudgets gefragt (siehe Abbildung 5.23). Auch in dieser Fragestellung soll die Stichprobe gruppiert werden. Da es sich hierbei um keine subjektive Einschätzung handelt, kann auf die separate Betrachtung von Positionen verzichtet werden.

Gut dreiviertel der 223 befragten Probanden geben hierzu an, dass ihr Unternehmen bereits über ein Digitalisierungsbudget verfügt bzw. dieses geplant hat. Ein anders Bild zeichnet eine Studie der WHU, in dieser gaben nur 38 Prozent der Probanden an, ein Digitalisierungsbudget zu besitzen.[141] Die Autoren halten treffend fest, dass „[...] wenn die Digitalisierung keine Eintagsfliege ist, gibt es bei strategischer Positionierung und Ressourcenausstattung noch einen deutlichen Nachholbedarf."[142] Vor allem existieren in Großunternehmen Unternehmen separate Budgets für Digitalisierungsbestrebungen. Hinsichtlich der Geschäftsmodelltypen weisen vor allem die Broker ein solches Budget aus.

Des Weiteren wurde in einer geschlossenen Frage die Höhe dieses (geplanten) Digitalisierungsbudgets eruiert (siehe Abbildung 5.24). Auch hier wurde eine entsprechende Gruppierung vorgenommen.

Dieses beträgt im Median[143] sechs Prozent. Ein ähnliches Bild ist auch in der bereits angesprochenen Studie des BMWI´s zu konstatieren. In dieser gaben die Probanden an rund fünf Prozent des Umsatzes zu investieren.[144] Ähnliche Erkenntnisse generiert eine Studie von Tata Consultancy Services und Bitkom, in dieser gaben die befragten Unternehmen eine Mittelwert von 5,5 Prozent an. Zudem konnte eine Steigerung zwischen den Jahren 2017 und 2018 von rund zwölf Prozent beobachtet werden.[145]

---

[141]Vgl. *Horváth et al.* (2018), S. 7.

[142]Ebenda.

[143]Um Ausschläge zu vermeiden wurde hierbei bewusst der Median und nicht der Mittelwert verwendet, vgl. zum Median exemplarisch *Grabmeier/Hagl* (2016), S. 18.

[144]Genauere Ausführungen zu dieser Studie finden sich u. a. bei *Dylla* (2018).

[145]Vgl. Tata Consultancy Services (2018), S. 8.

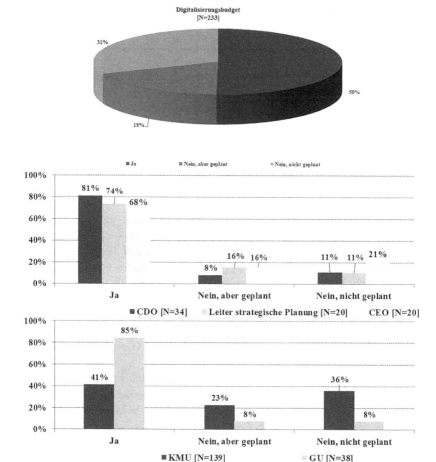

**Abbildung 5.23**  Digitalisierungsbudget

Bemerkenswert ist allerdings, dass die durchschnittliche Höhe des Budgets in großen Unternehmen deutlich höher (elf Prozent) ist als in kleinen und mittleren Unternehmen (sechs Prozent). Bezüglich der Geschäftsmodelltypen weist der Landlord das geringste durchschnittliche Budget auf (drei Prozent).

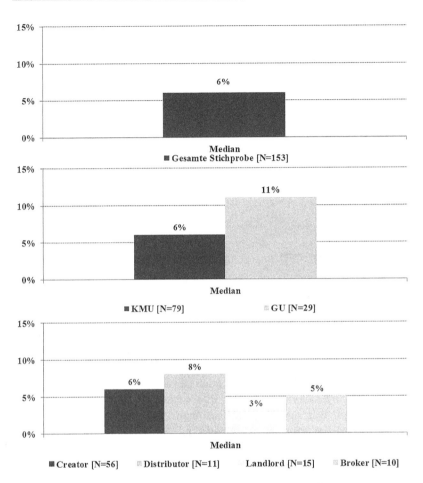

**Abbildung 5.24**  Höhe des Digitalisierungsbudgets in Relation zum Umsatz

Vergleicht man nun die Höhe des Budgets mit der durchgeführten Einteilung der Probanden, ergibt sich folgendes Bild (siehe Abbildung 5.25).

Hierbei ist festzustellen, dass es nur kleine Unterschiede in den ersten drei Phasen gibt. Allerdings weisen die Probanden in der Kategorie „Digitale Vorreiter" ein deutlich höheres Budget auf. Man könnte also die vorsichtige Vermutung anstellen, dass ein Vordringen in diese Phase mit hohen Investitionen einhergeht. Bezüglich der Unternehmensgröße kann subsumiert werden, dass dieser

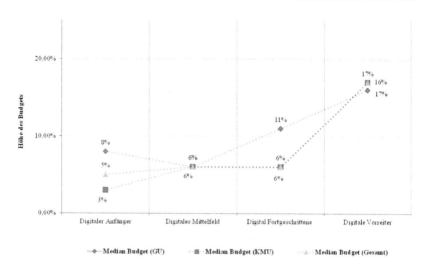

**Abbildung 5.25** Klassifizierung und Budget (Hierbei ist anzumerken, dass keine Linearität unterstellt wird. Die Linien dienen ausschließlich zu einer besseren Orientierung.)

„Sprung" bereits zwischen der Kategorie „Digitales Mittelfeld" und „Digital Fortgeschrittene" erfolgt. Abschließend wurden die Probanden gebeten, eine subjektive Einschätzung der Notwendigkeit eines separaten Digitalisierungsbudgets vorzunehmen (siehe Abbildung 5.26). Auch hier wurde die Stichprobe gruppiert.

Auch hier zeigt sich ein eindeutiges Bild, so geben deutlich über die Mehrheit der 238 Probanden an, dass ein Digitalisierungsbudget essentiell ist. Vor allem ist dies bei großen Unternehmen zu konstatieren. Auch sehen vor allem CDOs die Notwendigkeit eines Budgets für Digitalisierungsbudget. Bildet man sodann eine Korrelation[146] zwischen der Höhe des Digitalisierungsbudgets und dem objektiv ermittelten Digitalisierungsgrad, ergibt sich folgendes Bild (siehe Abbildung 5.27).

Demzufolge besteht ein ungerichteter positiver linearer Zusammenhang zwischen der Höhe des Digitalisierungsbudgets und dem objektiv bestimmten Digitalisierungsgrad.

---

[146]Erläuterungen zu Korrelationen finden sich in Abschnitt 1.1.

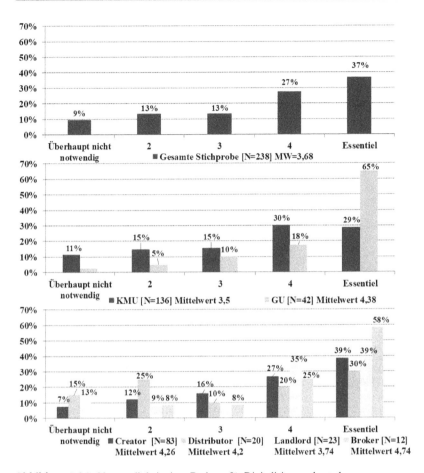

**Abbildung 5.26**  Notwendigkeit eines Budgets für Digitalisierungsbestrebungen

Um das Ergebnis der Korrelationsanalyse zu bestätigen wurde zudem eine Regressionsanalyse durchgeführt (siehe Abbildung 5.28).

Diese bestätigt die Ergebnisse der Korrelationsanalyse. So das subsumierend folgendes festgestellt werden kann.

Erkenntnis 5:    Unternehmen die ein *hohes Digitalisierungsbudget aufweisen*, haben einen *höheren Digitalisierungsgrad* (und gegenläufig).

**Korrelationen**

| | | Höhe des Digitalisierungsbudgets in Relation zum Umsatz | Objektiv bestimmter Digitalisierungsgrad |
|---|---|---|---|
| Höhe des Digitalisierungsbudgets in Relation zum Umsatz | Korrelation nach Pearson | 1 | ,368** |
| | Signifikanz (2-seitig) | | 0,001 |
| | N | 154 | 154 |
| Objektiv bestimmter Digitalisierungsgrad | Korrelation nach Pearson | ,368** | 1 |
| | Signifikanz (2-seitig) | 0,001 | |
| | N | 154 | 289 |

** Die Korrelation ist auf dem Niveau von 0,01 (2-seitig) signifikant.

**Abbildung 5.27** Korrelationsanalyse zwischen Digitalisierungsgrad und einem -budget

**Modellzusammenfassung**

| Modell | R | R-Quadrat | Korrigiertes R-Quadrat | Standardfehler des Schätzers |
|---|---|---|---|---|
| 1 | ,368ᵃ | 0,135 | 0,130 | 0,924 |

a. Einflußvariablen : Höhe des Digitalisierungsbudget in Relation zum Umsatz

**ANOVAᵃ**

| Modell | | Quadratsumme | df | Mittel der Quadrate | F | Sig. |
|---|---|---|---|---|---|---|
| 1 | Regression | 20,306 | 1 | 20,306 | 23,771 | ,000ᵇ |
| | Nicht standardisierte Residuen | 129,845 | 152 | 0,854 | | |
| | Gesamt | 150,151 | 153 | | | |

a. Abhängige Variable: Objektiv bestimmter Digitalisierungsgrad
b. Einflußvariablen : (Konstante), Höhe des Digitalisierungsbudget in Relation zum

**Koeffizientenᵃ**

| Modell | | Nicht standardisierte Koeffizienten | | Standardisierte Koeffizienten | | |
|---|---|---|---|---|---|---|
| | | Regressions-koeffizientB | Std.-Fehler | Beta | T | Sig. |
| 1 | (Konstante) | 2,623 | 0,103 | | 25,563 | 0,000 |
| | Höhe des Digitalisierungsbudget in Relation zum Umsatz | 0,039 | 0,008 | 0,368 | 4,876 | 0,000 |

a. Abhängige Variable: Objektiv bestimmter Digitalisierungsgrad

**Abbildung 5.28** Regressionsanalyse zwischen dem objektiven Digitalisierungsgrad und einem Digitalisierungsbudget

## 5.3.2   Die Digitalisierungsstrategie und deren Prozess

Im nun folgenden Abschnitt soll die Digitalisierungsstrategie und deren Prozess näher beleuchtet werden. In Kapitel 3 wurde dargelegt, dass der Digitalisierungsstrategieprozess aus den drei Phasen Formulierung, Implementierung und Kontrolle/Evaluation besteht.[147] Zunächst soll allerdings die aktuelle und zukünftige strategische Bedeutsamkeit der Digitalisierung eruiert werden. Zudem soll eine Digitalisierungsstrategie definiert und (idealtypisch) in die bestehende Strategie eingeordnet werden. Auch sollen Überlegungen bezüglich der Verantwortlichkeit hinsichtlich der Formulierung und Implementierung angestellt werden. Des Weiteren werden mögliche Impulse und Impulsgeber diskutiert. Abschließend werden Problematiken zur Diskussion gestellt. Einleitend werden Überlegungen zur aktuellen (siehe Abbildung 5.29) und zur zukünftigen strategischen Bedeutsamkeit (siehe Abbildung 5.32) der Digitalisierung angestrebt.

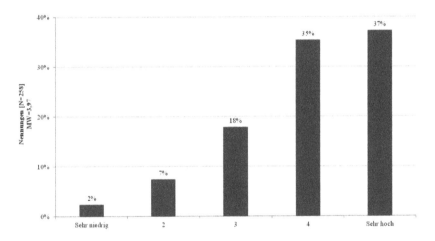

**Abbildung 5.29**   Aktuelle strategische Bedeutsamkeit der Digitalisierung

37 Prozent der Befragten schätzen die aktuelle strategische Bedeutsamkeit der Digitalisierung also sehr hoch ein, weitere 37 Prozent der 258 Probanden als hoch. Insgesamt weist diese Frage einen Mittelwert von 3,95 auf. Führt man eine Korrelation zwischen der Einschätzung der strategischen Bedeutsamkeit und

---

[147] Siehe Kapitel 3.

| Korrelationen | | Objektiv bestimmter Digitalisierungsgrad | Aktuelle strategische Bedeutsamkeit der Digitalisierung für das Unternehmen |
|---|---|---|---|
| Objektiv bestimmter Digitalisierungsgrad | Korrelation nach Pearson | 1 | ,256** |
| | Signifikanz (2-seitig) | | 0,000 |
| | N | 289 | 257 |
| Aktuelle strategische Bedeutsamkeit der Digitalisierung für das Unternehmen | Korrelation nach Pearson | ,256** | 1 |
| | Signifikanz (2-seitig) | 0,000 | |
| | N | 257 | 257 |

** Die Korrelation ist auf dem Niveau von 0,01 (2-seitig) signifikant.

**Abbildung 5.30** Korrelationsanalyse zwischen dem objektiven Digitalisierungsgrad und der strategischen Bedeutsamkeit der Digitalisierung

dem objektiv bestimmten Digitalisierungsgrad durch (siehe Abbildung 5.30), wird deutlich, dass auch hier ein ungerichteter linearerer Zusammenhang zu attestieren ist.

Um das Ergebnis der Korrelationsanalyse zu bestätigen wurde zudem eine Regressionsanalyse durchgeführt (siehe Abbildung 5.31).

Diese bestätigt die Ergebnisse der Korrelationsanalyse. So das subsumierend folgendes festgestellt werden kann.

> Erkenntnis 6:     Unternehmen die der Digitalisierung eine *hohe strategische Bedeutung attestieren*, weisen *einen höheren Digitalisierungsgrad* (und gegenläufig) auf.

Zudem wurden die Probanden gebeten die zukünftige strategische Bedeutung der Digitalisierung zu verifizieren (siehe Abbildung 5.32). Da sich ausschließlich hinsichtlich der Unternehmensgrößen Unterschiede zeigen, wird nur nach dieser gruppiert.

Hierbei wird ersichtlich, dass die Probanden, insbesondere in Großunternehmen, eine deutliche Steigerung der strategischen Bedeutsamkeit der Digitalisierung erwarten.

> Erkenntnis 7:     Die *strategische Bedeutsamkeit* der Digitalisierung *nimmt stetig zu*.

**Modellzusammenfassung**

| Modell | R | R-Quadrat | Korrigiertes R-Quadrat | Standardfehler des Schätzers |
|---|---|---|---|---|
| 1 | ,552[a] | 0,305 | 0,302 | 0,653 |

a. Einflußvariablen : Aktuelle strategische Bedeutsamkeit der Digitalisierung
für das Unternehmen

**ANOVA[a]**

| Modell | | Quadratsumme | df | Mittel der Quadrate | F | Sig. |
|---|---|---|---|---|---|---|
| 1 | Regression | 43,202 | 1 | 43,202 | 101,306 | ,000[b] |
| | Nicht standardisierte Residuen | 98,510 | 231 | 0,426 | | |
| | Gesamt | 141,712 | 232 | | | |

a. Abhängige Variable: Objektiv bestimmter Digitalisierungsgrad
b. Einflußvariablen : (Konstante), Aktuelle strategische Bedeutsamkeit der Digitalisierung
für das Unternehmen

**Koeffizienten[a]**

| Modell | | Nicht standardisierte Koeffizienten RegressionskoeffizientB | Std.-Fehler | Standardisierte Koeffizienten Beta | T | Sig. |
|---|---|---|---|---|---|---|
| 1 | (Konstante) | 1,517 | 0,151 | | 10,026 | 0,000 |
| | Höhe des Digitalisierungsbudget in Relation zum Umsatz | 0,399 | 0,040 | 0,552 | 10,065 | 0,000 |

a. Abhängige Variable: Objektiv bestimmter Digitalisierungsgrad

**Abbildung 5.31** Regressionsanalyse zwischen dem objektiven Digitalisierungsgrad und der strategischen Bedeutsamkeit der Digitalisierung

Im weiteren Verlauf wurden die Probanden im Rahmen einer geschlossenen Frage gebeten eine Einschätzung vorgegebener Definitionen vorzunehmen (siehe Abbildung 5.33).

Hierzu wurde auf bestehende Definitionen zurückgegriffen. Zunächst wurde eine umfassende Definition offeriert, die allgemeine Aspekte einer Strategie aufweist aber auch Aspekte der digitalen Transformation von Geschäftsmodellen inkludiert:

*Eine Digitalisierungsstrategie ist ein langfristig angelegtes, das gesamte Unternehmen betreffendes Handlungsmuster, das ziel- und zweckorientiert beschreibt, wie die Unternehmensführung und das Controlling die digitale Transformation mit dem Zweck,*

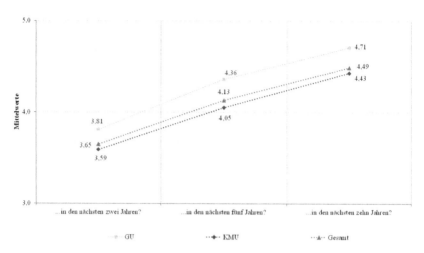

**Abbildung 5.32**  Strategische Bedeutsamkeit der Digitalisierung, in…(Auch hier wird keine Linearität unterstellt.)

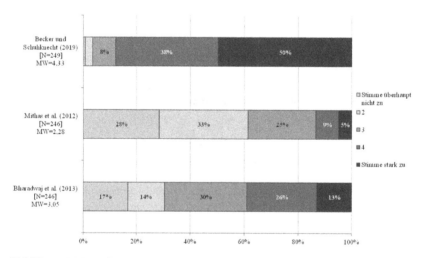

**Abbildung 5.33**  Definitorisches Verständnis einer Digitalisierungsstrategie

*nachhaltige (gemeinschaftliche) Wertschöpfung effektiv und effizient zu gewährleisten, gestaltet, lenkt und leitet.*[148]

Des Weiteren wurde eine Definition gewählt die eher Informations- und Kommunikationstechnologie Aspekte aufgreift:

*Eine Digitalisierungsstrategie drückt aus, inwieweit ein Unternehmen bezüglich IT-Aktivitäten tätig ist.*[149]

Abschließend wurde eine Definition offeriert, die sehr allgemein die Wertschöpfung durch den grundsätzlichen Einsatz digitaler Ressourcen aufgreift.

*Eine Digitalisierungsstrategie drückt aus, wie Wertschöpfung durch eine Nutzung von digitalen Ressourcen generiert wird.*[150]

Die empirischen Ergebnisse zeigen, dass ein Großteil der Probanden (50 Prozent „stimme stark zu" und 38 Prozent „stimme zu"; Mittelwert 4,33) die in dieser Arbeit verwendete umgreifende Digitalisierungsstrategiedefinition befürworten. Eine Definition, die sich rein auf eher Informations- und Kommunikationstechnologie Aspekte beschränkt wird, von den Probanden eher kritisch gesehen (Mittelwert 2,28). Jene Definition die zu mindestens Wertschöpfungsaspekte berücksichtigt, findet teilweisen Anklang bei den 246 befragten Probanden (Mittelwert 3,05).

Im weiteren Verlauf der empirischen Erhebung wurden die Probanden in einer geschlossenen Frage aufgefordert anzugeben ob in der Strategie des Unternehmens digitalisierungsbedingte Aspekte berücksichtigt werden (siehe Abbildung 5.34). Auch hier ergeben sich Unterschiede hinsichtlich der Unternehmensgröße der Probanden.

Hierbei zeichnet sich ein eindeutiges Bild, so berücksichtigen, bzw. planen dies, nahezu (91 Prozent) aller 235 befragten Probanden Digitalisierungsaspekte in der Strategie ihres Unternehmens. Vor allem in Großunternehmen ist dies der Fall (98 Prozent). Dies führt zu folgender Erkenntnis:

| Erkenntnis 8: | *Nahezu alle befragten Unternehmen berücksichtigen bzw. planen eine Berücksichtigung von Digitalisierungsaspekten in ihrer Strategie.* |
|---|---|

---

[148] *Becker/Schuhknecht* (2019).

[149] *Mithas/Agarwal/Courtney* (2012).

[150] *Bharadwaj et al.* (2013).

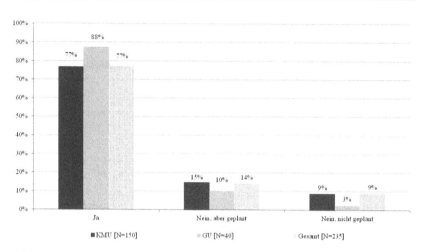

**Abbildung 5.34**  Digitalisierungsaspekte in der Strategie

Zudem wurden die Probanden im Rahmen einer geschlossenen Frage aufgefordert, eine organisationale Einordnung[151] der Digitalisierungsstrategie in ihrem Unternehmen vorzunehmen (siehe Abbildung 5.35, 5.36).

Hierbei ergibt sich jedoch kein eindeutiges Bild. So geben 27 Prozent der Probanden an, dass die Digitalisierungsstrategie als eigenständige Strategie fungiert. In 37 Prozent der befragen Unternehmen ist die Digitalisierungsstrategie anderen Funktionsstrategien wie beispielsweise einer IT-Strategie untergeordnet. In 37 Prozent der befragten Unternehmen stellt die Digitalisierungsstrategie die übergreifende Businessstrategie dar.

Unterteilt man die Probanden nach diesen Ergebnissen und bezieht diese auf den objektiven Digitalisierungsgrad, wird deutlich, dass Unternehmen, die die Digitalisierungsstrategie anderen Funktionsstrategien unterordnen, den geringsten Digitalisierungsgrad aufweisen (Mittelwert 2,49). Unternehmen, die die Digitalisierungsstrategie als eigenständige Strategie auffassen, weisen einen Digitalisierungsgrad in Höhe eines Mittelwertes von 3,07 auf. Der höchste Digitalisierungsgrad (Mittelwert 3,3) findet sich bei Unternehmen, die die Digitalisierungsstrategie als unternehmensübergreifende Businessstrategie interpretieren.

---

[151]Eine genaue Beschreibung findet sich in Abschnitt 6.3.1.

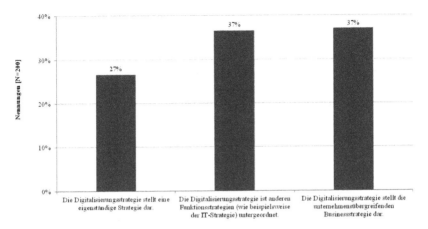

**Abbildung 5.35**   Verankerung der Digitalisierungsstrategie

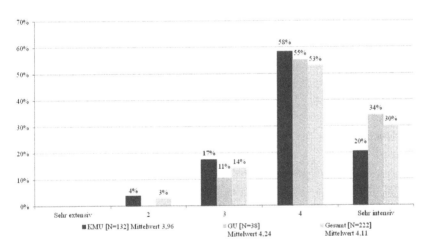

**Abbildung 5.36**   Intensität der Nutzung

| Erkenntnis 9: | Unternehmen, die die Digitalisierungsstrategie als *unternehmensübergreifende Businessstrategie* interpretieren weisen den höchsten Digitalisierungsgrad auf. |

Im weiteren Verlauf wurden die Probanden aufgefordert den Intensitätsgrad der Nutzung der Digitalisierungsstrategie auf einer 5 stufigen Rating Skala zu bewerten (siehe Abbildung 5.35).

Im Zuge dessen zeigt sich, dass die unternehmerische Praxis diese Strategie mehrheitlich nur intensiv nutzt (53 Prozent), weitere 30 Prozent nutzen diese sehr intensiv. Bemerkenswert ist hierbei, dass kein Proband bzw. dessen Unternehmen diese Digitalisierungsstrategie extensiv nutzt. Hinsichtlich der Größe der Unternehmen ist festzuhalten, dass große Unternehmen (Mittelwert 4,24) die Digitalisierungsstrategie intensiver nutzen als kleine und mittelständische Unternehmen (Mittelwert 3,96).

Führt man auch hier eine Korrelationsanalyse mit dem objektiv bestimmten Digitalisierungsgrad durch, wird deutlich, dass ein linearer Zusammenhang zwischen diesen beiden Variablen besteht (siehe Abbildung 5.37).

| Korrelationen | | Objektiv bestimmter Digitalisierungsgrad | Intensität der Nutzung einer Digitalisierungs-strategie |
|---|---|---|---|
| Objektiv bestimmter Digitalisierungsgrad | Korrelation nach Pearson | 1 | .312** |
| | Signifikanz (2-seitig) | | 0,001 |
| | N | 289 | 219 |
| Intensität der Nutzung einer Digitalisierungs-strategie | Korrelation nach Pearson | .312** | 1 |
| | Signifikanz (2-seitig) | 0,001 | |
| | N | 219 | 219 |

** Die Korrelation ist auf dem Niveau von 0,01 (2-seitig) signifikant.

**Abbildung 5.37** Korrelationsanalyse zwischen der Intensität der Nutzung einer Digitalisierungsstrategie und dem objektiven Digitalisierungsgrad

Um das Ergebnis der Korrelationsanalyse zu bestätigen wurde zudem eine Regressionsanalyse durchgeführt (siehe Abbildung 5.38).

Diese bestätigt die Ergebnisse der Korrelationsanalyse. Aus diesen statistischen Zusammenhängen lässt sich folgenden Erkenntnis ableiten

Erkenntnis 10:    Unternehmen, die die Digitalisierungsstrategie *intensiv nutzen* weisen einen *hohen Digitalisierungsgrad* auf.

In einer weiteren geschlossenen Frage wurden die Probanden gebeten, ihre Meinung hinsichtlich einer idealtypischen Verankerung einer Digitalisierungsstrategie zu äußern (siehe Abbildung 5.39).

**Modellzusammenfassung**

| Modell | R | R-Quadrat | Korrigiertes R-Quadrat | Standardfehler des Schätzers |
|--------|-----|-----------|------------------------|------------------------------|
| 1 | ,227[a] | 0,052 | 0,047 | 0,799 |

a. Einflußvariablen : Intensitität der Nutzung einer Digitalisierungsstrategie

**ANOVA[a]**

| Modell | | Quadratsumme | df | Mittel der Quadrate | F | Sig. |
|--------|--|--------------|-----|---------------------|--------|-------|
| 1 | Regression | 6,607 | 1 | 6,607 | 10,342 | ,002b |
| | Nicht standardisierte Residuen | 121,375 | 190 | 0,639 | | |
| | Gesamt | 127,982 | 191 | | | |

a. Abhängige Variable: Objektiv bestimmter Digitalisierungsgrad
b. Einflußvariablen : (Konstante), Intensitität der Nutzung einer Digitalisierungsstrategie

**Koeffizienten[a]**

| Modell | | Nicht standardisierte Koeffizienten Regressions-koeffizientB | Std.-Fehler | Standardisierte Koeffizienten Beta | T | Sig. |
|--------|--|--------------------------------------------------------------|-------------|------------------------------------|-------|-------|
| 1 | (Konstante) | 1,975 | 0,324 | | 6,104 | 0,000 |
| | Höhe des Digitalisierungsbudget in Relation zum Umsatz | 0,255 | 0,079 | 0,227 | 3,216 | 0,002 |

a. Abhängige Variable: Objektiv bestimmter Digitalisierungsgrad

**Abbildung 5.38** Korrelationsanalyse zwischen der Intensität der Nutzung einer Digitalisierungsstrategie und dem objektiven Digitalisierungsgrad

Hierbei wird deutlich, dass ein Großteil der Probanden eine organisationale Verankerung als übergreifende Businessstrategie (Mittelwert 3,88) für sinnvoll erachtet. Eine Verankerung als unabhängige Strategie erachten 16 Prozent der 224 antwortenden Probanden als sehr sinnvoll, weitere 22 Prozent als sinnvoll (Mittelwert 2,81). Die Einordnung unter anderen Funktionsstrategien wird von einer Mehrheit der Probanden als nicht idealtypisch erachtet (Mittelwert 2).

Auf diesen Überlegungen aufbauend wurden die Probanden mit einer geschlossenen fünfstufigen Rating Skalen hinsichtlich von möglichen Vorteilen einer Digitalisierungsstrategie konfrontiert (siehe Abbildung 5.40). Auch hier konnten beachtenswerte Unterschiede zwischen den Größenkategorien festgestellt werden (Abbildung 5.41).

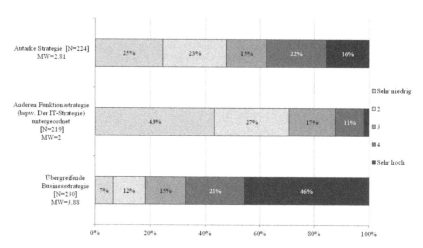

**Abbildung 5.39**  Idealtypische Verankerung einer Digitalisierungsstrategie

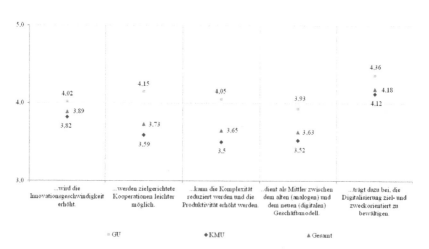

**Abbildung 5.40**  Durch eine Digitalisierungsstrategie,…

Der grundsätzliche Vorteil, die Digitalisierung ziel- und zweckorientiert bewältigen zu können, wird von einem Großteil der Probanden als hoch bzw. sehr hoch eingestuft (Mittelwert 4,18). Eine Erhöhung der Innovationsgeschwindigkeit wird ebenfalls als hoch eingestuft (Mittelwert 3,89). Auch die Möglichkeit

| Korrelationen | | ...trägt dazu bei die Digitalisierung ziel- und zweckorientiert zu bewältigen. | ...dient als Mittler zwischen dem alten (analogen) und dem neuen (digitalen) Geschäftsmodell. | ...kann die Komplexität reduziert werden und die Produktivität erhöht werden. | ...werden zielgerichtete Kooperationen leichter möglich. | *...wird die Innovations- geschwindigkeit erhöht. |
|---|---|---|---|---|---|---|
| Die Digitalisierungsstrategie | | | | | | |
| ...sollte eine eigenständige Strategie darstellen | Korrelation nach Pearson | 0,123 | -0,051 | -0,024 | 0,010 | -0,029 |
| | Signifikanz (2-seitig) | 0,077 | 0,471 | 0,732 | 0,883 | 0,684 |
| | N | 207 | 206 | 204 | 204 | 206 |
| ...sollte anderen Funktionsstrategien (wie beispielsweise der IT-Strategie) untergeordnet sein. | Korrelation nach Pearson | -,151* | -0,029 | -0,014 | -0,103 | -0,136 |
| | Signifikanz (2-seitig) | 0,031 | 0,677 | 0,846 | 0,146 | 0,053 |
| | N | 204 | 203 | 201 | 201 | 203 |
| ...sollte die unternehmensübergreifenden Businessstrategie darstellen | Korrelation nach Pearson | ,219** | ,167* | ,240** | ,323** | ,269** |
| | Signifikanz (2-seitig) | 0,001 | 0,015 | 0,000 | 0,000 | 0,000 |
| | N | 212 | 212 | 210 | 210 | 212 |

** Die Korrelation ist auf dem Niveau von 0,01 (2-seitig) signifikant.

**Abbildung 5.41** Korrelationsanalyse zwischen der Einordnung einer Digitalisierungsstrategie und möglichen Vorteilen einer Digitalisierungsstrategie

zielgerichtete Kooperationen leichter durchführen zu können, wird oftmals als hoch empfunden (Mittelwert 3,73). Die Digitalisierungsstrategie als Mittler zwischen dem alten (analogen) und neuem (digitalen) Geschäftsmodell wird ebenfalls hoch eingestuft (Mittelwert 3,63). Eine Reduzierung der Komplexität und eine Erhöhung der Produktivität werden von 23 Prozent der Probanden als sehr hoch angesehen (Mittelwert 3,65).

Das empirische Ergebnis verdeutlicht, dass die aufgeführten Vorteile einer Digitalisierungsstrategie vor allem bei einer Einordnung als unternehmensübergreifende Businessstrategie eine signifikante Korrelation aufweisen. Es lässt sich also folgendes attestieren.

> Erkenntnis 11: Zwischen einer *idealtypischen Verankerung der Digitalisierungsstrategie als übergreifende Businessstrategie* und *möglichen Vorteilen*, insb. der Vereinfachung von Kooperationen, besteht ein *signifikanter linearer Zusammenhang*.

Neben einer tatsächlichen und idealtypischen Verankerung einer Digitalisierungsstrategie wurden Fragen zur Verantwortlichkeit hinsichtlich der Formulierung und der Implementierung gestellt (siehe Abbildung 5.42).

Die empirischen Ergebnisse zeigen, dass hinsichtlich der Formulierung vornehmlich der Chief Executive Officer verantwortlich ist (32 Prozent der Nennungen). Eine gemeinschaftliche Verantwortung mehrerer Vorstände wird von 24 Prozent der Probanden genannt. Bezüglich der Implementierung ist ein klarer

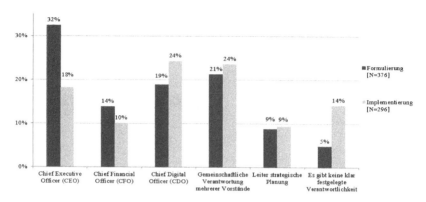

**Abbildung 5.42**   Verantwortlichkeit der Formulierung und Implementierung

Fokus auf den Chief Digital Officer (25 Prozent) und der gemeinschaftlichen Verantwortung mehrerer Vorstände (24 Prozent). Subsumierend lässt sich also folgende Erkenntnis deduzieren.

> Erkenntnis 12:   Zumeist sind die *Verantwortlichkeiten* bezüglich der Formulierung und Implementierung einer Digitalisierungsstrategie *festgelegt*.

In einer weiteren fünfstufigen Ratingskala wurden die Probanden aufgefordert anzugeben, aus welchen Funktionsbereichen maßgebliche Impulse für Digitalisierungsstrategiebestrebungen kommen (siehe Abbildung 5.43). Hierbei zeichnen die empirischen Ergebnisse ein klares Bild, so schätzen die Probanden die Impulse aus dem Top-Management oftmals sehr hoch ein (Mittelwert 4,14). Weitere wichtige Impulse kommen aus dem Funktionsbereich des Controllings (Mittelwert 3,56) und aus der Produktion (Mittelwert 3,49). Verwunderlich erscheint, dass das Human Ressource als Impulsgeber eher unterrepräsentiert erscheint (Mittelwert 2,88). Hierbei sind allerdings starke Unterschiede bezüglich der Unternehmensgröße festzustellen. So schätzen Probanden aus KMU's dies mit einem Mittelwert von 3,01 ein, wohingegen Probanden aus großen Unternehmen dies mit einem Mittelwert in Höhe von 2,47 bewerten.

Aus diesen Ausführungen lässt sich folgende allgemeingültige Erkenntnis gewinnen.

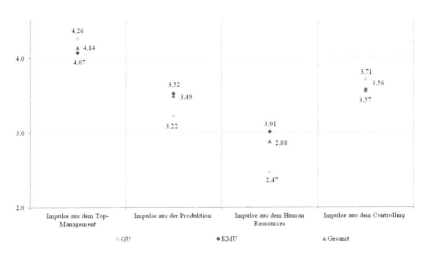

**Abbildung 5.43**   Impulse für Digitalisierungsstrategiebestrebungen

---

Erkenntnis 13:   Maßgebliche *Impulse für Digitalisierungsstrategiebestrebungen*
                 werden durch das *Top-Management* induziert.

---

In einer weiteren Frage wurden die Teilnehmer gebeten eine Einschätzung der Bedeutsamkeit von fest vorgegebenen Impulsen durchzuführen (siehe Abbildung 5.44).

Auch hier zeigen die empirischen Ergebnisse ein klares Bild. So stellen die technologischen Veränderungen (Mittelwert 4,22) sowie das grundsätzliche Streben nach Innovationsvorteilen (Mittelwert 4,09) wichtige Impulse für Digitalisierungsstrategiebestrebungen dar. Der Aufbau von Eintrittsbarrieren (Mittelwert 3,3), die Verdrängung von Wettbewerbern (Mittelwert 3,78) beispielsweise scheinen im Verhältnis dazu keine übergeordnete Rolle zu spielen. Erwähnenswert ist zudem, dass Problematiken hinsichtlich der aktuellen Erfolgslage (Mittelwert 3,36) ebenfalls keine übergeordnete Rolle zu spielen scheinen. Jedoch ist anzumerken, dass hierbei deutliche Unterschiede zwischen den Unternehmensgrößen festzustellen ist. Hieraus lässt sich folgende allgemeingültige Erkenntnis deduzieren.

---

Erkenntnis 14:   Maßgebliche Impulse für Digitalisierungsstrategiebestrebungen stellen
                 neben den *technologischen Veränderungen das Streben nach*
                 *Innovationsvorteilen* dar.

---

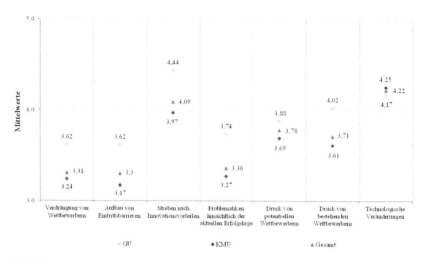

**Abbildung 5.44** Endogene und exogene Impulse

Wie bereits dargelegt, wird in der wissenschaftlichen Literatur zum strategischen Management häufig die Implementierungsphase von Strategien als problembehaftet beschrieben.[152] Entsprechend wurden die Probanden gebeten in einer geschlossenen Frage die grundsätzliche Entstehung von Problematiken in den Phasen zu bewerten (siehe Abbildung 5.45).

Hierbei bestätigt sich, dass die Erkenntnisse aus dem strategischen Management auch auf die Digitalisierungsstrategie übertragbar sind. So sehen die Probanden große Probleme im Rahmen der Implementierungsphase (Mittelwert 4,03). Die anderen beiden Phasen der Formulierung (Mittelwert 3,19) sowie der Evaluierung (3,22) werden, im Verhältnis, nicht so stark problembehaftet bewertet. Hieraus lässt sich folgende zentrale allgemeingültige Erkenntnis ableiten.

> Erkenntnis 15:      Problematiken hinsichtlich einer Digitalisierungsstrategie entstehen *vornehmlich in der Implementierungsphase* einer solchen Strategie.

Interessant ist hierbei die Betrachtung der Geschäftsmodelltypen, so identifiziert der Broker vornehmlich in der Formulierungsphase Probleme (Mittelwert

---

[152]Siehe Abschnitt 2.2.

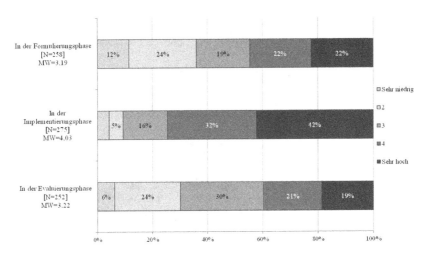

**Abbildung 5.45** Phasenspezifische Problementstehung

3,69), wohingegen der Distributor Problematiken in dieser Phase weniger Bedeutung zuweist (Mittelwert 2,75).

Abschließend wurden die Probanden gebeten konkrete Problematiken mithilfe einer geschlossenen Frage zu bewerten (siehe Abbildung 5.46).

Hier zeichnen die empirischen Ergebnisse kein klares Bild. So werden alle vorgegebenen Problematiken als sehr hoch eingestuft. Interessant ist allerdings, dass die Sicherheitsbedenken bezüglich der Informationstechnologien im Vergleich am niedrigsten bewertet werden (Mittelwert 3,84).

### 5.3.3 Digitalisierungsscorecard als Performance Management Tool

Der dritte Abschnitt der empirischen Erhebung dient der Beantwortung der Forschungsfragen zwei bis vier und hat die Digitalisierungsscorecard als Performance Management Tool zum Inhalt. In diesem Abschnitt werden zunächst Fragen zu wichtigen Anforderungen an ein Performance Management formuliert. Des Weiteren wird der Nutzen der Balanced Scorecard als konzeptionelle Basis für ein Performance Management Tool in der digitalen Welt eruiert.

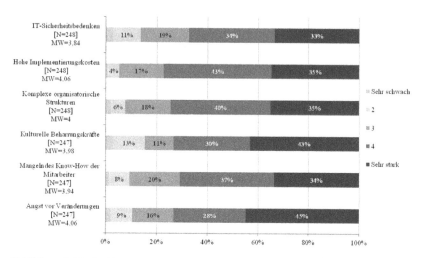

**Abbildung 5.46** Problematiken

Zudem werden Überlegungen hinsichtlich der Abbildung von (digitalisierungs-bedingten) Ursache-Wirkungsbeziehungen angestellt. Der Abschnitt schließt mit Diskussionen zu einem integrierten.

Zunächst wurden die Probanden gebeten, eine Einschätzung wichtiger Anforderungen an eine ziel- und zweckorientiertes Performance Management Tool vorzunehmen (Auf einer Skala von eins bis fünf). Hierbei wurden zunächst die Anforderungen an ein solches Tool in einer pre-digitalen Welt abgefragt. Zudem wurden die Probanden gebeten, dieselben Anforderungen in einer digitalen Welt zu bewerten (siehe Abbildung 5.47).

Übergreifend ist festzustellen, dass diese Anforderungen durchweg an Wichtigkeit in der digitalen Welt gewinnen, im Besonderen spielt die Zukunftsorientierung eines solchen Tools eine übergeordnete Rolle (Mittelwert 4,54). Die größte Zunahme erfährt die Anforderung der Integration von Wertschöpfungspartnern (eine Erhöhung des Mittelwertes um 37 Prozent). Auch nehmen zentrale Anforderungen wie der Prozess zur strategischen Ausrichtung von Unternehmen eine immer wichtigere Rolle ein (Mittelwertsteigerung in Höhe von 26 Prozent). Erwähnenswert ist auch die Anforderung, einen Wert(schöpfungs-)-Gedanken abzubilden aber auch zu steuern und zu gestalten. Interessant ist hierbei, dass die Anforderung an ein solches Performance Management Tool, eine Kopplung an ein leistungsbezogenes Vergütungssystem zu ermöglichen, sowohl in der

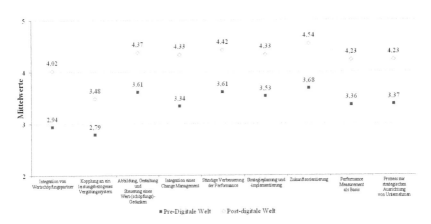

**Abbildung 5.47** Anforderungen an ein Performance Management Tool

pre- (Mittelwert 2,79) als auch in der digitalen Welt (3,48) eine verhältnismäßig untergeordnete Rolle zu spielen scheint. Zusammenfassend lässt sich also konstantieren.

> Erkenntnis 16: Ein Performance Management Tool sollte vornehmlich als *Prozess zur strategischen Ausrichtung des Unternehmens dienen*. Zudem sollte es in der Lage sein einen *Wert-(schöpfungs)-Gedanken abzubilden, zu steuern und zu gestalten*.

In einer geschlossenen Filterfrage wurden die Probanden aufgefordert anzugeben, ob ihnen der grundsätzliche Gedanke der Balanced Scorecard zu mindestens bekannt ist, bzw. ob dieser in dem entsprechenden Unternehmen bekannt ist (Abbildung 5.48). Auch hier wurde auf eine Gruppierungsanalyse zurückgegriffen.

Hier zeigt sich ein sehr deutliches Bild, der überwiegenden Mehrheit der Probanden (87 Prozent) ist der konzeptionelle Grundgedanke der Balanced Scorecard zumindest bekannt. Hierbei nutzen 44 Prozent der befragten Unternehmen diese auch. Ausschließlich circa jeder zehnte Proband kennt dieses Konzept nicht (11 Prozent).[153] Aus diesen Ausführungen lässt sich folgende Erkenntnis ableiten.

---

[153]Eine Übersicht von Studien die sich mit dem Verbreitungsgrad der Balanced Scorecard beschäftigen findet sich bei *Hofmann* (2011).

**Abbildung 5.48**  Bekanntheits- und Nutzungsgrad der Balanced Scorecard

Erkenntnis 17:    Der Grundgedanke der Balanced Scorecard ist *durchaus bekannt* und wird in der unternehmerischen Praxis *häufig genutzt.*

Zudem kann festgestellt werden, dass große Unternehmen die Balanced Scorecard deutlich häufiger nutzen. Auch kann festgehalten werden, dass vor allem der CDO das Konzept der Balanced Scorecard kennt und nutzt (97 Prozent kennen und nutzen die BSC). Zudem nutzen über dreiviertel der befragten Broker die Balanced Scorecard.

In einer weiteren geschlossenen Frage wurden die Probanden, welche den Gedanken der Balanced Scorecard kennen, diesen zu bewerten (siehe Abbildung 5.49).

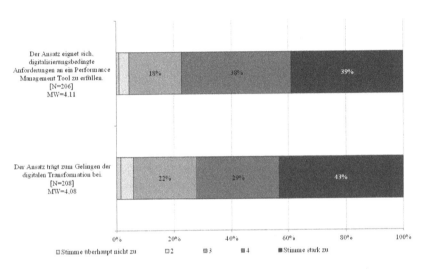

**Abbildung 5.49**   Sinnhaftigkeit der Balanced Scorecard als konzeptionelle Basis

Hier zeigt sich ein durchaus klares Bild. So sehen die Probanden diesen Ansatz sehr gut geeignet, die im Vorfeld formulierten Anforderungen an ein Performance Management System in der digitalen Welt zu erfüllen (Mittelwert 4,11). Auch die grundsätzliche Eignung der Balanced Scorecard, zum Gelingen der digitalen Transformation von Geschäftsmodellen beizutragen, wird von einem großen Anteil der Probanden bestätigt (Mittelwert 3,08). Hieraus lässt sich folgende Erkenntnis deduzieren.

---

Erkenntnis 18:   Die *Balanced Scorecard* wird als *sinnvolle konzeptionelle Basis* für ein Performance Management Tool in der digitalen Welt erachtet.

In Abschnitt 4.3.4 wurde die Bedeutung der Einbettung eines Performance Management Tools in den unternehmenspolitischen Rahmen, bestehend aus Strategie, Struktur und Kultur diskutiert, aufgrund dessen wurden die Probanden im Rahmen einer geschlossenen fünfstufigen Rating Skala gebeten die Notwendigkeit einer solchen Integration zu bewerten (siehe Abbildung 5.50).

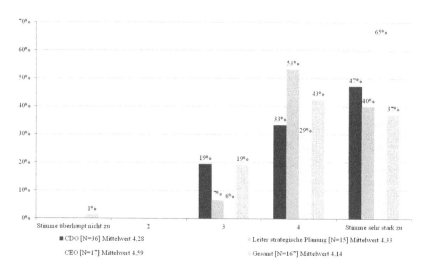

**Abbildung 5.50**　Unternehmenspolitischer Rahmen

Auch hier stimmen die Probanden dieser Notwendigkeit größtenteils (Mittelwert 4,14) zu bzw. zu 37 Prozent sogar sehr stark zu. Interessant ist hierbei auch, dass vor allem der CEO dessen sehr stark zustimmt (Mittelwert 4,59). Dementsprechend lässt sich folgendes festhalten.

> Erkenntnis 19:　Eine *Einbettung in den unternehmenspolitischen Rahmen*, bestehend aus *Strategie, Struktur und Kultur*, ist als *notwendig zu klassifizieren*.

Die Balanced Scorecard bietet den Vorteil mögliche Perspektiven zu ergänzen oder zu reduzieren. Um diese Möglichkeit in Betracht zu ziehen wurden die Probanden um eine Einschätzung gebeten die Eignung der Ursprungsperspektiven (Wert-, Ressourcen-, Prozess sowie Marktperspektive) im Rahmen einer fünfstufigen Rating Skala zu bewerten (siehe Abbildung 5.51).

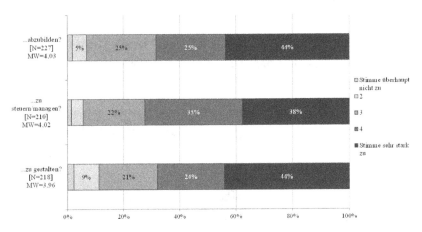

**Abbildung 5.51**   Eignung der Ursprungsperspektiven

Die empirischen Ergebnisse zeigen deutlich, dass eine Erweiterung/Kürzung der Perspektiven der Balanced Scorecard mit dem Zweck der Abbildung (Mittelwert 4,03), der Steuerung (Mittelwert 4,02) sowie der Gestaltung (Mittelwert 3,96) nicht notwendig erscheint.

> Erkenntnis 20:   Eine *Erweiterung/Reduzierung der Perspektiven* zur Abbildung, Steuerung und Gestaltung des Wertschöpfungskreislaufes in der digitalen Welt *ist nicht notwendig.*

Des Weiteren wurden die Probanden im Rahmen einer geschlossenen Frage aufgefordert, vorgegebene mögliche Perspektiven zur Erweiterung zu bewerten (siehe Abbildung 5.52).

Hierbei kann festgehalten werden, dass vor allem eine Kooperationsperspektive als sinnvoll eingeschätzt wird (Mittelwert 4,01). Eine Erweiterung der Balanced Scorecard um eine ökologische (Mittelwert 3,12) bzw. um eine soziale (Mittelwert (3,21) wird, im Vergleich, eher abgelehnt.

**Digitalisierungsbedingte Ursache-Wirkungszusammenhänge**
In Abschnitt 4.3.4 dieser Dissertation wird die Notwendigkeit der Abbildung, Steuerung und Gestaltung von digitalisierungsbedingten Ursache-Wirkungszusammenhängen in einem solchen Performance Management Tool

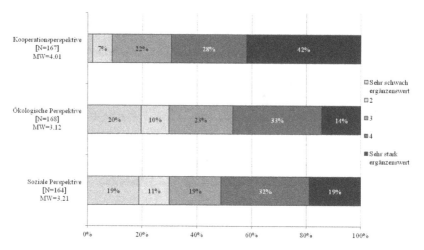

**Abbildung 5.52**  Zusatzperspektiven

diskutiert. Dementsprechend findet diese Diskussion auch in der empirischen Erhebung Beachtung.

Zunächst wurden die Probanden im Rahmen einer geschlossenen Frage gebeten, eine Einschätzung der Wichtigkeit der Abbildung, Steuerung, aber auch Gestaltung dieser Ursache-Wirkungszusammenhänge in einem solchen Performance Management Tool vorzunehmen (siehe Abbildung 5.53).

Die Ergebnisse machen deutlich, dass vor allem Steuerungsaspekte (Mittelwert 4,09) aber auch Gestaltungs- (Mittelwert 4) und Abbildungsaspekte (Mittelwert 3,94) in einem solchen Performance Management Tool als sehr wichtig erachtet werden. Desweiteren wurden den Probanden einige Vorteile offeriert, diese sollten mithilfe einer fünfstufigen Rating Skala bewertet werden (siehe Abbildung 5.54).

Hierbei zeigt sich, dass vor allem die Verbesserung des strategischen Bewusstseins der Entscheidungsträger als Vorteil empfunden wird (Mittelwert 4,14). Eine Unterstützung hinsichtlich der Strategieüberarbeitung wird hingegen etwas schlechter bewertet (Mittelwert 3,82). Dem Vorteil, einen Anpassungsbedarf der Struktur an der Strategie zu erkennen und umzusetzen, stimmen 31 Prozent der Probanden stark zu (Mittelwert 3,98).[154]

Zusammenfassend lässt sich folgende Erkenntnis festhalten.

---

[154]Siehe die Diskussion zum integrativen Strategie- und Organisationsdesign in Abschnitt 8.3.2.

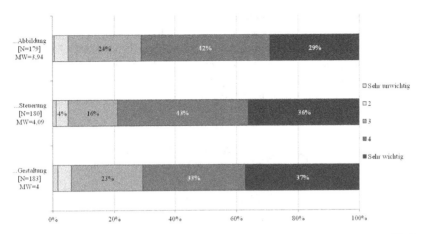

**Abbildung 5.53**   Ursache-Wirkungsbeziehungen in einem Performance Management Tool

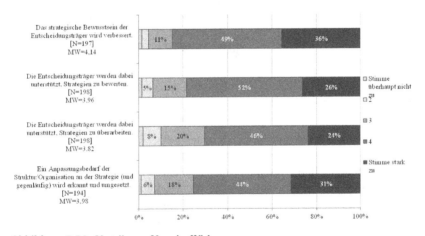

**Abbildung 5.54**   Vorteile von Ursache-Wirkung

Erkenntnis 21:   Die *Abbildung, Steuerung und Gestaltung* von *digitalisierungs-bedingten Ursache-Wirkungsbeziehungen* nimmt eine *besondere Bedeutung* ein. Hierdurch wird vor allem *das strategische Bewusstsein der Entscheidungsträger geschärft*. Auch kann ein *Anpassungsbedarf der Strategie* an der *Struktur* erkannt werden.

**Ziele, Indikatoren und Maßnahmen der Digitalisierungsscorecard**
Wie in Abschnitt 4.3.4 dargelegt, wird die Digitalisierungsstrategie mithilfe von
strategischen Zielen, Indikatoren und entsprechend abzuleitenden Maßnahmen operationalisiert. In diesem Abschnitt der empirischen Erhebung wurden die Probanden
im Rahmen einer geschlossenen Frage gebeten, Thesen auf einer Skala von eins bis
fünf zu bewerten (siehe Abbildung 5.55).

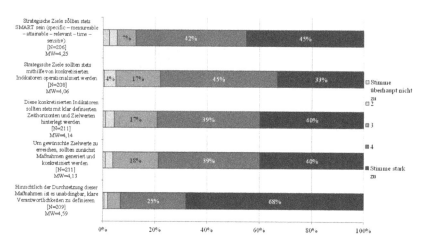

**Abbildung 5.55**   Thesen zur Digitalisierungsscorecard

Die Ergebnisse der empirischen Untersuchung machen deutlich, dass digitalisierungsbedingte strategische Ziele stets SMART seien sollten (Mittelwert 4,25). Diese
Ziele sollten stets mithilfe von Indikatoren konkretisiert werden (Mittelwert 4,06).
Diese Indikatoren sind stets mit klar definierten Zeithorizonten sowie Zielwerten
zu hinterlegen (Mittelwert 4,14). Um die gewünschten strategischen Ziele auch zu
erreichen, sollten Maßnahmen konkretisiert werden (Mittelwert 4,13). Damit diese
Maßnahmen auch implementiert werden, sehen es die Probanden als unabdingbar
an, klare Verantwortlichkeiten festzulegen (Mittelwert 4,59). Demzufolge lässt sich
folgende Erkenntnis ableiten.

Erkenntnis 22:   Digitalisierungsbedingte *strategische Ziele* sollten stets *SMART*
                 sein, diese sind stets mit *Indikatoren* und *Maßnahmen* zu
                 *konkretisieren*. Im Zuge dessen sind stets *klare Verantwortlichkeiten*
                 festzulegen.

**Integriertes Risikomanagement**

Zum Abschluss des Abschnittes erfolgen Fragestellungen hinsichtlich eines integrativen Risikomanagements. Hierzu wurde zunächst die Notwendigkeit eines Risikomanagements unter dem Gesichtspunkt von VUCA[155] eruiert (siehe Abbildung 5.56).

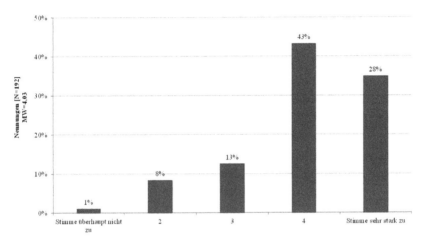

**Abbildung 5.56**  Risikomanagement

Hierbei sprechen die empirischen Ergebnisse eine klare Sprache, 28 Prozent der 192 befragten Probanden stimmen der Implementierung eines integrierten Risikomanagements stark zu, weitere 43 Prozent stimmen diesem zu (Mittelwert 4,03). Demzufolge lässt sich folgende Erkenntnis generieren.

> Erkenntnis 22:  Digitalisierungsbedingte *strategische Ziele* sollten stets *SMART* sein, diese sind stets mit *Indikatoren* und *Maßnahmen* zu *konkretisieren*. Im Zuge dessen sind stets *klare Verantwortlichkeiten* festzulegen.

Zudem wurden die Probanden gebeten anzugeben welche Aspekte in einem solchen integrativen Risikomanagement berücksichtigt werden sollten (siehe Abbildung 5.57).

---

[155] Siehe insbesondere Kapitel 2.

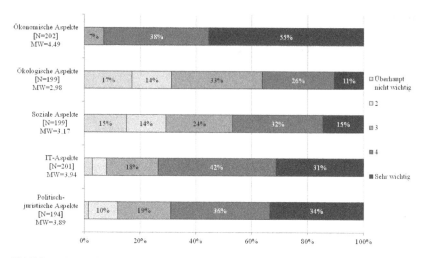

**Abbildung 5.57**  Aspekte in einem integrativen Risikomanagement

Die Ergebnisse der empirischen Erhebung verdeutlichen, dass vor allem ökonomische Aspekte (Mittelwert 4,49), IT-Aspekte (Mittelwert 3,94), sowie politisch-juristische Aspekte (Mittelwert 3,89) berücksichtigt werden sollten. Ökologische (Mittelwert 2,98) sowie soziale Aspekte (Mittelwert 3,17) finden verhältnismäßig wenig Anklang. Abschließend wurden die Probanden gebeten, Thesen zu einem integrativen Risikomanagement auf einer Rating Skala von eins bis fünf zu bewerten (siehe Abbildung 5.58).

Analog zu den Thesen zur Digitalisierungsscorecard sehen die Probanden auch hier eine klare Notwendigkeit Verantwortlichkeiten festzulegen (Mittelwert 4,43). Auch der Festlegung von Risikoschwellwerten (Mittelwert 3,89) sowie eine Typologisierung des Risikos (Mittelwert 3,88) wird zu großen Teilen zugestimmt.

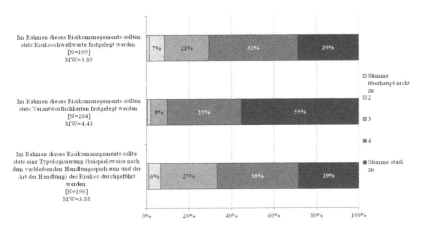

**Abbildung 5.58** Thesen zum Risikomanagement

### 5.3.4 Zu attestierende Erfolgswirkungen

Abschließend wurden die Probanden aufgefordert, Angaben zu möglichen Erfolgswirkungen der Digitalisierung, aber auch der Wirkung(en) von Digitalisierungsstrategien zu tätigen.

Im Zuge dessen wurden zunächst Fragen hinsichtlich der erhofften Erfolge im Sinne einer gesteigerten Effektivität und Effizienz der Digitalisierung und der ökonomischen Situation der Probanden formuliert. Des Weiteren wurde die Zufriedenheit im Vergleich zum stärksten Wettbewerber eruiert. Abschließend wurde der Einfluss einer Digitalisierungsstrategie auf den Erfolg der Digitalisierung verifiziert. Einleitend wurden die erhofften Erfolge mithilfe einer 5er Rating Skala (von sehr niedrig bis sehr hoch) eruiert (siehe Abbildung 5.59), hierbei ist festzuhalten, dass ökonomische Aspekte wie die Generierung von neuen Umsatzquellen (Mittelwert 3,51) oder höhere Margen (Mittelwert 3,55) eher eine untergeordnete Rolle zu spielen scheinen. Deutlich bedeutender erachten die Probanden eine bessere Kundenbindung (Mittelwert 4,05), eine höhere Innovationskraft (Mittelwert 4,06) und vor allem optimierte Geschäftsprozesse (Mittelwert 4,51) als durch die digitale Transformation bedingte Erfolge des Unternehmens.

Im weiteren Verlauf des vierten Fragenblockes wurden die Probanden mittels einer geschlossenen Fragestellung aufgefordert, eine Einschätzung ihres Unternehmens hinsichtlich ökonomischer Aspekte vorzunehmen (siehe Abbildung 5.60). Auch hier wurde eine Gruppierung bezüglich der Unternehmensgröße vorgenommen.

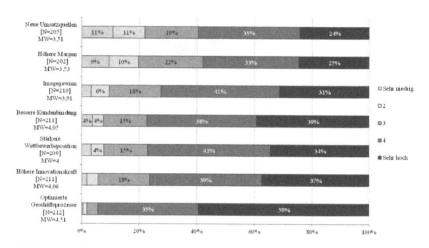

**Abbildung 5.59** Erfolgswirkungen der Digitalisierung

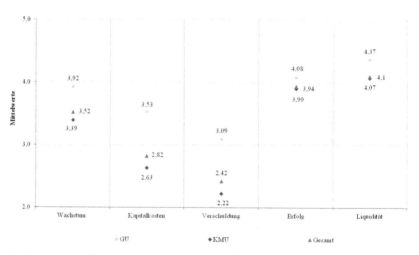

**Abbildung 5.60** Ökonomische Situation

Hierbei ist zu attestieren, dass die sich die Probanden erfolgreich (Mittelwert 3,92) und liquide (Mittelwert 4,06) einschätzen. Zudem ist festzuhalten, dass ein hohes Wachstum (Mittelwert 3,45) erwartet wird. Die Verschuldung (Mittelwert 2,35) und die Kapitalkosten (Mittelwert 2,67) werden eher gering eingestuft. Hinsichtlich der Unternehmensgröße bestehen vor allem bemerkenswerte Unterschiede bezüglich der Verschuldung und der Kapitalkosten.

Zudem wurde die Zufriedenheit hinsichtlich ausgewählter Aspekte im Vergleich zum stärksten Wettbewerber in einer geschlossenen Frage erhoben (siehe Abbildung 5.61). Hierbei ist auffällig, dass die Probanden vor allem mit dem Grad an Kundenloyalität (Mittelwert 3,99) und der gesamthaften Entwicklung (Mittelwert 3,7) zufrieden sind. Im Gegensatz dazu scheint hinsichtlich der Innovationskraft (Mittelwert 3,35) und vor allem des Digitalisierungsgrades (Mittelwert 3,11) noch Handlungsbedarf zu bestehen.

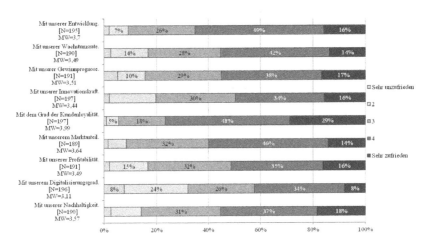

**Abbildung 5.61**  Zufriedenheit mit Aspekten

Bildet man sodann eine Korrelation zwischen dem Intensitätsgrad der Nutzung der Digitalisierungsstrategie und der Zufriedenheit mit der Innovationskraft ergibt sich folgendes Bild (siehe Abbildung 5.62).

Um dieses Ergebnis zu bestätigen wurden ebenfalls eine Regressionsanalyse durchgeführt (siehe Abbildung 5.63).

Abschließend wurden die Probanden im Rahmen einer offenen Frage gebeten, den Einfluss einer Digitalisierungsstrategie auf den Erfolg der Digitalisierung einzuschätzen (siehe Abbildung 5.64). Auch hier ergaben sich hinsichtlich der Unternehmensgröße Unterschiede.

**Korrelationen**

|  |  | Zufriedenheit mit der Innovationskraft | Intensität der Nutzung einer Digitalisierungs-strategie |
|---|---|---|---|
| Zufriedenheit mit der Innovationskraft | Korrelation nach Pearson | 1 | ,230** |
|  | Signifikanz (2-seitig) |  | 0,003 |
|  | N | 183 | 170 |
| Intensität der Nutzung einer Digitalisierungs-strategie | Korrelation nach Pearson | ,230** | 1 |
|  | Signifikanz (2-seitig) | 0,003 |  |
|  | N | 170 | 219 |

** Die Korrelation ist auf dem Niveau von 0,01 (2-seitig) signifikant.

**Abbildung 5.62** Korrelationsanalyse zwischen der Zufriedenheit mit der Innovationskraft und der Nutzung einer Digitalisierungsstrategie

**Modellzusammenfassung**

| Modell | R | R-Quadrat | Korrigiertes R-Quadrat | Standardfehler des Schätzers |
|---|---|---|---|---|
| 1 | ,178ᵃ | 0,032 | 0,026 | 0,976 |

a. Einflußvariablen : Intensität der Nutzung einer Digitalisierungsstrategie

**ANOVAᵃ**

| Modell |  | Quadratsumme | df | Mittel der Quadrate | F | Sig. |
|---|---|---|---|---|---|---|
| 1 | Regression | 4,943 | 1 | 4,943 | 5,194 | ,024ᵇ |
|  | Nicht standardisierte Residuen | 151,305 | 159 | 0,952 |  |  |
|  | Gesamt | 156,248 | 160 |  |  |  |

a. Abhängige Variable: Zufriedenheit mit der Innovationskraft
b. Einflußvariablen : (Konstante), Intensitität der Nutzung einer Digitalisierungsstrategie

**Koeffizientenᵃ**

| Modell |  | Nicht standardisierte Koeffizienten | | Standardisierte Koeffizienten | T | Sig. |
|---|---|---|---|---|---|---|
|  |  | Regressions-koeffizientB | Std.-Fehler | Beta |  |  |
| 1 | (Konstante) | 2,537 | 0,431 |  | 5,889 | 0,000 |
|  | Höhe des Digitalisierungsbudget in Relation zum Umsatz | 0,241 | 0,106 | 0,178 | 2,279 | 0,024 |

a. Abhängige Variable: Zufriedenheit mit der Innovationskraft

**Abbildung 5.63** Regressionsanalyse zwischen der Zufriedenheit mit der Innovationskraft und der Nutzung einer Digitalisierungsstrategie

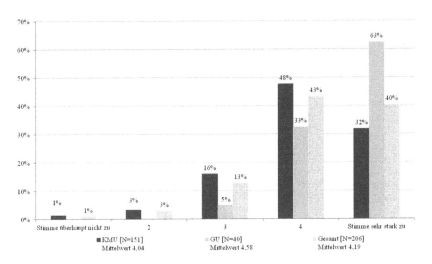

**Abbildung 5.64**  Einfluss der Digitalisierungsstrategie

Hierbei ist festzustellen, dass ein Großteil der Probanden den Einfluss einer Digitalisierungsstrategie als hoch einschätzt (Mittelwert 4,11).

## 5.4 Thesenüberprüfung und wesentliche Erkenntnisse der empirischen Untersuchung

Im Folgenden Abschnitt 5.4 sollen die im Laufe der Dissertation aufgestellten Thesen überprüft werden. Zudem sollen die wesentlichen Erkenntnisse der empirischen Untersuchung verbal aufgegriffen und auf die zu beantworteten Forschungsfragen bezogen werden.

Die nachfolgende Abbildung (5.65) zeigt sodann nochmals in der Übersicht die formulierten Thesen und ob diese beizubehalten oder zu verwerfen sind.

Im Folgenden sollen anhand der aufgestellten Forschungsfragen die wesentlichen Ergebnisse der empirischen Untersuchung kurz erläutert werden. Zudem sollen erste vorsichtige Bedeutungsgewinne für die Praxis abgeleitet werden. Die konkreten Handlungsempfehlungen für die unternehmerische Praxis erfolgen sodann in Kapitel 6.

| frage 1 | Business Strategie einordnen? | Beibehalten |
|---|---|---|
| FF1-These 1 | Die strategische Bedeutsamkeit der Digitalisierung steigt an. | Beibehalten |
| FF1-These 2 | Maßgebliche Impulse zur Digitalisierungsstrategieformulierung und -implementierung kommen aus dem Top-Management und dem Controlling. | Verwerfen |
| FF1-These 3 | Es herrscht kein homogenes definitorisches Verständnis einer Digitalisierungsstrategie in der unternehmerischen Praxis. | Verwerfen |
| FF1-These 4 | Um die digitale Transformation von Geschäftsmodellen ziel- und zweckorientiert gestalten, lenken und leiten zu können, könnte die Digitalisierungsstrategie eine netzwerkübergreifende Businessstrategie darstellen. | Beibehalten |
| FF1-These 5 | Digitalisierungsstrategien finden sich mehrheitlich in Großunternehmen. | Verwerfen |
| FF1-These 6 | Eine Digitalisierungsstrategie ist ein langfristig angelegtes, dass gesamte Unternehmen betreffendes Handlungsmuster, das ziel- und zweckorientiert beschreibt, wie die Unternehmensführung und das Controlling die digitale Transformation mit dem Zweck, nachhaltige (gemeinschaftliche) Wertschöpfung effektiv und effizient zu gewährleisten, gestaltet, lenkt und leitet. | Beibehalten |
| FF1-These 7 | Es gibt keine klaren Verantwortlichkeiten hinsichtlich der Implementierung einer Digitalisierungsstrategie. | Verwerfen |
| FF1-These 8 | Digitalisierungsstrategien verursachen vornehmlich in der Implementierungsphase Problematiken. | Beibehalten |
| **Forschungs-fragen 2** | **Welche Anforderungen könnte die digitale Welt an ein Performance Management stellen?** | **Verwerfen/ Beibehalten** |
| FF2-These 1 | Die Bedeutung der Anforderungen steigt in der digitalen Welt an. | Beibehalten |
| FF2-These 2 | Insbesondere die Anforderung einen Wertschöpfungsgedanken abbilden aber auch gestalten und steuern zu können ist als zentral zu klassifizieren. | Beibehalten |
| **Forschungs-fragen 3** | **Inwieweit könnten sich bestehende Performance Management Tools eignen, um diesen Anforderungen gerecht zu werden?** | **Verwerfen/ Beibehalten** |
| FF3-These 1 | Der Grundgedanke der Balanced Scorecard könnte eine geeignete Basis darstellen, da dieser Ansatz die digitalisierungsbedingten Anforderungen an ein Performance Management Tool erfüllen kann. | Beibehalten |
| **Forschungs-fragen 4** | **Wie kann ein Performance Management modifiziert werden, um diesen Anforderungen gerecht zu werden?** | **Verwerfen/ Beibehalten** |
| FF4-These 1 | Die Einbettung in den unternehmenspolitischen Rahmen, bestehend aus Struktur, Kultur und Strategie, könnte sinnvoll sein. | Beibehalten |
| FF4-These 2 | Die Ursprungsperspektiven der Balanced Scorecard bilden den Wertschöpfungskreislauf ausreichend ab. | Beibehalten |
| FF4-These 3 | Digitalisierungsbedingte strategische Ziele sollten SMART sein. | Beibehalten |
| FF4-These 4 | Die Hinzunahme einer vorgelagerten Strategy-Map, welche die digitalisierungsbedingten Ursache-Wirkungsbeziehungen abbildet, ist als notwendig zu klassifizieren. | Beibehalten |
| FF4-These 5 | Ein zentraler Vorteil ist hierbei in der Identifizierung von Anpassungsbedarfen der Struktur an die Digitalisierungsstrategie zu sehen | Beibehalten |
| FF4-These 6 | Die Integration eines Risikomanagements ist notwendig. | Beibehalten |
| FF4-These 7 | Eine Festlegung von Risikoschwellwerten und Verantwortlichkeiten sollte stets in einem | Beibehalten |

**Abbildung 5.65** Thesenüberprüfung

**Forschungsfrage 1:**     Wie lässt sich eine Digitalisierungsstrategie charakterisieren, definieren und in die Business Strategie einordnen?

Um eine generelle Kredibilität und Darlegung der Relevanz des zu betrachtenden Themenfeldes sicherzustellen, ist es zunächst unbedingt notwendig eine terminologische Klarheit sicherzustellen.

Um die Digitalisierungsstrategie begrifflich abzugrenzen, zu charakterisieren und in die Businessstrategie einzuordnen ist es zunächst jedoch notwendig die digitale Transformation des Geschäftsmodelles näher zu beleuchten.

Hierzu wurden einleitend einige ausgewählte Rahmenbedingungen der digitalen Transformation von Geschäftsmodellen eruiert. Zunächst ist festzuhalten, dass in der unternehmerischen Praxis unter der Digitalisierung oftmals die digitale Transformation von Geschäftsmodellen mithilfe von Informations- und Kommunikationstechnologien, unter der Prämisse des Wertschöpfungszweckes, verstanden wird. Die Praxis sieht in der Digitalisierung also weit mehr, als die reine Umwandlung von analogen Signalen in binäre Codes. Auch wird deutlich, dass der Zweck der Wertschöpfung eine übergeordnete Rolle spielt. So sollte die digitale Transformation immer zu einer Verbesserung der Wertschöpfung führen und nicht ihrer selbst wegen angestoßen und durchgeführt werden.

Es zeigt sich, dass eine große Anzahl der befragten Unternehmen im Transformationsprozess relativ weit fortgeschritten ist. So befindet sich gut die Hälfte der Stichprobe bereits in der Realisationsphase. Erstaunlich ist hierbei sicherlich, dass der Fortschritt im Transformationsprozess unabhängig von der Unternehmensgröße (kleine und mittlere Unternehmen sowie Großunternehmen) und dem Geschäftsmodelltypus (Creator, Landlord, Distributor und Broker) ist.

Trotz dieses weiten Fortschrittes im Prozess, gelingt es den meisten Probanden allerdings nicht den Digitalisierungsgrad ihres Unternehmens korrekt einzuschätzen. Überraschenderweise weist der Chief Digital Officer (CDO) hierbei die meisten Problematiken auf. Diese Position schätzt den Digitalisierungsgrad oftmals deutlich zu hoch ein. Am besten gelingt dies dem Chief Executive Officer. Wohingegen der Chief Financial Officer den Grad der Digitalisierung oftmals zu pessimistisch einschätzt.

Die empirische Erhebung zeigt zudem, dass obwohl der Einfluss der Digitalisierung auf die Faktoren des unternehmerischen Handelns (Input-, Through- und Output) als hoch eingeschätzt wird, diese einen geringen Digitalisierungsgrad aufweisen. Hierbei besteht also eindeutig Nachholbedarf für die unternehmerische Praxis.

Bezüglich eines separaten Budgets für Digitalisierungsbestrebungen zeigt sich, dass gut zweidrittel der Stichprobe über solche Budgets verfügen bzw. solche geplant haben. Hierbei sind allerdings deutliche Unterschiede zwischen den Unternehmensgrößen zu konstatieren. So finden sich solche Budgets deutlich häufiger in Großunternehmen (85 Prozent vorhanden, acht Prozent geplant) als in kleinen und mittleren Unternehmen (41 Prozent vorhanden, 23 Prozent geplant). Auch hinsichtlich der relativen Höhe (hier im Vergleich zum Umsatz) sind deutliche Unterschiede zwischen Großunternehmen (im Median elf Prozent) und kleinen und mittleren Unternehmen (im Median sechs Prozent) festzustellen.

Jedoch ist zu bemerken, dass kleine und mittlere Unternehmen einem Digitalisierungsbudget keine so große Bedeutung zuweisen (Mittelwert 3,5 – in Großunternehmen 4,38). Allerdings zeigen statistische Tests, dass Unternehmen die ein hohes Digitalisierungsbudget eingerichtet haben, auch einen höheren Digitalisierungsgrad aufweisen. Interessant ist hierbei, dass vor allem die Entwicklung vom Digital Fortgeschrittenen zum Digitalen Vorreiter durch eine deutliche Erhöhung des relativen Budgets erreicht wird.[156]

Bezugnehmend auf die Digitalisierungsstrategie kann einleitend festgestellt werden, dass die grundsätzliche strategische Bedeutsamkeit der Digitalisierung stetig zunimmt.[157] Hierbei sind allerdings Unterschiede zwischen den Unternehmensgrößen festzustellen. So wird die aktuelle und zukünftige strategische Bedeutsamkeit in Großunternehmen höher wahrgenommen.

Dies spiegelt sich auch darin wider, dass ein Großteil der Probanden Digitalisierungsaspekte in ihrer Strategie berücksichtigen. Erstaunlicherweise sind hierbei jedoch keine bemerkenswerten Unterschiede zwischen den Unternehmensgrößen festzustellen. Daraus lässt sich vorsichtig schließen, dass kleine und mittelständische Unternehmen die digitale Transformation zwar angehen wollen, die Mitarbeiter die Notwendigkeit aber möglicherweise nicht vollständig nachvollziehen können oder gar wollen.

Es zeigt sich jedoch auch hier, dass Unternehmen die der Digitalisierung eine hohe strategische Bedeutung attestieren, einen höheren Digitalisierungsgrad aufweisen.

Hinsichtlich der Definition einer Digitalisierungsstrategie ist festzustellen, dass die Digitalisierungsstrategie als ein langfristiges angelegtes, das gesamte Unternehmen betreffendes Handlungsmuster zu definieren ist, dass ziel- und zweckorientiert beschreibt, wie die Unternehmensführung und das Controlling die digitale Transformation mit dem Zweck, nachhaltige (gemeinschaftliche) Wertschöpfung effektiv und effizient zu gewährleisten, gestaltet, lenkt und leitet. Es zeigt sich also deutlich, dass die Probanden nicht nur strukturelle, sondern auch prozessuale und verhaltensbezogene Aspekte als wichtig erachten.

Bezüglich einer möglichen Einordnung zeigt die empirische Untersuchung ein klares Bild, so weisen Unternehmen, die die Digitalisierungsstrategie als

---

[156]Hierbei ist nochmals darauf hinzuweisen, dass keine Linearität unterstellt werden kann.
[157]Auch hier soll bewusst keine Linearität unterstellt werden.

unternehmensübergreifende Businessstrategie interpretieren, den höchsten Digitalisierungsgrad auf. Die Vermutung liegt also nahe, dass eine solche Einordnung als sinnvoll erscheint.

Diese Digitalisierungsstrategie wird in meisten Unternehmen durchaus intensiv genutzt (Mittelwert 4,11). Hier sind allerdings nur marginale Unterschiede zwischen den Unternehmensgrößen zu attestieren. So beträgt der Mittelwert bei kleinen und mittleren Unternehmen 3,96 und bei Großunternehmen 4,11.

Statistische Auswertungen zeigen, dass Unternehmen, welche die Digitalisierungsstrategie intensiv nutzen einen hohen Digitalisierungsgrad aufweisen. Dementsprechend sollte die Digitalisierungsstrategie nicht nur auf dem „Papier" bestehen, sondern auch intensiv genutzt werden. Wesentliche Vorteile sehen die Probanden in der Erleichterung von Kooperationen und der Verringerung der Komplexität.

Die Verantwortlichkeiten bezüglich der Formulierung und Implementierung einer Digitalisierungsstrategie sind zumeist klar festgelegt und liegen bei dem Chief Executive Officer. Der Chief Digital Officer kommt meist eher in der Implementierungsphase zum Einsatz. Bei rund 15 Prozent der Probanden werden in der Implementierungsphase keine Verantwortlichkeiten zugewiesen.

Wesentliche Impulse stellen das Streben nach Innovationsvorteilen (Mittelwert 4,09) und der Druck von bestehenden Wettbewerbern (Mittelwert 3,88) dar. Ein Großteil der Probanden sieht allerdings keine Problematiken in der Erfolgslage (Mittelwert 3,36). Dies erscheint also kein wesentlicher Impuls zu sein.

Die meisten Probanden verorten das Scheitern von Digitalisierungsstrategien in die Implementierungsphase. Hierbei stellen wesentliche Problematiken die Angst vor Veränderungen sowie kulturelle Beharrungskräfte dar.

**Forschungsfrage 2:**   **Welche Anforderungen könnte die digitale Welt an ein Performance Management stellen?**

Sicherlich sind die die meisten Performance Management Ansätze hinsichtlich der Erfüllung gewissen Anforderungen durchaus flexibel ausgestaltet.

Jedoch ist die Frage aufzuwerfen, welche konkreten Anforderungen die digitale Transformation bzw. digitale Geschäftsmodelle an ein solches Performance Management stellen könnten.

Einleitend ist zu konstatieren, dass die Probanden ein Performance Management vornehmlich als ein Tool interpretieren, welches dem Prozess zur strategischen Ausrichtung des Unternehmens dienen soll.

Die Abbildung, Steuerung und Gestaltung eines Wert-(schöpfungs)-Gedanken spielt neben der Integration eines Change Managements, der ständigen Verbesserung der Performance sowie der Zukunftsorientierung eine übergeordnete Rolle. Zudem zeigt sich, dass diese Anforderungen in der digitalen Welt deutlich an Bedeutung gewinnen. Jedoch zeigt sich, dass es hierbei keine wesentlichen Unterschiede zwischen den Unternehmensgrößen oder dem Geschäftsmodelltypus festzustellen sind.

**Forschungsfrage 3:**     **Inwieweit könnten sich bestehende Performance Management Tools eignen, um diesen Anforderungen gerecht zu werden?**

Durch die digitale Transformation wird das Performance Management mit der Problematik der instabilen externen, aber auch internen Umwelt konfrontiert (siehe Erkenntnisse zur Forschungsfrage 2). Demzufolge ist die Fragestellung aufzuwerfen, welche Performance Management Tools die unternehmerische Praxis als sinnvoll erachtet könnte.

Einleitend ist festzuhalten, dass der Grundgedanke der Balanced Scorecard in der unternehmerischen Praxis nach wie vor weit verbreitet ist. Vor allem gilt dies für Großunternehmen. In diesen wird der Grundgedanke der Balanced Scorecard in nahezu zweidrittel der befragten Unternehmen genutzt. Der Grundgedanke der Balanced Scorecard wird in kleinen und mittleren Unternehmen zwar nicht so häufig angewendet (gut ein Drittel), ist in diesen aber durchaus bekannt (in rund der Hälfte der befragten Unternehmen wird dieser nicht genutzt, ist aber dem Probanden geläufig).

Es kann also festgehalten werden, dass der Grundgedanke der Balanced Scorecard unabhängig von der Unternehmensgröße äußert bekannt ist.

Zudem kann festgehalten werden, dass die befragten Probanden (falls ihnen bekannt) den Grundgedanken der Balanced Scorecard als eine sinnvolle konzeptionelle Basis für ein Performance Management für digitale Geschäftsmodelle erachten.

So sprechen die Probanden dem Grundgedanken der Balanced Scorecard eine hohe Eignung zu, die digitalisierungsbedingten Anforderungen an ein Performance Management Tool zu erfüllen. Zudem folgen die Probanden der Stichprobe der These, dass dieser Ansatz zum grundsätzlichen Gelingen der digitalen Transformation beitragen kann.

So kann also subsumiert werden, dass der Grundgedanke der Balanced nicht nur häufig genutzt wird (bzw. wenn er nicht aktiv genutzt wird, ist er den Probanden zumindest durchaus geläufig), sondern auch von den befragten Probanden der

Stichprobe als sinnvolle konzeptionelle Basis für ein Performance Management Tool erachtet wird.

**Forschungsfrage 4:**   **Wie kann ein Performance Management modifiziert werden, um diesen Anforderungen gerecht zu werden?**

Einleitend lässt sich konstatieren, dass eine grundlegende Veränderung der Umwelt eine Änderung der Strategie zur Folge haben muss, welche einen direkten Einfluss auf das Performance Management hat. Es lässt sich also die Frage auswerfen, inwieweit ein solches Performance Management modifiziert werden sollte.

Zunächst ist festzuhalten, dass die Einbettung in den unternehmenspolitischen Rahmen, bestehend aus Strategie, Struktur und Kultur, als notwendig zu klassifizieren ist. In Abschnitt 4.3.1 wird erläutert, dass dies zwar für alle Geschäftsmodelle gilt. Jedoch nimmt diese Einbettung in digitalen Geschäftsmodellen eine besonders Hervorhebens werte Rolle ein. Diese Sichtweise konnte also in der empirischen Erhebung (die Probanden stimmten dieser These mit einem Mittelwert von 4,14 zu) bestätigt werden.

In Abschnitt 4.3.2 wurde ausführlich diskutiert, ob eine grundsätzliche Erweiterung der Perspektiven (im Besonderen um eine Informations- und Kommunikationstechnologie Perspektive) ziel- und zweckorientiert ist.

Ein Großteil der Probanden sieht allerdings eine Erweiterung/Reduzierung der Perspektiven zur Abbildung, Steuerung und Gestaltung des Wertschöpfungskreislaufes in der digitalen Welt als nicht notwendig an.

Jedoch nimmt die Abbildung, Steuerung und Gestaltung von digitalisierungsbedingten Ursache-Wirkungsbeziehungen eine besondere Bedeutung ein. Hierdurch sehen die Probanden vor allem die Schärfung des strategischen Bewusstseins der Entscheidungsträger als entscheidenden Mehrwert. Auch kann ein Anpassungsbedarf der Strategie an der Struktur erkannt werden.

Zudem unterstützen die Probanden die Forderung, dass digitalisierungsbedingte strategische Ziele SMART sein sollen, des Weiteren sind diese stets mit Indikatoren und Maßnahmen zu konkretisieren. Im Zuge dessen sind stets klare Verantwortlichkeiten festzulegen.

Auch wird die Integration eines Risikomanagements in der unternehmerischen Praxis als notwendig klassifiziert. Hierbei sollten, laut den Probanden der Stichprobe, neben ökonomischen Aspekten auch IT-Aspekte und Politisch-juristische Aspekte berücksichtigt werden. Interessant ist hierbei, dass die Probanden soziale sowie ökologische Aspekte als deutlich weniger wichtig erachten.

# Handlungsempfehlungen und Fallbeispiel

6

Das nun folgende sechste Kapitel hat die Ableitung von zielgerichteten, theoretisch fundierten, aber auch praxisnahen Handlungsempfehlungen zum Ziel. In Abschnitt 1.3 wird dargelegt, dass zweckorientierte Forschungsergebnisse nur durch eine Synthese aus betriebswirtschaftlichen Theorien und empirischen Daten generierten Argumentationssträngen entstehen können – Forschung im Gegenstrom.[1] Die Handlungsempfehlungen entstehen also aus einer integrativen Betrachtung der Untersuchungserkenntnisse aus den vorherigen Kapiteln dieser Dissertation.[2]

In Abschnitt 6.1 findet zunächst eine Diskussion hinsichtlich der Bedeutung von Handlungsempfehlungen in der Betriebswirtschaftslehre statt. Abschnitt 6.2 greift allgemeine Handlungsempfehlungen auf. Der Abschnitte 6.3 hat Handlungsempfehlungen bezüglich eines Performance Managements für das Management von digitalen Geschäftsmodellen zum Inhalt. Das Kapitel 6 schließt, in Abschnitt 6.4, mit einem rudimentären Fallbeispiel.

---

[1] Vgl. *Becker* (1990), S. 296.
[2] Ähnlich bei *Hilmer* (2016) S. 213, *Brandt* (2016), S. 265; *Botzkowski* (2018), 173.

---

**Elektronisches Zusatzmaterial** Die elektronische Version dieses Kapitels enthält Zusatzmaterial, das berechtigten Benutzern zur Verfügung steht. https://doi.org/10.1007/978-3-658-32177-2_6.

© Der/die Autor(en), exklusiv lizenziert durch Springer Fachmedien Wiesbaden GmbH, ein Teil von Springer Nature 2020
F. Schuhknecht, *Performance Management in der digitalen Welt*, Unternehmensführung & Controlling, https://doi.org/10.1007/978-3-658-32177-2_6

# 6.1  Handlungsempfehlungen in der Betriebswirtschaftslehre

Die Betriebswirtschaftslehre ist neben der Volkswirtschaftslehre ein Teilgebiet der Wirtschaftswissenschaften und somit als Realwissenschaft zu klassifizieren.[3] „Realwissenschaften haben die Beschaffenheit der uns umgebenen Welt zum Gegenstand."[4] Das grundsätzliche Ziel einer Realwissenschaft, Erfahrungswissenschaft bzw. empirischen Wissenschaft ist, das Wissen über einen Bereich der Realität zu optimieren und das konkrete Handeln in diesem vorab definierten Bereich zu verbessern.[5] Während sich die Realität in der Volkswirtschaftslehre auf die gesamtwirtschaftlichen Zusammenhänge bezieht, beschäftigt sich die Betriebswirtschaftslehre auf Einheiten – Betriebe – innerhalb der Gesamtwirtschaft.[6] Diese sind stets in einem wirtschaftlichen Umfeld eingebettet. Die Betriebe bzw. deren Umfeld bilden das Erfahrungsobjekt der Betriebswirtschaftslehre.

Aus diesem Objekt lassen sich die vier zentralen Aufgaben, Beschreiben, Erklären, Prognostizieren, sowie die Gestaltung von Handlungsmaßnahmen deduzieren.[7] Ob Wirtschaftswissenschaftler Empfehlungen aussprechen sollten, führte zu Beginn des 20. Jahrhunderts zu einer ausführlichen Debatte.[8] Denn Empfehlungen beruhen stets auf normativen Wertungen. Insbesondere MAX WEBER betonte, dass normative Aussagen nicht Teil der Wirtschaftswissenschaften seien dürften.[9] Da in den Sozialwissenschaften allerdings allgemeines menschliches Verhalten untersucht wird, ist es unmöglich auf normative Aussagen bzw. Aussagesysteme gänzlich zu verzichten.[10] Praxeologische Aussagen sollten jedoch stets den Anforderungen an konzeptionelle Vervollkommnung und Präzisierung, empirische Absicherung und instrumentelle Verarbeitung genügen.[11] „Konzeptionelle

---

[3] Anders als die Volkswirtschaftslehre wurde die Betriebswirtschaftslehre erst 1989, mit der Gründung der Handelshochschulen in Leipzig, Aachen und Wien, erstmalig als vollwertige Wissenschaft anerkannt, vgl. *Klein-Blenkers/Reiß* (1993)

[4] *Helfrich* (2016), S. 21.

[5] Vgl. *Helfrich* (2016), S. 21f.

[6] Ein Betrieb stellt eine planvoll organisierte Wirtschaftseinheit, in der Güter und Dienstleistungen hergestellt und abgesetzt werden, dar, vgl. *Wöhe/Döring/Brösel* (2016), S. 27.

[7] Vgl. *Schierenbeck/Wöhle* (2016), S. 21.

[8] Vgl. u. a. *Brodbeck* (1998), S. 8.

[9] Vgl. hierzu die neu aufgelegten Originalschriften von *Weber/Winckelmann/Weber* (1988) Für weitere Ausführungen zur Wertfreiheit vgl. *Habermas* (1985), S. 77; *Hillmann/Hartfiel* (1994), S. 932; *Putnam* (2004), S. 150ff.

[10] Vgl. *Brodbeck* (1998), S. 8.

[11] Vgl. *Grochla* (1976), S. 634; *Wagenhofer* (2006), S. 9f.

Forschung durchleuchtet komplexe Zusammenhänge, stützt sich auf logische oder plausible Überlegungen und trifft Handlungsempfehlungen. Formal-analytische Forschung erarbeitet Modelle, welche durch Vereinfachung und Abstraktion der rationalen Lösung von Entscheidungsproblemen dienen."[12] Da in vorliegender Arbeit konzeptionelle Forschung betrieben wurde, ist die Ableitung von ziel- und zweckorientierten Handlungsempfehlungen dringend zu empfehlen.

Es lässt sich also subsumieren, dass das Ziel der Betriebswirtschaftslehre, zum einen Entscheidungen darzustellen und zum anderen Implikationen für die unternehmerische Praxis zu folgern ist.[13] Die Betriebswirtschaftslehre als angewandte Wissenschaft wirft jedoch Uneinigkeiten von Grundlagenforschung und Unternehmenspraxis auf.[14] Deshalb sollte eine Beziehung zwischen Handlungsempfehlungen und empirischen Erkenntnissen hergestellt werden, sodass jede Empfehlung in sich schlüssig begründet ist.[15] Handlungsempfehlungen enthalten Maßnahmenbündel und unterstützen die systematische Problembewältigung von Unternehmen bzw. Organisationen.[16] Auf Basis der definierten Maßnahmenbündel können Unternehmen Rückmeldung über deren Erfolg geben, um so weitere Rückschlüsse und Erkenntnisse ziehen zu können.[17] Es sollte jedoch stets berücksichtigt werden, dass die durch den Forscher identifizierten Maßnahmen einen normativen Charakter besitzen.[18] Auch sind empirische Untersuchungen, deren Ergebnisse und die daraus abgeleiteten Handlungsempfehlungen zunächst nur als vorläufige Erkenntnisse zu betrachten.[19]

## 6.2 Allgemeine Handlungsempfehlungen

Zunächst sollen allgemeingültige Handlungsempfehlungen hinsichtlich der digitalen Transformation von Geschäftsmodellen ausgesprochen werden. Da dies nicht wesentlich zur Beantwortung der aufgestellten Forschungsfragen beiträgt, sollen diese bewusst weicher formuliert und nur als Ergänzung und Ausblick auf andere Forschungsschwerpunkte dienen.

---

[12]*Becker/Ulrich/Baltzer*, S. 14f.

[13]Vgl. *Becker* (1990), S. 296.

[14]Vgl. *Kirsch/Seidl/van Aaken* (2007), 167ff.

[15]Vgl. *Töpfer* (2012), S. 331.

[16]Vgl. *Kirsch/Seidl/Aaken* (2007), S. 224.

[17]Vgl. *Engelmeyer* (1998), S. 370.

[18]Vgl. *Kornmeier* (2007), S. 26.

[19]Vgl. *Botzkowski* (2018), S. 177.

Hierzu wird zunächst das Integratives Strategie- und Organisationsdesign diskutiert werden (Abschnitt 6.2.1). Daran schließen sich Erläuterungen zum Komplexitätsmanagement (Abschnitt 6.2.2), zum Change Management (Abschnitt 6.2.3), zur Werteverteilung (Abschnitt 6.2.4) sowie zum Informations- und Kommunikationstechnologien Management (Abschnitt 6.2.5).

## 6.2.1  Integratives Strategie- und Organisationsdesign in digitalen Geschäftsmodellen

CHANDLER verfolgt die These, dass die Wahl einer Organisationsstruktur maßgeblich von der Strategie des Unternehmens determiniert wird.[20] Diese Sichtweise lässt sich an dem Ausspruch „Structure follows Strategy"[21] festmachen. Diesem Gedanken folgend verändert sich die Struktur immer dann, wenn sie sich als ineffizient erweist. Es existiert also eine unmittelbare deterministischen Korrelation zwischen der Strategie und der Struktur eines Unternehmens.[22] Jedoch konnte festgestellt werden, dass bestimmte Organisationsstrukturen nur mit gewissen Strategien vereinbar sind.[23] Es müssen also für jede Strategie individuell angepasste Rahmenbedingungen geschaffen werden, um eine kongruente Struktur zu wählen um erfolgreich am Markt interagieren zu können.[24]

Differente Ansätze gehen davon aus, dass die Struktur[25] die Strategie determinieren kann.[26] Eine Verbindung zwischen Struktur und Strategie stellt in diesem Kontext eine Funktion dar, die unternehmerische Fähigkeiten und Erkenntnisse definiert. Somit wirken sich Veränderungen in der Struktur auf den strategischen Entscheidungsprozess des Managements und somit auch auf die Fähigkeiten aus

---

[20] Vgl. vornehmlich *Chandler* (2001), S. 14ff. Ergänzend ist auf *Amburgey/Dacin* (1994), S. 1429f; *Grant* (2002), S. 2ff.; *Kavale* (2012), S. 62 zu verweisen.

[21] *Chandler* (2001), S. 13.

[22] Vgl. *Dillerup/Stoi* (2013), S. 464; *Hungenberg* (2014), S. 55f.; *Bea/Haas* (2017), S. 384ff.

[23] Vgl. *Hungenberg* (2014), S. 328.

[24] Vgl. *Whittington* (2001), S. 100.

[25] Struktur wird hierbei als „[...]whether formally or informally defined, has two aspects. It includes, first, the lines of authority and communication between the different administrative offices and officers and, second, the information and data that flow through these lines of communication and authority" verstanden, *Hall/Saias* (1980), S. 151.

[26] Vgl. Vgl. *Bower* (1970), S. 2ff.; *Amburgey/Dacin* (1994), S. 1429f.

und verändern diese.[27] Demzufolge führen Veränderungen in der Organisationsstruktur zu Konsequenzen für die Strategie.[28] In der Literatur zum strategischen Management wird dies auch als „Strategy follows Structure"[29] betitelt.

Jedoch sind die beiden beschriebenen Ansätze nicht unabhängig voneinander zu betrachten.[30] Aufgrund dessen ist eine konzeptionelle Sichtweise vonnöten, die die gegenseitige Abstimmung von Strategie und Struktur aufgreift.[31] MINTZBERG beschreibt diese wechselseitige Kausalität zwischen der Strategie und Struktur.[32] Die Struktur hat jedoch einen deterministischen Einfluss auf die Strategie, denn eine ziel- und zweckorientierte Struktur muss die Unternehmensstrategie zugleich unterstützen und beeinflussen.[33] Es kann also konstatiert werden, dass „No ongoing organization ever wipes the slate clean when it changes strategy. The past counts, just as does the environment and the structure is a significant part of that past [...] We conclude, therefore, that structure follows strategy as the left foot follows the right in walking. In effect, strategy and structure both support the organization. None takes precedence; each always precedes the other, and follows it, expect when they move together, as the organization jumps to a new position."[34]

Das Top-Management muss also bereits in der Phase der Formulierung bis hin zur Implementierung der Digitalisierungsstrategie die Organisationsstruktur mit einbeziehen und mit den Marktverhältnissen abstimmen. Denn die Struktur muss die Digitalisierungsstrategie zur Verwirklichung der Wettbewerbsfähigkeit unterstützen. Auch ist es wichtig, dass die Digitalisierungsstrategie und Struktur mit der Umwelt verbunden sind, da sie von ihr wesentlich geprägt werden.[35]

Um eine erfolgreiche Implementierung einer Digitalisierungsstrategie zu ermöglichen, sind also entsprechende ziel- und zweckorientierte Adjustierungen in der Organisationsstruktur notwendig.[36] Auch sollte nicht außer Acht gelassen

---

[27]Vgl. *Hall/Saias* (1980), S. 153ff.; *Prahalad/Bettis* (1986), S. 491ff.; *Amburgey/Dacin* (1994), S. 1430.

[28]Vgl. *Rumelt* (1974), S. 3ff.; *Amburgey/Dacin* (1994), S. 1431f.

[29]Vgl. *Bower* (1970), S. 2ff.; *Amburgey/Dacin* (1994), S. 1429f.

[30]Vgl. *Müller-Stewens/Lechner* (2016), S. 439ff.; *Dillerup/Stoi* (2013), S. 464.

[31]Vgl. *Chandler* (2001), S. 13ff.; *Ansoff/Hayes* (1976), S. 1ff.; *Macharzina/Wolf* (2018), S. 391.

[32]Vgl. *Mintzberg* (1990), S. 183; *Amburgey/Dacin* (1994), S. 1429.

[33]Vgl. *Pullan* (2000), S. 1ff.; *Kavale* (2012), S. 68.

[34]Vgl. *Mintzberg* (1990), S. 183

[35]Vgl. *Kavale* (2012), S. 68.

[36]Vgl. *Hess et al.* (2016), S. 123ff.; *Weinrich* (2017), S. 658.

werden, dass das Organisationsdesign nicht nur die Struktur beeinflussen kann, sondern auch die Unternehmenskultur.[37]

So kann festgehalten werden, dass eine inadäquate Unternehmenskultur eine der größten Barrieren von unternehmerischem Erfolg im digitalen Zeitalter ist.[38] Eine unterstützende Kultur bedeutet unter anderem, eine konkrete Vision in Bezug auf Digitalisierung zu formulieren und zu implementieren.[39] Vor allem muss das „Mindset" der gesamten Organisation den neuen Gegebenheiten der digitalen Welt angepasst werden. Komponenten der Unternehmenskultur wie die Risikovermeidung, die Wahrnehmung von Kunden und eine funktionsübergreifende Zusammenarbeit sind hierbei kritische Erfolgsfaktoren.[40] Es lässt sich also folgende zentrale Handlungsempfehlung aussprechen.

> Handlungsempfehlung 1:  Eine Digitalisierungsstrategie ist *nicht isoliert zu betrachten.* Sie interagiert nicht unabhängig von der Struktur und der Kultur der Organisation. Demensprechend ist stets von einem *integrativen Digitalisierungsstrategie- und Organisationsdesign* zu sprechen.

### 6.2.2 Komplexitätsmanagement in digitalen Geschäftsmodellen

Die zunehmende Nachfrage nach Individualisierung, also personalisierten Produkten, führt zu einer höheren Differenzierbarkeit und Produktvielfalt, welche die Produktion sowie das Management vor neue Aufgaben stellt. Diese wachsende Komplexität zu steuern, die zugehörigen (Komplexitäts-) Kosten zu minimieren und die Wertschöpfung zu gewährleisten, sind als neue Herausforderung für Unternehmen anzusehen.[41] Dabei stellt nicht nur die Kundennachfrage einen

---

[37]Vgl. *Kates/Galbraith* (2010), S. 1ff.; *Weinrich* (2017), S. 661f. Obwohl die Unternehmenskultur als „weiche" Komponente angesehen wird, sind strikte bzw. „harte" Vorgehensweisen und Maßnahmen erforderlich, um sie zu verändern, vgl. Vgl. Szymura-Tyc/Kucia (2016), S. 68.

[38]Vgl. *Goran/LaBerge/Srinivasan* (2017), S. 2.

[39]Vgl. *Trautmann* (2014), S. 24 f.

[40]Vgl. *Summa* (2016), S. 84; *Goran/LaBerge/Srinivasan* (2017), S. 1.

[41]Vgl. *Gertz/Haeser* (2015), S. 4; *Wolleb/Schwichtenberg/Paschka* (2018), S. 3; *Stricker et al.* (2019), S. 1.

bedeutenden Einflussfaktor der Komplexität dar, sondern entlang des gesamten Wertschöpfungsnetzwerkes können relevante Parameter identifiziert werden. Dazu gehören unter anderem große Lieferantennetzwerke, steigender Wettbewerbsdruck, neue Regulationen und Technologieumbrüche.[42] Megatrends, wie die digitale Transformation, begünstigen Technologieumbrüche und führen so zu einer gesteigerten Dynamik der Unternehmensumwelt, die wiederum einen Anstieg der Komplexität mit sich bringt.[43]

Komplexitätsmanagement von Unternehmen setzt bei komplexen Sachverhalten an und entwickelt Strategien und Ansätze, um Komplexität zu beherrschen, zu verringern oder sogar zu bewältigen.[44] Dabei tritt Komplexität nicht nur im produzierenden Gewerbe oder der Automobilbranche[45] auf, sondern kann als branchenübergreifendes Phänomen in allen Sektoren betrachtet werden.[46] In der hier vorliegenden Dissertation wird das Komplexitätsverständnis von BECKER als Grundlage verwendet. Hierbei wird die Komplexität als Konnexion zwischen Dynamik und Differenziertheit verstanden (siehe Abbildung 6.1).[47]

Das Komplexitätsmanagement wiederum hat „die Gestaltung, Steuerung und Entwicklung der Vielfalt des Leistungsspektrums im Unternehmen in Bezug auf Produkte, Prozesse und Ressourcen."[48] zum Inhalt. Dabei ist dieses keine einmalige Maßnahme, sondern ein kontinuierlicher Verbesserungsprozess, der stets auf einer strategischen Ebene anzusiedeln ist.[49] Die Kernaufgaben des Komplexitätsmanagements liegen in der Komplexitätsreduzierung, -beherrschung aber auch

---

[42]Vgl. *Becker* (2017b), S. 56; *Becker/Nolte* (2019), S. 76; IBM (2010), S. 16.

[43]Vgl. *Döring-Seipel/Lantermann* (2015), S. 26; *Proff et al.* (2016), S. 3.

[44]Vgl. *Proff et al.* (2016), 2.

[45]Vgl. *Gertz/Haeser* (2015), S. 5; *Wolleb/Schwichtenberg/Paschka* (2018), S. 3.

[46]Vgl. *Thomiak* (2017), S. 2.

[47]*Becker* (2018), S. 101. *Becker/Baltzer* (2009), S. 5 halten fest, dass „im Sinne der allgemeinen Systemdefinition kann unter Komplexität die Differenziertheit, das heißt die Anzahl und Verschiedenheit der Elemente und Beziehungen sowie die Dynamik, das heißt die Veränderung dieser Elemente und Beziehungen im Zeitablauf, verstanden werden." Ähnliche Sichtweisen finden sich beispielsweise bei *Schatz/Schöllhammer/Jäger* (2014), S. 687f. diese verstehen unter Komplexität das Zusammenspiel der vier Dimensionen, Vielzahl, Vielfalt, Dynamik und Intransparenz. Die drei Charakteristika Vernetzung, Dynamik und Intransparenz finden sich im Komplexitätsverständnis von *Döring-Seipel/Lantermann* (2015), 5f. *Hahn* (1996), S. 7 wiederum definiert Komplexität als Art und Anzahl der Elemente und Beziehungen eines Systems. *Horváth* (2012), S. 3 versteht unter Komplexität die Anzahl und Verschiedenartigkeit der für die Unternehmung relevanten Umwelttatbestände.

[48]*Bayer* (2010), S. 23.

[49]Vgl. *Fisch/Beck* (2004), S. 12.

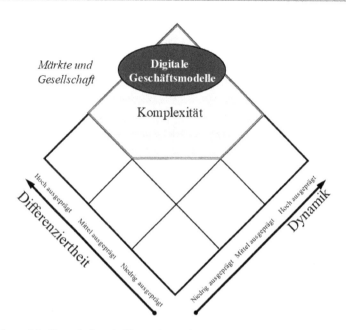

**Abbildung 6.1** Komplexität als Konnexion zwischen Dynamik und Differenziertheit (In Anlehnung an *Becker* (2018), S. 101.)

in der -vermeidung.[50] Zentraler Aufgabenträger des Komplexitätsmanagements stellt die Unternehmensführung dar, da „[...] welche Aspekte des Managements [..] auch immer vordergründig untersucht werden mögen, bei näherer Betrachtung zeigt sich, dass die eigentliche Funktion des Managements in der Bewältigung von Komplexität besteht."[51]

Die digitale Transformation von Geschäftsmodellen führt aufgrund neuer Technologien zu einer Steigerung der Komplexität.[52] Da sich zu hohe Komplexität negativ auf die Unternehmenssituation auswirken kann, ist ein Komplexitätsmanagement unerlässlich. Dieses sorgt für die Reduzierung, Beherrschung und Vermeidung von Komplexität innerhalb einer Organisation. Unterschiedliche Methoden, Instrumente und Werkzeuge des Komplexitätsmanagements können

---

[50]Vgl. *Wildemann* (2005), S. 46; *Syska* (2006), S. 76ff.; *Pubanz* (2013), S. 70: *Albayrak/Gadatsch* (2014), S. 68. *Schoeneberg* (2014), 19ff.

[51]*Malik* (2015), S. 166.

[52]Vgl. Abschnitt 2.1.

diesem Zweck dienen. Auch moderne Technologien, die durch die Digitalisierung entstanden sind, können zu einer Verringerung der Komplexität beitragen.[53]

Folglich kann die digitale Transformation sowohl als Ursache als auch als denkbare Lösungsmöglichkeit identifiziert werden. Vor allem das Variantenmanagement, das hauptsächlich im produzierenden Gewerbe angewandt und oftmals fälschlicherweise mit Komplexitätsmanagement gleichgesetzt wird,[54] könnte eine Rolle bei einer stärkeren Verbreitung des Komplexitätsmanagements in digitalen Geschäftsmodellen spielen. Diese Anschauung ist allerdings veraltet, denn Komplexitätsmanagement sollte branchenunabhängig und unternehmensweit in Unternehmen eingesetzt werden.[55]

Unterschiedliche Ausprägungen des Komplexitätsmanagements durch die Nutzung unterschiedlicher Methoden, Instrumente und Werkzeuge je nach Unternehmensbranche erscheinen zweckgemäß. Bei der Einführung eines Komplexitätsmanagements im Unternehmen kann die Unternehmensgröße eine ausschlaggebende Rolle spielen. Große, global agierende Unternehmen weisen meist sowohl eine hohe Differenziertheit als auch eine hohe Dynamik auf und sind folglich Komplexität ausgesetzt.[56] Kleinere Unternehmen hingegen bieten ihre Produkte und/oder Dienstleistung oftmals regional an und unterliegen aufgrund dessen einer geringeren Komplexität. Trotzdem kann ein Komplexitätsmanagement auch für diese Unternehmen sinnvoll sein. Das Komplexitätsmanagement sollte je nach Unternehmensgröße und Komplexitätsgrad in jedem digitalen Geschäftsmodell individuell ausgestaltet werden, so dass möglichst viele positive Effekte genutzt werden können.

Es lässt sich also folgende Handlungsempfehlung ableiten:

Handlungsempfehlung 2: Die Implementierung eines *Komplexitätsmanagements*, welches die Konnexion aus *Dynamik und Differenziertheit* in der digitalen Welt *reduziert, beherrscht* und *vermeidet* ist dringend *zu empfehlen*. Zentraler Aufgabenträger stellt hierbei die *Unternehmensführung* und das *Controlling* dar.

---

[53] Vgl. *Schatz/Schöllhammer/Jäger* (2014), S. 692; *Budde/Friedli* (2017), S. 37.

[54] Vgl. *Pubanz* (2013), S. 69; *Thiebes/Plankert* (2014), S. 169.

[55] Vgl. *Wolleb/Schwichtenberg/Paschka* (2018), S. 3; *Gertz/Haeser* (2015), S. 5.

[56] Vgl. *Pubanz* (2013), S. 68f.

### 6.2.3   Change Management in digitalen Geschäftsmodellen

Das Change Management[57] als strategischer Erfolgsfaktor nimmt bei der digitalen Transformation von Geschäftsmodellen eine zentrale Rolle ein.[58] Change Management Kompetenzen müssen effektiv und effizient eingesetzt werden um die Potentiale der Digitalisierung auszunutzen und einen Wettbewerbsvorteil für das Unternehmen zu schaffen.[59] Dabei sind klare Zielvorgaben für die Neuausrichtung von Geschäftsmodellen, Prozessen, Produkten und Dienstleistungen zu definieren und nachhaltig durchzuführen.[60] Unter dem Zweck einer Wertschöpfungssteigerung durch die Digitalisierung ist insbesondere der Zeitpunkt der Einführung des Transformationsprozesses von großer Bedeutung. Dies ist dadurch begründet, dass die Dringlichkeit der Digitalisierung vor allem bei gut wirtschaftenden Unternehmen nicht direkt erkennbar ist und somit viele das sogenannte „Window of Opportunity" verpassen und die Transformation somit verspätet und reaktiv anstatt rechtzeitig und proaktiv erfolgt. Dies kann zu erheblichen Kosten bis hin zur Gefährdung der langfristigen Existenz des Unternehmens führen.[61]

Zusätzlich ist die Ganzheitlichkeit des Transformationsprozesses entscheidend für den Erfolg. Nahezu alle Prozesse in Unternehmen sind davon betroffen und somit muss die Notwendigkeit der Veränderung hin zu digitalisierten Strukturen und Prozessen in der Denkhaltung und den Verhaltensmustern jedes einzelnen Mitarbeiters verankert sein.[62] In diesem Zusammenhang nimmt auch die Bedeutung von Führungskräftekompetenzen zu. Technologische Entwicklungen und ihre wirtschaftlichen Konsequenzen zu erkennen und entsprechend die Digitalisierungs-Entscheidung zu treffen sowie den dadurch initiierten kulturellen Wandel gezielt zu leiten, erfordert spezifische Kompetenzen.[63] Tabelle 6.1 stellt klassische Methoden des Change Management digitalisierungsbedingten Anforderungen gegenüber.

---

[57] Vgl. *Porter/Heppelmann* (2014), S. 64f.

[58] Die Digitalisierungsstrategie versteht sich als ganzheitlichen Ansatz, der das gesamte Unternehmen verändert und auch die Unternehmenskultur beeinflusst, vgl. *Boeselager*, 2018, S. 11.

[59] Vgl. exemplarisch *Kotter* (2015).

[60] Vgl. *Schewe* (2016), S. 73.

[61] Vgl. *Grgurevic* (2017), S. 152.

[62] Vgl. *Wilts/Berg* (2017), S. 7.

[63] Vgl. *Becker et al.* (2019), S. 116; *Müller* (2017), S. 230. Vor dem Hintergrund der Komplexität und Bedeutung der Digitalisierung erscheint außerdem ein ergänzendes Controlling in diesem Transformationsprozess als sinnvoll, um ein wirtschaftliches Handeln garantieren zu können, vgl. *Becker/Nolte* (2019), S. 86.

**Tabelle 6.1**  Gegenüberstellung klassischer Change Management Methoden und Anforderungen der digitalen Transformation von Geschäftsmodellen. (In Anlehnung an *Mühlfelder/Mettig/Klein* (2017), S. 93.)

| „Klassische" Change Management-Methoden (z. B. 8-Stufen Modell von (Kotter 2015) | Anforderungen digitaler Transformationen |
|---|---|
| Lineare Abfolge von Veränderungsschritten (z. B. „create sense of urgency", „build guiding coalition", …). | Iterative, kurzzyklische Veränderungsschleifen in kleinen Schritten; parallel und selbstorganisiert. |
| Veränderung führt zunächst zu Widerstand und Leistungsabfall. | Veränderung darf die Leistung der Organisation nicht verschlechtern; Status quo ist die Referenzlinie. |
| Kulturveränderung ist der letzte Schritt im Veränderungsprozess („institute change"). | Kultur- und Verhaltensänderung ist Teil jedes Veränderungsschritts. |
| Bewusste Formulierung einer Zukunftsmission und Vision („create a vision for change"). | Veränderung in kleinen Schritten; Verzicht auf expliziten strategischen Überbau und missionarischen Eifer; sichtbare inkrementelle Verbesserung. |
| Einbeziehung möglichst vieler in den Veränderungsprozess („empower broad based action"). | Gleichzeitige Veränderungsprozesse in unterschiedlichen Bereichen und auf verschiedenen Ebenen, die miteinander kommunizieren müssen (z. B. IT, Marketing, Vertrieb, Produktion, Einkauf, HR); Unterschiedliche Rollen im Veränderungsprozess müssen ausdifferenziert werden. |
| Erreichung kurzfristiger Verbesserungen („create quick wins"), danach erst Priorisierung langfristiger Ziele. | Priorisierung der „quick wins" erst im Verlauf des Veränderungsprozesses; Repriorisierung jederzeit möglich |

Institutionelle Barrieren und ein in vielen Unternehmen noch stets vorherrschendes Silodenken führen zu Widerständen gegenüber der digitalen Veränderung.[64] In diesem Zusammenhang ist es notwendig zunächst zu prüfen, inwieweit das Unternehmen überhaupt bereit für die digitale Transformation ist. Gerade in der Führungsebene und dem Top Management Team kann es zu Widerstand kommen, da sich durch die digitale Transformation organisationale Strukturen und damit verbunden auch die Machtverhältnisse ändern.[65]

---

[64]Vgl. *Fæste/Gumsheimer/Scherer* (2015), S. 9; *Schaefer et al.* (2017), S. 12.
[65]Vgl. *Wargin/Dobiéy* (2001), S. 73.

Hinzu kommt die nicht vorhandene Risikobereitschaft des Managements, radikale Entscheidungen zu treffen. Es besteht noch nicht die volle Bereitschaft, bestehende Prozesse, Strukturen und das Geschäftsmodell zu durchbrechen.[66] Fehlende personelle Kompetenzen führen dazu, dass Mitarbeiter den Wandel nicht verstehen und akzeptieren.[67]

Neben den im Zuge der digitalen Transformation notwendigen Informations- und Kommunikationstechnologie-Kompetenzen, sind insbesondere auch Change Kompetenzen gefragt. Mitarbeiter und vor allem Führungskräfte müssen greifbar sein und ausreichend sowie zielgerichtet kommunizieren.[68] Im Kontext einer passenden Unternehmenskultur sieht sich das Change Management der Herausforderung gegenüber, die Mitarbeiter „mitzunehmen" und für die digitale Transformation des Geschäftsmodelles zu begeistern.[69]

Zwar ist das Topmanagement für den Erfolg der digitalen Transformation und dementsprechend auch für ein in diesem Kontext agierendes Change Management verantwortlich.[70] Jedoch herrscht in vielen Unternehmen die Situation, dass der konkrete Verantwortungsbereich des Transformationsprozesses trotzdem nicht klar definiert ist. Insbesondere der „Digital Leader",[71] der unabhängig von seiner Position als Führungskraft in der digitalen Transformation gesehen werden kann und dementsprechend essentiell für das Change Management ist, ist in vielen Unternehmen unklar definiert und Verantwortungsbereiche sind nicht klar verteilt.[72]

In diesem Zusammenhang sind eine klare Zielausrichtung, eine Vision und eine digitale Strategie essentiell, um den für das spezifische Unternehmen richtigen Verantwortlichen mit entsprechenden Kompetenzen und Führungsqualitäten herauszuarbeiten. Passt der „Digital Leader" nicht zu der digitalen Strategie des Unternehmens, so wird er höchstwahrscheinlich darin scheitern, ein Change Management erfolgreich für die digitale Transformation von Geschäftsmodellen nutzen zu können.[73]

---

[66]Vgl. *Schaefer et al.* (2017), S. 38.

[67]Vgl. *Wargin/Dobiéy* (2001), S. 73.

[68]Vgl. *Schaefer et al.* (2017), S. 43.

[69]Vgl. *Daunt et al.* (2018), S. 3.

[70]Vgl. *Bloching et al.* (2015a), S. 14.

[71]Bezüglich weitere Ausführungen zum Digital Leader vgl. beispielsweise die Publikation von *Groß* (2018).

[72]Vgl. *Friedrich/Pachmajer/Curran* (2016), S. 4 f.

[73]Vgl. *Friedrich/Pachmajer/Curran* (2016), S. 4 f.; *Schaefer et al.* (2017), S. 49.

Die Integration eines ziel-und zweckorientierten Change Management in den digitalen Transformationsprozess von Geschäftsmodellen führt zudem zu agileren Strukturen. Veränderungen können frühzeitig wahrgenommen werden, die Unternehmenskultur durchläuft einen Prozess des ständigen Lernens, auf wechselhafte Märkte kann entsprechend schnell reagiert werden und es können fortlaufend Chancen am Markt erkannt werden, um noch erfolgreicher zu sein.[74]

Der ganzheitliche Ansatz, der dem Change Management zugrunde liegt, erscheint wie geschaffen für die Anforderungen der digitalen Transformation von Geschäftsmodellen. Hierdurch wird nicht nur die technische Perspektive des Wandels betrachtet, sondern das gesamte Unternehmen im Sinne seiner Struktur, Organisation sowie der Mitarbeiter auf die Voraussetzungen, die Chancen und die Erfolgsbedingungen der Digitalisierung umgestellt.[75] Durch die Integration eines Change Management werden somit nicht nur einzelne Aspekte des Geschäftsmodells, wie beispielsweise digitale Produktionstechnologien, sondern die Gesamtheit aller Faktoren[76] betrachtet.

Nur so kann die langfristige Unternehmensexistenz in einer sich schnell verändernden digitalen Unternehmensumwelt sichergestellt werden, da alle Bereiche des Unternehmens in der Lage sein müssen, auf eine solche zu reagieren.[77] Ein Change Management bewirkt zusätzlich die Sicherstellung der nachhaltigen Ausgestaltung aller im Kontext der Digitalisierung stattfindenden Prozesse und Abläufe.[78] In diesem Zusammenhang sind insbesondere die Auseinandersetzung mit den Auswirkungen der digitalen Transformation und die dafür notwendigen Ressourcen notwendig, um die Nachhaltigkeit des Transformationsprozesses sicherzustellen.[79]

Eine klar formulierte Unternehmensstrategie, die das Unternehmen anhand von zielgerichteten digitalen Initiativen entlang der vorgegebenen Vision leitet, ist Grundvoraussetzung für den langfristigen Erfolg der digitalen Transformation des Geschäftsmodells.[80]

Die Wirkungen, die im Sinne von Effektivität und Effizienz durch ein Change Management im Hinblick auf den digitalen Transformationsprozess erzielt werden, liegen insbesondere in der ganzheitlichen sowie agilen Ausgestaltung von

---

[74]Vgl. *Wargin/Dobiéy* (2001), S. 82; *Schaefer et al.* (2017), S. 14.

[75]Vgl. *Schaefer et al.* (2017), S. 158.

[76]Siehe Abschnitt 2.1.1.

[77]Vgl. *Zott/Amit* (2017), S. 23.

[78]Vgl. *Fæste/Gumsheimer/Scherer* (2015), S. 9.

[79]Vgl. *Martin* (2018), S. 10.

[80]Vgl. *Baculard et al.* (2017), S. 3.

Prozessen, Strukturen und Abläufen. Zusammenfassend lässt sich die folgende Empfehlung aussprechen.

Handlungsempfehlung 3:  Institutionelle Barrieren und ein in vielen Unternehmen noch stets vorherrschendes Silodenken führen zu Widerständen gegenüber der digitalen Veränderung, also auch der Implementierung einer Digitalisierungsstrategie, dementsprechend ist ein *phasenübergreifenden Change Management* als *Wegbereiter der digitalen Transformation von Geschäftsmodellen* einzusetzen.

## 6.2.4  Werteverteilung in digitalen Ökosystemen

Das Value Based Management (wertorientierte Unternehmensführung) findet seinen Ursprung Mitte der 1980er Jahre als Managementkonzeption in den USA und ist kaum aus der heutigen Unternehmenswelt wegzudenken.[81] In der betriebswirtschaftlichen Literatur besteht weitgehend Einigkeit darin, dass das oberste Ziel einer Unternehmung das Schaffen von ökonomischen Werten ist.[82]

Dies greift RAPPAPORT in seiner Managementkonzeption auf und setzt die Wertorientierung mit dem Ziel der Eigenkapitalmaximierung (Shareholder Value) gleich.[83] Eine reine Betrachtung der Steigerung des Eigenkapitalwertes wird jedoch auch kritisch angesehen.[84]

Als weiterer Bestandteil der wertorientierten Unternehmensführung wird daher der von PORTER beschriebene Shared Value gesehen.[85] Zur Steigerung des Wertes sollen weitere Anspruchsgruppen wie Kunden, Mitarbeiter, Staat und Gesellschaft berücksichtigt werden. Somit sind bei einer nachhaltigen Steigerung des Unternehmenswertes neben den Eigenkapitalgebern auch gesellschaftliche Bedürfnisse zu berücksichtigen.[86]

---

[81] Vgl. *Velthuis/Wesner* (2005), S. 1; *Weißenberger* (2009), S. 40f.; *Firk/Schmidt/Wolff* (2016), S. 366.

[82] Vgl. *Becker* (2000), S. 4; *Coenenberg/Salfeld/Schultze* (2015), S. 3.

[83] Vgl. *Firk/Schmidt/Wolff* (2016), S. 366.

[84] Vgl. *Becker* (2000), S. 4.; *Wall/Schröder* (2009), S. 6ff.; *Porter/Kramer* (2011), S. 4ff.; *Beck/Britzelmaier* (2012), S.

[85] Vgl. *Velthuis/Wesner* (2005), S. 1f.; *Porter/Kramer* (2011), S. 5.

[86] Vgl. *Velthuis/Wesner* (2005), S. 1f.

Der Zweck des unternehmerischen Handelns besteht demnach in der Bedürfnisbefriedigung, Bedarfsdeckung sowie Entgelterzielung. Durch die Ausrichtung
der unternehmerischen Aktivitäten auf das Schaffen von Mehrwerten (Wertschöpfung)[87], kann der Unternehmenswert steigen.[88]

Dementsprechend ist im Rahmen des Managements von digitalen Geschäftsmodellen die Frage aufzuwerfen, wie die entstandene digitale Wertschöpfung[89]
zu verteilen ist (siehe Abbildung 6.2).

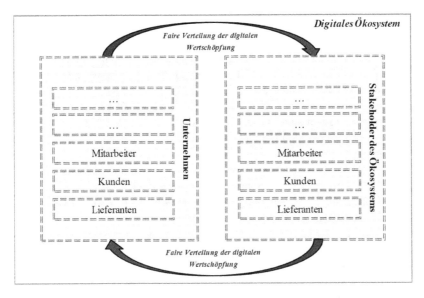

**Abbildung 6.2**  Entstehung und Verteilung einer digitalen Wertschöpfung

Die Unternehmensführung und das Controlling sollte also neben den Shareholder auch die Stakeholderinteressen berücksichtigen. Der nachhaltige Erfolg
von digitalen Geschäftsmodellen hängt nämlich nicht allein davon ab, ob die
Shareholder (sprich die Investoren) bereit sind genügend Kapital bereitstellen.
Langfristig ist der Existenz eines Unternehmens von den Stakeholdern des digitalen Ökosystems abhängig. Diese Anspruchsgruppen tragen beispielsweise durch

---

[87]Zur Diskussion des Wertschöpfungsbegriffes siehe Abschnitt 4.3.2.
[88]Vgl. *Becker* (2000), S. 4.
[89]Siehe Abschnitt 4.3.2.

den Kauf der digitalen Produkte und/oder Dienstleistungen oder dem Bereitstellen von Informations- und Kommunikationstechnologie- Know-how und der entsprechenden Infrastruktur maßgeblich zum Erfolg des Unternehmens bei und sollten in einem fairen Maß entlohnt werden. [90]

Hierbei darf nicht außer Acht gelassen werden, dass es sich bei der Wertschöpfung nicht ausschließlich um eine monetäre Größe handelt. So sollte auch beispielsweise die Bedürfnisbefriedigung fair verteilt sein.

Zunächst kann jedoch empfohlen werden, zu definieren in welchem digitalen Ökosystem das Unternehmen verortet ist.

Unter einem digitalen Ökosystem kann folgendes verstanden werden. „self-organizing, scalable and sustainable system composed of heterogenous digital entities and their interrelations focusing on interactions among entities to increase system utility, gain benefits, and promote information sharing, inner and inter cooperation and system innovation."[91]

Entscheidend ist hierbei allerdings, dass in einem digitalen Ökosystem verschieden stark ausgeprägte Machtkonstellationen vorherrschend sind. So verfügt beispielsweise ein Original Equipment Manufacturer gegenüber einem Zulieferer über eine große Marktmacht.

Es besteht also stets die Notwendigkeit, die eigene Position innerhalb des digitalen Ökosystems zu definieren, um frühzeitig Entwicklungen in Bezug auf die Machtstellung und Werteverteilung des Unternehmens im digitalen Ökosystem antizipieren zu können und somit wettbewerbsfähig zu bleiben.

Auch ist es essentiell die Wertschöpfungsverteilung innerhalb des Ökosystems fair zu gestalten, da sonst keine nachhaltige gemeinsame Wertschöpfung des digitalen Ökosystems möglich erscheint.

Wie eine konkrete faire Verteilung der Wertschöpfung ausgestaltet sein könnte, kann im Rahmen dieser Dissertation nicht abschließend beantwortet werden. Da auch dies sehr stark von situativ bedingten Umweltkonstellationen abhängig ist.

Zusammenfassend lässt sich die folgende Empfehlung aussprechen.

> **Handlungsempfehlung 4:** Unternehmen sollten sich stets der eigene *(Macht)-Postion* in *digitalen Ökosystemen* bewusst machen und eine *faire Verteilung der Wertschöpfung* an die anderen Partizipierten des digitalen Ökosystems gewährleisten.

---

[90] Ähnlich bei *Käppeli* (2011), S. 35.

[91] *Li et al.* (2012), S. 119

## 6.2.5 Informations- und Kommunikationstechnologie Management in digitalen Geschäftsmodellen

Wie bereits in Abschnitt 2.1.1 erörtert, sind Informations- und Kommunikations-technologien ein wesentliches Charakteristikum von digitalen Geschäftsmodellen. „Unternehmen werden heute in zunehmendem Maße von IT durchdrungen und durch diese entscheidend beeinflusst. Dies manifestiert sich darin, dass die sich immer schneller entwickelnde IT Unternehmen im operativen Tagesgeschäft maßgeblich unterstützt und somit auch auf strategischer Ebene einen Mehr-wert in Form von Wettbewerbsvorteilen, Kostenersparnissen etc. bietet. So sind bestimmte Arten von IT nicht zuletzt zur Sicherung des langfristigen Wohlerge-hens und Bestehens von Unternehmen besonders wichtig geworden. Auch können durch IT neue Geschäftsmodelle entwickelt und neue Märkte erschlossen werden. Vorausschauende Unternehmen erkennen dies und machen sich diese Art von IT zu Nutze."[92]

Dementsprechend ist es notwendig eine Handlungsempfehlung für das Mana-gement dieser Ressourcen auszusprechen. In diesem Fall stellen die Informations-und Kommunikationstechnologien das Objektfeld dieses Managements[93] dar. Im Folgenden sollen nun die Aufgaben und darauf aufbauend ein beispiel-haftes Werkzeug zur Erfüllung der Aufgaben erörtert werden. Zudem erfolgt abschließend eine Diskussion über denkbare Aufgabenträger.

Das Informations- und Kommunikationstechnologie Management hat zunächst die Aufgabe die Informations- und Kommunikationstechnologie im Unternehmen bereit zu stellen. Dies kann neben der klassischen Software, die grundsätzliche Infrastruktur aber auch die Sicherheit der Daten umfassen.[94] Diese Aufgabe sollte allerdings stets mit der Digitalisierungsstrategie abgestimmt sein.

Weitere zentrale Aufgaben stellt die Gestaltung des Leistungsprogramms der Informations- und Kommunikationstechnologies, das Management der Anwen-dungsentwicklung, das Management von Produktionsprozessen, die Bereitstel-lung des Produktionspotenzials, sowie die Anwenderunterstützung dar.[95] Ein Informations- und Kommunikationstechnologie Management garantiert somit das

---

[92]*Leimeister* (2015), S. 205.

[93]Bezüglich der Termini Objekt, Aufgaben und Aufgabenträger einer Management Konzep-tion wird auf *Becker/Baltzer/Ulrich* (2014), S. 51ff. verwiesen.

[94]Ähnlich bei *Leimeister* (2015), S. 205.

[95]Vgl. im Detail die Veröffentlichung von *Zarnekow* (2005).

gestalten und steuern aller Prozesse der Informations- und Kommunikationstechnologien und hat zum Ziel die Qualität dieser Informations- und Kommunikationstechnologies zu gewährleisten.[96] Als Werkzeug ist zum Beispiel das IT Infrastructure Library (ITIL) System (Abbildung 6.3 zeigt die Prozesse dieses Tools im Überblick), welches sich in der unternehmerischen Praxis bewährt hat zu empfehlen. Dieses kann als ein Art Nachschlagewerk für Management von Informations- und Kommunikationstechnologie Prozessen interpretiert werden.

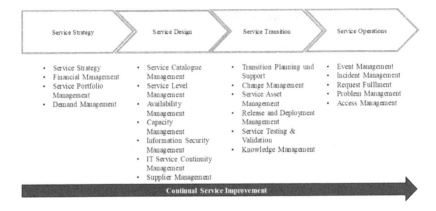

**Abbildung 6.3**  Prozesse des ITIL (In Anlehnung an *Leimeister* (2015), S. 317.)

Zudem ist die Frage aufzuwerfen welche Entscheidungs- und Handlungsträger für die beschriebenen Aufgaben maßgeblich verantwortlich sind. Bei der Implementierung neuer Informations- und Kommunikationstechnologien galt der Chief Information Officer als zentraler Entscheidungträger, indem er als Schnittstelle zwischen der Informations- und Kommunikationstechnologien und dem Kerngeschäft des Unternehmers fungierte.[97]

In der unternehmerischen Praxis, vor allem in den USA zeigt sich jedoch, dass der Chief Information Officer mit dieser Rolle oftmals überfordert ist.[98]

---

[96] Ähnlich bei *van Bong* (2007).

[97] Vgl. *Horlacher/Hess* (2014); *Singh/Hess* (2017).

[98] Vgl. *Weil/Woerner* (2013), S. 365.

In der wissenschaftlichen Literatur wird vielfach über den Chief Digital Officer als „Enabler" der digitalen Transformation diskutiert.[99] Diese Entwicklung spiegelt sich in der stark ansteigenden Anzahl an Chief Digital Officers,[100] dieser soll als „Top-Digitalisierungs-Officer"[101] die digitale Transformation vorantreiben.[102]

So stellen BECKER und SCHMID, als Ergebnis einer empirischen Untersuchung treffend fest, dass der Chief Digital Officer „aber maßgeblich für die digitale Transformation verantwortlich und wird von allen Mitgliedern des Top-Management-Teams dabei unterstützt. Aus seiner Verantwortung der Digitalisierung des Unternehmens resultieren seine Verpflichtungen und Rechte. Basierend auf dem übergeordneten Ziel, das gesamte Unternehmen erfolgreich in das digitale Zeitalter zu führen, muss der CDO dabei sämtliche Aktivitäten dem Vorstand berichten [...] Um die notwendigen Veränderungen in Bezug auf die digitale Transformation einleiten zu können, erhält der CDO hohe Freiheitsgrade, durch welche er ein hohes Maß an Freiheit bei der Gestaltung digitaler Ziele und Aktivitäten hat. Seine Aktivitäten hingegen muss er stets mit dem Top-Management abstimmen. Die Freiheiten spiegeln sich auch in den Funktionen und Aufgaben wieder, denn der CDO muss neben Aufgaben im strategischen Management das Unternehmen gesamthaft oder zumindest partiell digitalisieren."[103]

Subsumierend lässt sich also die folgende Handlungsempfehlung aussprechen.

> Handlungsempfehlung 4: Unternehmen sollten die Informations- und Kommunikationstechnologie *ziel und zweckorientiert gestalten und steuern*. Als *speziellen Managementtool* bietet sich beispielsweise das *praxisbewährte IT Infrastructure Library* (ITIL) an. Als Entscheidungsträger wäre hier der *Chief Digital Officer* zu nennen. Dieser benötigt allerdings eine Entscheidungslegitimation und hohe Freiheitsgrade.

---

[99] Vgl. u. a. *Sing/Heß* (2017); *Becker/Schmid/Botzkowski* (2018).

[100] Vgl. *Zisler et al.* (2016), S. 76.

[101] Für eine detaillierte Beschreibung des CDO (Verantwortlichkeiten, Pflichten und Rechte sowie Funktions- und Aufgabengebiete) wird auf *Becker/Schmid/Botzkowski* (2018) verwiesen.

[102] Vgl. *Haffke/Kalgovas/Benlian* (2016).

[103] *Becker/Schmid* (2019), S. 376.

Hierbei handelt es sich nur um eine beispielhafte Empfehlung. Die Frage nach der konkreten spezifischen Ausgestaltung eines Informations- und Kommunikationstechnologie Managements kann im Rahmen dieser Dissertation nicht abschließend beantwortet werden.

## 6.3 Handlungsempfehlungen hinsichtlich eines Performance Managements

In Abschnitt 6.3 sollen nun konkrete Handlungsempfehlung hinsichtlich einer konzeptionellen Basis und der Ausgestaltung eines Performance Management für digitale Geschäftsmodelle erfolgen. Hierzu wird zunächst die organisationale Aufhängung einer Digitalisierungsstrategie diskutiert (Abschnitt 6.3.1). Abschließend folgen Handlungsempfehlungen bezüglich der konkreten Ausgestaltung der Digitalisierungsscorecard (Abschnitt 6.3.2).

### 6.3.1 Die Digitalisierungsstrategie als übergreifende Businessstrategie

Während IT-Strategien die Finanzierung, Verteilung, Verwendung und das Management von Informationssystemen einer Organisation beschreiben,[104] adressiert die Digitalisierungsstrategie die ganze Organisation, in der digitale Ressourcen Wertschöpfung generieren sollen und zur Wettbewerbsfähigkeit des Unternehmens beitragen.[105]

In der wissenschaftlichen Literatur ist eine rege Diskussion hinsichtlich der organisationalen Verankerung einer Digitalisierungsstrategie zu attestieren. So betonen einige Autoren, dass die digitale Transformation von Geschäftsmodellen eine Neudefinition der Unternehmensstrategie zur Folgen haben könnte.

Aufgrund der damit einhergehenden dynamischen (Weiter-)-Entwicklung der Märkte, der Informations- und Kommunikationstechnologien und des Wettbewerbsumfelds sollten die Digitalisierungsaspekte wesentlicher Bestandteil der Businessstrategie sein.[106]

---

[104] Vgl. *Chen* (2010), S. 234ff.

[105] Vgl Abschnitt 5.2.

[106] Vgl. *Drnevich/Croson* (2013), S. 483ff.; *Reynolds/Yetton* (2015) S. 101ff.; *Berghaus* (2016), S. 130; *Horlacher/Hess* (2016), S. 5126ff.

SCHALLMO, WILLIAM und LOHSE ermitteln in der systematischen Literaturanalyse acht mögliche Ansätze einer Digitalisierungsstrategie.[107]

Die Autoren stellen fest, dass „[…] there is no approach that is based on more than two sources and only three approaches recommend a focused reaction to digitization drivers. Most of the approaches see digital strategy as a part of the corporate strategy and see digital strategy as dependent on the digital maturity."[108] Die hier vorliegende empirische Erhebung zeigt deutlich, dass sich dieser Empfehlung anzuschließen ist.

Es zeigt sich, dass eine organisationale Aufhängung als übergreifende Businessstrategie zu einem höhere Digitalisierungsgrad führt (Abbildung 6.4).

| Idealtypische Verankerung<br><br>Tatsächliche Verankerung | Die Digitalisierungsstrategie sollte eine eigenständige Strategie darstellen. | Die Digitalisierungsstrategie sollte anderen Funktionsstrategien (wie beispielsweise der IT-Strategie) untergeordnet sein. | Die Digitalisierungsstrategie sollte die unternehmensübergreifenden Businessstrategie darstellen. |
|---|---|---|---|
| Die Digitalisierungsstrategie stellt eine eigenständige Strategie dar. | 4.13 | 2.02 | 3.20 |
| Die Digitalisierungsstrategie ist anderen Funktionsstrategien (wie beispielsweise der IT-Strategie) untergeordnet. | 2.08 | 2.09 | 3.73 |
| Die Digitalisierungsstrategie stellt die unternehmensübergreifenden Businessstrategie dar. | 2.66 | 1.79 | 4.60 |

**Abbildung 6.4** Idealtypische vs. tatsächliche Verankerung

Ein interessantes Bild ergibt sich im Vergleich der tatsächlichen organisationalen Einordnung der Digitalisierungsstrategie mit der von den Probanden als idealtypisch angesehenen (siehe Abbildung 6.5).

Dieser Vergleich macht deutlich, dass die Probanden in Unternehmen, welche die Digitalisierungsstrategie als eine anderen Funktionalstrategien untergeordnete Strategie interpretieren, eine übergreifende Businessstrategie als sinnvoller erachten. Demzufolge lässt sich folgende Handlungsempfehlung ableiten.

Handlungsempfehlung 7: Um die digitale Transformation von Geschäftsmodellen ziel- und zweckorientiert gestalten, lenken und leiten zu können, sollte die *Digitalisierungsstrategie* eine *(netzwerk)- übergreifende Businessstrategie* darstellen.

---

[107] Vgl. *Schallmo/Williams/Lohse* (2018).

[108] *Schallmo/Williams/Lohse* (2019), S. 10. Die Autoren sprechen als Ergebnis mehrerer Fallstudien die Empfehlung aus, die Digitalisierungsstrategie als übergreifende Business strategie zu interpretieren, vlg. *Schallmo/Williams/Lohse* (2019), S. 12ff.

**Abbildung 6.5**  Fallbeispiel – Blueprint für die Implementierung einer Digitalisierungsscorecard (In Anlehnung an *Becker* (2017b), S. 277ff.)

## 6.3.2  Die Digitalisisierungsscorecard

In der wissenschaftlichen Diskussion ist man sich einig, dass Performance Management Systeme dafür geeignet sind, die Problematiken der Strategieimplementierung zu überwinden.[109] Durch die digitale Transformation von Geschäftsmodellen steigt unweigerlich die Komplexität[110] und damit auch die Problematiken hinsichtlich der Implementierung, aber auch der Formulierung von Digitalisierungsstrategien. Auch die hier durchgeführte empirische Erhebung zeigt deutlich, dass die Notwendigkeit eines Performance Management Tools in der digitalen Welt besteht.[111] Dementsprechend ist die Verwendung eines Performance Management Tools in der digitalen Welt unabdingbar. Dies führt zu folgender Handlungsempfehlung.

> Handlungsempfehlung 8:  Ein Performance Management Tool ist stets zur *Digitalisierungsstrategieformulierung* und *-implementierung*, aber auch zur *Prozessoptimierung* zu nutzen.

Die Balanced Scorecard ist auch 20 Jahre nach ihrer Einführung eines der bekanntesten und meist genutzten Performance Management Tools in der unternehmerischen Praxis. Im Rahmen einer systematischen Literaturanalyse[112] sowie

---

[109]Vgl. Abschnitt 1.1 sowie Abschnitt 2.3.
[110]Zum Komplexitätsbegriff siehe Abschnitt 9.2.2.
[111]Vgl. Abschnitt 8.3.3.
[112]Vgl. Abschnitt 6.1.

einer Beraterstudienanalyse[113] konnten entsprechende digitalisierungsbedingte Anforderungen an ein Performance Management deduziert werden. Durch die Anwendung eines Scoring Modells[114] kann aufgezeigt werden, dass die Balanced Scorecard am besten geeignet ist diese Anforderungen zu erfüllen. Auch die empirische Erhebung zeigt deutlich, dass die Balanced Scorecard in der deutschsprachigen Unternehmenspraxis außerordentlich bekannt ist und auch von einem Großteil der Unternehmen aktiv genutzt wird. Auch schätzen die Probanden die Balanced Scorecard als durchaus geeignet an, als Basis für ein Performance Management Tool in der digitalen Welt dienen zu können.[115] Die Balanced Scorecard ist zudem in der Lage, den Wertschöpfungskreislauf eines Unternehmens ziel- und zweckorientiert abbilden, steuern und damit auch gestalten zu können.[116] Demzufolge ist sie mehr als ein Instrument, welches Daten in Informationen transformiert.[117] Neben der Balanced Scorecard als konzeptionelle Basis ist es zu empfehlen das Objektive and Key Result Management als agiles Zielbildungssystem zu verwenden. Es lässt sich also folgende Handlungsempfehlung für die unternehmerische Praxis aussprechen.

> Handlungsempfehlung 9:    Das Grundkonzept der *Balanced Scorecard* bzw. die *Strategy Map* ist nicht nur als Instrument sondern als *konzeptionelle Basis* zu nutzen. Zudem sollte das *Objectives und Key Results Management* als agiles *Zielfindungs und -vereinbarungssystem* in die Digtialisierungsscorecard integriert werden

Um diesen Wertschöpfungskreislauf steuerbar zu machen, ist die Betrachtung von Ursache-Wirkungsbeziehungen unabdingbar.[118] Diese sind nicht nur abzubilden, sondern auch entsprechend zu steuern und zu gestalten.[119] Auch die empirische Erhebung zeigt die Bedeutsamkeit dieser digitalisierungsbedingten Ursache-Wirkungsbeziehungen in der unternehmerischen Praxis.[120] Es lässt sich also folgende Empfehlung an die unternehmerische Praxis aussprechen.

---

[113] Vgl. Abschnitt 6.2.

[114] Vgl. Abschnitt 7.1.

[115] Vgl. Abschnitt 8.3.3.

[116] Vgl. Abschnitt 4.5.

[117] Zur Diskussion eines Instrumentes, vgl. u. a. *Baltzer* (2013).

[118] Vgl. Abschnitt 7.6.1.

[119] Vgl. Abschnitt 7.8.

[120] Vgl. Abschnitt 8.3.3.

Handlungsempfehlung 10: Die *Abbildung, Steuerung und Gestaltung* von
*digitalisierungsbedingten Ursache-Wirkungsbeziehungen* ist
dringend erforderlich.

Um diese Ursache-Wirkungsbeziehungen zunächst abbildbar zu machen, bietet
sich die sogenannte „Strategy Map" an.[121] Diese hat neben der reinen Abbildung
von Ursache- Wirkungsbeziehungen das Potential, das strategische Bewusstsein
der Manager zu verbessern und sie dabei zu unterstützen, Strategien zu bewerten und zu überarbeiten.[122] Zudem wird die Fähigkeit des Entscheidungsträgers,
die Relevanz externer Informationen zu bewerten und einen Anpassungsbedarf
der Strategie zu erkennen nachhaltig verbessert. Die Strategy Map ist also, als
Zielbildungssystem, der Balanced Scorecard vorgelagert und bildet mit dieser
das Performance Management Tool in der digitalen Welt. Auch im Rahmen
der empirischen Erhebung wird die Bedeutsamkeit der Strategy Map deutlich.[123]
Demzufolge lässt sich folgende praxisnahe Handlungsempfehlung postulieren.

Handlungsempfehlung 11: Die Hinzunahme einer *vorgelagerten Strategy-Map*, welche die
*digitalisierungsbedingten Ursache-Wirkungsbeziehungen*
*abbildet*, ist zu empfehlen.

Sowohl in der Deduktion[124] als auch in der Induktion[125] dieser Dissertation
wird deutlich, dass ein integratives Risikomanagement, neben einem Chancen-
management, notwendig ist, um die Risiken der digitalen Transformation zu
identifizieren, zu analysieren, zu bewerten, zu steuern und zu überwachen.[126] Um
diese Aufgaben zu erfüllen, bietet sich die sogenannte Risk Map[127] an, sodass
sich folgende abschließende Handlungsempfehlung formulieren lässt.

---

[121]Vgl. *Kaplan/Norton* (2004).

[122]Vgl. *Cheng/Humphreys* (2012), S. 900f.

[123]Vgl. Abschnitt 8.3.3.

[124]Vgl. Abschnitt 6.2.5.

[125]Vgl. Abschnitt 7.3.3.

[126]Vgl. *Becker* (2017b), S. 310.

[127]Vgl. Fallbeispiel in Abschnitt 6.3.2.

Handlungsempfehlung 12: Die Implementierung eines *integrativen Risikomanagements,* welchen digitalisierungsbedingte *ökonomische, ökologische, soziale, IT-spezifische* sowie *politisch-juristische* Risiken *typologisiert,* mit *Risikoschwellwerten* belegt sowie *klare Verantwortlichkeiten* definiert ist für eine *erfolgreiche ziel- und zweckorientierte (wertschöpfungsorientierte) Steuerung und Gestaltung* der digitalen Transformation von Geschäftsmodellen unabdingbar. Hierzu kann eine *Risk Map* verwendet werden.

## 6.4 Fallbeispiel einer Digitalisierungsscorecard

Im Folgenden sollen die Ausführungen im Rahmen eines stark vereinfachten Fallbeispiels verdeutlicht werden. Detailreichere Ausführungen finden sich im Beitrag von BECKER und SCHUHKNECHT. [128] Hierbei werden allerdings nur ausgewählte Sachverhalte beschrieben, das Fallbeispiel erhebt also keinesfalls einen Anspruch auf eine umfängliche Vollständigkeit.

Im vorliegenden Fallbeispiel weist das Performance Management Tool die vier Perspektiven bzw. Ebenen Ressourcenperspektive, Prozessperspektive, Markt- und Prosumerperspektive sowie Wertschöpfungsperspektive auf. Mithilfe dieser vier Perspektiven lässt sich der Wertschöpfungskreislauf in digitalen Geschäftsmodellen abbilden, gestalten und steuern.[129] Zudem verfügt jede Ebene über drei SMARTe Ziele[130]. Auf Ressourcenperspektive sind das die Ziele „e-Collaborationen erhöhen"[131] „Electronic Data Interchange aufbauen"[132] sowie „Human Kapital qualifizieren"[133]. Diese tangiblen und intagiblen Ressourcen sind notwendig um die Prozesse des Unternehmens anzustoßen. So stehen die Ziele „Electronic Data Interchange aufbauen" der Ressourcenebene und „Digitalen Integrationsgrad erhöhen" der Prozessebene in einer komplementären Beziehung. Auch ist zwischen den Zielen „e-Collaborationen erhöhen" und „Digitalen Selbststeuerungsgrad erhöhen" eine solche Beziehung zu vermuten. Auch

---

[128] Vgl. *Becker/Schuhknecht* (2019), S. 32f.

[129] Siehe. Abschnitt 4.3.2

[130] Siehe Abschnitt 4.3.3.

[131] Erläuterungen zu e-Collaborationen und dem Digitalen Integrationsgrad finden sich beispielsweise bei *Appelfeller/Feldmann* (2018), S. 45f.

[132] Erläuterungen zum Electronic Data Interchange finden sich beispielsweise bei *Ramdeen/Santos/Chatfield* (2011), S. 95ff. sowie *Molka-Danielsen/Engelseth/Le* (2017), S. 597.

[133] Vgl. zur Bewertung und Steuerung des Humankapitals Abschnitt 4.3.2.2.

besteht die Möglichkeit einer Zielbeziehung zwischen der Ressourcenperspektive und der Markt- und Prosumerperspektive. So hat die Erfüllung der Ziele „Electronic Data Interchange aufbauen", „Human Kapital qualifizieren" sowie „Digitalen Selbststeuerungsgrad erhöhen" eine positive Wirkung auf das Ziel „Integration von Wertschöpfungspartnern"[134] auf der Markt- und Prosumerperspektive. Der Existenzsicherung nachgelagert strebt jedes Unternehmen nach einer Wertschöpfung.[135] Ziele in der Wertschöpfungsebene könnten „Bilanzgewinn verbessern", „Wertbeitrag erhöhen" sowie „Finanzlage verbessern" seien.

Die Zielbeziehungen müssen allerdings nicht per se komplementär sein.[136] So könnte zwischen dem Ziel „Human Kapital qualifizieren" und dem Ziel „Finanzlage verbessern" durchaus eine konfliktäre Zielbeziehungen bestehen. Vorstellbar wären auch potentiell konfliktäre Beziehungen im Bereich des Möglichen. „Die Beziehung zwischen dem Ziel des Ausbaus der After Sales Aktivitäten und dem Ziel, das Betriebsergebnis zu verbessern, kann als potentiell konfliktär klassifiziert werden, da nicht mit Sicherheit davon ausgegangen werden kann, dass die generierten Umsatzerlöse die Aufwände ohne Kapitelkosten und die Fremdkapitalkosten übersteigen."[137]

Zunächst ist allerdings über den grundsätzlichen Prozess zur Implementierung der Digitalisierungsscorecard zu diskutieren. Eine solche Implementierung sollte zunächst auf den Erkenntnissen eines „Readiness-Checks" aufbauen (siehe Abbildung 6.5).[138]

Der tatsächliche Prozess zur Implementierung einer Digitalisierungsscorecard lässt sich sodann in vier Grobphasen unterteilen (siehe ebenfalls Abbildung 6.5).[139] Nach dem Readiness-Check (Gate 1) wird in der ersten Phase ein klares Commitment aller beteiligten Entscheidungsträger vorausgesetzt. Auch sollte Einigkeit über die Ausgestaltung der Digitalisierungsstrategie bestehen. Im zweiten Gate wird diese Strategie sodann verabschiedet und die Entscheidungsträger erteilen die Freigabe zur Konzipierung der Digitalisierungsscorecard. In der zweiten Phase erfolgt sodann die tatsächliche Konzipierung der Scorecard. Hierzu sind

---

[134]Siehe. Abschnitt 4.3.2.4.

[135]Vgl. im Besonderen Abschnitt 4.3.2.1.

[136]Siehe Abschnitt 4.3.4

[137]Becker/Schuhknecht (2019), S. 33.

[138]*Becker* (2017b), S. 275 führt 31 Punkte an, die Unternehmen im Zuge des Checkes beachten sollen. Diese werden hinsichtlich einer Sach- und einer Verhaltensperspektive unterschieden.

[139]Genauere Erläuterungen zu den analogen Phasen der Balanced Scorecard Implementierung finden sich bei *Becker/Ulrich* (2019), S. 197f.

Workshops zu den digitalisierungsbedingten Ursache-Wirkungsbeziehungen, den Zielen, den Indikatoren sowie den Maßnahmen durchzuführen.

Wie bereits in Abschnitt 4.3.1 beschrieben, dient das Objectives und Key Results Management als agiles Zielfindungs und –vereinbarungssystem. Sie ist also als Zielbildungssystem in der Digitalisierungsscorecard sachlogisch vorgelagert.

Dies soll am Beispiel des Zieles „e-Collaborationen erhöhen" verdeutlicht werden (siehe Abbildung 6.6).

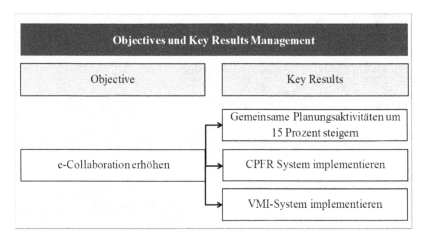

**Abbildung 6.6**  Fallbeispiel: OKR-Management

Auf Basis des Objectives and Key Results Managements lässt sich sodann der Grundgedanke der Balanced Scorecard in die Digitalisierungsscorecard integrieren (siehe Abbildung 6.7). In dieser können entsprechende Indikatoren und Maßnahmen[140] weiter konkretisiert werden.

So könnte hinsichtlich des strategischen Zieles „Digitalen Automatisierungsgrad erhöhen" die IT-Durchführungsrate einen validen Indikator darstellen. Hinsichtlich des Zeithorizontes und des Zielwertes sollte die Durchführungsrate innerhalb der folgenden Periode 15 Prozent betragen. Eine vorstellbare Maßnahme wären hier die Implementierung automatisch startender Batch Jobs, welche als eine „Kann-Maßnahme" (Mittleren Nutzen und mittleres Risiko) priorisiert werden.

---

[140]Erläuterungen zu Indikatoren und Maßnahmen finden sich in Abschnitt 4.3.3.

| OKR-Management | | Indikatoren | | Aktionsplan | | | |
|---|---|---|---|---|---|---|---|
| Perspektiven | Ziele | Indikatoren (Validität) | Indikatoren-konkretisierung (Zeithorizont/Zielwerte ($min/Toleranz/max_i$)) | Maßnahmen/ Priorisierung | Entscheidungs- und Realisations-verantwortung | Ressourcen (personell, technol., materiell, finanziell) | Zeitpunkt/ Zeitdauer der Realisierung |
| Wert-schöpfungs-perspektive | | Indikatoren (Z-W2) •Jahres-überschuss •Deckungs-beitragsmarge | Indikatoren-konkretisierung (Z-W2) •Steigerung des Jahresüberschusses um 5 Prozent in einer Periode. •DBU $t_{(i)}$: 15 Prozent. | Maßnahmen-bündel •Nutzung von Ansatz-wahlrechten /*Muss* | Verant-wortlicher •Chief Financial Officer | •1,5 Mio. € •20 FTE | •12 Monate |
| Markt- und Prosumer-perspektive | | Indikatoren (Z-M3) •Index of Jobs Solved •Kooperations-intensität | Indikatoren-konkretisierung (Z-M3) •Index of Jobs Solved um 20 Prozent steigern •Intensität um 15 Prozent steigern in zwei Perioden. | Maßnahmen-bündel •Workshops/ •*Muss* •Kundentage veranstalten /•*Muss* | Verant-wortlicher •Chief Marketing Officer | •5 Mio. € •5 FTE | •7 Monate |
| Prozess-perspektive | | Indikatoren (Z-P2) •IT Durch-führungsrate | Indikatoren-konkretisierung (Z-P2) •Durchführungsrate $t_{(i)}$: 15 Prozent. | Maßnahmen-bündel •Automatisch startende Batch Jobs einführen /*Kann* | Verant-wortlicher •Chief Process Officer | •15 Mio. € •2 Server | •5 Monate |
| Ressourcen-perspektive | | Indikatoren (Z-R1) •Gemeinsame Planungs-aktivitäten | Indikatoren-konkretisierung (Z-R1) •Gemeinsame Planungsaktivitäten um 15 Prozent bis 2020 steigern. | Maßnahmen-bündel •CPFR-System/*Muss* •VMI-System/*Darf nicht* | Verant-wortlicher •Chief Executive Officer | •25 Mio. € •Lieferanten-tag | •2 Monate |

*Bezüglich der Ziele vgl. Abbildung 6-8*

**Abbildung 6.7**  Fallbeispiel – Indikatoren und Aktionsplan

Die Entscheidungs- und Realisationsverantwortung dieser Maßnahme läge bei dem Chief Process Officer, welcher hierfür 15 Millionen Euro als finanziellen Ressourcen und zwei Server an physischen Ressourcen zur Durchführung dieser Maßnahme zur Verfügung gestellt bekommt. Hinsichtlich der Dauer der Maßnahmendurchführung wird einen validen Zeithorizont von zwei Monaten definiert.

Der Abschnitt 4.3.4 sowie die Erkenntnisse der empirischen Untersuchung zeigen deutlich, dass eine Abbildung, Steuerung und Gestaltung von digitalisierungsbedingten Ursache-Wirkungsbeziehungen als notwendig klassifiziert werden kann. Dieser lassen sich mit der Strategy Map entsprechend darstellen, steuern und auch gestalten.

Abbildung 6.8 zeigt dies an dem Fallbeispiel. Die hierfür notwendigen Angaben finden sich zu Beginn dieses Abschnitts.

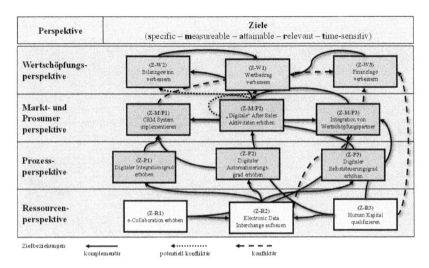

**Abbildung 6.8** Fallbeispiel – Strategy Map (In Anlehnung an *Becker/Schuhknecht* (2019), S. 33.)

Zudem kann die Digitialisierungsscorecard eine Erweiterung um ein integratives Risikomanagement[141] im Sinne einer Risk Map erfahren (siehe Abbildung 6.9).

So könnte die demographische Entwicklung zu einer mangelnden Fachkompetenz führen, „was wiederum eine Fehleinschätzung von Technologiepotentialen auf der Prozessebene nach sich ziehen kann".[142] Dies könnte einen Mangel hinsichtlich der Effizienz nach sich ziehen. Zudem könnte eine mangelnde Fachkompetenz zur einer geringeren Akzeptanz der Absatzmärkte führen, was wiederum zu einem Einbruch der Nachfrage führen könnte. Diese fehlende Akzeptanz könne auch Einfluss auf die Personalkosten haben. Diese beiden Parameter könnten zudem eine Verschlechterung der Erfolgslage zur Folge haben.

Diese Überlegungen lassen sich sodann in die Digitalisierungsscorecard integrieren (siehe Abbildung 6.10). In dieser werden Risikoschwellwerte, eine Risikokategorisierung sowie Maßnahmen definiert. Analog zur Digitalisierungsscorecard werden auch hier klare Verantwortlichkeiten bezüglich der Maßnahmenrealisierung festgelegt. So könnte bezüglich des strategischen Zieles „e-Collaboration

---

[141]Zum Risikomanagement bzw. der Risk Map vgl. Abschnitt 4.3.5.

[142]*Becker/Schuhknecht* (2019), S. 36.

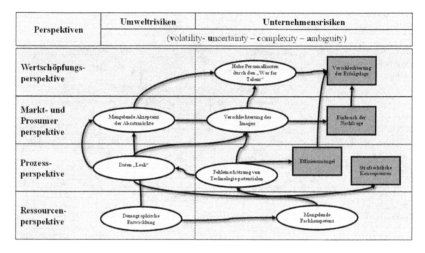

| Perspektiven | Umweltrisiken | Unternehmensrisiken |
|---|---|---|
| | (volatility- uncertainty – complexity – ambiguity) | |

**Abbildung 6.9** Fallbeispiel – Risk Map(In Anlehnung an *Becker/Schuhknecht* (2019), S. 35.)

erhöhen" der Indikator „Gemeinsame Planungsaktivitäten" einen Risikoschwellwert in Höhe von 25 Einheiten aufweisen. Da dieser allerdings 30 Einheiten ausweist, könnte dieses Risiko als „Potentielles Risiko" deklariert werden. Als Risikomaßnahme wäre die Implementierung eines Vendor-managed Inventory Systems[143] (Muss-Maßnahme) denkbar. Verantwortlich für die Umsetzung der Maßnahmen wäre in diesem Fall der Chief Executive Officer.

Nachdem die Digitalisierungsscorecard nun konzeptionell aufgebaut ist, wäre als nächster Schritt die Implementierung[144] einer solchen Digitalisierungsscorecard im Unternehmen anzustoßen.[145] In der dritten Phase wird die Digitalisierungsscorecard also im Tagesgeschäft installiert. Hierzu erfolgt ein Rollout der Digitalisierungsscorecard. Diese kann von der unternehmensweiten Scorecard über eine Abteilungsscorecard bis hin zu einer Personenscorecard ausgeweitet werden. Abschließend erfolgt ein Review (Phase 4) der Digitalisierungsscorecard. Dieser sollte aufgrund der volatilen Umwelt nach Möglichkeit mindestens

---

[143]Erläuterungen zum Vendor-managed Inventory finden sich beispielsweise bei *Alfares/Attia* (2017); 5706f. sowie *Hemmati/Fatemi Ghomi/Sajadieh* (2017), S. 5226.

[144]Verschiedene Motivationen zur Implementierung werden von *Becker/Ulrich* (2019), S. 197 beleuchtet.

[145]Zentrale Erfolgsfaktoren einer Balanced Scorecard finden sich bei *Becker* (2017b), S. 303.

| Indikatoren | | Risikomanagement | | | Aktionsplan | | | |
|---|---|---|---|---|---|---|---|---|
| Indikatoren (Validität) | Indikatoren-konkretisierung (Zeithorizont/Zielwerte (min. Toleranz/max.)) | Risiko-schwell-wert | IST-Wert | Risiko-typ | Maßnahmen/ Priorisierung | Entscheidungs- und Realisations-verantwortung | Ressourcen (personell, techno., materiell, finanziell) | Zeitpunkt/ Zeitdauer der Real-isierung |
| Indikatoren (Z-W2) •Jahres-überschuss •Deckungs-beitragsmarge | Indikatoren-konkretisierung (Z-W2) •Steigerung des Jahresüberschusses um 5 Prozent in einer Periode. •DBU t$_{(1)}$: 15 Prozent. | 9 Prozent DBU | 10 Prozent DBU | Akutes Risiko | Maßnahmen-bündel •Nutzung von Ansatz-wahlrechten /Muss | Verant-wortlicher •Chief Financial Officer | •1,5 Mio. € •20 FTE | •12 Monate |
| Indikatoren (Z-M3) •Index of Jobs Solved •Kooperations-intensität | Indikatoren-konkretisierung (Z-M3) •Index of Jobs Solved 20 Prozent steigern •Intensität um 15 Prozent steigern in zwei Perioden. | 50.000 Jobs Solved | 51.000 Jobs Solved | Akutes Risiko | Maßnahmen-bündel •Workshops/Muss •Kundentage veranstalten •/Muss | Verant-wortlicher •Chief Marketing Officer | •5 Mio. € •5 FTE | •7 Monate |
| Indikatoren (Z-P2) •IT Durch-führungsrate | Indikatoren-konkretisierung (Z-P2) •Durchführungsrate t$_{(1)}$: 15 Prozent. | 7,5 Prozent | 13 Prozent | Potent-ielles Risiko | Maßnahmen-bündel •Automatisch startende Batch Jobs einführen /Kann | Verant-wortlicher •Chief Process Officer | •15 Mio. € •2 Server | •5 Monate |
| Indikatoren (Z-R1) •Gemeinsame Planungs-aktivitäten | Indikatoren-konkretisierung (Z-R1) •Gemeinsame Planungsaktivitäten um 15 Prozent bis 2020 steigern. | 25 Gemein-same Planungs-aktivitäten | 30 Gemein-same Planungs-aktivitäten | Potent-ielles Risiko | Maßnahmen-bündel •CPFR-System/Muss •VMI-System/Darf nicht | Verant-wortlicher •Chief Executive Officer | •25 Mio. € •Lieferanten-tag | •2 Monate |

**Abbildung 6.10**  Fallbeispiel – Integration des Risikomanagements in die Digitalisierungs-scorecard. (In Anlehnung an *Becker/Schuhknecht* (2019), S. 37.)

vierteljährlich durchgeführt werden. Dieser ist zunächst zu konzipieren und abzu-stimmen sowie zu kommunizieren. Die identifizierten Anpassungsbedarfe sind sodann in die Scorecard zu integrieren und dauerhaft zu überwachen. [146]

---

[146]Eine mögliche Ausgestaltung dieses Reviews findet sich bei *Becker* (2017b), S. 302.

# Resümee und Ausblick 7

Im sich nun anschließenden siebten und letzten Kapitel dieser Dissertation soll ein Resümee gezogen und ein Ausblick auf weitere Forschungsaktivitäten gewagt werden.

Hier werden zunächst die Erkenntnisse anhand der aufgestellten Forschungsfragen rekapituliert (Abschnitt 7.1). Die Dissertation schließt sodann in Abschnitt 7.2 mit einem einer kritische Reflexion der methodischen Vorgehensweise und einem kurzen Ausblick auf weitere Forschungsaktivitäten.

## 7.1    Erkenntnisse der Arbeit

Um die Erkenntnisse der Arbeit sinnvoll zu ordnen und einen ziel- und zweckorientierten Überblick zu ermöglichen, werden die Forschungsfragen, welche sich in Abschnitt 1.2 finden erneut aufgegriffen.

**Forschungsfrage 1:**    **Wie lässt sich eine Digitalisierungsstrategie charakterisieren, definieren und in die Business Strategie einordnen?**

Bevor sich der Frage angenommen werden kann, wie eine Digitalisierungsstrategie zu charakterisieren ist sollte ein Digitalisierungsverständnis geschaffen

**Elektronisches Zusatzmaterial** Die elektronische Version dieses Kapitels enthält Zusatzmaterial, das berechtigten Benutzern zur Verfügung steht. https://doi.org/10.1007/978-3-658-32177-2_7.

werden. In der wissenschaftlichen Diskussion aber auch in der unternehmerischen Praxis herrscht hierzu jedoch kein einheitliches Verständnis der Digitalisierung. Die Definitionen reichen von sehr technisch orientierten, Industrie 4.0-lastigen Abgrenzungen bis hin zu rein kaufmännischen Definitionen des Begriffes. Die hier vorliegende Arbeit nimmt sich zu Beginn dieser Problematik an und versteht unter der Digitalisierung die digitale Transformation von Geschäftsmodellen als ein strategisches Konzept der Unternehmensentwicklung. Also als eine durch interne oder externe Impulse ausgelöste Zustandsveränderung (Transformation) die durch ein strategisches Management proaktiv und antizipativ (zum Zweck der Wertschöpfung) gestaltet (strukturelle Aspekte), gelenkt (prozessuale Aspekte) und geleitet (Verhaltensaspekte) werden sollte. Allerdings ist mit Nachdruck darauf hinzuweisen, dass die digitale Transformation von Geschäftsmodellen nicht als ein punktueller bzw. einmaliger Akt verstanden werden kann. Es handelt sich eher um einen komplexen, mehrdimensionalen sich stets wiederholenden Prozess. Die digitale Transformation des Geschäftsmodelles ist also nie per se abgeschlossen.

Ein digitales bzw. partiell digitalen Geschäftsmodell (als Ergebnis dieses sich stets wiederholenden Zustandsveränderung) charakterisiert sich zunächst allgemein als ein Geschäftsmodell dessen Elemente (im Wesentlichen der Ressourcentransfer und die Austauschbeziehungen mit anderen Marktteilnehmen) bzw. dessen Grundprinzip der Wertschöpfung mithilfe von Informations- und Kommunikationstechnologien (partiell oder total) transformiert wurden. Es kann also subsumiert werden, dass ein digitales Geschäftsmodell darauf abzielt, Enabler in den Elementen des Geschäftsmodells einzusetzen, um beispielsweise digitale Potenziale und Prozesse zu fördern, ein digitales Wertschöpfungsnetzwerk, agile Strukturen sowie digitale Kundenerfahrungen zu gestalten. Digitale Geschäftsmodell stellen also das Objektfeld der hier vorliegenden Dissertation dar.

Empirische Studien, auch die hier durchgeführte, zeigen, dass einerseits die strategische Bedeutsamkeit der digitalen Transformation stetig steigt und immer mehr Unternehmen Digitalisierungsaspekte in ihrer Strategie berücksichtigen. Diese Bestrebungen werden meist durch das Top-Management und das Controlling induziert.

Zudem tragen Digitalisierungsstrategien maßgeblich zum Erfolg der digitalen Transformation von Geschäftsmodellen bei. So kann im Rahmen der Arbeit mithilfe einer linearen Regression aufgezeigt werden, dass Unternehmen die eine Digitalisierungsstrategie intensiver nutzen auch einen höheren Digitalisierungsgrad aufweisen.

Allerdings herrscht, vor allem in der wissenschaftlichen Literatur, kein einheitliches Definitionsgebaren einer Digitalisierungsstrategie. Durch die Anwendung der gewählten Forschungsmethodik (Forschung im Gegenstrom) kann die Digitalisierungsstrategie als ein Handlungsmuster charakterisiert werden, das ziel- und zweckorientiert beschreibt, wie die Unternehmensführung und das Controlling die Transformation von Prozessen, Produkten, Dienstleistungen bis hin zur Transformation von kompletten Geschäftsmodellen unter Nutzung moderner Informations- und Kommunikationstechnologien (IuK) mit dem Zweck, nachhaltige (gemeinschaftliche) Wertschöpfung effektiv und effizient zu gewährleisten, gestaltet (strukturelle Aspekte), lenkt (prozessuale Aspekte) und leitet (verhaltensbezogene Aspekte).

Stark vereinfacht formuliert, stellt die Digitalisierungsstrategie also ein Handlungsmuster dar, welches beschreibt wie die angesprochene Zustandsveränderung beeinflusst (eben im Sinne der Gestaltung, Lenkung und Leitung) werden kann.

In der wissenschaftlichen Literatur besteht zudem Uneinigkeiten bezüglich der Einordnung der Digitalisierungsstrategie in die Business Strategie. Hier reichen die Sichtweisen von einer völlig autarken Strategie über die Integration in andere Funktionalstrategien, bis hin zur These, dass die Digitalisierungsstrategie die übergreifende Businessstrategie darstellen soll. In diesem Kontext kommt die vorliegende Arbeit zu der Erkenntnis, dass die Digitalisierungsstrategie eine übergreifende Businessstrategie darzustellen sollte.

Als Übergang zur nächsten Forschungsfrage ist abschließend festzuhalten, dass die Literatur zum allgemeinen strategischen Management vor allem Problematiken in der Strategieimplementierung identifiziert.

Diese können durch den Einsatz eines Performance Managements zumindest gemindert werden. Die empirische Untersuchung zeigt, dass diese Erkenntnisse auch auf Digitalisierungsstrategien übertragbar sind.

**Forschungsfrage 2:** **Welche Anforderungen könnte die digitale Welt an ein Performance Management stellen?**

Im Laufe der letzten Jahrzehnte konnten sich eine Vielzahl von Performance Management Ansätzen in der wissenschaftlichen Diskussion etablieren. Sicherlich sind die meisten dieser Ansätze hinsichtlich der Erfüllung gewisser Anforderungen flexibel ausgestaltet. Jedoch ist die Frage aufzuwerfen, welche konkreten Anforderungen die digitale Welt/bzw. digitale Geschäftsmodelle an ein solches Performance Management Tool in der unternehmerischen Praxis stellen könnte.

Um diese Anforderungen an ein solches Performance Management Tool zu eruieren, wurde sich der Wissenschaft 2. Ordnung bedient. Hierzu wurde neben einer systematischen Literaturanalyse eine Beraterstudienanalyse durchgeführt.

Durch ein Filtrierungsverfahren konnten so zunächst in der Literaturanalyse insgesamt 29 Beiträge zu genaueren Analyse identifiziert werden. Mithilfe der Beraterstudienanalyse konnten weitere sechs Beiträge eruiert werden. Als Ergebnis der übergreifenden Analyse konnten sechs zentrale Anforderungen abgeleitet werden.

Diese sind einerseits durch die Struktur, Prozesse und das Management und anderseits durch die zentralen Dimensionen des Geschäftsmodelles (Ressourcen, Prozesse, Markt- und Kunden sowie der Wertschöpfungsperspektive) induziert.

So sind die Berücksichtigung des Wertschöpfungsgedankens, der Digitalisierungsstrategiebezug, die Möglichkeit der Anbindung von Incentive Systeme, die Berücksichtigung der Value Co-Creation, die Stakeholderberücksichtigung sowie die Berücksichtigung technologischer Aspekte zentrale Anforderungen. Dies Relevanz dieser Anforderungen konnten in der empirischen Untersuchung ebenfalls bestätigt werden.

**Forschungsfrage 3:**   **Inwieweit könnten sich bestehende Performance Management Tools eignen, um diesen Anforderungen gerecht zu werden?**

Wie bereits erörtert wird in der wissenschaftlichen Literatur eine Vielzahl an Performance Management Ansätze diskutiert.

Um die konzeptionelle Eignung dieser zu überprüfen, wurde auf Basis der abgeleiteten Anforderungen ein Scoring Model erstellt. Um dem wissenschaftlichen Anspruch einer Dissertation zu genügen, wurden in diesem zunächst nur wissenschaftlich fundierte Performance Management Ansätze diskutiert. Um eine größtmögliche Objektivität zu garantieren, wurden auch nur Kriterien verwendet, die auch im Rahmen der Wissenschaft 2. Ordnung (siehe Forschungsfrage 2) ermittelt werden konnten.

In dieser Analyse konnte zunächst eruiert werden, dass der Grundgedanke der Balanced Scorecard ein geeignetes konzeptionelles Fundament darstellt. Dieses Ergebnis konnte zudem mit einer rudimentären Sensitivitätsanalyse bestätigt werden. Die empirische Untersuchung zeigt zudem, dass diese ist nicht nur Instrument, sondern als konzeptionelle Basis für ein Performance Management in digitalen Geschäftsmodellen zu verwenden sei. Da es einerseits die beschriebenen Anforderungen erfüllen kann und anderseits zum Gelingen der digitalen Transformation entscheidend beitragen kann.

**Forschungsfrage 4:**  **Wie kann ein Performance Management modifiziert werden, um diesen Anforderungen gerecht zu werden?**

Jedoch zeigt sich, dass sich der Grundgedanke der Balanced Scorecard nur bedingt als agile Managementmethode eignet. Dies ist allerdings unbedingt notwendig, da sich digitale Geschäftsmodelle unbestreitbar durch eine hohe Agilität kennzeichnen (siehe Erkenntnisse zur Forschungsfrage 1).

Aufgrund dessen wurde der Grundgedanke der Balanced Scorecard um das eher praxisorientierte Objectives and Result Management zur Digitalisierungsscorecard erweitert.

Zudem ist der Grundgedanke der Balanced Scorecard zu modifizieren. Hierzu ist es zunächst einmal unabdingbar, die Digitalisierungsscorecard in den unternehmenspolitischen Rahmen (Strategie, Struktur und Kultur) einzubetten. Dies gilt zwar grundsätzlich für jedes Geschäftsmodell, jedoch ist anzumerken, dass die digitale Transformation auch zu nachhaltigen Veränderungen innerhalb von Strategien, Strukturen und der Unternehmenskultur führt, aufgrund dessen ist die Bedeutung dieser Einbettung nochmals zu betonen. Dies wird erst durch ein integratives Strategie- und Organisationsdesign möglich.

Grundsätzlich ist zu diskutieren, ob die Ursprungsperspektiven der Balanced Scorecard ausreichen, um den Wertschöpfungskreislauf in der digitalen Welt abzubilden, gestalten und lenken zu können. Sicherlich kann argumentiert werden das, aufgrund der hohen Bedeutung in digitalen Geschäftsmodellen Informations- und Kommunikationstechnologien in einer eigenen Perspektive gewürdigt werden sollten. Anderseits werden die Elemente des Geschäftsmodelles durch die Informations- und Kommunikationstechnologien (als Enabler) transformiert. Da die Ursprungsperspektiven der Balanced Scorecard die Elemente des Geschäftsmodelles darstellen, finden sich die Informations- und Kommunikationstechnologien dort bereits wieder. Zudem zeigt die empirische Erhebung, dass die befragte unternehmerische Praxis eine Erweiterung der Perspektiven als nicht notwendig erachtet. Dementsprechend wurde die Bedeutung dieser Technologien in allen vier Perspektiven erörtert.

Analog zur Balanced Scorecard sollte auch in der Digitalisierungsscorecard eine Kaskadierung und Konkretisierung der Digitalisierungsstrategie mithilfe von SMARTen Zielen, Indikatoren und Maßnahmen erfolgen. Eine besondere Bedeutung, dies zeigt auch die empirische Untersuchung, kommt den digitalisierungsbedingten Ursache-Wirkungsbeziehungen zu. Um diese abbilden, gestalten und lenken zu können, bietet sich die Strategy Map an. Auch sollte die Integration eines Risikomanagements nicht ausbleiben.

## 7.2 Limitationen der Arbeit und Ausblick auf weitere Forschungsaktivitäten

Auch diese Dissertation, wie nahezu jede wissenschaftliche Untersuchung, wird durch einige Limitationen charakterisiert. Diese sollen im folgenden Transparent dargelegt werden. Die Limitationen resultieren vornehmlich aus dem gewählten Forschungsdesign, Forschungsform, Datenerhebung und -auswertung.[1]

Das gewählte explorativ-deskriptive Forschungsdesign dient zunächst zur Entdeckung und Beschreibung von Sachverhalten. Darüber hinaus könnte zusätzlich eine konfirmatorisch-explikative Untersuchung durchgeführt werden, welche die Ergebnisse des explorativ-deskriptiven Ansatzes, mithilfe von Hypothesen analysiert.[2]

Als Forschungsform wurde die vergleichende Feldstudie gewählt. Dabei werden mehrere Untersuchungsobjekte zu einem Zeitpunkt verglichen. Es besteht durchaus die Möglichkeit, die Erhebung auszuweiten und eine Längsschnittstudie durchzuführen, bei der die Untersuchungsobjekte zu zwei Zeitpunkten befragt werden.[3]

Auch die Techniken der Datenerhebung und -auswahl sind mit Limitationen behaftet. Aufgrund der nichtzufälligen Datenerhebung ist die Strichprobe nicht probabilistisch und kann folglich keinen Anspruch auf Repräsentativität erheben.[4] Auch die Datenauswertung ist durch das Forschungsdesign limitiert. Es wird hauptsächlich deskriptive Statistik angewandt, denn induktive Statistik bedarf das Gütekriterium einer repräsentativen Erhebung, um Einflussmöglichkeiten der verschiedenen Variablen zu analysieren.[5]

Neben den Limitationen aufgrund der Untersuchungskonzeption können Verzerrungen, sogenannte Biases, auftreten. Die interne Validität der getroffenen Aussagen kann durch diese Verzerrung eingeschränkt werden.[6] Denkbare Verzerrungen stellen der Key Informant Bias und Common Method Bias dar.[7] Da die

---

[1]Vgl. *Eckert* (2009), S. 206.

[2]Vgl. *Töpfer* (2012), S. 154.

[3]Dies kann zur Aufdeckung von Zusammenhängen dienen und Ursache-Wirkungs-Beziehungen, also Kausalitäten, herstellen, vgl. *Häder* (2015), S. 112.

[4]Um eine repräsentative Erhebung durchführen zu können, müsste eine Zufallsauswahl getroffen werden vgl. *Burzan* (2015), S. 130. Eine Zufallsauswahl ist aufgrund fehlender Voraussetzungen nicht durch eine Online-Befragung möglich, sondern nur mittels einer schriftlichen Befragung, vgl. *Kutsch* (2007), S. 89.

[5]Vgl. *Töpfer* (2012), S. 235 f.

[6]Vgl. *Schumann* (2019), S. 249.

[7]Vgl. *Klarmann* (2008), S. 124 ff.

Datenerhebung anhand einer nichtzufälligen Stichprobenauswahl getroffen wurde, liegt der Verdacht nahe, dass ein Key Informant Bias vorliegen könnte.[8] Charakteristika von Key Informants, die Self Serving-Attributions implizieren, können eine weitere Quelle der Verzerrung darstellen.[9]

Eine weitere mögliche Verzerrung der Ergebnisse könnte hinsichtlich eines Common Method Bias auftreten. Dieser birgt die Gefahr „zwei oder mehr Konstrukte über identische Datenquellen"[10] zu messen. Vorurteile, Annahme von Zusammenhängen, Konsistenzmotive und soziale Erwartungen können hierbei eine zentrale Rolle spielen.[11]

In der vorliegenden Arbeit wurde die Digitalisierungsscorecard beschrieben und anhand eines rudimentären Fallbeispiels plastisch veranschaulicht. Als weitere Forschungsaktivitäten wären mehrere, aus der Unternehmenspraxis stammende, Case Studies denkbar, die die Implementierung einer solchen Digitalisierungsscorecard zum Inhalt haben (Forschungsbedarf 1). Des Weiteren wäre eine genaue Analyse der Verteilung der Wertschöpfung in digitalen Ökosystemen dringend zu erforschen (Forschungsbedarf 2). Auch besteht hinsichtlich der Entscheidungs- und Handlungsträger im Rahmen der digitalen Transformation ein dringender Forschungsbedarf (Forschungsbedarf 3).

Abschließend soll nochmals die forschungsleitende Fragestellung aufgegriffen werden:[12] Sie lautet:

**Um die digitale Transformation von Geschäftsmodellen proaktiv und antizipativ erfolgreich gestalten, lenken und leiten zu können bedarf es eines adaptierten Performance Managements. Im Zuge dessen ist die forschungsleitende Frage aufzuwerfen wie dieses Performance Management ausgestaltet sein könnte.**

Im Rahmen der Forschung im Gegenstrom konnte aufgezeigt werden, dass es sich bei der digitalen Transformation letztendlich um eine strategische Unternehmensentwicklung handelt. Diese Zustandsveränderung kann dementsprechend durch die Führung bzw. ein Führungssystem proaktiv und antizipativ beeinflusst werden.

---

[8]Vgl. *Seidler* (1974). Durch die direkte Kontaktaufnahme via Xing und die indirekte Kontaktaufnahme durch die Nexis Datenbank wird eine definierte Zielgruppe angesprochen, was dazu führt, dass lediglich eine bestimmte Personengruppe die Online-Befragung ausfüllt.

[9]Vgl. *Hurrle/Kieser* (2015), S. 589 f.

[10]*Homburg/Schilke* (2009), S. 176.

[11]Vgl. *Podsakoff et al.* (2003), S. 882.

[12]Für weitere Ausführungen vgl. Abschnitt 1.2.

Die Dissertation zeigt also, dass eine Notwendigkeit zur proaktiven und anti-zipativen Lenkung, Leitung und Gestaltung der digitalen Transformation von Geschäftsmodellen besteht. Um diese Aspekte ziel- und zweckorientiert erfüllen zu können wird ein Performance Management benötigt. Aufgrund der Besonder-heit digitaler Geschäftsmodelle zeigt sich allerdings, dass bestehende Performance Management entsprechend adaptiert bzw. modifiziert werden sollten.

Hierzu zeigt die vorliegende Dissertation, dass der Grundgedanke der Balan-ced Scorecard eine sinnvolle konzeptionelle Basis darstellt. Diese ist allerdings entsprechend den Anforderungen digitaler Geschäftsmodellen zu modifizieren. So sollte beispielsweise das eher praxisorientierte, Objectives and Key Results Mana-gement integriert werden. Zudem sollten Risiken digitalen Geschäftsmodellen nicht unberücksichtigt bleiben.

Subsumierend lässt sich also festhalten, dass die digitale Transformation von Geschäftsmodellen mithilfe eines ziel- und zweckorientierten adaptierten bzw. modifizierten Performance Managements erfolgreich (im Sinne einer gemein-schaftlichen Wertschöpfung) gestaltet, gelenkt und gesteuert werden kann.

# Literaturverzeichnis

**Abernathy, William/Utterback, James (1978).** Patterns of Innovation in Industry, in: Technology Review, 80. Jg., Nr. 7, S. 40–47

**Adler, Seymour./Campion, Michael./Colquitt, Alan/Grubb Amy/Murphy, Kevin/Ollander-Krane, Rob/Pulakos, Elaine (2016).** Getting rid of performance ratings: Genius or folly? A debate, in: Industrial and Organizational Psychology, 9. Jg., S. 219–252

**ADM (2013).** https://www.adm-ev.de/zahlen/#c245, 02.10.2019

**Adner, Ron/Helfat, Constance (2003).** Corporate Effects and dynamic managerial Capabilities, in: Strategic Management Journal, 10. Jg., Nr. 24, S. 173–190

**Adler, Ralph/Hiromoto, Toshiro/Suzuki, Hiroyuki (2020).** Amoeba management and organizational ambidexterity: Similarities, differences, and implications for organizational fit and success, in: International Journal of Productivity & Performance Management, 69. Jg., Nr. 2, S. 405–427

**Aeppli, Jürg/Gasser, Luciano (2014).** Empirisches wissenschaftliches Arbeiten. Ein Studienbuch für die Bildungswissenschaften, Bad Heilbrunn

**Aggarwal, Vaneet/Calderbank, A. Robert (2008).** Boolean Functions, Projection Operators, and Quantum Error Correcting Codes, in: IEEE Transactions on Information Theory, 54. Jg., Nr. 4, S. 1700–1707

**Aguinis, Herman (2013).** Performance management, 3. Aufl., Upper Saddle River

**Ahn, Heinz (2003).** Effektivitäts- und Effizienzsicherung. Controlling-Konzept und Balanced Scorecard, Frankfurt

**AISeL (2018).** https://aisel.aisnet.org/, 02.10.2019

**Akademien der Wissenschaften Schweiz (2008).** Wissenschaftliche Integrität. Grundsätze und Verfahrensregeln

**Albach, Horst (1991).** Ansprache anlässlich der Eröffnung der 52. Wissenschaftlichen Jahrestagung des Verbandes der Hochschullehrer für Betriebswirtschaft an der Universität Frankfurt, Frankfurt

**Albayrak, Can Adam/Gadatsch, Andreas (2014).** Komplexitätsmanagement als Instrument des IT-Controllings,, in: Controlling: Zeitschrift für erfolgsorientierte Unternehmenssteuerung, 26. Jg., Nr. 12, S. 680–685

© Der/die Herausgeber bzw. der/die Autor(en), exklusiv lizenziert durch
Springer Fachmedien Wiesbaden GmbH, ein Teil von Springer Nature 2020
F. Schuhknecht, *Performance Management in der digitalen Welt*,
Unternehmensführung & Controlling,
https://doi.org/10.1007/978-3-658-32177-2

**Alberti, Marco (2015).** Das OKR Buch – Führen wie im Silicon Valley mit Objectives and Key Results: Mit OKRs mehr Fokus und Motivation erzielen, Kindle Ausgabe

**Alexander, Larry (1985).** Successfully Implementing Strategic Decisions, in: Long Range Planning, 18. Jg., Nr. 3, S. 91–97

**Alfares, Hesham K./Attia, Ahmed M. (2017).** A supply chain model with vendor-managed inventory, consignment, and quality inspection errors, in: International Journal of Production Research, 55. Jg., Nr. 19, S. 5706–5727

**Alkaya, Alkan/John Grimble, Michael (2015).** Experimental application of nonlinear minimum variance estimation for fault detection systems, in: International Journal of Systems Science, 47. Jg., Nr. 12, S. 3055–3063

**Al-Laham, Andreas (1997).** Strategieprozesse in deutschen Unternehmungen. Verlauf, Struktur und Effizienz, Wiesbaden

**Alter, Roland (2013).** Strategisches Controlling. Unterstützung des strategischen Managements, 2. Aufl., München, Oldenbourg

**Altobelli, Claudia (2017).** Marktforschung. Methoden, Anwendungen, Praxisbeispiele, 3. Aufl., Konstanz, München

**Amburgey, Terry L./Dacin, Tina (1994).** As the Left Foot Follows the Right? The Dynamics of Strategic and Structural Change, in: Academy of Management Journal, 37. Jg., Nr. 6, S. 1427–1452

**Amit, Raphael/Han, Xu (2017).** Value Creation through Novel Resource Configurations in a Digitally Enabled World, in: Strategic Entrepreneurship Journal, 11. Jg., Nr. 3, S. 228–242

**Andersen, Björn/Busi, Marco/Onsoyen, Lars (2014).** Performance management practice and discipline: moving forward or standing still?, in: International Journal of Business Performance Management, 15. Jg., Nr. 2, S. 117–126

**Andersen, Henrik/Lawrie, Gavin/Savi, Nenad (2004).** Effective quality management through third-generation Balanced Scorecard, in: International Journal of Productivity & Performance Management, 53. Jg., Nr. 7, S. 634–645

**Anderson, Phillip/Tushman, Michael (1990).** Technological Discontinuities and Dominant Designs: A Cyclical Model of Technological Change, in: Administrative Science Quarterly, 35. Jg., Nr. 1, S. 604–633

**Andriessen, Daniel (2004).** Making sense of intellectual capital. Designing a method for the valuation of intangible, Amsterdam

**Anseel, Frederik./Lievens, Filip/Schollaert, Eveline (2009).** Reflection as a strategy to enhance task performance after feedback, in: Organizational Behavior and Human Decision Processes, 110. Jg., Nr. 1, S. 23–35

**Ansoff, H. Igor/Hayes, Robert L. (1976).** Introduction, in: Ansoff, H. Igor; Declerck, Roger P.; Hayes, Robert L. (Hrsg.), From Strategic Planning to Strategic Management, London, S. 1–12

**Ansoff, Harry Igor (1966).** Management-Strategie, München

**Appelfeller, Wieland/Buchholz, Wolfgang (2011).** Supplier Relationship Management. Strategie, Organisation und IT des modernen Beschaffungsmanagements, 2. Aufl., Wiesbaden

**Appelfeller, Wieland/Feldmann, Carsten (2018).** Die digitale Transformation des Unternehmens, Systematischer Leitfaden mit zehn Elementen zur Strukturierung und Reifegradmessung, Berlin, Heidelberg

**Ardoin, J. L./Michel, D./Schmidt, J. (1986).** Le Controle de Gestion, 2. Aufl., Paris

**Arensmann, Maik/Dietl, Walter/Glatzel, Katrin/Lieckweg, Tania (2019)**. Werkzeugkiste (28): Lean Strategy, in: OrganisationsEntwicklung, 38. Jg., Nr. 1, S. 94–99

**Argyris, Chris (1973)**. Organization Man: Rational and Self-Actualizing, in: Public Administration Review, 33. Jg., Nr. 4, S. 354

**Argyris, Chris/Schön, Donald A. (1978)**. Organizational learning, Reading

**Arockia Bazil Raj, A./Padmavathi, S. (2016)**. Statistical analysis of accurate prediction of local atmospheric optical at-tenuation with a new model according to weather together with beam wandering compensation system. A season-wise experimental investigation, in: Journal of Modern Optics, 63. Jg., S. 1286–1296

**Arthurs, Jonathan D./Busenitz, Lowell W. (2003)**. The Boundaries and Limitations of Agency Theory and Stewardship Theory in the Venture Capitalist/Entrepreneur Relationship, in: Ent. Theory & Pract, 28. Jg., Nr. 2, S. 145–162

**Arvidsson, Adam (2008)**. The Ethical Economy of Customer Coproduction, in: Journal of Macromarketing, 28. Jg., Nr. 4, S. 326–338

**Asmussen, Sören (2019)**. Organisationsforschung in Kindertagesstätten. Studie zu den Wirkungen der Balanced Scorecard auf organisationskulturelle Variablen, Wiesbaden

**Atkinson, Michael M./Fulton, Murray (2013)**. Understanding Public Sector Ethics: Beyond Agency Theory in Canada's Sponsorship Scandal, in: International Public Management Journal, 16. Jg., Nr. 3, S. 386–412

**Atteslander, Peter (2010)**. Methoden der empirischen Sozialforschung, 13. Aufl., Berlin

**Bach, Norbert/Rimbach, Maximilian/Wolf, Sebastian (2017)**. Wertschöpfungspotenziale durch Digitalisierung, Eine Analyse der Kosten- und Differenzierungstreiber von Dienstleistungen, in: Bruhn, Manfred/Hadwich, Karsten (Hrsg.), Dienstleistungen 4.0, Wiesbaden, S. 270–296

**Bacher, Johann/Pöge, Andreas/Wenzig, Knut (2010)**. Clusteranalyse. Anwendungsorientierte Einführung in Klassifikationsverfahren, 3. Aufl., München

**Baculard, Laurent-Pierre/Colombani, Laurent/Flam, Virginie/Lancry, Ouriel/Spaulding, Elizabeth (2017)**. Orchestrating a Successful Digital Transformation

**Bader, Benjamin/Schuster, Tassilo/Bader, Anna Katharina/Shaffer, Margaret (2019)**. The dark side of expatriation: dysfunctional relationships, expatriate crises, predjudice and a VUCA world, in: Journal of Global Mobility, 7. Jg., Nr. 2, S. 126–136

**Baines, Tim/Lightfoot, Howard (2013)**. Made to Serve: How Manufacturers Can Compete Through Servitization and Product Service Systems, Somerset

**Baird, Aaron/Raghu, T. S. (2015)**. Associating consumer perceived value with business models for digital services, in: European Journal of Information Systems, 24. Jg., Nr. 1, S. 4–22

**Baker, Mark (2014)**. Digital Transformation, Buckingham

**Baltzer, Björn (2013)**. Einsatz und Erfolg von Controlling-Instrumenten, Wiesbaden

**Bamberg, Günter/Baur, Franz/Krapp, Michael (2017)**. Statistik. Eine Einführung für Wirtschafts- und Sozialwissenschaftler, 18. Aufl., Berlin, Boston

**Bandow, Gerhard/Holzmüller, Hartmut H. (2010)**. „Das ist gar kein Modell!". Unterschiedliche Modelle und Modellierungen in Betriebswirtschaftslehre und Ingenieurwissenschaften, Wiesbaden

**Bardmann, Manfred (2014)**. Grundlagen der Allgemeinen Betriebswirtschaftslehre, Wiesbaden

**Barker Steege, Linsey M./Marra, Rose M./Jones, Keri (2012).** Meeting needs assessment challenges: Applying the performance pyramid in the U.S. Army, in: Performance Improvement, 51. Jg., Nr. 10, S. 32–41

**Barney, Jay B. (1997).** Gaining and sustaining competitive advantage, New York

**Barney, Jay B./Hesterly, William S. (2010).** Strategic management and competitive advantage : concepts and cases, 3. Aufl., Upper Saddle River

**Barton, Dominic/Court, David (2012).** Making Advanced Analytics Work for You, in: Harvard Business Review, 90. Jg., Nr. 10, S. 78–83

**Baum, Heinz-Georg/Coenenberg, Adolf Gerhard/Günther, Thomas/Hamann, P. Maik (2013).** Strategisches Controlling, Stuttgart

**Baumeister, Roy F./Leary, Mark R. (1997).** Writing narrative literature reviews, in: Review of General Psychology, 1. Jg., Nr. 3, S. 311–320

**Baumöl, Ulrike/Bockshecker, Alina (2019).** Controlling in der digitalen Wertschöpfung, in: Ulrich, Patrick/Baltzer, Björn (Hrsg.), Wertschöpfung in der Betriebswirtschaftslehre, Wiesbaden, S. 145–166

**Baur, Nina/Blasius, Jörg (2014).** Methoden der empirischen Sozialforschung, in: Baur, Nina/Blasius, Jörg (Hrsg., 2014), Handbuch Methoden der empirischen Sozialforschung, Wiesbaden

**Bausch, Thomas (1995).** Auswahlverfahren in der Marktforschung, in: Tietz, B., Köhler, R., Zentes, J. (Hrsg.), Handwörterbuch des Marketing, Stuttgart, 155–166

**Bayer, Tobias (2010).** Integriertes Variantenmanagement, Variantenkostenbewertung mit faktorenanalytischen Komplexitätstreibern, München

**Bea, Franz Xaver/Haas, Jürgen (2017).** Strategisches Management, Konstanz

**Beasley, Mark S./Chen, Al/Nunez, Karen/Wright, Lorraine (2006).** WORKING Hand IN Hand: Balanced Scorecards AND Enterprise Risk Management, in: Strategic Finance, 87. Jg., Nr. 9, S. 49–55

**Bechmann, Arnim (1978).** Nutzwertanalyse, Bewertungstheorie und Planung, Bern

**Beck, Valentin/Britzelmaier, Bernd (2012).** Value-Based-Management – A critical Literature Review, in: International Journal of Sales, Retailing & Marketing, Vol. 1, No. 3, S. 3–20

**Becker, Manfred (2008).** Messung und Bewertung von Humanressourcen. Konzepte und Instrumente für die betriebliche Praxis, Stuttgart

**Becker, Wolfgang (1990).** Funktionsprinzipien des Controlling, in: Zeitschrift für Betriebswirtschaft, 60. Jg., Nr. 3, S. 295–318

**Becker, Wolfgang (2000).** Wertorientierte Unternehmensführung, in: Bamberger Betriebswirtschaftliche Beiträge, Bd. 106, Bamberg

**Becker, Wolfgang (2017a).** Strategischen Value Management, 17. Aufl., Bamberg

**Becker, Wolfgang (2017b).** Wertschöpfungsorientiertes Controlling. Kennzahlen-, Performance- & Value Management, 2. Aufl., Bamberg

**Becker, Wolfgang (2017c).** Unternehmensführung II: Organisation, Controlling und Leitung, 5. Aufl., Bamberg

**Becker, Wolfgang (2017d).** Planung, Entscheidung und Kontrolle, 13. Aufl., Bamberg

**Becker, Wolfgang (2018).** Wertschöpfungsorientiertes Controlling. Kosten-, Erlös- & Ergebnismanagement, Bamberg

**Becker, Wolfgang (2019a).** Digitale Transformation von Geschäftsmodellen – Ein konzeptioneller Bezugsrahmen In: Becker, Wolfgang; Eierle, Brigitte.; Ivens, Björn; Leichnig,

Alexander; Pflaum, Alexander; Sucky, Erik (Hrsg), Geschäftsmodelle in der digitalen Welt – Strategie, Prozesse und Praxiserfahrungen, Wiesbaden, S. 16–33

**Becker, Wolfgang (2019b).** Wertschöpfungsorientiertes Controlling Konzeption und Umsetzung, 14. Aufl., Bamberg

**Becker, Wolfgang (2019c).** Wertschöpfungsorientiertes Controlling, Konzeption und Umsetzung, Bamberg

**Becker, Wolfgang/Baltzer, Björn (2009).** Controlling – Eine instrumentelle Perspektive, in: Bamberger Betriebswirtschaftliche Beiträge, Nr. 162, Bamberg

**Becker, Wolfgang/Baltzer, Björn/Ulrich, Patrick (2014).** Wertschöpfungsorientiertes Controlling : Konzeption und Umsetzung, Stuttgart

**Becker, Wolfgang/Botzkowski, Tim/Eurich, Sebastian (2015).** Data Analytics in Familienunternehmen – Implikationen für das Controlling, in: Zeitschrift für erfolgsorientierte Unternehmenssteuerung, 27. Jg., Nr. 4/5, S. 263–268

**Becker, Wolfgang/Botzkowski, Tim/Stradtmann, Meike/Schmid, Oliver (2017a).** Systematische Literaturanalyse als Werkzeug der Forschung, Bamberg

**Becker, Wolfgang/Burggraf, Alexander/Martens, Maike (2019).** Geschäftsprozessmanagement in Wertschöpfungsnetzwerken – Herausforderungen vor dem Hintergrund der Digitalisierung, in: Becker, Wolfgang/Eierle, Brigitte/Fliaster, Alexander/Ivens, Björn Sven/Leischnig, Alexander/Pflaum, Alexander/Sucky, Eric (Hrsg.), Geschäftsmodelle in der digitalen Welt, Wiesbaden, S. 167-190

**Becker, Wolfgang/Nolte, Matthias (2019).** Die Rolle des Controllings im Rahmen der Digitalisierung, Funktionen, Aufgaben und Instrumente, in: Becker, Wolfgang/Eierle, Brigitte/Fliaster, Alexander/Ivens, Björn Sven/Leischnig, Alexander/Pflaum, Alexander/Sucky, Eric (Hrsg.), Geschäftsmodelle in der digitalen Welt, Wiesbaden, Germany, S. 75–89

**Becker, Wolfgang/Pflaum, Alexander (2019).** Begriff der Digitalisierung – Extension und Intension aus betriebswirtschaftlicher Perspektive, in: Becker, Wolfgang/Eierle, Brigitte/Ivens, Björn/Leichnig, Alexander/Pflaum, Alexander/Sucky, Eric (Hrsg.), Geschäftsmodelle in der digitalen Welt – Strategie, Prozesse und Praxiserfahrungen, S. 3–13, Wiesbaden

**Becker, Wolfgang/Schuhknecht, Felix (2019).** Digitalisierungsscorecard – ein Performance Management Tool in der digitalen Welt, in: CARF Luzern 2019 Controlling. Accounting. Risiko. Finanzen – Konferenzband, S. 21–42

**Becker, Wolfgang/Schuhknecht, Felix/Botzkowski, Tim (2019).** Die Balanced Scorecard als Instrument zur Entwicklung und Implementierung von Digitalisierungsstrategien in: Becker, Wolfgang/Eierle, Brigitte/Ivens, Björn/Leichnig, Alexander/Pflaum, Alexander/Sucky, Eric (Hrsg.), Geschäftsmodelle in der digitalen Welt – Strategie, Prozesse und Praxiserfahrungen, Wiesbaden; S. 37–56

**Becker, Wolfgang/Schmid, Oliver (2019).** Rolle des Chief Digital Officer (CDO) im Rahmen der digitalen Transformation von Unternehmen In: Becker, Wolfgang; Eierle, Brigitte; Ivens, Björn; Leichnig, Alexander; Pflaum, Alexander; Sucky, Erik (Hrsg), Geschäftsmodelle in der digitalen Welt – Strategie, Prozesse und Praxiserfahrungen. Springer, Wiesbaden; S. 361–380

**Becker, Wolfgang/Schuhknecht, Felix/Stradtmann, Meike/Botzkowski, Tim (2019).** Entscheidungskompetenzen für Digitalisierungs-Entscheidungen: Zum gegenwärtigen Stand der Dynamic Capabilities-Forschung In: Becker, Wolfgang; Eierle, Brigitte; Ivens, Björn;

Leichnig, Alexander; Pflaum, Alexander; Sucky, Erik (Hrsg), Geschäftsmodelle in der digitalen Welt – Strategie, Prozesse und Praxiserfahrungen. Springer, Wiesbaden; S. 91–121

**Becker, Wolfgang/Ulrich, Patrick (2009)**. Mittelstand, KMU und Familienunternehmen in der Betriebswirtschaftslehre, in: Wirtschaftswissenschaftliches Studium, 38. Jg., Nr. 1, S. 2–7

**Becker, Wolfgang/Ulrich, Patrick (2019)**. Strategic Value Management. Theorien, Methoden und Konzepte. Unter Mitarbeit von Eva Reitelshöfer und Alexandra Fibitz, Stuttgart

**Becker, Wolfgang/Ulrich, Patrick/Baltzer, Björn** Status Quo der Controlling-Lehre in Deutschland, in Becker, Wolfgang; Ulrich, Patrig (Hrsg.), Handbuch Controlling, Wiesbaden, S. 9–22

**Becker, Wolfgang/Ulrich, Patrick/Botzkowski, Tim (2017)**. Industrie 4.0 im Mittelstand, Wiesbaden

**Becker, Wolfgang/Ulrich, Patrick/Botzkowski, Tim/Eurich, Sebastian (2017b)**. Digitalisierung von Geschäftsmodellen, in: Schallmo, Daniel; Rusnjak, Andreas, Anzengruber, Jürgen; Werani, Thomas; Jünger M. (Hrsg.), Digitale Transformation von Geschäftsmodellen. Grundlagen, Instrumente und Best Practices, Wiesbaden; S. 283–309

**Becker, Wolfgang/Ulrich, Patrick/Stradtmann, Meike (2018)**. Geschäftsmodellinnovationen als Wettbewerbsvorteil mittelständischer Unternehmen, Wiesbaden

**Becker, Wolfgang/Schmid, Oliver/Botzkwoski, Tim (2018)**. Role of CDOs in the Digital Transformation of SMEs and LSES. An Empirical AnalysiS. 51st Hawaii International Conference on System Sciences, Hawaii, 4534–4543.

**Becker, Wolfgang/Ulrich, Patrick/Vogt, Maria/Botzkowski, Tim/Hilmer, Christian/Zimmermann, Lisa (2013)**. Digitalisierung im Mittelstand,, in: Bamberger Betriebswirtschaftliche Beiträge, Nr. 193, Bamberg

**Becker, Wolfgang/Vogt, Maria (2015)**. Digitalisierung im Mittelstand, in: Becker, Wolfgang; Ulrich, Patrick (Hrsg.), BWL im Mittelstand: Grundlagen – Besonderheiten – Entwicklungen, Stuttgart; S. 429–450

**Beer, Stafford (1981)**. Brain of the firm, Chichester

**Beer, Stafford (1985)**, Diagnosing the System for Organisation, Chichester

**Beischel, M./Smith, K. (1991)**. Linking the shop floor to the top floor, in: Management Accounting, Nr. 10, S. 25–29

**Bello, Nadia/Campbell, Precious (2019)**. Systems in Crisis: Practicing OD in a VUCA Environment, in: OD Practitioner, 51. Jg., Nr. 2, S. 32–38

**Belz, Christian/Müllner, Markus/Senn, Christoph (1999)**. Die Implementierung globaler Marketing-Strategien in Industriegüterunternehmen: Ergebnisse einer explorativen Untersuchung, St. Gallen

**Bem, Daryl J. (1995)**. Writing a review article for Psychological Bulletin, in: Psychological Bulletin, 118. Jg., Nr. 2, S. 172–177

**Benet-Zepf, Alejandro/Marin-Garcia, Juan A./Küster, Ines (2018)**. Clustering the mediators between the sales control systems and the sales performance using the AMO model: A narrative systematic literature review, in: IC, 14. Jg., Nr. 3, S. 387

**Benkler, Yochai (2006)**. The Wealth of Networks, New Heaven

**Benner, Mary/Tripsas, Mary (2012)**. The influence of prior industry affiliation on framing in nascent industries: the evolution of digital cameras, in: Strategic Management Journal, 33. Jg., S. 277–302

**Berekoven, Ludwig/Eckert, Werner/Ellenrieder, Peter (2009)**. Marktforschung. Methodische Grundlagen und praktische Anwendung, 12. Aufl., Wiesbaden

**Berens, Wolfgang/Delfmann, Werner/Schmitting, Walter (2004)**. Quantitative Planung. Grundlagen, Fallstudien, Lösungen, 4. Aufl., Stuttgart

**Berger, Peter/Luckmann, Thomas (1967)**, The social construction of reality: A treatise in the sociology of knowledge, London

**Berger-Grabner, Doris (2013)**. Wissenschaftliches Arbeiten in den Wirtschafts- und Sozialwissenschaften, Wiesbaden

**Berghaus, Sabine (2016)**. The Fuzzy Front-End of Digital Transformation: Three Perspectives on the Formulation of Organizational Change Strategies, in: BLED 2016 Proceedings, Nr. 29, S. 129–144

**Bergsmann, Stefan (2012)**. End-to-End Geschäftsprozessmanagement. Organisationselement, Integrationsinstrument, Managementansatz, Wien

**Bharadwaj, Anandhi/El Sawy, Omar/Pavlou, Paul A./Venkatraman (2013)**. Digital Business Strategy: Toward a next Generation of Insights, in: MIS Quarterly, 37. Jg., Nr. 2, S. 471–482

**Bible, Lynn/Kerr, Stephan/Zanini, Michael (2006)**. The Balanced Scorecard: Here and Back, in: Management Accounting Quarterly, 7. Jg., Nr. 4, 18–23

**Bieger, Thomas/Reinhold, Stephan (2011)**. Das wertbasierte Geschäftsmodell – ein aktualisierter Strukturansatz, in: Bieger, Thomas/Knyphausen-Aufseß, Dodo zu/Krys, Christian (Hrsg.), Innovative Geschäftsmodelle, Berlin, S. 11–70

**Bieger, Thomas/Krys, Christian (2011)**. Einleitung – Die Dynamik von Geschäftsmodellen, in: Bieger, Thomas; Knyphausen-Aufseß, Dodo. z.; Krys, Christian (Hrsg.), Innovative Geschäftsmodelle: Konzeptionelle Grundlagen, Gestaltungsfelder und unternehmerische Praxis, Berlin; S. 1–10

**Biemer, Paul P./Lyberg, Lars E. (2003)**. Introduction to survey quality, Hoboken

**Bipp, Tanja/Kleingeld, Ad (2011)**. Goal-setting in practice: The effects of personality and perceptions of the goalsetting process on job satisfaction and goal commitment., in: Personnel Review, 40. Jg., S. 306–323

**Birkel, Hendrik/Veile, Johannes/Müller, Julian/Hartmann, Evi/Voigt, Kai-Ingo (2019)**. Development of a Risk Framework for Industry 4.0 in the Context of Sustainability for Established Manufacturers, in: Sustainability, 11. Jg., Nr. 2, S. 384

**Bititci, U. S./Carrie, A. S./Mcdevitt, L. (1997)**. Integrated Performance Measurement Systems: a Development Guide, in: International Journal of Operations & Production Management, 17. Jg., Nr. 5/6, S. 522–534

**Bititci, Umit/Carrie, Allan/McDevitt, Liam (1997)**. Integrated Performance Measurement Systems: A Development Guide, in: International Journal of Operations and Production Management, 17. Jg., Nr. 6, S. 522–535

**Bititci, Umit/Garego, Patrizia/Dörfler, Viktor/Nudurupati, Sai (2012)**. Performance Measurement: Challenges for Tomorrow, in: International Journal of Management Reviews, 14. Jg., Nr. 305–327

**Blanchard, Olivier/Illing, Gerhard (2014)**. Makroökonomie, 6. Aufl., Hallbergmoos

**Blankenburg, Dido (1999)**. Evaluation von Performance Measurement Systemen, St. Gallen

**Blasius, Jörg/Brandt, Maurice (2009)**. Repräsentativität in Online-Befragungen, Wiesbaden

**Bloching, Björn/Fischer, Christian/Leutiger, Philipp/Seufert, Jörg (2015a).** Radikal digital – Die Transformation unternehmerisch gestalten: Welche Fragen sich Entscheider jetzt stellen müssen, Hamburg

**Bloching, Björn/Leutiger, Philipp/Oltmanns, Torsten/Rossbach, Carsten/Schlick, Thomas/Remane, Gerrit/Quick, Paul/Shafranyuk, Oksana (2015b).** Die digitale Transformation der Industrie, empirische Studie zur digitalen Transformation, http://www.bdi.eu/download_content/InformationUndTelekommunikation/Dig itale_Transformation.pdf, 19.01.2018

**BMWi (2018).** Monitoring-Report Wirtschaft DIGITAL 2018, https://www.bmwi.de/Redakt ion/DE/Publikationen/Digitale-Welt/monitoring-report-wirtschaft-digital-2018-kurzfa ssung.pdf?_blob=publicationFile&v=22, 12.01.19

**Boland, Richard J./Lyytinen, Kalle/Yoo, Youngjin (2007).** Wakes of innovation in project networks: The case of digital 3-D representations in architecture, engineering, and construction., in: Organization Science, 18. Jg., Nr. 4, S. 631–647

**Bontis, Nick/Dragonetti, Nicola/Jacobsen, Kristine/Roos, Goran (1999).** The Knowledge Toolbox: A Review of the Tools Available to Measure and Manage Intangible Resources, in: European Management Journal, 17. Jg., Nr. 4, S. 391–402

**Bopp, Rita/Holler-Rickauer, Simon/Schuhknecht, Gregor F. (2017).** An Ultrastructural Study of the Thalamic Input to Layer 4 of Primary Motor and Primary Somatosensory Cortex in the Mouse

**Borchardt, Andreas/Göthlich, Stephan E. (2009).** Erkenntnisgewinnung durch Fallstudien, in: Albers, Sönke (Hrsg.), Methodik der empirischen Forschung, Wiesbaden; S. 33–48

**Bottomley, Paul A./Doyle, John R. (2001).** A comparison of three weight elicitation methods: good, better, and best, in: Omega, 29. Jg., Nr. 6, S. 553–560

**Botzkowski, Tim (2018).** Digitale Transformation von Geschäftsmodellen im Mittelstand, Wiesbaden

**Bouamama, Mohamed/Degos, Jean-Guy (2015).** Tableau de bord équilibré et entreprises de taille intermédiaire, in: Revue du Financier, 37. Jg., Nr. 215/216, S. 56–72

**Bourguignon, Annick/Malleret, Véronique/Nørreklit, Hanne (2004).** The American balanced scorecard versus the French tableau de bord: the ideological dimension, in: Management Accounting Research, 15. Jg., Nr. 2, S. 107–134

**Bourne, Mike/Bourne, Pippa (2011).** Handbook of corporate performance management, Chichester

**Bourne, Mike/Pavlov, Andrey/Franco-Santos, Monica/Lucianetti, Lorenzo/Mura, Matteo (2013).** Generating organisational performance, in: International Journal of Operations & Production Management, 33. Jg., Nr. 11/12, S. 1599–1622

**Bower, Joseph Lyon (1970).** Managing the Resource Allocation Process, A Study of Corporate Planning and Investment, Boston

**Brandt, Bianca (2016).** Macht und Konflikte im Vorstand, Wiesbaden

**Bresser, Rudi K./Thiele, Reynaldo Valle (2008).** Ehemalige Vorstandsvorsitzende als Aufsichtsratschefs: Evidenz zu ihrer Effektivität im Falle des erzwungenen Führungswechsels, in: Zeitschrift für Betriebswirtschaft (Journal of Business Economics), 78. Jg., Nr. 2, S. 175–203

**Bretzke, Wolf-Rüdiger (1980).** Der Problembezug von Entscheidungsmodellen, Tübingen

**Brewer, Peter C. (2001).** Le tableau de bord prospectif, outil d'alignement des mesures de performance de la chaîne logistique: l'exemple de Dell, in: Logistique & Management, 9. Jg., Nr. 2, S. 55

**Briel, Frederik von/Davidsson, Per/Recker, Jan (2018).** Digital Technologies as External Enablers of New Venture Creation in the IT Hardware Sector, in: Entrepreneurship: Theory & Practice, 42. Jg., Nr. 1, S. 47–69

**Brockhaus, Robert H. (2004).** Family Business Succession: Suggestions for Future Research, in: Family Business Review, 17. Jg., Nr. 2, S. 165–177

**Brockhoff, Klaus (1999).** Leistungen der Betriebswirtschaftslehre für Wirtschaft und Gesellschaft. In: Egger, Anton (Hrsg.): Management Instrumente und -konzepte. Entstehung, Bedeutung und Verbreitung der Betriebswirtschaftslehre, Stuttgart; S. 27–61

**Brodbeck, Karl-Heinz (1998).** ABC der Wissenschaftstheorie für Betriebswirte, Würzburg

**Brodbeck, Karl-Heinz (1998).** ABC der Wissenschaftstheorie für Betriebswirte, Würzburg

**Bruhn, Manfred/Hadwich, Karsten (2016).** Servicetransformation, Eine Einführung in die theoretischen und praktischen Problemstellungen, in: Bruhn, Manfred/Hadwich, Karsten (Hrsg.), Servicetransformation, Wiesbaden, S. 3–22

**Brunner, Sibylle/Kehrle, Karl (2014).** Volkswirtschaftslehre, München

**Budde, Lukas/Friedli, Thomas (2017).** Komplexitätsmanagement in Zeiten von Industrie 4.0 und wachsender Digitalisierung, in: Wirtschaftsinformation & Management, 9. Jg., Nr. 2, S. 28–39

**Buono, Anthony F./Kerber, Kenneth W. (2010).** Creating a sustainable approach to change : building organizational change capacity, in: SAM advanced management journal : amj, 75. Jg., Nr. 2

**Burmester, Lars/Gschwedtner, Michael (2015).** Digitalisierungstrends und Handlungsfelder der Enterprise- IT, White Paper, Horváth & Partners, http://www.horvath-partners.com/fileadmin/user_upload/150715_Rolle_CIO_web-g.pdf, 02.10.2019

**Burns, Tom/Stalker, G. M. (1961).** The Management of Innovation, London

**Burzan, Nicole (2015).** Quantitative Methoden kompakt, Konstanz, München

**Büssow, Christian/Baumgarten, Helmut (2005).** Prozessbewertung in der Logistik. Kennzahlenbasierte Analysemethodik zur Steigerung der Logistikkompetenz, Wiesbaden

**Buxmann, Peter/Zillmann, Mario (2016).** Digitalisieren Sie schon? Ein Benchmark für die digitale Agenda, http://luenendonkshop.de/out/pictures/0/lnendonk_studie_2016_digitaler_reifegrad_f160216_fl.pdf, 19.01.2019

**Campell, J. P./Gasser, M. B./Oswald, F. L. (1996).** The substantive nature of job Performance variability. In Murphy, K. R. (Hrsg.). Individual differences and behavior in organizations, San Francisco; S. 258–299

**Carmeli, Abraham/Brueller, Daphna/Dutton, Jane E. (2009).** Learning behaviours in the workplace: The role of high-quality interpersonal relationships and psychological safety, in: Systems Research & Behavioral Science, 26. Jg., S. 81–98

**Carson, Jay/Tesluk, Paul/Marrone, Jennifer (2007).** Shared Leadership in Teams, in: Academy of Management Journal, 50. Jg., Nr. 5, S. 1217–1234

**Cavanaugh, John C. (1989).** The Importance of Awareness in Memory Aging. In Poon, Leonard; Rubin; David; Wilson, Babara (Hrsg.), Everyday Cognition in Adulthood and Late Life, Cambrigde; S. 416–436

**Ceric, Anita (2014).** Strategies for minimizing information asymmetries in construction pro-jects: project managers' perceptions, in: Journal of Business Economics & Management, 15. Jg., Nr. 3, S. 424–440

**Chalmeta, R./Palomero, S. (2011).** Methodological proposal for business sustainability management by means of the Balanced Scorecard, in: Journal of the Operational Research Society, 62. Jg., Nr. 7, S. 1344–1356

**Chandler, Alfred Dupont (2001).** Strategy and structure. Chapters in the history of the industrial enterprise, 22. Aufl., Cambridge

**Chen, Daniel (2010).** Information Systems Strategy: Reconceptualization, Measurement, and Implications, in: MIS Quarterly, 34. Jg., Nr. 2, S. 233–259

**Cheng, Hsing Kenneth/Feng, Juan/Koehler, Gary J./Marston, Sean (2010).** Entertainment Without Borders: The Impact of Digital Technologies on Government Cultural Policy, in: Journal of Management Information Systems, 27. Jg., Nr. 3, S. 269–302

**Cheng, Mendy/Humphreys, Karry (2012).** The Differential Improvement Effects of the Strategy Map and Scorecard Perspectives on Managers' Strategic Judgments, in: The Accounting Review, 87. Jg., S. 899–924

**Chenhall, Robert (2003).** Management control systems design within its organizational context: findings from contingency-based research and directions for the future, in: Accounting, Organizations & Society, 28. Jg., Nr. 2/3, S. 127–168

**Chenhall, Robert/Langfield, K. (1998).** The Relationship betwenn Strategic Prioritiers, Management Techniques and Management Accounting, in: Accounting, Organizations and Society, 23. Jg., Nr. 3, S. 243–264

**Chiapello, E./Lebas, M. (2001).** The Tableau de Bord, a French Approach to Management Information. Seminar "19th Annual Congress of the European Accounting Association. Bergen

**Child, John (1972).** Organizational Structure, Enviroment and Performance. The Role of Strategic Choice, in: Sociology

**Chmielewicz, Klaus (1994).** Forschungskonzeptionen der Wirtschaftswissenschaft, Stuttgart

**Choi, Jeong Min (2018).** Factors influencing public officials' responses to requests for information disclosure, in: Government Information Quarterly, 35. Jg., Nr. 1, S. 30–42

**Ciprian, Constantin/Gheorghe, Sebastian (2016).** The Importance of Institutional Com-munication in the New Knowledge Economy, in: Valahian Journal of Economic Studies, 7. Jg., Nr. 3

**Clarkson, Max E. (1995).** A Stakeholder Framework for Analyzing and Evaluating Corporate Social Performance, in: Academy of Management Review, 20. Jg., Nr. 1, S. 92–117

**Clauss, Michael (1989).** Die Strategie der Implementierung in der Unternehmung, Pfaffen-weiler

**Claycomb, Cindy/Germain, Richard/Droege, Cornelia (2000).** The Effects of Formal Stra-tegic Marketing Planning on the Industrial Firm's Configuration, Structure, Exchange Patterns, and Performance, in: Industrial Marketing Management, 29. Jg., S. 219–234

**Coase, Ronald (1937).** The nature of the firm, in: Economics, 4. Jg., S. 386–405

**Coenenberg, Adolf G./Salfeld, Rainer/Schultze, Wolfgang (2015).** Wertorientierte Unter-nehmensführung: Vom Strategieentwurf zur Implementierung, 3. Aufl., Stuttgart

**Cokins, Gary (2004).** Performance Management: Finding the missing pieces to close the Intelligence Gap, New York

**Confente, Ilenia/Buratti, Andrea/Russo, Ivan (2015)).** The role of servitization for small firms: Drivers versus barriers, in: International journal of entrepreneurship and small business, 26. Jg., Nr. 3, S. 312–331

**Cooper, Harris M. (2017).** Research synthesis and meta-analysiS. A step-by-step approach, 5th edition, Los Angeles, London, New Delhi, Singapore, Washington DC

**Cooper, Harris M./Hedges, Larry (2009).** Research synthesis as a scientific process, in: Cooper, Harris; Hedges, Larry; Valentine, Jeffrey(Hrsg.), The Handbook of Research Synthesis and Meta-Analysis, New York; S. 3–19.

**Cooper, Martha C./Lambert, Douglas M./Pagh, Janus D. (1997).** Supply Chain Management: More Than a New Name for Logistics, in: Int Jrnl Logistics Management, 8. Jg., Nr. 1, S. 1–14

**Coreynen, Wim/Matthyssens, Paul/Van Bockhaven, Wouter (2017)).** Boosting servitization through digitization: Pathways and dynamic resource configurations for manufacturers, in: Industrial Marketing Management, 60. Jg., S. 42–53

**Costa Oliveira, Helena Maria (2014).** The Balanced Scorecard operating as a Risk Management, in: Review of Economic Studies & Research Virgil Madgearu, 7. Jg., Nr. 2, S. 41–57

**Couper, Mick P./Coutts, Elisabeth (2006).** Online-Befragung. Probleme und Chancen verschiedener Arten von Online-Erhebungen., Wiesbaden

**Cromme, Gerhard (2005).** Corporate Goverance in Germany and the German Corporate Governance Code, in: Corporate Governance: An International Review, 13. Jg., Nr. 3, S. 362–367

**Cross, Kelvin F./Lynch, Richard L. (1988).** The "SMART" way to define and sustain success, in: Natl. Prod. Rev., 8. Jg., Nr. 1, S. 23–33

**Culbertson, S. S./Henning, J. B./Payne, S. C. (2013).** Performance appraisal satisfaction: The role of feedback and goal orientation, in: Journal of Personnel Psychology, 12. Jg., S. 189–195

**Culig, Kathryn/Dickinson, Aalyde/Lindstrom-Hazel, Debra/Austin, John (2008).** Combining workstation design and performance management to increase ergonomically correct computer typing postures, in: Journal of Organizational Behavior Management, 28. Jg., S. 146–175

**Dahl, Andrew J./Peltier, James W./Milne, George R. (2018).** Development of a Value Co-Creation Wellness Model: The Role of Physicians and Digital Information Seeking on Health Behaviors and Health Outcomes, in: J Consum Aff, 52. Jg., Nr. 3, S. 562–594

**Danaher, Brett/Yan Huang/Smith, Michael D./Telang, Rahul (2014).** An Empirical Analysis of Digital Music Bundling Strategies, in: Management Science, 60. Jg., Nr. 6, S. 1413–1433

**Dang, Beilei/Zhang, Wenhong/Chen, Silei/Feng, Taiwen/Zhoa, Yapu (2019).** Antecedents of demand-side search in servitization of manufacturing firms, in: Journal of Business & Industrial Marketing, 34. Jg., Nr. 8, S. 1827–1838

**Daniel, Klaus/Brandt, Bianca (2019).** (Um)Denken. Wie wir künftig arbeiten (sollten), in: Ulrich, Patrick; Baltzer, Björn (Hrsg.), Wertschöpfung in der Betriebswirtschaftslehre, Wiesbaden, S. 703–717

**Daum, Jürgen H. (2005).** Tableau de Bord: Besser als die Balanced Scorecard?, in: Der Controlling Berater,, Nr. 7, S. 459–502

**Daunt, Valerie/Kerr, Andrew/Tully, Carol/Curtin, Ian/Menzies, Vicky (2018).** Digital Enablement – Turning your transformation into a successful journey

**Davies, Brian (2003).** The role of quantitative and qualitative research in industrial studies of tourism, in: Int. J. Tourism Res., 5. Jg., Nr. 2, S. 97–111

**Davis, James H./Schoorman, F. David/Donaldson, Lex (1997).** Toward a Stewardship in Theory of Management, in: Academy of Management Review, 22. Jg., Nr. 1, S. 20–47

**Davis, Stan/Albright, Tom (2004).** An investigation of the effect of Balanced Scorecard implementation on financial performance, in: Management Accounting Research, 15. Jg., Nr. 4, S. 135–153

**Davis, Tamara (1997).** The Government Performance and Results Act of 1993:, in: Social Work, 42. Jg., Nr. 4, S. 364–373

**DBS (2019).** https://www.dbs.com.sg/index/default.page#dbsgroup, 16.09.2019

**De Geuser, Fabien/Mooraj, Stella/Oyon, Daniel (2009).** Does the Balanced Scorecard Add Value? Empirical Evidence on its Effect on Performance, in: European Accounting Review, 18. Jg., Nr. 1, S. 93–122

**Deimel, Klaus/Heupel, Thomas/Wiltinger, Kai (2013).** Controlling, München

**den Hartog, Deanna./Boselie, Paul/Paauwe, Jaap (2004).** Performance management: A model and research agenda, in: Applied Psychology, 53. Jg., S. 556–569

**DeNisi, Angelor/Peters, Lawrence (1996).** Organization of information in memory and the performance appraisal process: Evidence from the field, in: Journal of Applied Psychology, 81. Jg., S. 717–737

**Denk, Robert (2008).** Corporate Risk Management. Unternehmensweites Risikomanagement als Führungsaufgabe, 2. Aufl., Wien

**Denyer, Daniel/Neely, Andy (2004).** Introduction to special issue: Innovation and productivity performance in the UK, in: International Journal of Management Reviews, 5/6, S. 131–135

**Devos, Jan/van de Ginste, Kevin (2014).** A Quest for Theoretical Foundations of COBIT 5, in: Proceedings of the European Conference on Information Management & Evaluation, S. 73–80

**Dhavale, D. G. (1996).** Problems with Existing Manufacturing Performance Measurement, in: Journal of Cost Management, 9. Jg., S. 50–55

**DiClaudio, Michael).** People analytics and the rise of HR: how data, analytics and emerging technology can transform human resources (HR) into a profit center, in: Strategic HR Reviewt, 18. Jg., S. 42–46.

**Diekmann, Andreas (2018).** Empirische Sozialforschung. Grundlagen, Methoden, Anwendungen, 12. Auflage, vollständig überarbeitete und erweiterte Neuausgabe August 2007, Reinbek bei Hamburg

**Diemer, Andreas (1974).** Moderne Ansätze der Systematisierung, in: Rombach, Heinrich (Hrsg.), Wissenschaftstheorie; S. 128–133

**Dierkes, Stefan/Schäfer, Ulrich (2008).** Prinzipal-Agenten-Theorie und Performance Measurement, in: Controlling & Management, 52. Jg., Nr. 1, S. 19–27

**Dillerup, Ralf/Stoi, Roman (2013).** Unternehmensführung, 4. Aufl., München

**Distelzweig, Anja (2014).** Performance Measurement in der Beschaffung. Ein Konzeptvergleich, Wiesbaden

**Domschke, Wolfgang/Scholl, Armin (2005).** Grundlagen der Betriebswirtschaftslehre. Eine Einführung aus entscheidungsorientierter Sicht, 3. Aufl., Dordrecht

**Döring, Nicola/Bortz, Jürgen (2016)**. Forschungsmethoden und Evaluation in den Sozial- und Humanwissenschaften. Unter Mitarbeit von Sandra Pöschl-Günther, 5. Aufl., Berlin, Heidelberg

**Döring-Seipel, Elke/Lantermann, Ernst-Dieter (2015)**. Komplexitätsmanagement, Psychologische Erkenntnisse zu einer zentralen Führungsaufgabe, Wiesbaden

**Dosi, Giovanni/Grazzi, Marco/Marengo, Luigi/Settepanella, Simona (2016)**. Production Theory: Accounting for Firm Heterogeneity and Technical Change, in: J Ind Econ, 64. Jg., Nr. 4, S. 875–907

**Dowling, Michael J./Mcgee, Jeffrey E. (1994)**. Business and Technology Strategies and New Venture Performance: A Study of the Telecommunications Equipment Industry, 40. Jg., S. 1663–1677

**Drerup, Bianca/Suprano, Francesco/Wömpener, Andreas (2018)**. Controller 4.0, in: Controlling, 30. Jg., Nr. 1, S. 57–63

**Drnevich, Paul L./Croson, David C. (2013)**. Information Technology and Business-Level Strategy: Toward an Integrated Theoretical Perspective,, in: MIS Quarterly, 37. Jg., Nr. 2, S. 483–509

**Drucker, Peter F. (1995)**. The Practice of Management, 17. Aufl., New York

**Drucker, Peter F. (2010)**. Ursprünge des Totalitarismus : das Ende des Homo Oeconomicus, Wien

**Dubislav, Walter (2015)**. Die Definition, Hamburg

**Dwight, Richard (1999)**. Searching for real maintenance performance measures, in: Journal of Quality in Maintenance Engineering, 5. Jg., Nr. 3, S. 258–275

**Dylla, Christoph (2018)**. Stand der Digitalisierung in Deutschland – verschlafen wir den Mega-Trend?, https://www.kanal-egal.de/stand-der-digitalisierung-in-deutschland-verschlafen-wir-den-mega-trend/, 07.10.2019

**Easterby-Smith, Mark/Thorpe, Richard/Jackson, Paul Russell (2012)** Management research, 4. Aufl., Los Angeles

**Easterby-Smith, Mark/Thorpe, Richard/Jackson, Paul Russell (2015)**. Management and business research, 5. Aufl., London

**Easterby-Smith, Mark/Thorpe, Richard/Lowe, Andy (2006)**. Management research. An introduction, Reprint, London

**EBSCO (2018)**. http://web.b.ebscohost.com.0011c3m920f1.han.ub.uni-bamberg.de/ehost/search/basic?vid=0&sid=a6a7ba12-d35d-4f57-8c84-73b01b2bb296%40sessionmgr120, 15.12. 2018

**Eccles, Robert G. (1991)**. The Performance Measurement Manifesto, in: California Management Review, 69. Jg., Nr. 1, S. 131–137

**Eccles, Robert G./Nohria, Nitin (1992)**. Beyond the Hype: Rediscovering the Essence of Management, Boston

**Eckert, Carolin K. (2009)**. Wissenstransfer im Auslandsentsendungsprozess, Eine empirische Analyse der Rolle des Expatriates als Wissenstransfer-Agent, Wiesbaden

**Eckstein, Peter P. (2019)**. Statistik für Wirtschaftswissenschaftler. Eine realdatenbasierte Einführung mit SPSS, 6., aktualisierte und erweiterte Auflage, Wiesbaden

**Eddleston, Kimberly A./Kellermanns, Franz W. (2007)**. Destructive and productive family relationships: A stewardship theory perspective, in: Journal of Business Venturing, 22. Jg., Nr. 4, S. 545–565

**EFAM (2019).** https://www.uni-bamberg.de/ufc/forschung/europaeisches-forschungsfeld-fuer-angewandte-mittelstandsforschung, 11.02 2019

**Eichinger, R. W./Lombardo, M. M./Ulrich, D./Cannon, K. (2004).** 100 things you need to know: Best people practices for managers & HR, Minneapolis

**Eisend, Martin (2014).** Metaanalyse, München

**Eisend, Martin/Kuß, Alfred (2017).** Grundlagen empirischer Forschung. Zur Methodologie in der Betriebswirtschaftslehre, Wiesbaden

**Eisenhardt, Kathleen/Zbackari, Mark (1992).** Strategic Decision Making, in: Strategic Management Journal, 13. Jg., S. 17–37

**Eisenhardt, Kathleen M. (1989a).** Agency Theory: An Assessment and Review, in: Academy of Management Review, 14. Jg., Nr. 1, S. 57–74

**Eisenhardt, Kathleen M. (1989b).** Building theories from case study research, in: Academy of Management Review, 14. Jg., Nr. 4, S. 532–550

**Engel, Uwe/Schmidt, Björn (2014).** Unit- und Item-Nonresponse, in: Baur, Nina/Blasius, Jörg (Hrsg., 2014), Handbuch Methoden der empirischen Sozialforschung, Wiesbaden

**Engelhardt, Phillip/Möller, Klaus (2019).** OKRs – Objectives and Key Results, in: Controlling, 29. Jg., Nr. S, S. 30–36

**Engelmeyer, Elmar (1998).** Identitätsorientierte interkulturelle Personalführung aus gesellschaftstheoretischer Perspektive, in: Schoppe, Siegfried G., Blödorn, Niels (Hrsg.), Kompendium der internationalen Betriebswirtschaftslehre, 4. Aufl., München, S. 365–408

**Epstein, Marc J./Manzoni, Jean-Francois (1997).** The Balanced Scorecard and Tableau de Bord: Translating strategy into action, in: Management Accounting: Official Magazine of Institute of Management Accountants, 79. Jg., Nr. 2, S. 28–37

**Eurich, Andreas/Flinspach, Tobias/Möller, Klaus/Strathoff Pepe (2019).** Objectives & Key Results, in: Controlling, 31. Jg., Sonderheft, S. 65–70.

**Erlei, Mathias/Leschke, Martin/Sauerland, Dirk (2007).** Neue Institutionenökonomik, 2. Aufl., Stuttgart

**Esser, Hartmut (1984).** Fehler bei der Datenerhebung: Messfehler bei der Datenerhebung und die Techniken der empirischen Sozialforschung. Kurseinheit 2, Band 2

**Evans, Hugh/Ashworth, Gary/Gooch, Jeff/Davies, Roger (1996).** Who needs performance Management?, in: Management Accounting, 12. Jg., S. 20–25

**Evans, James (2004).** An exploratory study of performance measurement systems and relationships with performance results, in: Journal of operations management, 22. Jg., Nr. 3, S. 219–232

**Fæste, Lars/Gumsheimer, Thomas/Scherer, Matthias (2015).** How to Jump-Start a Digital Transformation, Boston

**Feucht, Hartmut (1996).** Implementierung von Technologiestrategien, Frankfurt am Main

**Fichman, R. G./Dos Santos, B. L./Zheng, Z. (2014).** Digital Innovation as a Fundamental and Powerful Concept in the Information Systems Curriculum, in: MIS Quarterly, 38. Jg., Nr. 2, S. 329–354

**Fiedler, Fred E. (1967).** A theory of leadership effectiveness, New York

**Fielding, Nigel (2004).** Getting the Most from Archived Qualitative Data, in: International Journal of Social Research Methodology, 7. Jg., Nr. 1, S. 97–104

**Fielding, Nigel/Fielding, Jane (1986).** Linking Data, Beverly Hills

**Fink, Arlene (2014).** Conducting research literature reviewS. From the internet to paper, Fourth edition, Los Angeles, London, New Delhi, Singapore, Washington DC

**Firk, Sebastian/Schmidt, Torben/Wolff, Michael (2016).** Wertorientierte Unternehmenssteuerung in der Praxis, in: Becker, Wolfgang/Ulrich, Patrick (Hrsg.), Handbuch Controlling, Wiesbaden, S. 365–384

**Fisch, Rudolf/Beck, Dieter (2004).** Handhabung komplexer Aufgabenstellungen in Organisationen, Einführung und Übersicht, in: Fisch, Rudolf; Beck, Dieter (Hrsg.), Komplexitätsmanagement, Wiesbaden, S. 11–20

**Fischer, Thomas M./Möller, Klaus/Schultze, Wolfgang (2015).** Controlling. Grundlagen, Instrumente und Entwicklungsperspektiven. Unter Mitarbeit von Marianus Maria van Asseldonk, 2. Aufl., Stuttgart

**Flamholtz, Eric G./Bullen, Maria L./Wei, Hua (2002).** Human resource accounting: a historical perspective and future implications, in: Management Decision, 40. Jg., Nr. 10, S. 947

**Flick, Uwe (2008).** Qualitative Sozialforschung: eine Einführung, 7. Aufl., Reinbek bei Hamburg

**Forkmann, Sebastian/Ramos, Carla/Henneberg, Stephan/Naudé, Peter (2017).** Understanding the service infusion process as a business model reconfiguration, in: Industrial Marketing Management, 60. Jg., S. 151–166

**Fox, Grace/Connolly, Regina (2018).** Mobile health technology adoption across generations: Narrowing the digital divide, in: Information Systems Journal, 28. Jg., Nr. 6, S. 995–1019

**Franco-Santos, Monica/Kennerley, Mike/Micheli, Pietro/Martinez, Veronica/Mason, Steve/Marr, Bernard/Gray, Dina/Neely, Andrew (2007).** Towards a definition of a business performance measurement system, in: International Journal of Operations & Production Management, 27. Jg., Nr. 8, S. 784–801

**Franco-Santos, Monica/Lucianetti, Lorenzo/Bourne, Mike (2012).** Contemporary performance measurement systems: A review of their consequences and a framework for research, in: Management Accounting Research, 23. Jg., Nr. 2, S. 79–119

**Franke, Nikolaus (2002).** Realtheorie des Marketing. Gestalt und Erkenntnis, Tübingen

**Frankovic, Kathleen A. (2012).** Straw Polls in the U.S.: Measuring Public Opinion 100 Years Ago, in: Haad, Hannes; Jerabek, Hynek; Petersen, Thomas (Hrsg.), The Early Days of Survey Research and their Importance Today, Vien; S. 66–84

**Fraune, Gerhard J. (2015).** Nachfolge durch Fremdmanager. Eine fallstudienbasierte Analyse von Führungsform und Anreizgestaltung in großen deutschen Familienunternehmen, Lohmar

**Fraunhofer IAO (2018).** Digital Roadmapping: Entwicklung einer Digitalen Unternehmensvision und einer Digitalstrategie. Fraunhofer IAO, https://www.hci.iao.fraunhofer.de/de/leistungsangebot/Digitalisierung/Digitalisierungsberatung/Digital_Roadmapping.html, 16.09.2019

**Free, Miles (2019).** VUCA: We Can't Plan, but We Can Prepare, in: Production Machining, 19. Jg., Nr. 8, S. 15–16

**Freitag, Mike/Münster, Marc (2013).** Anforderungen an ein Service Lifecycle Management, Fraunhofer IAO

**Freeman, R. Edward (1984).** Strategic planning: A stakeholder approach, Boston

**Frese, Eva/Smulders, Frido (2015).** Towards Disruptive Innovation in Incumbents by Student Design Teams, in: AMPROC, 2015. Jg., Nr. 1, S. 1

**Friedrich, Roman/Pachmajer, Michael/Curran, Chris (2016).** The right CDO for your company's future – The five archetypes of a digital officer

**Friedrichs, Jürgen (2002)**. Methoden empirischer Sozialforschung, 14. Auflage, Wiesbaden, s.l.

**Fritz, Wolfgang (1995)**. Marketing-Management und Unternehmenserfolg. Grundlagen und Ergebnisse einer empirischen Untersuchung, 2. Aufl., Stuttgart

**Fujino, Masafumi/Sawabe, Norio (2019)**. Performance Management Systems in Japanese Culture, in: Controlling: Zeitschrift für erfolgsorientierte Unternehmenssteuerung, 31. Jg., Spezialausgabe Frühjahr, S. 22–23

**Funk, Christian (2008)**. Gestaltung effizienter interner Kapitalmärkte in Konglomeraten. Zugl.: Dortmund, Univ., Diss., 2007, Frankfurt am Main

**Furubotn, Eirik G./Streissler, Monika/Richter, Rudolf (2012)**. Neue Institutionenökonomik. Eine Einführung und kritische Würdigung, 4. Aufl., Tübingen

**Füssel, Julia (2010)**. Lernstrategien des Wirtschaftsprüfers für die Fortbildung in IFRS. Eine theoretische und empirische Analyse, Wiesbaden

**Gaitanides, Michael (1994)**. Prozessmanagement: Konzepte, Umsetzungen und Erfahrungen des Reengineering, München

**Gal, Thomas/Gehring, Hermann (1981)**. Betriebswirtschaftliche Planungs- und Entscheidungstechniken, Berlin

**Gall, Meredith/Borg, Walter/Gall, Joyce (2007)**. Educational Research: An Introduction, 8. Aufl., White Plains

**Gälweiler, Aloys/Schwaninger, Markus (1990)**. Strategische Unternehmensführung, 2. Aufl., Frankfurt

**Gassmann, Oliver/Sutter, Phillip (2016)**. Digitale Transformation im Unternehmen gestalten, München

**Gates, Stephen/Langevin, Pascal (2010)**. Human capital measures, strategy, and performance. HR managers' perceptions, in: Accounting, Auditing & Accountability Journal, 23. Jg., Nr. 1, S. 111–132

**Gavilanes, José Manuel/Flatten, Tessa Christina/Brettel, Malte (2018)**. Content Strategies for Digital Consumer Engagement in Social Networks: Why Advertising Is an Antecedent of Engagement, in: Journal of Advertising, 47. Jg., Nr. 1, S. 4–23

**Gertz, Verena/Haeser, Felix (2015)**. Next Generation Product Complexity Management, https://www.capgemini.com/consulting-de/wp-content/uploads/sites/32/2017/08/next-generation-product-complexity-management.pdf, 10.09.2019

**Gesammelte Aufsätze zur Wissenschaftslehre (1988)**. Gesammelte Aufsätze zur Wissenschaftslehre, 7. Aufl., Tübingen: Mohr (UTB für Wissenschaft, 1492)

**Gilles, Roland (2005)**. Performance Measurement mittels Data Envelopment Analysis: Theoretisches Grundkonzept und universitäre Forschungsperformance als Anwendungsfall, Köln

**Gladen, Werner (2011)**. Performance Measurement. Controlling mit Kennzahlen, 5. Aufl., Wiesbaden

**Glaser, Barney G./Strauss, Anselm L. (2010)**. Grounded theory, Strategien qualitativer Forschung, 3. Aufl., Bern

**Gleich, Roland (1997)**. Performance Measurement, in: Die Betriebswirtschaft, Nr. 1, S. 114–117

**Gleich, Roland (2002)**. Performance Measurement – Grundlagen, Konzepte und empirische Erkenntnisse, in: Controlling, Nr. 8/9, S. 447–454

**Gleich, Roland (2011).** Performance Measurement. Konzepte, Fallstudien und Grundschema für die Praxis, München

**Gleich, Roland/Losbichler, Heimo./Zierhofer, Rainer/Anders, Peter (2016).** Unternehmenssteuerung im Zeitalter von Industrie 4.0, München

**Gluck, Frederick W./Kaufmann, Stephan P./Walleck, Steven A. (1980).** Strategic Management for Competitive Advantage, in: The McKinsey Quarterly, S. 155–160

**Gnyawali, Devi R./Weiguo, Fan/Penner, James (2010).** Competitive Actions and Dynamics in the Digital Age: An Empirical Investigation of Social Networking Firms, in: Information Systems Research, 21. Jg., Nr. 3, S. 594–613

**Göbel, Fabian (2009).** Case Study Approach, in: Schwaiger, Manfred; Meyer, Anton (Hrsg.), Theorien und Methoden der Betriebswirtschaft, München; S. 359–376

**Godlewska, Małgorzata/Pilewicz, Tomasz (2018).** The Impact of Interplay Between Formal and Informal Institutions on Corporate Governance Systems: a Comparative Study of CEECs, in: Comparative Economic Research, 21. Jg., Nr. 4, S. 85–104

**Golightly, David/Kefalidou, Genovefa/Sharples, Sarah (2018).** A cross-sector analysis of human and organisational factors in the deployment of data-driven predictive maintenance, in: Inf Syst E-Bus Manage, 16. Jg., Nr. 3, S. 627–648

**Gölzer, Phillip/Cato, Patrick (2019).** Der Weg zu datengetriebenen Geschäftsprozessen, in: Becker, Wolfgang; Eierle, Brigitte; Fliaster, Alexander; Ivens, Björn Sven; Leischnig, Alexander; Pflaum, Alexander; Sucky, Eric (Hrsg.), Geschäftsmodelle in der digitalen Welt, Wiesbaden, S. 619–632

**Gölzer, Phillip/Fritzsche, Albrecht (2017).** Data-driven operations management: organisational implications of the digital transformation in industrial practice, in: Production Planning & Control, 28. Jg., Nr. 16, S. 1332–1343

**Gomez, Peter/Probst, Gilbert (2000).** Die Praxis des ganzheitlichen Problemlosens, 2. Aufl., Bern

**Gong, Jing/Hong, Yili/Zentner, Alejandro (2018).** Role of Monetary Incentives in the Digital and Physical Inter-Border Labor Flows, in: Journal of Management Information Systems, 35. Jg., Nr. 3, S. 866–899

**Good, Phillip I. (2001).** Resampling MethodS. A Practical Guide to Data Analysis, 2. Aufl., Boston

**Goorhuis, Henk (1994).** Konstruktivistische Modellbildung in der Informatik

**Gopal, Gurram/Martinez, Alejandro Garach/Rodriguez, Juan Martinez (2018).** Get smart with your contracts: Blockchain technology is enabling business value advancement in everything from manufactured goods to online music, in: Industrial Engineer: IE, 50. Jg., Nr. 5, S 26–31

**Goran, Julie/LaBerge, Laura/Srinivasan, Ramesh (2017).** Culture for a digital age, in: McKinsey Quarterly, Nr. 3, S. 56–67

**Gordon, Mark D./Morris, John C./Steinfeld, Joshua (2019).** Deepwater or Troubled Water? Principal-Agent Theory and Performance-Based Contracting in the Coast Guard's Deepwater Modernization Program, in: International Journal of Public Administration, 42. Jg., Nr. 4, S. 298–309

**Götze, Uwe (2012).** Mehrperiodige Finanzierungsrechnungen als Instrument des Finanzcontrollings, in: Controlling, 24. Jg., Nr. 8–9, S. 459–465

**Götze, Uwe/Mikus, Barbara (1999).** Strategisches Management, Chemnitz

Götze, Wolfgang/Deutschmann, Christel/Link, Heike (2014). Statistik. Lehr- und Übungs-
buch mit Beispielen aus der Tourismus- und Verkehrswirtschaft, Reprint 2014, München
Grabmeier, Johannes/Hagl, Stefan (2016). Statistik – Grundwissen und Formeln, 3. Aufl.,
Freiburg
Granados, Nelson/Gupta, Alok (2013). Transcparency Strategy, in: MIS Quarterly, 37. Jg.,
Nr. 2, S. 637–641
Grant, Robert M. (2002) Contemporary Strategy Analysis, 4. Aufl., Cambridge
Grandjean, Lisa/Ries, Evgenija (2017). Geschäftsmodelltypologie für hybride Leistungs-
bündel, in: WiSt – Wirtschafts-wissenschaftliches Studium, 46. Jg., Nr. 2-3, S. 17–23
Grant, Robert M./Nippa, Michael (2006). Strategisches Management. Analyse, Entwick-
lung und Implementierung von Unternehmensstrategien, 5. Aufl., München
Gray, J./Pesqueux, Y. (1993). Evolution actuelles des systemes de tableau de bord. Com-
paraison des pratiques de quelques multinationales americances et francaises, in: Revue
Francaise de Comptabilitie, Nr. 242, S. 61–70
Green, Paul E./Tull, Donald S. (1982). Methoden und Techniken der Marketingforschung,
4. Aufl., Stuttgart
Gregory, J. B./Levy, P. E. (2010). Employee coaching relationships: Enhancing construct
clarity and measurement, in: Coaching: An International Journal of Theory, Research and
Practice, 3. Jg., S. 109–123
Gregory, Jane/Levy, Paul (2011). It's not me, it's you: A multilevel examination of variables
that impact employee coaching relationships, in: Consulting Psychology Journal: Practice
and Research, 5. Jg., S. 86–99
Gregory, Jane/Levy, Paul E. (2012). Employee feedback orientation: Implications for effective coaching relationships, in: Coaching: An International Journal of Theory, Research
and Practice, 5. Jg., S. 86–99
Gregory, Jane./Levy, Paul/Jeffers, Michael (2008). Development of a model of the feedback process within executive coaching, in: Consulting Psychology Journal: Practice and
Research, 60. Jg., S. 42–56
Greiling, Dorothea (2009). Performance Measurement in Non-Profit-Organisationen, Wies-
baden
Greving, Bert (2009) Messen und Skalieren von Sachverhalten. In: Sönke Albers, Daniel
Klapper, Udo Konradt und Joachim WolfMethodik der empirischen Forschung. 3., über-
arbeitete und erweiterte Auflage, in: Albers, Sönke/Klapper, Daniel/Konradt, Udo/Wolf,
Joachim, Wiesbaden, s.l.: Gabler Verlag, S. 65–77
Grgurevic, Kristijan (2017). Geschäftsmodellstrategien im globalen, digitalen Wettbewerb,
in: Schallmo, Daniel; Rusnjak, Andreas; Anzengruber, Johanna; Werani, Thomas, Jünger,
Michael (Hrsg.), Digitale Transformation von Geschäftsmodellen, Wiesbaden, S. 127–157
Grochla, Erwin (1969). Modelle als Instrumente der Unternehmensführung., in: Zeitschrift
für betriebswirtschaftliche Forschung, 21. Jg., S. 382–397
Grochla, Erwin (1976). Praxeologische Organisationstheorie durch sachliche und metho-
dische Integration, in: Zeitschrift für betriebswirtschaftliche Forschung, 28. Jg., S.
617–637
Grochla, Erwin (1978). Einführung in die Organisationstheorie, Stuttgart
Groß, Michael (2018). Digital Leader Gamebook – inklusive Arbeitshilfen online, Erfolgreich führen im digitalen Zeitalter, München

**Grover, Varun/Chiang, Roger/Ting-Peng, Liang/Dongsong, Zhang (2018).** Creating Strategic Business Value from Big Data Analytics: A Research Framework, in: Journal of Management Information Systems, 35. Jg., Nr. 2, S. 388–423

**Grover, Varun/Kohli, Rajiv (2103).** Revealing your Hand, in: MIS Quarterly, 37. Jg., Nr. 2

**Groves, Robert M. (1989).** Survey Errors and Survey Costs: An Introduction to Survey Errors, New York

**Groves, Robert M./Fowler, Floyd J./Couper, Mick P./Lepkowski, James M./Singer, Eleanor/Tourangeau, Roger (2011).** Survey Methodology, 2. Aufl., Hoboken

**Grüning, Michael (2002).** Performance-Measurement-Systeme. Messung und Steuerung von Unternehmensleistung, Gabler Edition Wissenschaft, Wiesbaden

**Guerny, J. de/Guiriec, J. C./Lavergne, J. (1990).** Principes et mise en place du Tableau der Bord de Gestion, Paris

**Gummert, Hans (2019).** Münchener Handbuch des Gesellschaftsrechts, 5. Aufl., München

**Günther, Thomas (1997).** Unternehmenswertorientiertes Controlling, München

**Gupta, Anil/Govindarajan, A. (1984).** Business Unit Strategy, Managerial Characteristics, and Business Unit Effectiveness at Strategy Implementation, in: Academy of Management Journal, 27. Jg., Nr. 1, S. 25–41

**Gutenberg, Erich (1951).** Grundlagen der Betriebswirtschaftslehre. Erster Band Die Produktion, Berlin, Heidelberg, s.l.

**Haase, Michaela (2006).** Wissenschaftstheoretische Begriffe wissenschaftlichen Fortschritt und ihre Relevanz für die Betriebswirtschaftslehre, in: Zelewksi, Stephan; Akca, Naciye (Hrsg.), Fortschritt in den Wirtschaftswissenschaften, Wiesbaden, S. 49–84.

**Habermas, Jürgen (1985).** Zur Logik der Sozialwissenschaften, Frankfurt am Main

**Habjan, Kristina Bogataj/Pucihar, Andreja (2017).** Cloud Computing Adoption Business Model Factors: Does Enterprise Size Matter?, in: Engineering Economics, 28. Jg., Nr. 3, S. 253–261

**Häder, Michael (2015).** Empirische Sozialforschung. Eine Einführung, 3. Aufl., Wiesbaden

**Häder, Michael/Häder, Sabine (2014).** Stichprobenziehung in der quantitativen Sozialforschung, in: Baur, Nina/Blasius, Jörg (Hrsg., 2014), Handbuch Methoden der empirischen Sozialforschung, Wiesbaden

**Haffke, Ingmar/Kalgovas, Bradley/Benlian, Alexander (2016).** The Role of the CIO and the CDO in an Organization's Digital Transformation. Thirty Seventh International Conference on Information Systems, Dublin.

**Hahn, Dietger (1996).** PuK Controllingkonzepte, 5. Aufl., Wiesbaden

**Hahn, Dietger (2006).** Strategische Unternehmungsführung – Grundkonzept, in: Strategische Unternehmungsplanung – strategische Unternehmungsführung: Stand und Entwicklungstendenzen, Heidelberg

**Haines, Victor. Y./St-Onge, Sylvie (2012).** Performance management effectiveness: Practices or context?, in: The International Journal of Human Resource Management, 23. Jg., S. 1158–1175

**Halbheer, Daniel/Stahl, Florian/Koenigsberg, Oded/Lehmann, Donald R. (2014).** Choosing a digital content strategy: How much should be free?, in: International Journal of Research in Marketing, 31. Jg., Nr. 2, S. 192–206

**Hall, David J./Saias, Maurice A. (1980).** Strategy Follows Structure!, in: Strategic Management Journal, 1. Jg., Nr. 2, S. 149–163

**Hamadi, Hanadi/Spaulding, Aaron/Haley, D. Rob/Zhao, Mei/Tafili, Aurora/Zakari, Nazik (2019).** Does value-based purchasing affect US hospital utilization pattern: A comparative study, in: International Journal of Healthcare Management, 12. Jg., Nr. 2, S. 148–154

**Hammann, Peter/Erichson, Bernd (2000).** Marktforschung, 4. Aufl., Stuttgart

**Hanusch, Horst/Ilg, Gerhard/Jung, Matthias (2011).** Nutzen-Kosten-Analyse, 3. Aufl., München

**Haritz, André (2000).** Innovationsnetzwerke. Ein systemorientierter Ansatz, Wiesbaden

**Harrington, Lisa/Boyson, Sandor/Corsi, Thomas (2011).** X-SCM: The New Science of X-treme Supply Chain Management, New York

**Harrison, Kendall (2018a).** Blockchain Unchained: One Lawyer's Quest to Figure out what the Hell Everyone is Talking About, in: Defense Counsel Journal, 85. Jg., Nr. 1, S. 1–5

**Harrison, Virginia S. (2018b).** Understanding the donor experience: Applying stewardship theory to higher education donors, in: Public Relations Review, 44. Jg., Nr. 4, S. 533–548

**Hart, Chris (2005).** Doing a literature review. Releasing the social science research imagination, London

**Hatzivasilis, George/Fysarakis, Konstantinos/Soultatos, Othonas/Askoxylakis, Ioannis/Papaefstathiou, Ioannis/Demetriou, Giorgos (2018).** The Industrial Internet of Things as an enabler for a Circular Economy Hy-LP: A novel IIoT protocol, evaluated on a wind park's SDN/NFV-enabled 5G industrial network, in: Computer Communications, 119. Jg., S. 127–137

**Hauschildt, Jürgen (1970).** Organisation der finanziellen Unternehmensführung. Eine empirische Untersuchung, Stuttgart

**Heide, Jan B./John, George (1992).** Do Norms Matter in Marketing Relationships?, in: Journal of Marketing, 56. Jg., Nr. 2, S. 32–44

**Heidenreich, Klaus (2018).** Sozialwissenschaftliche Methoden. Lehr- und Handbuch für Forschung und Praxis, 5., durchgesehene Auflage. Reprint 2018, Berlin, Boston

**Heimer, Sebastian (2007).** Die Balanced Scorecard als Instrument zur Unterstützung des Risikomanagements

**Hein, Daniel/Ivens, Björn/Leischnig, Alexander/Wölfl, Steffen (2017).** From CRM-system-effectiveness to profitability, Proceedings of the 38th International Conference on Information Systems (ICIS), Seoul, South Korea.

**Hein, Daniel/Ivens, Björn/Leischnig, Alexander/Wölfl, Steffen (2019).** Die Implementierung des digitalen Customer Relationship Managements – Erfolgsfaktoren, Hemmnisse und Entwicklungsoptionen, in: Becker, Wolfgang; Eierle, Brigitte; Fliaster, Alexander; Ivens, Björn Sven; Leischnig, Alexander; Pflaum, Alexander; Sucky, Eric (Hrsg.), Geschäftsmodelle in der digitalen Welt, Wiesbaden, S. 341–360

**Heinen, Edmund (1991).** Industriebetriebslehre als entscheidungsorientierte Unternehmensführung, in: Picot, Arnold/Heinen, Edmund (Hrsg.), Industriebetriebslehre, 9. Aufl., Wiesbaden, S. 1–71

**Heitmann, Mark (2018).** Von Agile Insights zum Agile Management, in: absatzwirtschaft, Sonderausgabe zur dmexco 2018, S. 68–69

**Helfrich, Hede (2016).** Wissenschaftstheorie für Betriebswirtschaftler, Wiesbaden

**Hemmati, M./Fatemi Ghomi, S.M.T./Sajadieh, Mohsen S. (2017).** Vendor managed inventory with consignment stock for supply chain with stock- and price-dependent demand, in: International Journal of Production Research, 55. Jg., Nr. 18, S. 5225–5242

**Henderson, Rebecca/Clark, Kim (1990).** Architecturai Innovation: The Reconfiguration of Existing Product Technologies and the Failure of Established Firms, in: Administrative Science Quarterly, 35. Jg., S. 9–30

**Herbert, Theordore, Deresky, Helen (1987).** Generic Strategies, in: Strategic Management Journal, 8. Jg., Nr. 2, S. 135–147

**Herrmann, Hans-Joachim (1992).** Modellgestützte Planung in Unternehmen. Entwicklung eines Rahmenkonzepts, Wiesbaden

**Hess, Thomas/Matt, Christian/Benlian, Alexander/Wiesböck, Florian (2016).** Options for Formulating a Digital Transformation Strategy, in: MIS Quarterly Executive, 15. Jg., Nr. 2, S. 123–139

**Heuskel, Dieter (1999).** Wettbewerb jenseits von Industriegrenzen: Aufbruch zu neuen Wachstumsstrategien, Frankfurt

**Hilgers, Dennis (2008).** Performance Management. Leistungserfassung und Leistungssteuerung in Unternehmen und öffentlichen Verwaltungen, Wiesbaden

**Hilker, Jörg (1993).** Marketingimplementierung Grundlagen und Umsetzung am Beispiel ostdeutscher Unternehmen, Wiesbaden

**Hille, Maximilian/Janata, Steve./Michel, Julia (2016).** Digitalisierungsleitfaden: Ein Kompendium für Entscheider im Mittelstand im Auftrag der QSC AG, Kassel

**Hillmann, Karl-Heinz/Hartfiel, Günter (1994).** Wörterbuch der Soziologie, 4., überarb. und erg. Aufl., Stuttgart

**Hilmer, Christian (2016).** Prozessmanagement in indirekten Bereichen. Dissertation

**Hippler, Hans-Jürgen (1985).** Schriftliche Befragungen bei allgemeinen Bevölkerungsbefragungen, in: ZUMA Nachrichten, 16. Jg., S. 39–56

**Hoberg, Patrick/Krcmar, Helmut/Oswald, Gerhard/Welz, Bernd (2015).** Skills for Digital Transformation – Research Report 2015, empirische Untersuchung, https://www.i17.in.tum.de/fileadmin/w00btn/www/IDT_Skill_Report_2015.pdf, 19.01.2018

**Hoffjan, Andreas/Hartmanis, Philip (2010).** Controlling sportlicher Großveranstaltungen, in: Controlling, 22. Jg., Nr. 6, S. 288–289

**Hoffmann, Olaf (2000).** Performance Management-Systeme und Implementierungsansätze, 2. Aufl., Bern

**Hoffmann, Olaf (2002).** Performance-Management: Systeme und Implementierungsansätze, 3. Aufl., Bern

**Hoffmeister, Christian (2015).** Digital Business Modelling: Digitale Geschäftsmodelle entwickeln und strategisch verankern, München

**Hofstede, Geert (1984).** Cultural dimensions in management and planning, in: Asia Pacific Journal of Management, 1. Jg., Nr. 2, S. 81–99

**Höhne, Elisabeth (2009).** Kontingenztheorie, in: Schwaiger, Manfred/Anton, Meyer (Hrsg.), Theorien und Methoden der Betriebswirtschaft, München, S. 83–96

**Höhne, Elisabeth (2011).** Kontingenztheorie, in: Schwaiger, Manfred; Meyer, Anton (Hrsg.), Theorien und Methoden der Betriebswirtschaft, München, S. 85–96

**Homburg, Christian (2013).** Quantitative Betriebswirtschaftslehre. Entscheidungsunterstützung durch Modelle; mit Beispielen, Übungsaufgaben und Lösungen, 3., überarb. Aufl., [Nachdr.], Wiesbaden

**Homburg, Christian (2017).** Marketingmanagement. Strategie – Instrumente – Umsetzung – Unternehmensführung, 6., überarbeitete und erweiterte Auflage, Wiesbaden

**Homburg, Christian/Schilke, Oliver (2009).** Triangulation von Umfragedaten in der Marketing- und Managementforschung Inhaltsanalyse und Anwendungshinweise, in: Die Betriebswirtschaft, 69. Jg., Nr. 2, S. 173–193

**Hoque, Zahirul (2004).** A contingency model of the association between strategy, environmental uncertainty and performance measurement: impact on organizational performance, in: International Business Review, 13. Jg., Nr. 4, S. 485–502

**Hoque, Zahirul/James, Wendy (2000).** Linking Balanced Scorecard Measures to Size and Market Factors: Impact on Organizational Performance, in: Journal of Management Accounting Research, 12. Jg., S. 1–17

**Horlacher, Anna/Hess, Thomas (2014).** Der Chief Digital Officer, in: Medienwirtschaft, 11 Jg., Nr. 3, S. 32–35

**Horlacher, Anna/Hess, Thomas (2016).** What Does a Chief Digital Officer Do? Managerial Task and Roles of a New C-level Position in the Context of Digital Transformation, in: Proceedings of the 49th Annual Hawaii International Conference on System Sciences (HICSS 2016), S. 5126–5135

**Hornung, Karlheinz/Reichmann, Thomas/Diederichs, Marc (1999).** Risikomanagement – Teil 1 : Konzeptionelle Ansätze zur pragmatischen Realisierung gesetzlicher Anforderungen, in: Controlling, 11. Jg., Nr. 7, S. 317–325

**Horsch, Andreas/Crasselt, Nils (2005).** Institutionenökonomie und Betriebswirtschaftslehre, München

**Horvath, Peter/Gleich, Roland/Seiter, Mischa (2015).** Controlling, 12. Aufl., München

**Horváth, Péter (2004).** Balanced Scorecard umsetzen, 3. Aufl., Stuttgart

**Horváth, Péter (2012).** Controlling, 12. Aufl., München

**Horváth, Péter/Lamla, Joachim (1995).** Cost Benchmarking und Kaizen Costing, in: Rechmann, Thomas (Hrsg.), Handbuch Kosten- und Erfolgscontrolling, München, S. 63–88.

**Hossain, Azmir/Akhter, Nazma/Sadia, Nabila (2014).** An empirical analysis on importance of human resource accounting (HRA) practices in the organizations, in: International Journal of Ethics in Social Sciences, 2. Jg., Nr. 2, S. 37–54

**Hu, Helen Wei/Cui, Lin/Aulakh, Preet S. (2019).** State capitalism and performance persistence of business group-affiliated firms: A comparative study of China and India, in: J Int Bus Stud, 50. Jg., Nr. 2, S. 193–222

**Huber, Daniel/Kaiser Thomas (2015).** Wie das Internet der Dinge neue Geschäftsmodelle ermöglicht. HDM Praxis der Wirtschaftsinformatik 52 (5): 681–689.

**Huber, Roland (1985).** Überwindung der strategischen Diskrepanz und Operationalisierung der entwickelten Strategie, Zürich

**Huch, Burkhard/Behme, Wolfgang/Ohlendorf, Thomas (1998).** Rechnungswesenorientiertes Controlling. Ein Leitfaden für Studium und Praxis, 3. Aufl., Heidelberg

**Hutzschenreuther, Thomas (2004).** Unternehmensentwicklung – Stand der Forschung und Entwicklungstendenzen, Vallander

**Hutzschenreuther, Thomas (2015).** Allgemeine Betriebswirtschaftslehre, 6. Aufl., Vallander

**Hüfken, Volker (2014).** Telefonische Befragung, in: Baur, Nina/Blasius, Jörg (Hrsg., 2014), Handbuch Methoden der empirischen Sozialforschung, Wiesbaden

**Hügens, Torben (2005).** Auswahl der Perspektiven der Relationship Management Balanced Scorecard. in: Zelewski, Stephan.; Ahlert, Dieter; Kenning, Peter; Schütte, Reinhard

(Hrsg.), Wissensmanagement in Dienstleistungsnetzwerken – Wissenstransfer fördern mit der Relationship Management Balanced Scorecard, Wiesbaden, S. 121–173.

**Hügens, Torben/Peters, Malte/Zelewski, Stephan** Beziehungsmanagement als elementarer Bestandteil des Wissensmanagements von kleinen und mittleren Unternehmen, in: Letmathe, Peter; Eigler, Joachim.; Welter, Friederike; Kathan, Daniel; Hempel, Thomas (Hrsg.), Management kleiner und mittlerer Unternehmen – Stand und Perspektiven der KMU-Forschung, Wiesbaden, S. 443–457.

**Hüttemann, Harald (1993)**. Anreizmanagement in schrumpfenden Unternehmen, Wiesbaden

**Hungenberg, Harald (2014)**. Strategisches Management in Unternehmen, Ziele – Prozesse – Verfahren, 6. Aufl., Wiesbaden

**Hurrle, Beatrice/Kieser, Alfred (2015)**. Sind Key Informants verlässliche Datenlieferanten?, in: Die Betriebswirtschaft, 65. Jg., Nr. 6, S. 584–602

**Hwang, Gyusun/Lee, Jeongcheol/Park, Jinwoo/Chang, Tai-Woo (2017)**. Developing performance measurement system for Internet of Things and smart factory environment, in: International Journal of Production Research, 55. Jg., Nr. 9, S. 2590–2602

**Hyman, Herbert (1972)**. Secondary Analysis of Sample Surveys: Principles, Procedures, and PotentialitieS. Herbert H. Hyman, in: American Journal of Sociology, 81. Jg., Nr. 2, S. 445–446

**IBM (2010)**. Capitalizing on Complexity, Insights from the Global Chief Executive Officer Study, https://www.ibm.com/downloads/cas/1VZV5X8J, 10.09.2019

**Iivari, Netta/Kinnula, Marianne/Molin-Juustila, Tonja/Kuure, Leena (2018)**. Exclusions in social inclusion projects: Struggles in involving children in digital technology development, in: Information Systems Journal, 28. Jg., Nr. 6, S. 1020–1048

**Ilgen, Daniel R./Barnes-Farrell, Janet L./McKellin, David B. (1993)**. Performance appraisal process research in the 1980s: What has it contributed to appraisals in use?, in: Organizational Behavior & Human Decision Processes, 54. Jg., S. 321–368

**Institut der deutschen Wirtschaft Köln (2017)**. Deutschland in Zahlen 2017, Köln

**International Group of Controlling (2013)**. www.igc-controlling.org/fileadmin/pdf/controller- de-2013.pdf. Zugegriffen: 22. Jan. 2018.

**Ittner, Christopher D./Larcker, David F. (1998)**. Innovations in Performance Measurement: Trends and Research Implications, in: Journal of Management Accounting Research, 10. Jg., S. 205–238

**Jahn, Benedikt/Pfeiffer, Markus (2014)**. Die digitale Revolution – Neue Geschäftsmodelle statt (nur) neue Kommunikation, in: Marketing Review St. Gallen, 31. Jg., Nr. 1, S. 79–93

**Jäpel, Werner (1985)**. Die Qualität alternativer Rating-Formen und ihre Einflußgrößen, Regensburg

**Jensen, Michael C./Meckling, William H. (1976)**. Theory of the firm: Managerial behavior, agency costs and ownership structure, in: Journal of Financial Economics, 3. Jg., Nr. 4, S. 305–360

**Jesson, Jill/Methosen, Lydia/Lacey, Fiona (2011)**. Doing your literature Review, London

**Jochmann, Walter/Stein, Frank/Helfritz Kai H. (2018)**. All-Agile HR: Erkenntnisse zum Reifegrad der HR-Funktion in der agilen Transformation, https://www.dgfp.de/fileadmin/user_upload/DGFP_e.V/Medien/Publikationen/2017-201xx/CO110-189_WhitePaper_A llAgileHR_181205.pdf, 20.02.2020

**Jockisch, Maike/Rosendahl, Jens (2010)**. Klassifikation von Modellen, in: Bandow, G.; Holzmüller, H. H. (Hrsg.), Das ist gar kein Modell: Unterschiedliche Modelle und Modellierungen in Betriebswirtschaftslehre und Ingenieurwissenschaften, Wiesbaden, S. 23–52

**Johnson, Thomas/Kaplan, Robert Samuel (1987)**. Relevance Lost: The Rise and Fall of Management Accounting, Boston

**Johnston, Robert/Pongatichat, Panupak (2008)**. Managing the tension between performance measurement and strategy: coping strategies, in: International Journal of Operations & Production Management, 28. Jg., Nr. 10, S. 941–967

**Jost, Claudia (2013)**. Praxishandbuch Balanced Scorecard, Gleichen

**JStor (2018)**. About JStor. http://about.jstor.org/content/archival-journals-0-, 15.12.2018

**Jung, Hans (2016)**. Allgemeine Betriebswirtschaftslehre,, 13. Aufl., München

**Kaack, Jörn (2012)**. Performance Measurement für die Unternehmenssicherheit. Entwurf eines Kennzahlen- und Indikatorensystems und die prozessorientierte Implementierung, Wiesbaden

**Kagermann, Henning (2015)**. Change Throug Digitization – Value Creation in the Age of Industry 4.0. In Horst Albach, Heribert Meffert, Andreas Pinkwart, Ralf Reichwald (Hrsg.), Wiesbaden S. 23-45.

**Kagermann, Henning/Wahlster, Wolfgang/Helbig, Johannes (2013)**. Umsetzungsempfehlungen für das Zukunftsprojekt Industrie 4.0, Abschlussbericht des Arbeitskreises Industrie 4.0, Promotorengruppe Kommunikation der Forschungsunion Wirtschaft – Wissenschaft. Berlin: Bundesministerium für Bildung und Forschung

**Kaivo-oja, Jari/Roth, Steffen/Westerlund, Leo (2017)**. Futures of roboticS. Human work in digital transformation, in: International Journal of Technology Management, 73. Jg., Nr. 4, S. 176–205

**Kane, Gerald C./Palmer, Doug/Phillips, Anh Nguyen/Kiron, David/Buckley, Natasha (2015)**. Strategy, not Technology, Drives Digital Transformation – Research Report, https://dupress.deloitte.com/content/dam/dup-us-en/articles/digital-transformation-strate gydigitally- mature/15-MIT-DD-Strategy_small.pdf, 19.01.2018

**Kaplan, Robert S./Norton, David P. (1996a)**. On the Quantitative Definition of Risk, in: Risk Analysis, 1. Jg., Nr. 1, S. 11–27

**Kaplan, Robert S./Norton, David P. (1996a)**. strategic learning & the balanced scorecard, in: Strategy & Leadership, 24. Jg., Nr. 5, S. 18–24

**Kaplan, Robert S./Norton, David P. (2004)**. Strategy Maps: Converting Intangible Assets into Tangible Outcomes, Boston

**Kaplan, Robert Samuel (1998)**. Innovation Action Research: Creating New Management Theory and Practice, in: Journal of Management Accounting Research, 10. Jg., S. 89–118

**Kaplan, Robert Samuel/Norton, David P. (1992)**. The Balanced Scorecard – Measures that Drive Performance, in: Harvard Business Review, S. 71–79

**Kaplan, Robert Samuel/Norton, David P. (1996b)**. Linking the Balanced Scorecard to Strategy,, in: California Management Review, 39. Jg., Nr. 1, S. 53–79

**Kaplan, Robert Samuel/Norton, David P. (1996c)**. Using the Balanced Scorecard as a Strategic Management System, in: Harvard Business Review, 74. Jg., Nr. 1, S. 75–85

**Kaplan, Robert Samuel/Norton, David P. (1997)**. The Balanced Scorecard: Translating strategy into action, Boston

**Kates, Amy/Galbraith, Jay R. (2010).** Designing your Organization, Using the Star Model to Solve 5 Critical Design Challenges, San Francisco

**Kaufmann, Timothy (2015).** Geschäftsmodelle in Industrie 4.0 und dem Internet der Dinge – Der Weg vom Anspruch in die Wirklichkeit, Wiesbaden

**Kavale, Stanley (2012).** The Connection between Strategy and Structure, in: International Journal of Business and Commerce, 1. Jg., Nr. 6, S. 59–70

**Kaya, Maria; Himme, Alexander (2009).** Möglichkeiten der Stichprobenbildung. In: Sönke Albers, Daniel Klapper, Udo Konradt und Joachim WolfMethodik der empirischen Forschung. 3., überarbeitete und erweiterte Auflage, in: Albers, Sönke/Klapper, Daniel/Konradt, Udo/Wolf, Joachim, Wiesbaden, s.l.: Gabler Verlag, S. 79–88

**Kaya, Nihat/Koc, Erdogan/Topcu, Demet (2010).** An exploratory analysis of the influence of human resource management activities and organizational climate on job satisfaction in Turkish banks, in: The International Journal of Human Resource Management, 21. Jg., S. 2031–2051

**Keegan, D./Jones, C./Eiler, R. (1991).** To Implent Your Strategy, Change your Measurements, in: Price Waterhouse Review, Nr. 1, S. 29–38

**Keen, Peter/Williams, Ronald (2013).** Value Architectures for Digital Business, in: MIS Quarterly, 37. Jg., Nr. 2, S. 643–647

**Keimer, Imke/Egle, Ulrich (2018).** Die Treiber der Digitalisierung im Controlling, in: Controlling & Management Review, 62. Jg., Nr. 4, S. 62–67

**Kernally, Mike (1997).** Managing Performance, Oxford

**Keuth, Herbert (2007).** Karl Popper: Logik der Forschung, 3. Aufl., München

**Kiatpongsan, Sorapop/Norton, Michael (2014).** How much (more) should CEOs Make?, in: Perspectives of Psychological Science, 9. Jg., S. 587–593

**Kichtens, Brent/Dobolyi, Dadid/Jingjing, Li/Abasi, Ahmed (2018).** Advanced Customer Analytics: Strategic Value Through Integration of Relationship-Oriented Big Data, in: Journal of Management Information Systems, 35. Jg., Nr. 2, S. 540–574

**Kiel, Daniel/Müller, Julian/Arnold, Christian/Voigt, Kai-Ingo (2017).** Sustainable Industrial Value Creation: Benefits and Challenges of Industry 4.0, in: International Journal of Innovation Management, 21. Jg., Nr. 9, S. 1–21

**Kieser, Alfred (1973).** Einflußgrößen der Unternehmensorganisation, Köln

**Kieser, Alfred/Kubicek, Herbert (1992).** Organisation, 3. Aufl., Berlin

**Kieser, Alfred/Segler, Tilmann (1981).** Quasimechanische situative Ansätze, in: Kieser, Alfred (Hrsg.), Organisationstheoretische Ansätze, München;, S. 173–184.

**Kieser, Alfred/Walgenbach, Peter (2010).** Organisation, 6., überarb. Aufl., Stuttgart

**Kim, Pan S. (2002).** Strengthening the Pay-Performance Link in Government: A Case Study of Korea, in: Public Personnel Management, 31. Jg., Nr. 4, S. 447

**Kinicki, Anagelo. J./Prussia, Gregory E./Wu, Bin. J./McKee-Ryan, Frances M. (2004).** A covariance structure analysis of employees' response to performance feedback, in: Journal of Applied Psychology, 89. Jg., S. 1057–1069

**Kirsch, Werner (1973).** Empirische Entscheidungsforschung und Betriebswirtschaftslehre: Eine Einführung in den Problemkreis der Untersuchung, in: Berg, C. C. (Hrsg.), Individuelle Entscheidungsprozesse: Laborexperimente und Computersimulation, Wiesbaden, S. 11–21

**Kirsch, Werner (1984).** Wissenschaftliche Unternehmensführung oder Freiheit der Wissenschaften

**Kirsch, Werner/Börsig, Clemens/Kutschker, Michael (1997)**. Beiträge zu einer evolutionären Führungslehre, Stuttgart

**Kirsch, Werner/Seidl, David/Aaken, Dominik ¬van (2007)**. Betriebswirtschaftliche Forschung : wissenschaftstheoretische Grundlagen und Anwendungsorientierung, Stuttgart

**Kirsch, Werner/Seidl, David/van Aaken, Dominik (2007)**. Betriebswirtschaftliche Forschung. Wissenschaftstheoretische Grundlagen und Anwendungsorientierung, Stuttgart

**Klarmann, Martin (2008)**. Methodische Problemfelder der Erfolgsfaktorenforschung, Bestandsaufnahme und empirische Analysen., Mannheim

**Klau, Rick (2013)**. How Google sets goals: OKRs https://www.youtube.com/watch?v=mJB 83EZtAjc, Stand: 27.9.2019.

**Klein-Blenkers, F./Reiß, M. (1993)**. Geschichte der Betriebswirtschaftslehre. In W. Wittmann (Hrsg.), Handwörterbuch der Betriebswirtschaft, S. 1417–1433.

**Kleindienst, Bernd (2017)**. Performance Measurement und Management. Gestaltung und Einführung von Kennzahlen- und Steuerungssystemen, Wiesbaden

**Kleingeld, Ad/von Mierlo, Heleen/Ardends, Lidia (2011)**. The Effect of Goal Setting on Group Performance: A Meta-Analysis, in: Journal of Applied Psychology, 96. Jg., Nr. 6, S. 1289–1304

**Klingebiel, N. (1998)**. Performance Management – Performance Measurement, in: Zeitschrift für Planung, Nr. 1

**Klingebiel, Norbert (2001)**. Performance Measurement und Balanced Scorecard, München

**Klingemann, Hans/Mochmann, Ekkehard (1975)**. Sekundäranalyse

**Klötzer, Christoph/Pflaum, Alexander (2015)**. Cyber-Physical Systems (CPS) in Supply Chain Management – A definitional approach, in: NOFOMA 2015 Post Conference Proceedings – Towards Sustainable Logistics and Supply Chain Management, Molde, S. 190–205

**Klötzer, Christoph/Pflaum, Alexander (2017)**. Toward the Development of a Maturity Model for Digitalization within the Manufacturing Industry's Supply Chain, in: Proceedings of the 50th Hawaii International Conference on System Sciences (HICSS) 2017, Hawaii, S. 4210–4219

**Klötzer, Christoph/Pflaum, Alexander (2019)**. Cyber-Physical Systems (CPS) als technologische Basis einer digitalen Supply Chain der Zukunft, in: Becker, Wolfgang/Eierle, Brigitte/Ivens, Björn/Leichnig, Alexander/Pflaum, Alexander/Sucky, Eric (Hrsg.), Geschäftsmodelle in der digitalen Welt – Strategie, Prozesse und Praxiserfahrungen, Wiesbaden

**Kluger, A. N./DeNisi, Angelo S. (1996)**. The effects of feedback interventions on performance: A historical review, a meta-analysis, and a preliminary feedback intervention theory., in: Psychological Bulletin, 119. Jg., S. 254–284

**Kluwe, Rainer H./Schiebler, Klaus (1984)**. Entwicklung exekutiver Prozesse und kognitive Leistungen. In F.E. Weinert & R.H. Kluwe (Hrsg.), Metakognition, Motivation und Lernen S. 31–60

**Knapp, Margit (2012)**. Die Überwindung der Langsamkeit : Samuel Finley Morse – der Begründer der modernen Kommunikation, Hamburg

**Knauer, W. A./Godden, S. M./Dietrich, A./Hawkins, D. M./James, R. E. (2018)**. Evaluation of applying statistical process control techniques to daily average feeding behaviors to detect disease in automatically fed group-housed preweaned dairy calves, in: Journal of dairy science, 101. Jg., Nr. 9, S. 8135–8145

**Koch, Christian/Hansen, Geir Karsten/Jacobsen, Kim (2019)**. Missed opportunities: two case studies of digitalization of FM in hospitals, in: Facilities, 37. Jg., Nr. 7/8, S. 381–394

**Kowalkowski, Christian/Witell, Lars/Gustafsson, Anders (2013)**. Any way goes: Identifying value constellations for service infusion in SMEs, in: Industrial Marketing Management, 42. Jg., Nr. 1, S. 18–30

**Köhler-Schute, C. (2015)**. Industrie 4.0: Chancen und Herausforderungen der vierten industriellen Revolution, http://www.strategyand.pwc.com/media/file/Industrie-4-0.pdf, 24.02.2016.

**Kohnke, Oliver/Wieser, Doris (2019)**. Agiles Change Management: Revolution der Change Beratung?, in: OrganisationsEntwicklung, 38. Jg., Nr. 1, S. 80–85.

**Kolb, Gerhard (2012)**. Einführung in die Volkswirtschaftslehre : Wissenschafts- und ordnungstheoretische Grundlagen, 2. Aufl., München

**Kolks, Uwe (1990)**. Strategieimplementierung : ein anwenderorientiertes Konzept, Wiesbaden

**Kollmann, Tobias/Schmidt, Holger (2016)**. Deutschland 4.0. Wie die Digitale Transformation gelingt, Wiesbaden

**Koontz, Harold/O'Donnell, Cyril (1995)**. Principles of Managment, New York

**Korhonen, Pekka J./Malo, Pekka/Pajala, Tommi/Ravaja, Niklas/Somervuori, Outi/Wallenius, Jyrki (2018)**. Context matters: The impact of product type, emotional attachment and information overload on choice quality, in: European Journal of Operational Research, 264. Jg., Nr. 1, S. 270–279

**Kornmeier, Martin (2007)**. Wissenschaftstheorie und wissenschaftliches Arbeiten: Eine Einführung für Wirtschaftswissenschaftler, Heidelberg

**Kosfeld, Reinhold/Eckey, Hans-Friedrich/Türck, Matthias (2016)**. Deskriptive Statistik. Grundlagen – Methoden – Beispiele – Aufgaben, 6. Auflage 2016, Wiesbaden

**Kosiol, Erich (1961)**. Erkenntnisgegenstand und methodologischer Standort der Betriebswirtschaftslehre, in: Zeitschrift für Betriebswirtschaft, 31. Jg., S. 129–136

**Kotter, John P. (2015)**. Leading change. Wie Sie Ihr Unternehmen in acht Schritten erfolgreich verändern, München

**Kotter, John P./Cohen, Dan S. (2002)**. The Heart of Change: Real-life Stories of How People Change Their Organizations, Boston

**Kowalski, Markus/Welter, Florian/Schulte-Cörne, Stella/Jooß, Claudia/Richert, Anja/Jeschke, Sabina (2014)**. New Challenges in Innovation-Process-Management A criticism and expansion of unidirectional Innovation-Process-Models, in: Proceedings of ISPIM Conferences, Nr. 25, S. 1–9

**Krämer, Johannes (2014)**. Mittelstand 2.0. Typabhängige Nutzungspotenziale von Social Media in mittelständischen Unternehmen, Wiesbaden

**Krause, Oliver (2006)**. Performance-Management, Wiesbaden

**Kreikebaum, Hartmut (1997)**. Strategische Unternehmensplanung,, Stuttgart

**Kreutzer, Ralf T./Land, Karl-Heinz (2016)**. Digitaler Darwinismus, Der stille Angriff auf Ihr Geschäftsmodell und Ihre Marke, 2. Aufl., Wiesbaden

**Krickel, Frank (2015)**. Digitalisierung in der Energiewirtschaft. In W. Hecker, C. Lau, & A. Müller (Hrsg.), Zukunftsorientierte Unternehmenssteuerung in der Energiewirtschaft (S. 41–74), Wiesbaden

**Kromrey, Helmut/Roose, Jochen/Strübing, Jörg (2016)**. Empirische Sozialforschung. Modelle und Methoden der standardisierten Datenerhebung und Datenauswertung, 13. Aufl., Stuttgart

**Krüger, Winfried (1981)**. Theorie unternehmensbezogener Konflikte, in: Zeitschrift für Betriebswirtschaft, 51. Jg., S. 910–952

**Krystek, Ulrich (1999)**. Neue Controlling Aufgaben durch neue Gesetze? KonTraG und InsO als Herausforderung für das Controlling, in: krp, 43. Jg., S. 145–151

**Krystek, Ulrich/Müller-Stewens, Günter (1999)**. Frühaufklärungssysteme, in: Controlling, 3. Jg., Nr. 6, S. 304–311

**Kubicek, Herbert (1975)**. Empirische Organisationsforschung. Konzeption und Methodik, Stuttgart

**Kubicek, Herbert (1977)**. Heuristische Bezugsrahmen und heuristisch angelegte Forschungsdesigns als Element einer Konstruktionsstrategie empirischer Forschung, in: Köhler, Richard (Hrsg.), Empirische und handlungstheoretische Forschungskonzeptionen in der Betriebswirtschaftslehre, Stuttgart, S. 3–37

**Kudernatsch, Daniela (2001)**. Operationalisierung und empirische Überprüfung der Balanced Scorecard, Wiesbaden

**Kunz, Franzisca (2010)**. Mahnaktionen in postalischen Befragungen, in: Methoden-Daten-Analysen, Nr. 4, S. 127–155

**Küpper, Hans-Ulrich (2013)**. Controlling: Konzeption, Aufgaben, Instrumente, 6. Aufl.

**Kutsch, Horst B. (2007)**. Repräsentativität in der Online-Marktforschung, Lösungsansätze zur Reduktion von Verzerrungen bei Befragungen im Internet, Lohmar

**Kuvaas, Bård (2006)**. Performance appraisal satisfaction and employee outcomes: mediating and moderating roles of work motivation, in: International Journal of Human Resource Management., 17. Jg., Nr. 3, S. 504–522

**Lachnit, Laurenz/Müller, Stefan (2012)**. Unternehmenscontrolling. Managementunterstützung bei Erfolgs-, Finanz-, Risiko- und Erfolgspotenzialsteuerung, 2. Aufl. 2012, Wiesbaden

**Laudan, Larry (1977)**. Progress and its problems : toward a theory of scientific growth, Berkeley

**Laurenza, Elena/Quintano, Michele/Schiavone, Francesco/Vrontis, Demetris (2018)**. The effect of digital technologies adoption in healthcare industry: a case based analysis, in: Business Process Management Journal, 24. Jg., Nr. 5, S. 1124–1144

**Lauzel, P./Cibert, A. (1962)**. Des ratio de tableau de bord, Paris

**Lawler, Edward (2003)**. Reward practices and performance management system effectiveness., in: Organizational Dynamics, 32. Jg., S. 396–404

**Lawrence, Paul/Lorsch, Jay (1967)**. Differentiation and Integration in Complex Organizations, in: Administrative Science Quarterly, 12. Jg., S. 1–30

**Lawton, LaRoi (2003)**. The Performance Prism (Book), in: Journal of Organizational Excellence, 22. Jg., Nr. 3, S. 110–111

**Lay, Gunter/Copani, Giacomo/Jäger, Angela/Biege, Sabine (2010))**. The relevance of service in European manufacturing industries, in: Journal of Service Management, 21. Jg., Nr. 5, S. 715–726

**Le Breton-Miller, Isabelle/Miller, Danny/Steier, Lloyd P. (2004)**. Toward an Integrative Model of Effective FOB Succession, in: Ent. Theory & Pract, 28. Jg., Nr. 4, S. 305–328

**Lebas, Michel (1994).** Managerial accounting in France Overview of past tradition and current practice, in: The European Accounting Review, 3. Jg., Nr. 3, S. 471–487

**Lebas, Michel (1995).** Performance Measurement and Performance Management., in: International Journal of Production Economics, 41. Jg., S. 23–35

**Lee, Jaegul/Berente, Nicholas (2012).** Digital Innovation and the Division of Innovative Labor: Digital Controls in the Automotive Industry, in: OrganizationScience, 23. Jg., Nr. 5, S. 1428–1447

**Lee, Raymond M./Fielding, Nigel/Blank, Grant (2008).** The Internet as a Research Medium: An Editorial Introduction to The Sage Handbook of Online Research MethodS. In: Fielding et al. (Hg): 3-20

**Leher, Christiane/Wienke, Alexander/Vom Brochke, J. A.N./Jung, Reinhard/Seidel, Stefan (2018).** How Big Data Analytics Enables Service Innovation: Materiality, Affordance, and the Individualization of Service, in: Journal of Management Information Systems, 35. Jg., Nr. 2, S. 424–460

**Lehner, Johannes (1996).** Implementierung von Strategien : Konzeption unter Berücksichtigung von Unsicherheit und Mehrdeutigkeit, Wiesbaden

**Leigh, Nancey/Kraft, Benjamin R. (2017).** process-based workforce Development in the new Economy, in: Economic Development Journal, 16. Jg., Nr. 3, S. 30–37

**Leimeister, Jan (2015).** Einführung in die Wirtschaftsinformatik, 12. Aufl., Wiesbaden.

**Leischnig, Alexander/Woelfl, Steffen/Ivens, Björn (2016).** When Does Digital Business Strategy Matter to Market Performance?, in: Thirty Seventh International Conference on Information Systems, Dublin

**Lenka, Sambit/Parida, Vinit/Wincent, Joakim (2017).** Digitalization Capabilities as Enablers of Value Co-Creation in Servitizing Firms, in: Psychology & Marketing, 34. Jg., Nr. 1, S. 92–100

**Lerch, Christian/Gotsch, Matthias (2014).** Die Rolle der Digitalisierung bei der Transformation vom Produzenten zum produzierenden Dienstleister, in: Die Unternehmung, 68. Jg., S. 250–267

**Levi, Paul/Rembold, Ulrich (2003).** Einführung in die Informatik : für Naturwissenschaftler und Ingenieure, 4. Aufl., München

**Levitt, Barbara/March, James G. (1988).** Organizational Learning, in: Annu. Rev. Sociol., 14. Jg., Nr. 1, S. 319–338

**Levy, Steven (2011).** In the plex. How Google thinks, works, and shapes our lives, New York, NY

**Lifka, Stephan (2009).** Entscheidungsanalysen in der Immobilienwirtschaft

**Likert, Rensis (1967).** The human organization. Its management and value, New York

**Lillich, Lothar (2012).** Nutzwertverfahren, Heidelberg

**Lippe, Peter von/Kladroba, Andreas (2002).** Repräsentativität von Stichproben, in: Marketing: Zeitschrift für Forschung und Praxis,, 24. Jg., S. 139–145

**Lippold, Dirk (2019).** Führungskultur im Wandel: Klassische und moderne Führungsansätze im Zeitalter der Digitalisierung, Wiesbaden

**Liu, Charles/Kemerer, Chris F./Slaughter, Sandra A./Smith, Michael D. (2012).** Standards Competition in the Presence of Standards Competition in the Presence of Digital Conversion Technology, in: MIS Quarterly, 36. Jg., Nr. 3, S. 921–942

**Loebbecke, Christian (2006).** Digitalisierung: Technologien und Unternehmensstrategien. In: Christian Scholz (Hrsg.), Handbuch Medienmanagement (S. 359–373). Berlin

**Locke, Edwin/Latham, Gary/Smith, Ken/Wood, Robert (1990).** A Theory of Goal Setting & Task Performance, Upper Saddle River, New Jersey

**Löffler, Sylvie (2018).** Agiler Strategieprozess: Mit Sprints aus der Krise – ein Erfahrungsbericht, in: Zeitschrift Führung und Organisation, 87. Jg., S. 403–409

**Lu, Irene R.R./Kwan, Ernest/Thomas, D. Roland/Cedzynski, Marzena (2011).** Two new methods for estimating structural equation models: An illustration and a comparison with two established methods, in: International Journal of Research in Marketing, 28. Jg., Nr. 3, S. 258–268

**Lücke, Wolfgang (1998).** Elemente eines Risikomanagementsystems, in: Der Betrieb, 51. Jg., S. 1925–1930

**Lueg, Rainer/e Silva, Ana Luisa (2013).** When one size does not fit all: a literature review on the modifications of the balanced scorecard, in: Problems and Perspectives in Management, 11. Jg., Nr. 3, S. 86–94

**Lünkedonk (2018).** https://luenendonk.de/pressefeed/luenendonk-liste-2018-die-top-10-der-deutschen-managementberatungen. Zugegriffen am 16. Dez. 2018

**Lynch, Richard L./Cross, Kelvin F. (1993).** Performance Measurement Systems, in: Brinker, B. J. (Hrsg), Handbook of Cost Management, Boston, 1993, S. E3-1–E3-20.

**Lynch, Richard L./Cross, Kelvin F. (1998).** Measure up!, 2. Aufl.

**Macharzina, Klaus/Wolf, Joachim (2018).** Unternehmensführung. Das internationale Managementwissen : Konzepte – Methoden – Praxis, 10., vollständig überarbeitete und erweiterte Auflage, Wiesbaden

**Mack, Oliver/Khare, Anshuman (2016).** Managing in a VUCA World, Heidelberg, New York

**Mailat, Diana/Stoica, Dumitru-Alexandru/Sürgün, Monika Brigitte/Trăstaru, Nicoleta Ileana/Vrânceanu, Aurelian (2019).** Balanced Scorecard vS. Dashboard: Implications and Managerial Priorities, in: Academic Journal of Economic Studies, 5. Jg., Nr. 1, S. 170–174

**Malik, Fredmund (2015).** Strategie des Managements komplexer Systeme, Ein Beitrag zur Management-Kybernetik evolutionärer Systeme, Bern

**Malo, J. J. (1995).** Les tableaux de bord comme signes d'une gestion et d'une comptabilité à la française, in: Mélanges en l'honneur du Professeur Claude Pérochon,, S. 357–376

**Mamatoglu, Nihal (2008).** Effects on organizational context (culture and climate) from implementing a 360-degree feedback system: The case of Arcelik., in: European Journal of Work and Organizational Psychology, 17. Jg., S. 426–449

**Markus, M. Lynne/Loebbecke, Claudia (2013).** Commoditized Digital Processes & Business Community Platforms in: MIS Quarterly (2).

**Martin, Albert (1989).** Die empirische Forschung in der Betriebswirtschaftslehre. Eine Untersuchung über die Logik der Hypothesenprüfung, die empirische Forschungspraxis und die Möglichkeit einer theoretischen Fundierung realwissenschaftlicher Untersuchungen, Stuttgart

**Martin, Jean-François (2018).** Unlocking success in digital transformation

**Matlachowsky, Philip (2009).** Implementierungsstand der Balanced Scorecard: Fallstudienbasierte Analyse in deutschen Unternehmen,, Wiesbaden

**Matzler, Kurt/Müller, Julia/Mooradian, Todd A. (2011).** Strategisches Management. Konzepte und Methoden, Wien

**Mauerer, Jürgen (2018).** 4 Digital – Die vier Disziplinen der Digitalisierung: Studie zu den Hamburger IT-Strategietagen 2018, https://www.oliverwyman.de/content/dam/oliverwyman/v2-de/publications/2018/Feb/4Digital-2018.pdf, 17.08.2019

**Mauthner, Natascha S./Parry, Odette/Backett-Milburn, Kathryn (1998).** The Data are Out There, or are They, in: Sociology, 32. Jg., Nr. 4, S. 733–745

**Mayer, Horst O. (2012).** Interview und schriftliche Befragung. Entwicklung, Durchführung und Auswertung, 6. Aufl., München

**Mayrhofer, Wolfgang (1993).** Nonreaktive Methoden in: Becker, F. G./Martin, A. (Hrsg.), Empirische Personalforschung: Methoden und Beispiel, München, S. 11–32.

**Mayring, Philipp (2008).** Einführung in die qualitative Sozialforschung. Eine Anleitung zu qualitativem Denken, 5. Aufl., Weinheim, Basel

**Medjedović, Irena (2014).** Qualitative Daten für die Sekundäranalyse, in: Baur, Nina/Blasius, Jörg (Hrsg., 2014), Handbuch Methoden der empirischen Sozialforschung, Wiesbaden

**Meffert, Heribert (1998).** Herausforderungen an die Betriebswirtschaftslehre. Die Perspektive der Wissenschaft, in: DBW, 58. Jg., Nr. 6, S. 709–730

**Melnyk, Steven/Bititci, Umit/Platts, Ken/Tobias, Jutta/Andersen, Björn (2014).** Is performance measurement and management fit for the future?, in: Management Accounting Research, 25. Jg., Nr. 2, S. 173–186

**Mento, Anthony J./Steel, Robert P./Karren, Ronald J. (1987).** A Meta-Analytic Study of the Effects of Goal Setting on Task Performance: 1966-1984, in: Organizational Behavior & Human Decision Processes, 39. Jg., Nr. 1, S. 52–84

**Merkel, Angela (2017).** Rede von Bundeskanzlerin Merkel zur Eröffnung der CeBIT 2017 am 19. März 2017, https://www.bundeskanzlerin.de/Content/DE/Rede/2017/03/2017-03-19-rede-merkel-cebit.html. Zugegriffen: 22.02.2018

**Micheel, Heinz-Günter (2010).** Quantitative empirische Sozialforschung, München

**Millar, Carla C./Groth, Olaf/Mahon, John F. (2018).** Management Innovation in a VUCA World: Challenges and Recommendations, in: California Management Review, 61. Jg., Nr. 1, S. 5–14

**Mintzberg, Henry (1990).** The Design School: Reconsidering the Basic Premises of Strategic Management, in: Strategic Management Journal, 11. Jg., Nr. 3, S. 171–195

**Mintzberg, Henry (2002).** The strategy process : concepts, contexts, cases, Harlow

**Mithas, Sunil/Agarwal, Ritu/Courtney, Hugh (2012).** Digital Business Strategies and the Duality of IT, in: IEEE IT Professional, 14. Jg., Nr. 5, S. 2–4

**Mithas, Sunil/Tafti, Ali/Mitchell, Will (2013).** How a firm´s competitive Enviroment and digital strategic posture influence business strategy, in: MIS Quarterly, 37. Jg., Nr. 2, S. 511–536

**Molière de, Frederic (1984).** Prinzipien des Modellentwurfs : Eine modelltheoretische und gestaltungsorientierte Betrachtung, Darmstadt

**Molka-Danielsen, Judith/Engelseth, Per/Le, Bich Thi (2017).** Vendor-managed inventory as data interchange strategy in the networked collaboration of a Vietnam ship parts supplier and its customers, in: Information Technology for Development, 23. Jg., Nr. 3, S. 597–617

**Mont, Oksana (2002)).** Clarifying the concept of product–service system, in: Journal of Cleaner Production, 10. Jg., Nr. 3, S. 237–245

**Möller, Klaus/Scholz, Christian/Stein, Volker (2009).** Möglichkeiten und Mehrwert einer Berichterstattung über Human Capital, in: Controlling, 21. Jg., Nr. 10, S. 512–518

**Möller, Klaus/Drees, Alexander/Schläfke, Marten (2011).** Performance Management zur Steuerung von Geschäftsmodellen, in: Bieger, Thomas; Knyphausen-Aufseß, Dodo. z.; Krys, Christian (Hrsg.), Innovative Geschäftsmodelle: Konzeptionelle Grundlagen, Gestaltungsfelder und unternehmerische Praxis, Berlin; S. 213–227

**Moring, Andreas/Maiwald, Lukas/Kewitz, Timo (2018).** Digitale Transformation und Veränderungen in der Wertschöpfung, in: Moring, Andreas/Maiwald, Lukas/Kewitz, Timo (Hrsg.), Bits and Bricks, Wiesbaden, S. 21–27

**Morita, Michiya/James Flynn, E./Ochiai, Shigemi (2011).** Strategic management cycle: The underlying process building aligned linkage among operations practices, in: International Journal of Production Economics, 133. Jg., Nr. 2, S. 530–540

**Moser, Andreas (2017).** Integrierte Unternehmensplanung : Anforderungen, Lösungen und Echtzeitsimulation im Rahmen von Industrie 4.0, Wiesbaden

**Moser, Jean-Philippe (2001).** Balanced Scorecard als Instrument eines integrierten Wertmanagements. Ein praxisorientiertes Konzept unter besonderer Berücksichtigung von Banken, Bern

**Mühlfelder, Manfred/Mettig, Till/Klein, Uwe (2017).** Change 4.0 Agiles Veränderungsmanagement und Organisationsentwicklung in digitalen Transformationsprojekten, in: SRH Fernhochschule (Hrsg., 2017), Digitalisierung in Wirtschaft und Wissenschaft, Wiesbaden

**Müller, Andreas (2016).** Veränderung auf Bestellung: Transformation as a Service, in: Köhler-Schute, Christiana (Hrsg.), Digitalisierung und Transformation in Unternehmen: Strategien und Konzepte, Methoden und Technologien, Praxisbeispiele, Berlin

**Müller, Julian/Kiel, Daniel/Voigt, Kai-Ingo (2018).** What Drives the Implementation of Industry 4.0? The Role of Opportunities and Challenges in the Context of Sustainability, in: Sustainability, 10. Jg., Nr. 1, S. 1–24

**Müller-Böling, Detlef (1992).** Organisationsforschung, Methodik der empirischen, in: Frese, Erich (Hrsg.), Handwörterbuch der Organisation, Stuttgart, S. 1491–1505

**Müller-Stevens, Günter (1998).** Performance Measurement im Lichte eines Stakeholderansatzes. In: Reineck, Sven; Tomczak, Torsten (Hrsg.), Marketingcontrolling. S. 34–43.

**Müller-Stevens, Günter/Lechner, Christoph (2016).** Strategisches Management. Wie strategische Initiativen zum Wandel führen : der Strategic Management Navigator, 5., Stuttgart

**Münchner Kreis (2015).** Digitalisierung. Die Achillesferse der deutschen Wirtschaft? Wege in die digitale Zukunft. http://www.tns-infratest.com/Wissensforum/Studien/pdf/Zukunf tsstudie_MUENCHNER_KREIS_2014.pdf, 28.10.2019

**Murphy, K. R. (2008).** Explaining the weak relationship between job performance and ratings of job performance, in: Industrial and Organizational Psychology, 1. Jg., S. 148–160

**Mussi, Clarissa/Angeloni, Maria Terezinha/Faraco, Rafael Avila (2014).** Social Networks and Knowledge Transfer in Technological Park Companies in Brazil, in: Journal of Technology Management & Innovation, 9. Jg., Nr. 2, S. 172–186

**Nagel, Kurt (1990).** Nutzen der Informationsverarbeitung. Methoden zur Bewertung von strategischen Wettbewerbsvorteilen, Produktivitätsverbesserungen und Kosteneinsparungen, 2. Aufl., München

**Nambisan, Satish (2017).** Digital Entrepreneurship: Toward a Digital Technology Perspective of Entrepreneurship, in: Entrepreneurship: Theory & Practice, 41. Jg., Nr. 6, S. 1029–1055

**Nash, John (1951).** Non-Cooperative Games, in: The Annals of Mathematics, Nr. 54, S. 286–295

**Nayyab, H. H./Hamid, M./Naseer, F./Iqbal, M. (2011).** The impact of HRM practices on the organizational performance: The study of banking sector in Okara, Punjab (Pakistan)., 3. Jg., S. 661–672

**Neely, A. D./Gregory, M. J./Platts, K. (1995a).** Performance Measurement System Design: a Literature Review and Research Agenda, in: International Journal of Operations & Production Management, 15. Jg., Nr. 4, S. 80–116

**Neely, Andy (1999).** International Journal of Operations & Production Management, in: International Journal of Operations and Production, 19. Jg., Nr. 2, S. 205–228

**Neely, Andy/Adams, Chris/Crowe, Paul (2001).** The performance prism in practice, in: Measuring Business Excellence, 5. Jg., Nr. 2, S. 6–13

**Neely, Andy/Gregory, Mike/Platts, Ken (1995b).** Performance measurement system design A literature review and research agenda, in: International Journal of Operations & Production Management, 15. Jg., Nr. 4, S. 80–116

**Neely, Andy/Mills, John/Gregory, Mike/Richards, Huw/Platts, Ken/Bourne, Michael (1996).** Getting the measure of your business, Cambridge

**Neely, Andy D. (2007).** Business performance measurement. Unifying theories and integrating practice, 2. Aufl., Cambridge

**Neely, Andy D./Adams, Chris/Kennerley, Mike (2002).** The performance prism. The scorecard for measuring and managing business success, London

**Nerdinger, Friedemann W. (2012).** Grundlagen des Verhaltens in Organisationen, 3., aktualisierte Auflage, Stuttgart

**Neuner, Christian (2009).** Konfiguration internationaler Produktionsnetzwerke unter Berücksichtigung von Unsicherheit. Zugl.: Bayreuth, Univ., Diss., 2009, Wiesbaden

**Nicolaides, Phedon/Preziosi, Nadir (2014).** Discretion and accountability: An economic analysis of the ESMA judgment and the Meroni doctrine, in: Intereconomics, 49. Jg., Nr. 5, S. 279–287

**Niehaves, Björn/Plattfaut, Ralf (2014).** Internet adoption by the elderly: employing IS technology acceptance theories for understanding the age-related digital divide, in: European Journal of Information Systems, 23. Jg., Nr. 6, S. 708–726

**Niiniluoto, Ilkka (2002).** "Scientific Progress", The Stanford Encyclopedia of Philosophy (Summer 2015 Edition), Edward N. Zalta (ed.), URL = <https://plato.stanford.edu/arc hives/sum2015/entries/scientific-progress/>.

**Nobach, Kai (2019).** Bedeutung der Digitalisierung für das Controlling und den Controller, in: Ulrich, Patrick/Baltzer, Björn (Hrsg.), Wertschöpfung in der Betriebs-wirtschaftslehre, Wiesbaden, S. 247–269

**Noble, Charles (1999).** Building the Strategy Implementation Network, in: Business Horizons, 42. Jg., Nr. 6, S. 19–28

**Nobre, Thierry (2001).** Management hospitalier. Du contrôle externe au pilotage, apport et adaptabilité du tableau de bord prospectif, in: Comptabilité Contrôle Audit, 7. Jg., Nr. 2, S. 125–146

**Nollau, Hans-Georg (2004).** Geschäftsprozessoptimierung im Mittelstand, München

**Nollau, Hans-Georg/Gottfried, Uli (2009).** Entscheidungskompetenz durch Anwendung der Vektor-Nutzwertanalyse, Lohmar, Köln

**North, Douglass Cecil/Streissler, Monika (2009).** Institutionen, institutioneller Wandel und Wirtschaftsleistung, Tübingen

**Norton, Julie L./Raciti, Maria M. (2017).** Co-creating healthful eating behaviors with very young children: The impact of information overload on primary caregivers, in: Health marketing quarterly, 34. Jg., Nr. 1, S. 18–34

**Nylen, Daniel/Holmström, Jonny (2015).** Digital innovation strategy: A framework for diagnosing and improving digital product and service innovation, in: Business Horizons, 58. Jg., S. 57–67

**Ochoa, Sergio F./Fortino, Giancarlo/Di Fatta, Giuseppe (2017).** Cyber-physical systems, internet of things and big data, in: Future Generation Computer Systems, 75. Jg., S. 82–84

**Oestreicher-Singer, Gal/Zalmanson, Lior (2013).** Digital Business Strategy for Content Providers in the social Age, in: MIS Quarterly, 37. Jg., Nr. 2, S. 591–616

**Oliva, Rogelio/Kallenberg, Robert (2003).** Managing the transition from products to services, in: International Journal of Service Industry Management, 14. Jg., Nr. 2, S. 160–172

**Olve, Nils-Göran/Roy, Jan/Wetter, Magnus (2001).** Performance driverS. A practical guide to using the balanced scorecard, New York

**Opresnik, Marc Oliver/Rennhak, Carsten (2012).** Grundlagen der Allgemeinen Betriebswirtschaftslehre: Eine Einführung aus marketingorientierter Sicht, Wiesbaden

**Osterloh, Margit/Frost, Jetta (2006).** Prozessmanagement als Kernkompetenz : wie Sie Business Reengineering strategisch nutzen können, 5. Aufl., Wiesbaden

**Osterwalder, Alexander/Pigneur, Yves (2010).** Business Model Generation, Hoboken

**Ostrom, Elinor (1990).** Governing the commonS. The evolution of institutions for collective action, Cambridge

**Österle, Hubert (1995).** Business Engineering: Prozeß- und Systementwicklung, Berlin

**Otley, David (1987).** Accounting Control and Organisational Behaviour, London

**Pagani, Margherita (2013).** Digital Business Strategy and Value Creation: Framing the dynamic Cycle of Control Points, in: MIS Quarterly, 37. Jg., Nr. 2, S. 617–623

**Paik, Yongsun/Lee, Jong Min/Pak, Yong Suhk (2019).** Convergence in International Business Ethics? A Comparative Study of Ethical Philosophies, Thinking Style, and Ethical Decision-Making Between US and Korean Managers, in: Journal of Business Ethics, 156. Jg., Nr. 3, S. 839–855

**Paiola, Marco/Gebauer, Heiko/Edvardsson, Bo (2012).** Service Business Development in Small-to Medium-sized Equipment Manufacturers, in: Journal of Business-to-Business Marketing, 19. Jg., S. 33–66

**Pampino, Ralph/McDonald, Jennifer E./Mullin, Jill E./Wilder, David A. (2003).** Weekly Feedback vS. Daily Feedback: An Application in Retail, in: Journal of Organizational Behavior Management, 23. Jg., Nr. 2/3, S. 21–43

**Paris, Scott G./Lipson, Marjorie Y./Wixson, Karen K. (1983).** Becoming a Strategic Reader, in: Contemporary Educational Psychology, 8. Jg., S. 293–316

**Patzelt, Werner J. (2013).** Einführung in die Politikwissenschaft. Grundriss des Faches und studiumbegleitende Orientierung, 7., erneut überarb. und stark erw. Aufl., Passau

**Pavitt, Charles (2014).** An Interactive Input–Process–Output Model of Social Influence in Decision-Making Groups, in: Small Group Research, 45. Jg., Nr. 6, S. 704–730

**Peemöller, Volker H. (2005).** Controlling: Grundlagen und Einsatzgebiete,, 5. Aufl., Herne

**Pellens, Bernhard (2009).** Durch das BilMoG nähert sich das HGB dem IFRS an. Trotz Vorteilen scheiden sich am Fair Value die Geister, in: Betriebswirtschaftliche Blätter, 12. Jg., S. 683

**Pennings, Johannes (1973).** Measures of Organizational Structure: A Methodological Note, in: American Journal of Sociology, 79. Jg., Nr. 3, S. 686–704

**Peters, Wolfgang (2003).** Zur Theorie der Modellierung von Natur und Umwelt, Berlin

**Petticrew, Mark/Roberts, Helen (2012).** Systematic reviews in the social scienceS. A practical guide, Malden

**Pfeiffer, Sabine (2009).** Wissenschaftliches Wissen und Erfahrungswissen – und ihre Bedeutung in innovativen Unternehmen

**Piazolo, Marc (2018).** Statistik für Wirtschaftswissenschaftler. Daten sinnvoll aufbereiten, analysieren und interpretieren, 3. Aufl., Karlsruhe

**Pidun, Tim (2015).** Visibility of Performance Ein Beitrag zur Ermittlung der Güte von Performance-Measurement-Systemen, Dresden

**Pietsch, Gotthard (2003).** Reflexionsorientiertes Controlling. Konzeption und Gestaltung, Gabler Edition Wissenschaft, Wiesbaden

**Piller, Frank Thomas (2006).** Mass Customization, Ein wettbewerbsstrategisches Konzept im Informationszeitalter, 4. Aufl., Wiesbaden

**Pindyck, Robert S./Rubinfeld, Daniel L. (2013).** Mikroökonomie, München

**Piser, Marc (2004).** Strategisches Performance Management. Performance Measurement als Instrument der strategischen Kontrolle, Wiesbaden

**Plotegher, Michael (2004).** Finanzverhalten im Internet, in: Wiedmann, Klaus-Peter; Buxel, Holger; Frenzel, Tobias; Walsh, Gianfranco (Hrsg.), Konsumentenverhalten im Internet: Konzepte – Erfahrungen – Methoden, Wiesbaden, S. 421–454

**Podsakoff, Philip M./MacKenzie, Scott B./Lee, Jeong-Yeon/Podsakoff, Nathan P. (2003).** Common Method Biases in Behavioral Research, a Critical Review of the Literature and Recommended Remedies, in: The Journal of applied psychology, 88. Jg., Nr. 5, S. 879–903

**Podsakoff, Philip M./Todor, William D. (1985).** Relationships Between Leader Reward and Punishment Behavior and Group Processes and Productivity, in: Journal of Management, 11. Jg., Nr. 1, S. 55–73

**Pohl, Jens (2016).** Performance Management: Dogma oder Einzelfallbetrachtung? in (Hrsg.) Hansjörg Künzel: Erfolgsfaktor Performance Management München, S. 1–17

**Poole, Michael/Lansbury, Russell/Wailes, Nick (2001).** A Comparative Analysis of Developments in Industrial Democracy, in: Industrial Relations, 40. Jg., Nr. 3, S. 490–525

**Popper, Karl R. (1984).** Objektive Erkenntnis : ein evolutionärer Entwurf, Hamburg

**Porst, Rolf (2009).** Fragebogen. Ein Arbeitsbuch, 2. Aufl., Wiesbaden

**Porter, Michael E. (2004).** Competitive strategy. Techniques for analyzing industries and competitors, New York

**Porter, Michael E. (2008).** Was ist Strategie?, in: Harvard Business Manager, S. 104–123

**Porter, Michael E./Heppelmann, James (2014).** How Smart, Connected Products Are Transforming Competition, in: Harvard Business Review, 92. Jg., Nr. 11, S. 64–88

**Porter, Michael/Kramer, Mark (2011).** The Big Idea: Creating Shared Value, in: Harvard Business Review, Vol. 89, No. 1, S. 1–17

**Potra, Sabina (2017).** What Defines a Prosumer? An Insight in Participative Consumer Behaviour, in: Proceedings of the European Conference on Management, Leadership & Governance, S. 380–385

**Powley, Edward H./Fry, Ronald E./Barrett, Frank J./Bright, David S. (2004).** Dialogic democracy meets command and control: Transformation through the Appreciative Inquiry Summit, in: Academy of Management Executive, 18. Jg., Nr. 3, S. 67–80

**Prahalad, Coimbatore Krishnarao/Bettis, Richard A. (1986).** The Dominant Logic: A new Linkage between Diversity and Performance, in: Strategic Management Journal, 7. Jg., Nr. 6, S. 485–501

**Prim, Rolf/Tilmann, Heribert (2000).** Grundlagen einer kritisch-rationalen Sozialwissenschaft. Studienbuch zur Wissenschaftstheorie, 8. Aufl., Heidelberg

**Pritchard, Robert D./Harrell, Melissa/DiazGranados, Deborah/Guzman, Melissa J. (2008).** The Productivity Measurement and Enhancement System: A Meta-Analysis, in: Journal of Applied Psychology, 93. Jg., Nr. 3, S. 540–567

**Probst, Gilbert/Raub, Steffen/Romhardt, Kai (2010).** Wissen managen. Wie Unternehmen ihre wertvollste Ressource optimal nutzen, 6. Aufl., Wiesbaden

**Proctor, Edward (2002).** Boolean Operators and the Naïve End-User: Moving to AND, in: Online, 26. Jg., Nr. 4, S. 34

**Proff, Harald/Ullerich, Stefan/Pottebaum, Thomas/Bittrich, Claudia (2016).** Komplexitätsmanagement in der Automobilbranche, https://www2.deloitte.com/content/dam/Deloitte/de/Documents/operations/Complexity_Management.pdf, 10.09.2019

**Proksch, Stephan (2010).** Konfliktmanagement im Unternehmen. Mediation als Instrument für Konflikt- und Kooperationsmanagement am Arbeitsplatz, Berlin, Heidelberg

**Prüße, Stefan/Kreitz, Mona/Epstein, Rolf (2018).** Controlling digitaler Geschäftsprozesse: Evolution oder Disruption in der Controlling-Organisation?, https://www2.deloitte.com/de/de/pages/finance-transformation/articles/controlling-digitale-geschaeftsmodelle.html, 03.08.2019

**Przyborski, Aglaja/Wohlrab-Sahr, Monika (2014).** Forschungsdesigns für die qualitative Sozialforschung, in: Baur, Nina; Blasius, Jörg (Hrsg.), Handbuch Methoden der empirischen Sozialforschung, Wiesbaden, S. 117-133

**Pubanz, Henning (2013).** Komplexitätscontrolling als Baustein eines effektiven Komplexitätsmanagements, in: Controlling: Zeitschrift für erfolgsorientierte Unternehmenssteuerung, 26. Jg., Nr. 2, S. 68–74

**Pullan, Wendy (2000).** Structuring Structure, in: Pullan, Wendy (Hrsg.), Structure, Cambridge, S. 1–9

**Pullin, Len/Haidar, Ali (2003).** Performance contract management in regional local government—Victoria, in: Asia Pacific Journal of Human Resources, 41. Jg., S. 279–297

**Putnam, Hilary (2004).** The collapse of the fact/value dichotomy and other essays. Including the Rosenthal lectures]/ Hilary Putnam, 3. print, Cambridge, Mass.

**Raffée, Hans (1974).** Grundprobleme der Betriebswirtschaftslehre, Göttingen

**Raffée, Hans (1995).** Grundprobleme der Betriebswirtschaftslehre, 9.. Aufl., Göttingen

**Ragin, Charles C./Amoroso, Lisa M. (2011).** Constructing social research. The unity and diversity of method, 2.Aufl., Los Angeles

**Raithel, Jürgen (2008).** Quantitative Forschung. Ein Praxiskurs, 2. Aufl., Wiesbaden

**Ramaswamy, Venkat/Ozcan, Kerimcan (2016).** Brand value co-creation in a digitalized world: An integrative framework and research implications, in: International Journal of Research in Marketing, 33. Jg., Nr. 1, S. 93–106

**Ramdeen, Collin D./Santos, Jocelina/Chatfield, Hyun Kyung (2011).** The Usage of Electronic Data Interchange in the Hotel Industry, in: International Journal of Hospitality & Tourism Administration, 12. Jg., Nr. 2, S. 95–122

**Randolph, Justus (2009).** A Guide to Writing the Dissertation Literature Review, in: Practical Assessment, Research & Evaluation, 14. Jg., S. 1–13

**Rappaport, Alfred (1999).** Shareholder value : ein Handbuch für Manager und Investoren, Stuttgart

**Raps, Andreas (2017).** Erfolgsfaktoren der Strategieimplementierung : Konzeption, Instrumente und Fallbeispiele, 4. Aufl., Wiesbaden

**Rasch, Michael/Koß, Roland (2015).** Digital Controlling: Digitale Transformation im Controlling, https://www.pwc.de/de/digitale-transformation/assets/pwc-studie-digitale-transformation-im-controlling.pdf, 12.08.2019

**Raschke, Robyn L./Mann, Arti (2017).** Enterprise Content Risk Management: A Conceptual Framework for Digital Asset Risk Management, in: Journal of Emerging Technologies in Accounting, 14. Jg., Nr. 1, S. 57–62

**Rauser, Alexander (2016).** Digital strategy. A guide to digital business transformation

**Reed, Richard/Luffmann, George (1986).** Diversification: The growing confusion, 7. Jg., S. 29–35

**Rehder, Elke (2017).** Gottfried Wilhelm Leibniz, Barsbüttel

**Reichmann, Thomas/Kißler, Martin/Baumöl, Ulrike/Hoffjan, Andreas/Palloks-Kahlen, Monika/Richter, Hermann J./Schön, Dietmar (2017).** Controlling mit Kennzahlen. Die systemgestützte Controlling-Konzeption, 9. Aufl., München

**Reihlen, Markus (1997).** Ansätze in der Modelldiskussion : Eine Analyse der Passivistischen Abbildungsthese und der Aktivistischen Konstruktionsthese, in: Werner Delfmann (Hrsg.), Arbeitsberichte des Seminars für Allgemeine Betriebswirtschaftslehre, Köln, S. 1–23

**Reinecke, Jost (2014).** Grundlagen der standardisierten Befragung, in: Baur, Nina/Blasius, Jörg (Hrsg., 2014), Handbuch Methoden der empirischen Sozialforschung, Wiesbaden

**Reisberg, Daniel (2006).** Cognition: Exploring the science of the mind, 3. Aufl., New York

**Report Balanced Scorecard (2001).** Report Balanced Scorecard. Strategien umsetzen, Prozesse steuern, Kennzahlensysteme entwickeln, Düsseldorf

**Reuband, Karl-Heinz (2001).** Möglichkeiten und Probleme des Einsatzes postalischer Befragungen, in: Kölner Zeitschrift für Soziologie und Sozialpsychologie, 53. Jg., S. 338–364

**Reuband, Karl-Heinz (2014).** Schriftlich-postalische Befragung, in: Baur, Nina/Blasius, Jörg (Hrsg., 2014), Handbuch Methoden der empirischen Sozialforschung, Wiesbaden

**Reuband, Karl-Heinz/Blasius, Jörg (1996).** Face-to-face, telefonische und postalische Befragungen, in: Kölner Zeitschrift für Soziologie und Sozialpsychologie, Nr. 48, S. 296–318

**Reynolds, Peter/Yetton, Philip (2015).** Aligning Business and IT Strategies in Multi-Business Organizations,, in: Journal of Information Technology, 30. Jg., Nr. 2

**Richter, Magnus (2009).** Zur Güte von Beschreibungsmodellen – eine erkenntnistheoretische Untersuchung, Ilmenau

**Riesenhuber, Felix (2009).** Großzahlige empirische Forschung, in: Albers, Sönke/Klapper, Daniel/Konradt, Udo/Walter, Achim/Wolf Joachim (Hrsg.), Methodik der empirischen Sozialforschung, 3. Aufl., Wiesbaden, S. 1–17

**Ringel, Michael/Taylor, Andrew/Zablit, Hadi (2015).** The Prerequisites of profitable adjacent Growth, http://image-src.bcg.com/Images/BCG-The-Prerequisites-of-Profitable-Adjacent-Growth-Dec-2015_tcm9-88811.pdf, 22.09.2019

**Robbins, Lionel (1932).** An Essay on the Nature and Significance of Economic Science, London

**Robinson, Albert (2018).** Is Blockchain the Future of the Diamond and Gemstone Industry?, in: IDEX Magazine, 30. Jg., Nr. 334, S. 26–39

**Roessing, Thomas (2009).** Internet für Online-Forscher: Protokolle, Dienste und Kommunikationsmodi. In: Jackob et al. (Hg): 49–58

**Rohrmann, B. (1978).** Empirische Studien zur Entwicklung von Antwortskalen für die sozialwissenschaftliche Forschung, in: Zeitschrift für Soziologie, 9. Jg., S. 222–245

**Rombach, Hans (1974).** Wissenschaft, Forschung, Theorie. In: ders. (Hrsg.): Wissenschaftstheorie 2: Struktur und Methode der Wissenschaften. Freiburg i. Brsg., S. 7–29.

**Roose, Jochen (2013).** Fehlermultiplikation und Pfadabhängigkeit. Ein Blick auf Schattenseiten von Sekundäranalysen standardisierter Umfragen, in: Kölner Zeitschrift für Soziologie und Sozialpsychologie, 65. Jg., Nr. 4, S. 697–714

**Röpke, Wilhelm (1965).** Die Lehre von der Wirtschaft, Erlenbach-Zürich/Stuttgart

**Rosca, Eugenia/Bendul, Julia C. (2019).** Value chain integration of base of the pyramid consumers: An empirical study of drivers and performance outcomes, in: International Business Review, 28. Jg., Nr. 1, S. 162–176

**Ross, Stephen A. (1973).** The Economic Theory of Agency: The Principal's Problem, in: American Economic Review, 63. Jg., Nr. 2, S. 134–139

**Rößl, Dietmar (1990).** Die Entwicklung eines Bezugsrahmens und seine Stellung im Forschungsprozeß., in: Journal für Betriebswirtschaft, 40. Jg., Nr. 2, S. 99–110

**Rossmann, Alexander/Tangemann, Michael (2015).** Kundenservice 2.0: Kundenverhalten und Serviceleistungen in der digitalen Transformation: In: Linnhoff-Popien, Claudia/Zaddach, Michael/Grahl, Alexander (Hrsg.), Marktplätze im Umbruch: Digitale Strategien für Services im Mobilen Internet,, Berlin, S. 161–174

**Rost, Jürgen (2004).** Lehrbuch Testtheorie – Testkonstruktion, 2. Aufl., Bern

**Roth, Armin (2016a).** Einführung und Umsetzung von Industrie 4.0 Grundlagen, Vorgehensmodell und Use Cases aus der PraxiS. Wiesbaden. Springer Gabler

**Roth, Armin (2016b).** Industrie 4.0, Hype oder Revolution, in: Roth, Armin (Hrsg.), Einführung und Umsetzung von Industrie 4.0, Berlin, Heidelberg, S. 1–15

**Rothstein, Hannah (1990).** Interrater reliability of job performance ratings: Growth to asymptote level with increasing opportunity to observe., in: Journal of Applied Psychology, 75. Jg., S. 322–327

**Rouse, Paul/Putterill, Martin/Ryan, David (1997).** Towards a general managerial framework for performance measurement, in: Journal of Productivity Analysis, 8. Jg., Nr. 2, S. 127–149

**Rowe, Frantz (2018).** Being critical is good, but better with philosophy! From digital transformation and values to the future of IS research, in: European Journal of Information Systems, 27. Jg., Nr. 3, S. 380–393

**Rühli, Edwin (2017).** Unternehmungsführung und Unternehmungspolitik, Bern

**Rumelt, Richard P. (1974).** Strategy, Structure, and Economic Performance, Cambrige

**Saaty, Thomas L./Vargas, Luis G. (2012).** Models, methods, concepts & applications of the analytic hierarchy process, 2. Aufl., New York

**Samuelson, Paul. A./Nordhaus, William D. (1987).** Volkswirtschaftslehre. Grundlagen der Makro- und Mikro- Ökonomie, Köln

**Sarto, Nicola Del/Marullo, Cristina/Di Minin, Alberto (2018).** Emerging actors within the innovation landscape: Systematic review on accelerators, in: Proceedings of ISPIM Conferences, S. 1–18

**Sauerwald, Steve/van Oosterhout, J./van Essen, Marc/Peng, Mike W. (2018).** Proxy Advisors and Shareholder Dissent: A Cross-Country Comparative Study, in: Journal of Management, 44. Jg., Nr. 8, S. 3364–3394

**Saxena, Deepak/Lamest, Markus (2018).** Information overload and coping strategies in the big data context: Evidence from the hospitality sector, in: Journal of Information Science, 44. Jg., Nr. 3, S. 287–297

**Schaal, Ulrich (2010).** Das strategische Management von Contentrechten Schlüsselherausforderung für audiovisuelle Medienunternehmen, Wiesbaden

**Schaefer, Dominique/Bohn, Ursula/Crummenerl, Claudia/Graeber, Felizitas (2017).** Culture First!

**Schäfer, Henry/Langer, Gunner (2005).** Sustainability Balanced Scorecard, in: Controlling, 17. Jg., Nr. 1, S. 5–14

**Schäfer, S./Pinnow, C. (2015).** Industrie 4.0 – Grundlagen und Anwendungen Branchentreff der Berliner Wissenschaft und Industrie. Berlin/Heidelberg: Springer Verlag.

**Schallmo, Daniel (2016).** Jetzt digital transformieren: So gelingt die erfolgreiche Digitale Transformation Ihres Geschäftsmodells, Wiesbaden

**Schallmo, Daniel/Rusnjak, Andreas/Anzengruber, Johanna/Werani, Thomas/Jünger, Michael (2017).** Digitale Transformation von Geschäftsmodellen, Wiesbaden

**Schallmo, Daniel/Rusnjak, Andreas (2017).** Roadmap zur Digitalen Transformation von Geschäftsmodellen, in: Schallmo, Daniel/Rusnjak, Andreas/Anzengruber, Johanna/Werani, Thomas/Jünger, Michael (Hrsg.), Digitale Transformation von Geschäftsmodellen, Wiesbaden, S. 1–31

**Schallmo, Daniel/Williams, Christopher/Lohse, Jochen (2018).** Clarifying Digital Strategy – Detailed Literature Review of Existing Approaches." Paper presented at the XXIX ISPIM Innovation Conference: Innovation, The Name of The Game, ISPIM, Stockholm

**Schallmo, Daniel/Williams, Christopher/Lohse, Jochen (2019).** Digital Strategy: Integrated Approach and Generic Options ISPIM Innovation Conference – Celebrating Innovation

**Schanz, Günther (1988).** Methodologie für Betriebswirte, Stuttgart

**Schatz, Anja/Schöllhammer, Oliver/Jäger, Jens Michael (2014).** Ansatz zum Umgang mit Komplexität, Risiken aufdecken, Chancen erkennen und Potenziale heben, in: Controlling: Zeitschrift für erfolgsorientierte Unternehmenssteuerung, 26. Jg., Nr. 12, S. 686–693

**Scheer, August-Wilhelm/Wahlster, Wolfgang (2012).** Die vierte industrielle Revolution zeichnet sich ab!, in: Information Management und Consulting, Nr. 3, S. 6–9

**Scherm, Ewald/Lindner, Florian (2016).** Controlling-Konzeptionen in der Unternehmenspraxis, in: Becker, Wolfgang/Ulrich, Patrick (Hrsg.), Handbuch Controlling, Wiesbaden, S. 25–44

**Scherm, Ewald/Pietsch, Gotthard (2007).** Organisation. Theorie, Gestaltung, Wandel, Wiesbaden

**Schewe, Gerhard (2016).** Die digitale Transformation,, in: Zeitschrift Führung und Organisation,, 85. Jg., S. 73

**Schierenbeck, Henner/Wöhle, Claudia B.** (2016). Grundzüge der Betriebswirtschaftslehre, 19. Aufl., Berlin

**Schleicher, Deidra J./Baumann, Heidi M./Sullivan, David W./Levy, Paul E./Hagrove, Darel C./Barros-Rivera, Brenda A.** (2018). Putting the System Into Performance Management Systems: A Review and Agenda for Performance Management Research, in: Journal of Management, 44. Jg., Nr. 6, S. 2209–2245

**Schlüchtermann, Jörg/Klöpfer, Ralf/Braun, Andrea** (1998). Balanced Scorecard: Ein neues Konzept zur kennzahlengestützten Strategieplanung für mittelständische Unternehmen – Einsatzmöglichkeiten im Mittelstand, in: BF/M (Hrsg.): Mittelstand und Betriebswirtschaft: Beiträge aus Wissenschaft und Praxis, Wiesbaden, S. 103–121.

**Schmalenbach, Eugen** (1949). Die Beteiligungsfinanzierung, Köln

**Schmeisser, Wilhelm/Becker, Michael/Clausen, Lydia/Seifert, Anja/Stülpner, Kathleen** (2011). Modelle zur Humankapitalbewertung. Im Vergleich zum Berliner Humankapitalbewertungsmodell, 2. Aufl., München

**Schmelzer, Hermann J./Sesselmann, Wolfgang** (2013). Geschäftsprozessmanagement in der PraxiS. Kunden zufriedenstellen, Produktivität steigern, Wert erhöhen : [das Standardwerk, 8.Aufl., München

**Schmidt, Eric/Rosenberg, Jonathan/Eagle, Alan** (2014). How Google works, New York

**Schmidt, Reinhard H./Schor, Gabriel** (1987). Modelle in der Betriebswirtschaftslehre, Wiesbaden

**Schmidt, Siegfried J.** (1996). Trivialization and empiricity, in: Syst. Res., 13. Jg., Nr. 3, S. 385–392

**Schmidt, Walter/Friedag, Herwig R.** (2015). Balanced Scorecard, 5. Aufl., Freiburg

**Schneeweiß, Christoph** (1991). Systemanalytische und entscheidungstheoretische Grundlagen, Berlin

**Schneider, Dieter** (1987). Allgemeine Betriebswirtschaftslehre, 3. Aufl., München, Wien

**Schneider, Dieter** (2001). Betriebswirtschaftslehre: Band 4: Geschichte und Methoden der Wirtschaftswissenschaft, München

**Schnell, Rainer** (2019). Survey-InterviewS. Methoden standardisierter Befragungen, 2., Aufl., Wiesbaden

**Schnell, Rainer/Hill, Paul B./Esser, Elke** (2016). Methoden der empirischen Sozialforschung, 10. Aufl., München

**Schoeneberg, Klaus-Peter** (2014). Komplexität, Einführung in die Komplexitätsforschung und Herausforderungen in der Praxis, in: Schoeneberg, Klaus-Peter (Hrsg.), Komplexitätsmanagement in Unternehmen, Wiesbaden, S. 13–27

**Scholz, Christian** (2005). Die Saarbrücker Formel. Was Ihre Belegschaft wert ist, in: Personal Manager, 2. Jg., S. 16–19

**Scholz, Christian/Stein, Volker** (2006). Humankapital messen, in: Personal, 1. Jg., Nr. 1, S. 8–11

**Scholz, Christian/Stein, Volker/Bechtel, Roman** (2011). Human Capital Management. Raus aus der Unverbindlichkeit!, 3. Aufl., Köln

**Schreiber, Edmund** (1913) Die volkswirtschaftlichen Anschauungen der Scholastik seit Thomas v. Aquin, Jena

**Schreyer, Maximilian** (2008). Entwicklung und Implementierung von Performance Measurement Systemen, Wiesbaden

**Schreyögg, Georg** (2016). Organisation, 6. Aufl., Wiesbaden

**Schumann, Siegfried (2019)**. Repräsentative Umfrage. Praxisorientierte Einführung in empirische Methoden und statistische Analyseverfahren, 7. Aufl., Berlin, Boston

**Schurz, Gerhard (2014)**. Einführung in die Wissenschaftstheorie, 4., überarbeitete Auflage, Darmstadt

**Schütte, Reinhard (1998)**. Grundsätze ordnungsmäßiger Referenzmodellierung. Konstruktion konfigurations- und anpassungsorientierter Modelle, Wiesbaden, s.l.

**Schwarz, Doreen (2010a)**. Strategische Personalplanung und Humankapitalbewertung. Simulationen anhand der Cottbuser Formel, Wiesbaden

**Schwarz, Gerhard (2010b)**. Konfliktmanagement. Konflikte erkennen, analysieren, lösen, 8. Aufl., Wiesbaden

**Schweickart, Nikolaus/Töpfer, Armin (2006)**. Wertorientiertes Management. Werterhaltung – Wertsteuerung – Wertsteigerung ganzheitlich gestalten : mit 12 Tabellen, Berlin, Heidelberg

**Schweitzer, Marcel/Küpper, Hans-Ulrich (1997a)**. Produktions- und Kostentheorie: Grundlagen – Anwendungen, 2. Aufl., Wiesbaden

**Schweitzer, Marcell (2009)**. Gegenstand und Methoden der Betriebswirtschaftslehre, in: Bea, F.X./Schweitzer, M. (Hrsg.), Allgemeine Betriebswirtschaftslehre, Band 1: Grundfragen, 10. Aufl., Stuttgart, S. 23–79

**Schweitzer, Marcell/Küpper, Hans-Ulrich (1997b)**. Produktions- und Kostentheorie. Grundlagen – Anwendungen, 2. Aufl., Wiesbaden

**Scullen, S. E./Mount, M. K./Goff, M. (2000)**. Understanding the latent structure of job performance ratings, in: Journal of Applied Psychology, 85. Jg., S. 956–970

**Sebastian, Ina/Ross, Jeanne/Beath, Cynthia/Mocker, Martin/Moloney, Kate/Fonstad, Nils (2017)**. How Big Old Companies Navigate Digital Transformation, in: MIS Quarterly Executive, 16. Jg., Nr. 3, S. 197–213

**Seibert, Stefan (2012)**. Controlling in mittleren Unternehmensberatungen: Eine qualitative Untersuchung, s.l.

**Seidler, John (1974)**. On Using Informants: A Technique for Collecting Quantitative Data and Controlling Measurement Error in Organization Analysis, in: American Sociological Review, 39. Jg., Nr. 6, S. 816

**Sendler, Ulrich (2013)**. Industrie 4.0 – Beherrschung der industriellen Komplexität mit SysLM (Systems Lifecycle Management, in: Sendler, Ulrich (Hrsg.), Industrie 4.0 – Beherrschung der industriellen Komplexität mit SysLM, Berlin/Heidelberg, S. 1–20.

**Setia, Pankaj/Venkatesh, Viswanath/Joglekar, Supreet (2013)**. Leveraging Digital Technologies: How Information Quality Leads to Localized Capabilities and Customer Service Performance, in: MIS Quarterly, 37. Jg., Nr. 2, S. 565–590

**Short, Jeremy C./Moss, Todd W./Lumpkin, G. T. (2009)**. Research in social entrepreneurship: Past contributions and future opportunities., in: Strategic Entrepreneurship Journal, S. 161–194

**Short, Jeremy C./Payne, G. Tyge/Ketchen, David J. (2008)**. Research on organizational configurations: Past accomplishments and future challenges, 34. Jg., Nr. 34, S. 1053–1079

**Sia, Siew Kien/Soh, Christina/Weill, Peter (2016)**. How DBS Bank Pursued a Digital Business Strategy, in: MIS Quarterly Executive, 15. Jg., Nr. 2

**Sigloch, Jochen/Egner, Thomas/Wildner, Stephan (2015)**. Einführung in die Betriebswirtschaftslehre. Unter Mitarbeit von Roland Quinten, 5. Aufl., Stuttgart

**Singer, Matthias (2010).** Messung und Steuerung von Humankapital. Neue Herausforderungen an das Personalcontrolling, Hamburg

**Singh, Anna/Hess, Thomas (2017).** How Chief Digital Officers Promote the Digital Transformation of their Companies, in: MIS Quarterly Executive, 16. Jg., Nr. 1, S. 1–17

**Sipior, Janice C./Ward, Burke T./Connolly, Regina (2011).** The digital divide and t-government in the United States: using the technology acceptance model to understand usage, in: European Journal of Information Systems, 20. Jg., Nr. 3, S. 308–328

**Smith, Marisa/Bititci, Umit (2017).** Interplay between performance measurement und management, employee engagement and Performance, in: International Journal of Operations & Production Management, 37. Jg., Nr. 9, S. 1207–1228

**Smither, James/London, Manuel/Reilly, Richard (2005).** Does performance improve following multisource feedback? A theoretical model, meta-analysis, and review of empirical findings, in: Personnel Psychology, 58. Jg., S. 33–66

**Snilstveit, Birte/Oliver, Sandy/Vojtkova, Martina (2012).** Narrative approaches to systematic review and synthesis of evidence for international development policy and practice, in: Journal of Development Effectiveness, 4. Jg., Nr. 3, S. 409–429

**Souissi, Mohsen (2008).** A Comparative Analysis Between The Balanced Scorecard And The French Tableau de Bord, in: International Business & Economics Research Journal, 7. Jg., Nr. 7, S. 83–86

**Speckbacher, Gerhard/Bischof, Jürgen/Pfeiffer, Thomas (2003).** A descriptive analysis on the implementation of Balanced Scorecards in German-speaking countries, in: Management Accounting Research, 14. Jg., Nr. 4, S. 361–389

**Sprenger, Florian/Engemann, Christoph (2015).** Im Netz der Dinge, in: Sprenger, Florian/Engemann, Christoph (Hrsg.), Internet der Dinge, über smarte Objekte, intelligente Umgebungen und die technische Durchdringung der Welt, Bielefeld, S. 7–59

**Srnka, Katharina (2007).** Integration qualitativer und quantitativer Forschungsmethoden, in: MARKETING, 29. Jg., Nr. 4, S. 247–260

**Srnka, Katharina J./Koeszegi, Sabine T. (2007).** From Words to Numbers: How To Transform Qualitative Data into Meaningful Quantitative Results, in: Schmalenbach Business Review (SBR), 59. Jg., Nr. 1, S. 29–57

**Stachowiak, Herbert (1980).** Der Modellbegriff in der Erkenntnistheorie, in: Zeitschrift für allgemeine Wissenschaftstheorie, 11. Jg., Nr. 1, S. 53–68

**Staehle, Wolfgang H. (1989).** Kontingenztheorie der Planung, in: Szyperski, Norbert (Hrsg.), Handwörterbuch der Planung, Stuttgart, S. 822–888

**Staehle, Wolfgang H./Conrad, Peter/Sydow, Jörg (1999).** Management: eine verhaltenswissenschaftliche Perspektive, München

**Stamm, Hansueli/Schwarb, Thomas (1995).** Metaanalyse. Eine Einführung., in: Zeitschrift für Personalforschung, 9. Jg., Nr. 1, S. 5–27

**Stanko, Brian B./Zeller, Thomas L./Melena, Matthew F. (2014).** Human asset accounting and measurement. Moving forward, in: Journal of Business & Economics Research, 12. Jg., Nr. 2, S. 93–104

**Stegaroiu, Carina-Elena (2017).** BITCOIN – the currency of an New Economy?, in: Annals of 'Constantin Brancusi' University of Targu-Jiu. Economy Series, S. 114–119

**Steinmann, Horst/Schreyögg, Georg (2005).** Management : Grundlagen der Unternehmensführung; Konzepte, Funktionen, Fallstudien., Wiesbaden

**Stengel, Oliver (2018)**. Die Neuerfindung der Ökonomie, in: Redlich, Tobias/Moritz, Manuel/Wulfsberg, Jens (Hrsg.), Interdisziplinäre Perspektiven zur Zukunft der Wertschöpfung, Wiesbaden, S. 9–19

**Stewart, David (1984)**. Secondary Research, Beverly Hills

**Stief, Sarah E./Eidhoff, Anne Theresa/Voeth, Markus (2016)**. Transform to Succed: An Empirical Analysis of Digital Transformation in Firms, in: International Journal of Economics and Management Engineering, 10. Jg., S. 1833–1842

**Stier, Winfried (1999)**. Empirische Forschungsmethoden, 2. Aufl., Berlin, Heidelberg

**Stinchombe, Arthur L. (1959)**. Bureaucratic and Craft Administration of Production: A comparative Study, in: Administrative Science Quarterly, 4. Jg., S. 168–187

**Stocker, Toni Clemens/Steinke, Ingo (2017)**. Statistik. Grundlagen und Methodik, Berlin, Boston

**Stock-Homburg, Ruth (2013)**. Personalmanagement. Theorien – Konzepte – Instrumente, 3., überarb. und erw. Aufl., Wiesbaden

**Stricker, Markus/Wessely, Phillip/Bode, Anna/Schmidt-Rhode, Constanze (2019)**. Complexity, The Big Challenge for Today's Top Pharma

**Summa, Leila (2016)**. (Un)Bequeme Denkimpulse für Veränderung zugunsten einer digitalen Welt, in: Summa, Leila (Hrsg.), Digitale Führungsintelligenz: "Adapt to win": Wie Führungskräfte sich und ihr Unternehmen fit für die digitale Zukunft machen, Wiesbaden, S. 13–150

**Suter, Andreas/Vorbach, Stefan/Weitlaner, Doris (2015)**. Die Wertschöpfungsmaschine. Strategie operativ verankern; Prozessmanagement umsetzen; Operational-Excellence erreichen, München

**Syska, Andreas (2006)**. Produktionsmanagement

**Tan, Barney/Pan, Shan L./Xianghua Lu/Lihua Huang (2015)**. The Role of IS Capabilities in the Development of Multi-Sided Platforms, in: Journal of the Association for Information Systems, 16. Jg., Nr. 4, S. 248–280

**Tashakkori, Abbas/Teddlie, Charles (2008)**. Mixed methodology. Combining qualitative and quantitative approaches, [Nachdr.], Thousand Oaks

**Tattyrek, Christoph/Waniczek, Mirko (2018)**. Der digitale Controlling-Regelkreis, https://www.ey.com/Publication/vwLUAs-sets/ey-at-finance-and-performance-magazin-dez-2018/$FILE/ey-at-finance-and-performance-magazin-dez-2018.pdf, 26.09.2019

**Teece, David J. (2018)**. Profiting from innovation in the digital economy: Enabling technologies, standards, and licensing models in the wireless world, in: Research Policy, 47. Jg., Nr. 8, S. 1367–1387

**Tesch, Jan F./Brillinger, Anne-Sophie/Bilgeri, Dominik (2016)**. IoT Business Model Innovation and the Stage-Gate Process: an exploratory analysis, in: Proceedings of ISPIM Conferences, S. 1–16

**Tessier, Sophie/Otley, David (2012)**. A Conceptual Developement of Simon´s levers of control framework, in: Management Accounting Research, 23. Jg., Nr. 3, S. 171–185

**Teuscher, Wolfgang (1959)**. Die Einbeziehung des Forschers in die Untersuchungsgruppe durch Status- und Rollenzuweisung als Problem der empirischen Forschung, in: KZfSS, 11. Jg., S. 250–256

**Theeboom, Tim/Beersma, Bianca/van Vianen, Annelies E. (2014)**. Does coaching work? A meta-analysis on the effects of coaching on individual level outcomes in an organizational context, in: The Journal of Positive Psychology, 9. Jg., S. 1–18

**Thiebes, Florian/Plankert, Nicole (2014).** Umgang mit Komplexität in der Produktentwicklung, Komplexitätsbeherrschung durch Variantenmanagement, in: Schoeneberg, Klaus-Peter (Hrsg.), Komplexitätsmanagement in Unternehmen, Wiesbaden, S. 165–185

**Thomiak, Maximilian (2017).** Breaking Through Complexity Barrier, https://www.acc enture.com/t00010101T000000_w_/it-it/_acnmedia/PDF-32/Accenture-Breaking-Thr ough-Complexity-Barrier-POV.pdf, 10.09.2019

**Tiede, Manfred/Voß, Werner (2018).** Schließen mit Statistik – Verstehen, Reprint 2018, Berlin, Boston

**Tiwana, Amrit/Konsynksi, Ben/Bush, Ashley (2010).** Platform Evolution: Coevolution of Platform Architecture, Governance, and Environmental Dynamics, in: Information Systems Research, 21. Jg., Nr. 4, S. 675–687

**Toffler, Alvin (1983).** Die dritte Welle – Zukunftschance. Perspektiven für die Gesellschaft des 21. Jahrhunderts, München

**Töllner, Alke/Jungmann, Thorsten/Bücker, Matthias/Brutscheck, Tobias (2010).** Modelle und Modellierung: Terminologie, Funktionen und Nutzung. In: Bandow, Gerhard; Holzmüller, Hartmut (Hrsg.): „Das ist gar kein Modell!": Unterschiedliche Modelle und Modellierungen in Betriebswirtschaftslehre und Ingenieurwissenschaften. Wiesbaden S. 3–21.

**Töpfer, Armin (2012).** Erfolgreich Forschen. Ein Leitfaden für Bachelor-, Master-Studierende und Doktoranden, 3., überarbeitete und erweiterte Auflage, Wiesbaden

**Tourangeau, Roger/Rips, Lance J./Rasinski, Kenneth A. (2000).** The psychology of survey response, Cambridge

**Tranfield, David/Denyer, David/Smart, Palminder (2003).** Towards a Methodology for Developing Evidence-Informed Management Knowledge by Means of Systematic Review,, in: British Journal of Mangement, Nr. 14, S. 207–222

**Transformation im Controlling (2018).** Transformation im Controlling. Umbrüche durch VUCA-Umfeld und Digitalisierung, München: Vahlen

**Trautmann, Clemens (2014).** Digitalisierung und Unternehmenskultur: Trends und wirtschaftsethische Dimensionen aus Perspektive der Praxis, in: Kempf, Eberhard/Lüderssen, Klaus/Volk, Klaus (Hrsg.), Unternehmenskultur und Wirtschaftsstrafrecht, Berlin/München/Boston, S. 21–44

**Tripathi, Shailja (2017).** Understanding the Determinants Affecting the Continuance Intention to Use Cloud Computing, in: Journal of International Technology & Information Management, 26. Jg., Nr. 3, S. 124–152

**Triska, Thomas (2005).** Ausgestaltung einer Controlling-Konzeption für Studentenwerke unter besonderer Berücksichtigung der instrumentellen Umsetzung, Dissertation Westfälische Wilhelms-Universität

**Trommsdorff, Volker (1975).** Die Messung von Produktimages für das Marketing. Grundlagen und Operationalisierung, Köln

**Tumbas, Sanja/Berente, Nicholas/Vom Brocke, Jan (2018).** Digital Innovation and Institutional Entrepreneurship: Chief Digital Officer Perspectives of their Emerging Role, in: Journal of Information Technology, 33. Jg., Nr. 3, S. 188–202

**Tuomi, Illkaa (2002).** Networks of Innovation, New York

**Udy, Stanley (1958).** Bureaucratic Elements in Organizations- Some Research Findings, in: American Sociological Review, 23. Jg., S. 415–418

**Uebele, Herbert (1981)**. Verbreitungsgrad und Entwicklungsstand des Controlling in deutschen Industrieunternehmen. Ergebnisse einer empirischen Untersuchung, Stuttgart

**Ulaga, Wolfgang/Reinartz, Werner (2011)**. Hybrid Offerings: How Manufacturing Firms Combine Goods and Services Successfully, in: Journal of Marketing, 75. Jg., Nr. 6, S. 5–23

**Ulrich, Hans (1968)**. Die Unternehmung als produktives soziales System: Grundlagen der allgemeinen Unternehmungslehre, Bern

**Ulrich, Hans (1981)**. Die Betriebswirtschaftslehre als anwendungsorientierte Sozialwissenschaft in: Geist, M. N./Köhler, R. (Hrsg.), Die Führung des Betriebes, Stuttgart, S. 1–25

**Ulrich, Hans (1982)**. Anwendungsorientierte Wissenschaft, in: Die Unternehmung, 36. Jg., Nr. 1, S. 1–10

**Ulrich, Karl (1995)**. The role of product architecture in the manufacturing firm., in: Res. Policy, 24. Jg., Nr. 3, S. 419–449

**Ulrich, Patrick (2011)**. Corporate Governance in mittelständischen Familienunternehmen : Theorien, Feldstudien, Umsetzung, Wiesbaden

**UNESCO (2005)**. Towards Knowledge Societies, UNESCO World Report, UNESCO Publishing, Paris [online] http://unesdoc.unesco.org/images/0014/001418/141843e.pdf (accessed 16 March 2016).

**Vahs, Dietmar (2015)**. Organisation. Ein Lehr- und Managementbuch, 9. Aufl., Stuttgart, Germany

**Vandermerwe, Sandra/Rada, Juan (1988)**. Servitization of Business: Adding Value by Adding Services, in: European Management Journal, 6. Jg., Nr. 4, S. 314–324

**van Bertalanffy, Ludwig (1968)**. Gerneral System Theorie: Foundations, Developement, Applications, New York

**van der Duin, Patrick A./Ortt, J. Roland/Aarts, Wieger T. (2014)**. Contextual Innovation Management Using a Stage-Gate Platform: The Case of Philips Shaving and Beauty, in: Journal of Product Innovation Management, 31. Jg., Nr. 3, S. 489–500

**van der Leeuw, R. M./Overeem, K./Arah, O. A./Heineman, M. J./Lombarts, K. M. J. M. H. (2013)**. Frequency and determinants of residents' narrative feedback on the teaching performance of faculty: Narratives in numbers, in: Academic Medicine, 88. Jg., S. 1324–1331

**van der Mark, Elise J./Conradie, Ina/Dedding, Christine W.M./Broerse, Jacqueline E.W. (2017)**. How Poverty Shapes Caring for a Disabled Child: A Narrative Literature Review, in: J. Int. Dev., 29. Jg., Nr. 8, S. 1187–1206

**Van der Stede, Wim/Chow, Chee/Lin, Thomas (2006)**. Strategy, Choice of Performance Measures, and Performance, in: Behavioral Research in Accounting, 18. Jg., S. 185–205

**Vanini, Ute (2018)**. Manager an ihren Risiken beteiligen, in: Controlling & Management Review, 62. Jg., Nr. 4, S. 50–55

**Veit, Daniel/Clemons, Eric/Benlian, Alexander/Buxmann, Peter/Hess, Thomas/Kundisch, Dennis/Leimeister, Jan Marco/Loos, Peter/Spann, Martin (2014)**. Business Models, An Information Systems Research Agenda, in: Business & Information Systems Engineering, 6. Jg., Nr. 1, S. 45–53

**Velthuis, Louis/Wesner, Peter (2005)**. Value Based Management : Bewertung, Performancemessung und Managemententlohnung mit ERIC®, Stuttgart

**VHB Jourqual 3 (2018).** https://vhbonline.org/vhb4you/jourqual/vhb-jourqual-3/. Zugegriffen 15. Dez. 2018

**Violeta, Achim Monica/Oana, Pintea Mirela/Eugenia, Mara Ramona (2010).** Modern approaches regarding the assessment of the company's overall performances, 19. Jg., Nr. 1, S. 295–301

**Vitale, M. R./Mavrinac, S. H. (1995).** How Effektive is your Performance Measurement System?, in: Management Accounting, 77. Jg., Nr. 8, S. 43–47

**Vogelsang, Michael (2010).** Digitalization in Open Economies: Theory and Policy Implications, 4. Aufl., Wiesbaden

**von Clausewitz, Carl/Hahlweg, Werner (1952).** Vom Kriege : hinterlassenes Werk des Generals Carl von Clausewitz, Bonn

**von Neumann, John/Morgenstern, Oskar/Sommer, Friedrich (1973).** Spieltheorie und wirtschaftliches Verhalten, 3. Aufl., München

**Vyas, Lina/Hayllar, Mark/Wu, Yan (2018).** Bridging the Gap – Contractor and Bureaucrat Conceptions of Contract Management in Outsourcing, in: Public Organization Review, 18. Jg., Nr. 4, S. 413–439

**Wagenhofer, Alfred (2006).** Management accounting research in German-speaking countries, in: Journal of Management Accounting Research, 18. Jg., S. 1–19

**Wagner, Christoph/Sodies, Jan Georg/Meyer, Tobias/Adam Pascal (2019).** Die Bedeutung von End-to-End- Prozessen für die Digitalisierung im Finanzbereich, in: Becker, Wolfgang; Eierle, Brigitte; Fliaster, Alexander; Ivens, Björn Sven; Leischnig, Alexander; Pflaum, Alexander; Sucky, Eric (Hrsg.), Geschäftsmodelle in der digitalen Welt, Wiesbaden, S. 695–712

**Wagner, Pia/Hering, Linda (2014).** Online-Befragung, in: Baur, Nina/Blasius, Jörg (Hrsg., 2014), Handbuch Methoden der empirischen Sozialforschung, Wiesbaden

**Waher, Peter (2015).** Learning internet of things: Explore and learn about internet of things with the help of engaging and enlightening tutorials designed for raspberry Pi, Birmingham

**Wall, Friederike (2001).** Ursache-Wirkungsbeziehungen als zentraler Bestandteil der Balanced Scorecard, in: Controlling, 13. Jg., Nr. 2, S. 65–74

**Wall, Friederike (2003).** Praxiswissen Digitale Transformation, Den Wandel verstehen, Lösungen entwickeln, Wertschöpfung steigern, München

**Wall, Frederike/Schröder, Regina W. (2009).** Zwischen Shareholder Value und Stakeholder Value: Neue Herausforderungen für das Controlling?!, in: Wall, Frederike/Schröder, Regina W.(Hrsg.), Controlling zwischen Shareholder Value und Stakeholder Value: Neue Anforderungen, Konzepte und Instrumente, München, S. 3–18

**Wallmüller, Ernest (2017)).** Nutzen und Disnutzen von Management Support Systemen für dezentrale Manager, in: Controlling, 15. Jg., Nr. 7-8, S. 405–412

**Wamba, Fosso/Akter, Shahriar/Edwards, Andrew/Chopin, Geoffrey/Gnanzou, Denis (2015).** How 'big data' can make big impact: Findings from a systematic review and a longitudinal case study, in: International Journal of Production Economics, 165. Jg., S. 234–246

**Wandfluh, Matthias/Hofmann, Erik/Schoensleben, Paul (2016).** Financing buyer–supplier dyads: an empirical analysis on financial collaboration in the supply chain, in: International Journal of Logistics: Research & Applications, 19. Jg., Nr. 3, S. 200–217

**Wargin, John/Dobiéy, Dirk (2001).** E-business and change – Managing the change in the digital economy, in: Journal of Change Management, 2. Jg., Nr. 1, S. 72–82

**Weber, Jürgen/Radtke, Björn/Schäffer, Utz (2006).** Erfahrungen mit der der Balanced Scorecard Revisited, Weinheim

**Weber, Jürgen/Schäffer, Utz (1998).** Balanced Scorecard – Gedanken zur Einordnung des Konzepts in das bisherige Controlling-Instrumentarium, in: Zeitschrift für Planung, 9. Jg., Nr. 4, S. 341–356

**Weber, Jürgen/Schäffer, Utz (2016).** Einführung in das Controlling, 15. Aufl., Stuttgart

**Weber, Karl (1993).** Mehrkriterielle Entscheidungen, Berlin, Boston

**Weber, Uwe/Rieger, Volker/Schmidtmann, Verena/Schober, Patrick/Matysiak, Lars/Jacob, Nadine (2015).** Digital Navigator – Handlungsfelder der digitalen Transformation und Stand der Digitalisierung im deutschsprachigen Raum. https://www.detecon.com/de/Publikationen/digital-navigator, 28.09.2019.

**Weber, Wolfgang (2008).** Balanced Scorecard im Kreditgewerbe. Modellhafte Implementierung einer BSC bei der Sparkasse Hochsauerland, Hamburg

**Weber, Wolfgang/Kabst, Rüdiger/Baum, Matthias (2018).** Einführung in die Betriebswirtschaftslehre, 10. Aufl., Wiesbaden

**Weddigen, Walter (1948).** Theoretische Volkswirtschaftslehre als System der Wirtschaftstheorie., Meisenheim

**Wedekind, Hartmut/Görz, Günter/Kötter, Rudolf/Inhetveen, Rüdiger (1998).** Modellierung, Simulation, Visualisierung: Zu aktuellen Aufgaben der Informatik, 21. Jg., Nr. 5, S. 265–272

**Wedman, John (2010).** The Performance Pyramid, in: Watkins, Ryan/Leigh, Doug (Hrsg., 2010), Selecting and implementing performance interventions, Volume 2, San Francisco, Calif.

**Wehner, Theo/Dimmeler, Daniel/Sauer, Daniel B. (2000).** Strategisches Wissensmanagement unter Einbezug und Erweiterung der Balanced Scorecard, in: Hinterhuber, Hans H./Friedrich, Stephan A./Al-Ani, Ayad/Handlbauer, Gernot (Hrsg., 2000), Das Neue Strategische Management. 2., vollständig überarbeitete und aktualisierte Auflage, Wiesbaden

**Weichbold, Martin (2014).** Pretest, in: Baur, Nina/Blasius, Jörg (Hrsg., 2014), Handbuch Methoden der empirischen Sozialforschung, Wiesbaden

**Weill, Peter/Malone, Thomas W./D'Urso, Victoria/Herman, George/Woerner, Stephanie L. (2005).** Do Some Business Models Perform Better than Others? A Study of the 1000 Largest US Firms, MIT Center for Coordination Science Working Paper No. 226, Massachusetts Institute of Technology, Massachusetts

**Weill, Peter/ /Woerner, Stephanie L. (2013).** The Future of the CIO in a Digital Economy. in: MIS Quarterly Executive,12. Jg., Nr. 2, S. 65–75

**Weiner, Norbert (1948)** Cybernetics, New York

**Weinrich, Timo (2017).** Reviewing Organizational Design Components for Digital Business Strategy, in: BLED 2017 Proceedings, Nr. 30, S. 651–668

**Weiss, Martin/Sterzel, Jeannine (2007).** Humankapital bewerten, in: Personal. Zeitschrift für Human Resource Management, 59. Jg., Nr. 6, S. 24–29

**Weißenberger, Barbara E. (2009).** Shareholder Value und finanzielle Zielvorgaben im Unternehmen, in: Wall, Frederike/Schröder, Regina W.(Hrsg.), Controlling zwischen Shareholder Value und Stakeholder Value: Neue Anforderungen, Konzepte und Instrumente, München, S. 39–60

**Welge, Martin K./Al-Laham, Andreas (1992)**. Planung : Prozesse, Strategien, Maßnahmen, Wiesbaden

**Welge, Martin K./Al-Laham, Andreas/Eulerich, Marc (2017)**. Strategisches Management. Grundlagen – Prozesse – Implementierung, 7. Aufl., Wiesbaden

**Welge, Martin K./Eulerich, Marc (2014)**. Corporate-Governance-Management. Theorie und Praxis der guten Unternehmensführung, 2. Aufl., Wiesbaden

**Wellman, Henry M. (1983)**. Metamemory Revisited. In M.T.H. Chi (Hrsg.), Trends in Memory Development Research S. 31–51

**Westerman, George/Bonnet, Didier/McAfee, Andrew (2014)**. Leading Digital: Turning Technology into Business Transformation, Boston

**Westermann, Georg (2007)**. Effizienz und Effiziensmessung im E-Goverment, Berlin

**Westermann, Georg (2012a)**. Kosten-Nutzen-Analyse. Einführung und Fallstudien, Berlin

**Westermann, Georg (2012b)**. Kosten-Nutzen-Analyse. Einführung und Fallstudien, Berlin

**Westermann, Rainer (1985)**. Empirical Test of Scale Type for Individual Ratings, in: Applied Psychological Measurement, 9. Jg., S. 265–274

**Wettstein, Thomas/Kueng, Peter (2002)**. A maturity model for performance measurement systems, in: Management Information Systems, 26. Jg., S. 113–122

**Whitney, Daniel (1990)**. Designing the design process., in: Res. Engrg. Design, 2. Jg., Nr. 1, S. 3–13

**Wild, Jürgen (1982)**. Grundlagen der Unternehmungsplanung, 4. Aufl., Wiesbaden

**Wildemann, Horst (2005)**. Variantenmanagement, Leitfaden zur Komplexitätsreduzierung, -beherrschung und -vermeidung in Produkt und Prozess,, 13. Aufl., München

**Wille-Baumkauff, Benjamin (2015)**. Onlinemarkenkommunikation und Markenloyalität im B2B-Segment, Wiesbaden

**Windahl, Charlotta/Lakemond, Nicolette (2010)**. Integrated solutions from a service-centered perspective: Applicability and limitations in the capital goods industry, in: Industrial Marketing Management, 39. Jg., S. 1278–1290

**Wirtschaftswoche (2018)**. http://award.wiwo.de/boc/. Zugegriffen 16. Dez. 2018

**Wirtz, Bernd (2013)**. Business Model Management: Design – Instrumente – Erfolgsfaktoren von Geschäftsmodellen, Wiesbaden

**Wissenschaftliche Dienste des Deutschen Bundestages, A. (2016)** Aktueller Begriff Industrie 4.0

**Wodtke, Christiana (2016)**. Radical Focus: Achieving Your Most Important Goals with Objectives and Key Results, Kindle Ausgabe

**Wöhe, Günter/Döring, Ulrich/Brösel, Gerrit (2016)**. Einführung in die allgemeine Betriebswirtschaftslehre, 26. Aufl., München

**Wohlgenannt, Rudolf (1969)**. Was ist Wissenschaft?, Braunschweig

**Wolf, Joachim (2011)**. Organisation, Management, Unternehmensführung, 4. Aufl., Wiesbaden

**Wolf, Joachim (2013)**. Organisation, Management, Unternehmensführung. Theorien, Praxisbeispiele und Kritik, 5., überarb. und aktualisierte Aufl., Wiesbaden

**Wolf, Klaus/Runzheimer, Bodo (2009)**. Risikomanagment und KonTraG. Konzeption und Implementierung, Wiesbaden

**Wolf, Tim/Muratcehajic, Denis (2016)**. Office of Strategy Management: Die Lücke zwischen Strategieformulierung und Umsetzung schließen, https://www.horvath-partners.

com/fileadmin/horvath-part-ners.com/assets/05_Media_Center/PDFs/WP-PDFs_fuer_
MAT-Down-load/WP_Office_of_Strategy_Management_DE_web_g.pdf, 20.08.2019

**Wolleb, Christoph/Schwichtenberg, Achim/Paschka, Florian (2018)**. Profitability at Risk,
Manageing Complexity in the Changing Pharmaceutical Industry, https://assets.kpmg/con
tent/dam/kpmg/ch/pdf/profitability-at-risk-managing-complexity.pdf, 10.09.2019

**Wollmert, Peter/Füser, Karsten/Bober, Dana/Chiang, Joon Arn/Munakata, Yuichiro
(2018)**. How can the digital transformation of reporting build the bridge between trust
and long-term value?, https://www.ey.com/Publication/vwLUAssets/ey-how-can-the-
digital-transformation-of-reporting-build-the-bridge/%24File/ey-how-can-the-di-gital-
transformation-of-reporting-build-the-bridge-between-trust-and-long-term-value.pdf,
26.09.2019

**Wood, Stephan J./Wall, Toby D. (2007)**. Work enrichment and employee voice in human
resource management-performance studies, in: International Journal of Human Resource
Management, 18. Jg., Nr. 7, S. 1335–1372

**Woodard, C. Jason/Ramsubbu, Narayan/Tschang, F. Ted/Sambamurthy, V. (2013)**.
Design Capital and design Moves: The Logic of digital Business strategy, in: MIS
Quarterly, 37. Jg., Nr. 2, S. 537–564

**Woodward, Joan (1958)**. Management and Technology, London

**Wright, Peter/Kroll, Mark J./Pringle, Charles D. (1992)**. Strategic Management: Text and
Cases, Needham Heights

**Wucknitz, Uwe Dirk (2009)**. Handbuch Personalbewertung. Messgrößen, Anwendungsfel-
der, Fallstudien für das Human Capital Management, 2. Aufl., Stuttgart

**Wunderlin, Georg (1999)**. Peformance Management, St. Gallen

**Xue, Ling/Zhang, Cheng/Ling, Hong/Zhao, Xia (2013)**. Risk Mitigation in Supply Chain
Digitization: System Modularity and Information Technology Governance, in: Journal of
Management Information Systems, 30. Jg., Nr. 1, S. 325–352

**Yang, Yu/Ray, Qing Cao/Schniederjans, Dara (2017)**. Cloud computing and its impact
on service level: a multi-agent simulation model, in: International Journal of Production
Research, 55. Jg., Nr. 15, S. 4341–4353

**Yin, Robert K. (2014)**. Case study research. Design and methods, 5. edition, Los Angeles,
London, New Delhi, Singapore, Washington, DC

**Yoo, Youngjin (2010)**. Computing in Everyday Life: A Call for Research on Experential
Computing, in: MIS Quarterly, 34. Jg., Nr. 2, S. 213–231

**Yoo, Youngjin/Boland Jr., Richard/Lyytinen, Kalle/Majchrzak, Ann (2012)**. Organizing
for Innovation in the Digitized World, in: OrganizationScience, 23. Jg., Nr. 5, S. 1398–1408

**Youngbantao, Unchan/Rompho, Nopadol (2015)**. The Uses of Measures in Performance
Prism in Different Organizational Cultures, in: Journal of Accounting & Finance (2158–
3625), 15. Jg., Nr. 6, S. 122–128

**Zangemeister, Christof (1976)**. Nutzwertanalyse in der Systemtechnik, 4. Aufl., München

**Zarnekow, R/Hochstein, A./Brenner W. (2005)**. Serviceorientiertes IT-Management – ITIL
Best Practices und Fallstudien, Berlin

**Zdrowomyslaw, Norbert (2016)**. Personalcontrolling in der Unternehmenspraxis, in: Becker,
Wolfgang/Ulrich, Patrick (Hrsg.), Handbuch Controlling, Wiesbaden, S. 223–242

**Zhang, Jianxiong/Tang, Wansheng/Hu, Mingmao (2015)**. Optimal supplier switching with
volume-dependent switching costs, in: International Journal of Production Economics,
161. Jg., S. 96–104

**Zheng, Connie/Morrison, Mark/O'Neill, Grant (2006).** An empirical study of high performance HRM practices in Chinese SMEs, in: Journal of Managerial Psychology, 27. Jg., S. 732–752

**Zimmermann, Gebhard/Jöhnk, Thorsten (2003).** Die Projekt-Scorecard als Erweiterung der Balanced Scorecard Konzeption, in: Controlling, 15. Jg., Nr. 2, S. 73–78

**Zisler, K./Mohr, N./Strahl, A./Dowling, M. (2016).** Chief Digital Officer: Enabler der digitalen Transformation, in: Zeitschrift Führung + Organisation, 85. Jg., Heft 2, S. 76–83

**Zott, Christoph/Amit, Raphael (2017).** Business Model Innovation: How to Create Value in a Digital World,, in: GfK-Marketing Intelligence Review, 9. Jg., Nr. 1, S. 19–23

**Zschocke, Dietrich (1995).** Modellbildung in der Ökonomie. Modell – Information – Sprache, München

**zum Meyer Alten Borgloh, Christoph (2013).** Büroprojektentwicklung im Spannungsfeld von Transaktionskosten und stadtplanerischer Intervention, Wiesbaden